Hanna Reitsch · HÖHEN UND TIEFEN

Hanna Reitsch

Höhen und Tiefen

1945 bis zur Gegenwart

Herbig

2. durchgesehene und erweiterte Auflage Oktober 1978

© 1978 by F.A. Herbig Verlagsbuchhandlung, München. Berlin
Alle Rechte vorbehalten
Umschlaggestaltung: Christel Aumann, München
Satz: optiservice Peter F. Pansch und H. + E. Lang/München
Druck: Jos. C. Huber, Diessen
Binden: Thomas, Augsburg
Printed in Germany 1978
ISBN: 3-7766-0890-0

INHALTSVERZEICHNIS

Vorwort

Dieses Buch »Höhen und Tiefen« ist der zweite Teil meiner Erinnerungen »Fliegen mein Leben«. Er umfaßt die Zeit von der deutschen Kapitulation im Mai 1945 bis zur Gegenwart, in der dieses Buch entstand (1977). Ich schrieb es an Hand von Tagebuchaufzeichnungen und Briefen.

Das erste Buch abzufassen war wesentlich einfacher. Es war nur erforderlich, das Selbsterlebte darzulegen. Da ich mir aber auch für dieses Buch vorgenommen habe, in aller Offenheit zu schreiben, so muß die Darstellung des Erlebten an viele Wunden, Schmerzen und Enttäuschungen erinnern, ohne die es nicht ehrlich geschrieben wäre. Und ich füge eigens hinzu: Dies geschieht nicht mit Bitterkeit oder gar in Unversöhnlichkeit. Ich hege keine Feindschaft gegen irgend jemanden, sondern schreibe aus der Überzeugung, daß vor allem die Vergangenheit, jedoch ebenso die Gegenwart und die Zukunft, nur bewältigt und zum Segen werden können, wenn wir den Mut zur Wahrheit haben. Ich bitte deshalb den Leser, ohne Voreingenommenheit an dieses Buch heranzugehen. Es kann sein, daß er die beschriebene Zeit anders erlebte. Trotzdem bleibt das Geschriebene: Von mir so erlebt.

Hanna Reitsch

7

ERSTES KAPITEL

Neuer deutscher Frauen-Segelflug-Rekord über den Alpen Mai 1977

Am 11. Mai 1977 fuhr ich, nachdem viele Fliegerkameraden und ich tieferschüttert unseren lieben Jochen von Kalckreuth, den Meister im Alpensegelflug, in Inning am Ammersee zu Grabe getragen hatten, zu Alpensegelflügen nach Österreich. Im Schlepp meines VW-Golfs zog ich mein Segelflugzeug »Standard Cirrus« im Transportwagen hinter mir her. Dieses Jahr war mein Startplatz zum ersten Mal Timmersdorf bei Leoben in der Oststeiermark, während ich in früheren Jahren meist von Aigen im Ennstal aus gestartet war. Timmersdorf ist ein idealer Platz dafür: günstig, um früh am Morgen schon zu Streckenflügen aufzusteigen, und günstig für die Rückkehr am Abend, da der Flugplatz im Tale liegt. Das Schönste aber an diesem Platz, auf dem nur bis zu 15 fremde Segelflugzeuge angenommen werden, ist seine besondere Atmosphäre. Eine so selbstverständliche Kameradschaft habe ich selten erlebt. Alle Piloten und deren Familien bilden eine beglückend fröhliche, einander helfende Gemeinschaft. Da gibt es auch an »Hammerwettertagen« - also an Tagen mit besten Aufwindmöglichkeiten - keine Hetze. Jeder hilft dem anderen und folgt der wichtigsten Platzregel: Nur nicht »hudeln« - das heißt, nur nicht hetzen.

Zu meiner großen Freude war für 14 Tage mein Bruder Kurt als »Helfer und Rückholer« mit mir gekommen. Solch gemeinsame Zeit ist mir immer von neuem ein Fest. Einen besseren, hilfsbereiteren Kameraden als ihn kann man sich nicht denken. Aber er hilft nicht nur mir, sondern mit Selbstverständlichkeit auch allen anderen.

Das unbeständige Wetter erlaubte zunächst nur einzelne Trainingsflüge. Ich nutzte die Zeit, um an diesem Buch zu schreiben, und freute mich, jeden Abend meinem Bruder ein neues Kapitel vorlesen zu können. Oft liefen wir trotz Regens hinauf auf Almen - schweigend, oder über Probleme diskutierend, die vorwiegend voll Sorge Deutschland und seiner Zukunft galten.

Kaum war Kurt nach 14 Tagen wieder abgereist, begann das Wetter sich zu bessern. Es schenkte uns Segelfliegern einige schöne Flugtage.

Am Morgen des 28. Mai startete ich um halb neun Uhr. Ich hatte Timmersdorf - Imst am Tschirgant und zurück als Zielflug mit Rückkehr angemeldet und alle Regeln befolgt, die man bei einem Rekordflug zu beachten hat, wie: Ankündigung dieses Rekordversuches, plombiertes Fotogerät, einen im Rumpf für den Piloten unerreichbar angebrachten Barographen, fotografieren der Starttafel mit dem Umrundungsziel, bestimmte Schlepphöhe einhalten, bestimmten Ausklinkpunkt über dem Flugplatz. Ich hatte nach dem Lösen vom Schleppseil sofort geringen Aufwind, der mir ermöglichte, schon von dem Ausläufer des »Gössecks« - dem »Hausberg« der Timmersdorfer Segelflieger - an die dahinterliegende Waldkante zu fliegen. Es ging, wenn auch bei sehr niedriger Flughöhe, doch schon recht zügig voran. Ich hielt mich zunächst an der Nordostseite des Liesing-Tales und ließ mich über den bewaldeten, sonnenbeschienenen Hängen fast im Geradeausflug vom Aufwind tragen. Die dahinterliegenden höheren Spitzen und Grate steckten noch in den sich rasch bildenden und wieder zerfallenden Wolken, deren Basis noch sehr tief lag. An der »Zeiritzkampel«, die zwischen den Wolken frei und von der Sonne bestrahlt hervorleuchtete, trug es mich über ihren wolkenlosen Grat hinaus. So konnte ich aus dieser Höhe, ohne in Wolken zu tauchen, seitlich an den anderen Wolken vorbeifliegen, bis ich wieder unter ihre Basis gesunken war. Dann ging es an Trieben vorbei nach Selztal. Durch die Sonneneinstrahlung stieg die Wolkenbasis ständig, und die Zahl kleiner Kumuluswolken nahm zu. Sie zeigen schon aus der Ferne an, wo Aufwind zu finden ist und welchen Flugweg man am günstigsten in Richtung seines Zieles einschlagen soll. Oftmals sind Umwege mit guten Aufwinden weit günstiger und zeitlich rascher als der direkte Kurs mit schlechten Aufwinden, bei denen man mühsam kreisend nur mit viel Zeitverlust vorankommt. Erstmals nutzte ich bei meinem Flug ein Instrument, genannt »Blumenauer«, aus. Es ist ein »Sollfahrtgeber«, der einem den neuen Flugstil erleichtert, nämlich: Im Geradeausflug in günstigster Form zu »delphinieren«. So nennt man das Fliegen, bei dem man im Geradeausflug im Aufwind, anstatt zu kreisen, das Segelflugzeug in die Höhe zieht, um mit geringster Geschwindigkeit, also möglichst lange, das Aufwindgebiet zu nutzen. Danach zeigt einem das Gerät an, mit welch hoher Geschwindigkeit man das darauffolgende Abwindgebiet zu durchfliegen hat, um den nächsten Aufwind am raschesten, aber auch in günstigster Höhe wieder zu erreichen. Dieses Ab und Auf im Geradeausflug gleicht der Bewegung der Delphine im Wasser und wird in der Sprache der Segelflieger darum »delphinieren« genannt. Auf diese Weise kann man geradeaus fliegend die Ausgangshöhe über weite Strecken hinweg halten und erreicht eine günstige Durchschnittsgeschwindigkeit während des Fluges. Nur sehr starke Aufwinde nutzt man kreisend aus, fliegt indessen meist geradeaus, mal ziehend und mal drückend.

Ich hatte dabei noch ausreichend Zeit, die herrliche Bergwelt um mich herum zu genießen. Aus den Tälern kroch der Nebel die Hänge hinauf, und die durch die Sonne hell aufleuchtenden Kumuluswölkchen hoben sich verlockend von dem Blau des leuchtenden Himmels ab.

Rechts und links meines Flugweges glitzerten schneebedeckte Bergriesen. Das Glück über diese nicht zu beschreibende Schönheit läßt einen innerlich jubeln und danken. Wir Segelflieger sind begnadet glückliche Menschen, denn »unser Sport« - wohl einer der schönsten, die es gibt - vermittelt eines der letzten großen, menschlichen Abenteuer unserer Zeit. Es ist wohl gerade dieses wundersame Erlebnis, verbunden mit der Gefahr - über die wir nie reden, die jedoch im Alpensegelflug natürlich größer ist als im Flug über der Ebene -, das uns Segelflieger in einer unvergleichbaren Kameradschaft verbindet. Dies wird ganz besonders stark spürbar, wenn wir einen Kameraden gemeinsam zu Grabe getragen haben, wie jetzt Jochen von Kalckreuth, dessen Herz dem Alpensegelflug gehörte. Ihm wurde eine kleine Unachtsamkeit und ein Überschätzen der menschlichen Konstitution in der Höhe zum Verhängnis.

Ich hatte inzwischen das Ennstal schon überflogen, war an den Weißenbacher Wänden entlang gezogen und sah links unten den mir heimatlich lieben Flugplatz Aigen völlig einsam liegen. Kein Segelflugzeug war auf dem größten, geeignetsten Segelflugplatz Österreichs zu erblicken. Mein Aigen grüßend, das mir fast zur zweiten Heimat geworden war, zog ich südlich am Grimming entlang und ließ mich, ganz dicht an seine schroffen, steilen Wände heranfliegend, wie ein Vogel im Geradeausflug hochtragen, bis über seinen schneebedeckten Kamm hinaus. Nun ging es »delphinierend« weiter, an der Kammspitze entlang, ohne sie an Höhe zu übersteigen. In raschem Flug erreichte ich die Scheichenspitze (den Anfang des Dachsteingebietes), war aber

12

bereits bedrohlich tief. Die Scheichenspitze läßt einen jedoch ganz selten im Stich und ist ein sehr zuverlässiger Aufwindspender. Sie enttäuschte mich auch diesmal nicht und trug mich auf die größtmögliche Höhe bis zur Wolkenbasis. Noch war sie so niedrig, daß das Dachstein-Hotel an der Südseite in Wolken gehüllt war.

Ich flog gen Westen über den Roßbrand nördlich von Radstadt, der zwar niedrig ist, indes meist ausreichenden Aufwind schenkt. An Radstadt zog ich vorüber und schaute, ob die bekannten Notlandewiesen noch unbebaut und für mich im Notfall beim Rückflug zu benutzen wären. Dann ging es über St. Johann in Richtung Zell am See. Über Zell steuerte ich die Schmittenhöhe an. Schon von weitem sah ich unter und über ihr eine große Anzahl von Segelflugzeugen kreisen - alles sichtbare Anzeiger, wo Aufwindgebiete zu finden sind. Ich verfolge meist aus der Ferne, wer am schnellsten steigt, und füge mich dann dort, sehr achtend, ihn nicht zu stören, in seine Kreisrichtung ein. Es ist immer von neuem ein prickelndes Glücksgefühl, in engstem Kreis mit guten Fliegern zusammen sich in die Höhe zu »kurbeln«. Ich achte darauf, möglichst mit gleichwertigen Segelflugzeug-Typen zu kreisen, denn man stört sich sonst gegenseitig; der eine Typ steigt rascher, fliegt dabei langsamer - der andere hat ein Flugzeug wie ich, das ohne Wölbklappen gar nicht so langsam kreisen kann. Dann muß man um den anderen herumfliegen und ist somit aus dem »Aufwindkern« heraus.

Man merkt übrigens - wie beim Autofahren - sofort, ob ein Segelflieger rücksichtslos und egoistisch ist oder ritterlich sich auf den anderen einstellt. Letzterem zu begegnen ist immer von neuem ein beglückendes Erlebnis, das der andere Flieger meist ebenso dankbar empfindet. Bin ich dann zufällig am gleichen Platz mit diesem Kameraden - dem ich so freundschaftlich auf der Strecke begegnete - gelandet, dann erlebe ich es oft, daß einer plötzlich das Wort darüber ergreift. Wir gestehen einander, wie gleich tief die Freude bei uns beiden war und wie wir diese Harmonie im Kreisen und im gemeinsam raschen, steilen Steigen empfunden haben. Leider mußte ich an die Uhrzeit denken und schnell weiterfliegen, denn spätestens um 13 Uhr wollte ich den Wendepunkt Imst erreicht haben. Nun ging es den Pinzgau entlang, über die Kitzbühler Berge. Ich war so hoch, und die Sicht war inzwischen so gut, daß Kitzbühel zu mir herübergrüßte. Dort hatte sich 1945 mein Schicksal entschieden. Was an Erlebtem lag seitdem hinter mir? Ich durfte jetzt nicht daran denken, sondern mußte versuchen, mich nur auf mein Ziel - den Wendepunkt Imst am Tschirgant - zu konzentrieren, das ich pünktlich erreichen wollte, um zu meinem Ausgangsflugplatz Timmersdorf rechtzeitig am Abend zurückkehren zu können.

Ich flog geradeaus von Wolke zu Wolke, am Gerlos mit seinem Stausee vorbei, ohne ein einziges Mal kreisen zu müssen. Vor dem Überqueren des Zillertals aber holte ich mir in einem »Viermeterbart« mit 4 - 5 m/sec. Aufwind, kreisend, größtmögliche Höhe. Denn über diesem breiten Tal ist nur Abwind zu erwarten. Da stellte sich mir die Frage: Sollte ich - gen Norden - den Umweg über das Inntal zur Nordkette wählen oder die kürzere südliche Route über den Glungezer und Patscherkofel? Nachdem ich über der Nordkette keine Wolke sah, flog ich die Südroute, was sich leider als falsch herausstellte. Der Aufwind war spärlich und nur mühsam auszunutzen. Nach dem Einholen der Genehmigung am Innsbrucker Kontrollturm durfte ich vom Patscherkofel aus das Inntal überfliegen. Das bedeutete aber einen großen Höhen- und Zeitverlust, da ich mich an der Nordkette, in niedriger Höhe dort eingetroffen, erst mühsam an den Felswänden in die Höhe arbeiten mußte. Dann jedoch ging es, unter prächtigen Kumuluswolken »delphinierend«, über die Mieminger Kette zu den Ausläufern des Tschirgants, der mir erlaubte, auf seinem Rücken oder

Felsgrat gleichsam entlangzureiten und mich bis zu seiner westlichen Spitze tragen zu lassen. Unten an seiner Westseite liegt der Ort Imst mit seiner Kirche, die ich von der Gegenseite als Wendepunkt fotografieren mußte.

Vor sieben Jahren erflog ich mir von Aigen aus - Imst umrundend - den damaligen Frauen-Ziel-Rückkehr-Rekord, den ich nun um 120 km selbst überbieten wollte.

Es war genau 13 Uhr, als ich Imst erreichte. Von den östlichen Lechtalern aus fotografierte ich den Umrundungspunkt und kehrte dann zur Tschirgantspitze zurück, die mir erneut herrlichen Aufwind spendete. Jetzt ging es in raschem Flug denselben Weg zurück: wieder über die Mieminger Kette, über die Nordkette - um diesmal von Jenbach auch zum Kellerjoch übers Inntal zu wechseln. Am Kellerjoch traf ich sechs Segelflugzeuge - alles mir fremde, das heißt, nicht vom gleichen Platz Timmersdorf gestartete Flugzeuge. Sie schienen sämtlich gegen ein Absaufen hart zu kämpfen und mal hier, mal dort ohne Erfolg nach Aufwind zu suchen. Bald war ich eine unter ihnen, die ebenfalls verzweifelt suchte. Gewiß habe ich 20 Minuten dort verloren. Über dem Pinzgau standen keine Wolken mehr. Der Heimflug also würde schwierig werden. Ich entschied mich - und das war mit dem Risiko verbunden, im Zillertal notlanden zu müssen -, vom Kellerjoch gen Süden in Richtung Rastkogel zu fliegen, und kam dort in bedenklich niedriger Höhe an. Dieser Entschluß aber lohnte sich. Ich fand dort den rettenden Aufwind unter einer sich bildenden Wolke, der mich nochmals auf die größtmögliche Höhe dieses Tages, auf 2500 m Höhe über dem Startplatz, das heißt, auf 3100 m über dem Meeresspiegel, trug. So konnte ich leicht das Zillertal überqueren und wählte nun die südliche Route, also die Ausläufer der Zillertaler Alpen, da dort weit südlich vereinzelt noch Wolken standen. Am schneebedeckten Großvenediger flog ich - fast andächtig - vorbei. Sehr schnell kam ich nicht voran - es

15

gab auch auf jener Südseite sehr große Abstände zwischen den Wolken, und man mußte sich unter jeder Wolke mühsam wieder zur Basis hinaufarbeiten. Je später am Tage es wird, um so wichtiger ist es, so hoch wie möglich zu bleiben; denn ist man am Spätnachmittag erst unter eine bestimmte Höhe hinabgesunken, wird es oftmals schwierig, von kleinen Aufwindablösungen an sonnenbeschienenen Hängen den Anschluß an den Wolkenaufwind wieder zu gewinnen. Die Durchschnittsgeschwindigkeit meines Fluges war nicht gut, da der Aufwind schwierig zu zentrieren war. Als das Wetter immer ungünstiger wurde, dachte ich nicht mehr an mein endgültiges Ziel, nämlich nach Timmersdorf zurückzukehren, um mich angesichts der noch weiten Strecke nicht zu entmutigen. Ich setzte mir statt dessen kleinere Ziele: nämlich zunächst nur bis zum Flugplatz Zell am See zu gelangen. Von dort wäre eine Rückschlepp nach Timmersdorf möglich. Als ich Zell erreicht hatte, das 1200 m unter mir lag, setzte ich mir ein neues Ziel: zum Flugplatz Aigen zu gelangen. Als ich mich bis dorthin weitergekämpft hatte, merkte ich, daß eine völlig geschlossene Wolkendecke in Richtung Timmersdorf, also nach Osten, jede Sonneneinstrahlung und somit auch jeden Aufwind unmöglich machte. Es gab jetzt nur noch eine Möglichkeit, um zurückzugelangen: Ich mußte es wagen, den Hauptkamm der Niederen Tauern gen Süden zu überfliegen, denn dort, weit im Süden, leuchtete noch die Sonne, und man sah sogar vereinzelte Wolkentürme. Während ich diese Richtung einschlug, sank ich tiefer und tiefer. Die Berge wuchsen zu mir herauf und waren zum Teil schon höher als ich. Im Gleitflug konnte ich das Tal erreichen, das von Trieben nach Judenburg führte. Dort - das wußte ich - gab es Landewiesen, auf denen ich im Notfall landen konnte. Sehr tief - weit unter den Hangkanten, die das Tal umsäumten - suchte ich noch nach Aufwind. An sonnenbeschienenen Almen hielt ich mich, lange hin und her fliegend und kleinste Aufwinde nutzend, auf. Plötzlich wurde aus ganz geringem Steigen ein immer stärkeres. Es war schon 18 Uhr vorbei. Da lupfte es mich mit unverhofftem 3 - 4 m/sec. Steigen in die Höhe. Über mir hatte sich ein schöner, verspäteter kleiner Abendkumulus gebildet - ein richtiges »Himmelsgeschenk«. Mit Hilfe dieser »fröhlichen Wolke«, die wie durch die Abendsonne vergoldet erschien und mich emporzog, erreichte ich die über Zeltweg stehenden großen Kumulustürme. Mit deren Hilfe gelangte ich nun spielend, sogar noch in 2500 m Höhe, zu meinem Startplatz Timmersdorf.

Ein schneller Flug war es nicht. 8 1/2 Stunden hatte ich benötigt. Eine ideale Wetterlage war es auch nicht gewesen. Aber ein herrliches und für mich unvergeßliches Erlebnis. Noch dazu war es ein neuer deutscher Frauenrekord im Zielflug mit Rückkehr von 639 km. Die Kameraden am Timmersdorfer Platz freuten sich alle mit mir.

Am folgenden Tag, Pfingstsonntag, dem 29. Mai 1977, zog wieder ein wundervoller, sonniger Tag auf. Er schien noch größere Strecken zu erlauben. So riet mir ein Kamerad, ich solle nach Galtür, im hintersten Paznauntal, und zurück fliegen. Es wäre ein Frauenweltrekord. Ich startete als erste um 8 Uhr, nach Erledigung aller Formalitäten. Nach dem Ausklinken trugen mich leichte Wolkenfetzen trotz der frühen Morgenstunde bereits langsam in die Höhe. Die Basis lag 400 m höher als tags zuvor. Ein gutes Zeichen für den Tag. In meinem Inneren jubelte es im Vorgefühl, wieder einen ganzen Tag im Fluge über den gigantischen Bergen vor mir zu haben. Beinahe prickelnd spürte ich die Freude auf der Haut.

Ich überquerte schon kurz nach dem Start das Tal, um dort über den Rottenmanner Tauern die sich bildenden kleinen Wolken zu nutzen. Es ging zügig voran. Ich blieb zunächst über der Tauernseite und überflog das Tal - die Verlängerung des Ennstales nach We-

sten - erst kurz vor Zell am See. Wieder ging es die Kitzbühler Alpen entlang, diesmal in raschem Tempo, mit 150 - 180 km Geschwindigkeit je Stunde »delphinierend«. Leider ließ ich mich verführen, nach Überquerung des Zillertales wieder die Südroute zu wählen, da mein Wendepunkt Galtür diesmal weit südlich lag und die Nordkette mir als ein viel zu großer Umweg und Zeitverlust erschien. Ich mußte aber schweren Herzens das Inntal, wie am vorigen Tag, am Patscherkofel über Innsbruck zur Nordkette hin überfliegen und verlor wertvolle Zeit durch den großen Umweg und durch mühsamen Höhengewinn an der Nordkette. Zügig dagegen ging es nach Erreichen des Grates dann über die Mieminger Kette, wie am Vortag, weiter. Diesmal jedoch an Imst vorbei. Ich war mit meiner Zeitplanung zufrieden - allein, ich hatte noch einen weiten Weg zum Umrundungspunkt Galtür vor mir. Über den Lechtaler Alpen standen herrliche Wolken, und so konnte ich an ihrer Basis im Geradeausflug schnell dahinziehen. Ich ließ Landeck links tief unter mir liegen. Jetzt mußte ich achtgeben, nicht das falsche Tal zu erwischen, und überquerte den Anfang des Stanzertales dort, wo die Eisenbahnlinie in Richtung Arlberg im Tunnel verschwindet. Nun flog ich über der Nordwestseite das Paznauntal entlang. Als ich hinunterschaute, erschrak ich sehr. Das Tal wirkte eng wie eine Rinne. Im gleichen Augenblick fiel mir ein, daß Jochen von Kalckreuth mir einst gesagt hatte: »Vermeide, wenn immer du kannst, das Paznauntal zu überfliegen. Es hat sehr tückische Abwinde.« Zu spät. Mein festgesetztes Umrundungsziel lag am Ende des Paznauntales. Würde sich Jochens Warnung als berechtigt erweisen?
Während ich diese bange Frage verscheuchen wollte, entdeckte ich zu meinem Schrecken tief unten »in der Rinne« im Paznauntal, ohne jegliche Möglichkeit, dort zu landen, ein Segelflugzeug. Aus meiner großen Höhe wirkte es winzig klein, doch es leuchtete weiß gegen den dunklen Grund, den es gleich zu be-

18

rühren schien. Mit angehaltenem Atem betete ich für diesen armen Kameraden, der in solch arge Not geraten war - nicht ahnend, daß ich kurz darauf in dieselbe Lage kommen würde. Ich vergaß für einige Zeit mein Ziel und schaute kreisend hinunter voll tiefer Sorge, was mit diesem Kameraden geschehen würde, bereit, per Funk im Notfall sofort die Innsbrucker Kameraden um Hilfe zu rufen und die Unglücksstelle genau zu beschreiben. Aber jener Kamerad schien nicht aufzugeben. Er kämpfte - vorsichtig hin und her fliegend - zäh und ausdauernd. Ich vermochte mir nicht vorzustellen, woher er dort tief unten im Schatten des Tales Aufwind finden könnte, und bewunderte seinen Kampfgeist sehr. Es war sein Vorbild, das mich kurze Zeit später selber rettete. Ich wollte nicht weiterfliegen, ohne mich zu vergewissern, ob er es schaffte, aus dieser »Rinne im Tal« herauszukommen, oder ob sein Flugzeug in den Bäumen oder auf den Hängen zerschellte. Plötzlich zuckte ich zusammen: Ein riesendunkler Schatten sauste dicht über meiner Cockpithaube vorbei. Ich wendete meinen Kopf und entdeckte einen großen Adler von gewiß drei Meter Flügelspannweite. Hatte er zum Angriff auf mich angesetzt, weil ich ahnungslos vielleicht über den Horst seines brütenden Weibchens flog? Das hat schon manchen Kameraden das Flugzeug gekostet und ihn zum Absprung mit Fallschirm gezwungen. Ich selbst hatte 1970 über den Tessiner Alpen einen solchen Angriff eines Adlers erlebt und mich damals durch senkrechten Sturzflug mit hoher Geschwindigkeit dem Angriff entziehen können. Hier hingegen - über dem Paznauntal - wäre ich der Verlierer dieses Kampfes, denn mir bliebe nichts anderes übrig, als in das erschreckende Tal hinunterzutauchen. Ich spähte besorgt, ob der Riesenvogel in feindlicher Haltung zum Angriff gegen mich ansetzte, und war äußerst beruhigt, als ich ihn friedlich - mit gespreizten Federn -, nur voll Neugierde mich betrachtend, neben mir auftauchen sah. Er könnte mich eigentlich begleiten und mir die Aufwinde zum Umrundungspunkt Galtür anzeigen, dachte ich schmunzelnd. Wir kreisten friedlich umeinander herum - aber jeder ängstlich darauf bedacht, den anderen nicht zu berühren. Da fiel mir unvermittelt die Not meines Kameraden wieder ein. Wo war er geblieben? Ich suchte vergeblich das Tal entlang. Selbst bei einer Bruchlandung wäre das weiße Flugzeug auf dem dunklen Grund nicht zu übersehen gewesen. Da entdeckte ich ihn plötzlich schon am Ausgang des Tales in Richtung Landeck wieder in sicherer Höhe fliegend. Ich freute mich wie erlöst mit ihm. Er hatte beispielhaft zäh gekämpft.

Ich flog nun glücklich und beruhigt weiter. Leider jedoch hatte ich meinen majestätischen Begleiter, den Adler, verloren. Die Gewißheit über das Befinden jenes tüchtigen Segelfliegers aber war wichtiger.

Ich näherte mich nun rasch in großer Höhe meinem Umrundungsziel. Es war genau 14 Uhr. Meinen Zeitplan hatte ich gut eingehalten. Vor mir, unter mir und um mich herum glitzerten schweigend die schneebedeckten Bergriesen. Ich umkreiste Galtür und machte von der Gegenseite aus meine Zielfotos. Kaum war dies beendet, geriet ich unvermutet in ungewöhnlich starken Abwind. Zunächst war ich noch ruhig. Da müsse ja - so dachte ich mir - in nächster Nähe auch entsprechender Aufwind sein. Doch ich irrte. Ich versuchte jetzt, den letzten Aufwind, den ich noch vor meinen Zielfotos durchstiegen hatte, zu erreichen. Vergeblich. Ich war schon unterhalb des Grates gesunken, hinter dem ich jenen Aufwind unter einer Wolke gefunden hatte. Es blieb mir nur übrig, das Tal entlangzufliegen. Seine steilen, schneebedeckten Hänge wuchsen mit jeder Sekunde höher und höher über mich hinaus. Ich sank und sank. Die Angst begann mich zu würgen. Ich sah in Gedanken jenen Kameraden, dessen Lage mich vor kurzer Zeit so sehr erschreckt hatte. Nun kam das gleiche unaufhaltsam auf mich zu. Stoßgebete schickte ich laut

20

und inbrünstig zum Himmel - ließ aber die Hoffnung auf einen guten Ausgang nicht sinken. Das Beispiel jenes Kameraden stand mir jetzt leuchtend vor Augen. Ohne ihn hätte ich wohl aufgegeben, denn alles um mich her lag nur im Schatten. Wo sollte ich Aufwind finden? Die Schneegrenze war bereits höher als ich. Almenhütten, die ich soeben noch unter mir sah, befanden sich inzwischen schon höher, als ich selber war. Ob der Herrgott meine Stoßgebete erhörte? Was verspricht man dem Himmel nicht alles an Opfern, welche guten Vorsätze faßt man nicht in solch schrecklicher Situation! Ich flog jetzt bereits tief unten im Tal, dicht über Baumspitzen hin und her, kleinste Aufwinde nutzend, die mir zwar keinen Höhengewinn schenkten, aber ein weiteres Sinken verhinderten. Ich spürte, wie Schweißtropfen das Gesicht herunterliefen. Würde ich im nächsten Augenblick den Vogel doch in die Baumspitzen setzen müssen? Nein - ich wollte, wie jener zähe Kamerad, nicht aufgeben. So kämpfte ich eine volle Stunde lang, zwischen Hoffnung, Angst, Enttäuschung. Da plötzlich wurde, nach mir ewig dünkender Zeit, aus 10 cm Steigen ein 25 cm Steigen. Nur diesen Rettungsanker nicht verlieren, war mein einziger Gedanke! Ich versuchte zu kreisen, was so dicht an den Bäumen nahezu an Kunstflug grenzte, nur um diesen leisen, schwachen Aufwind nicht zu verlieren. Das Steigen wurde langsam stärker bis schließlich 1 m/sec. Als ich 800 m über dem Boden war, konnte ich den Anfang des Paznauntales erreichen, dort, wo das Stanzertal nicht nur bescheidene Notlandemöglichkeiten bot, sondern wo ich unter einer Riesenwolke starken Aufwind vermutete. Und es glückte. Mit 2 m/sec., dann rasch zunehmend 3, 4 und 5 m/sec. zog jene Wolke mich nach oben. Tränen des Dankes kugelten mir jetzt über die Wangen, und ein unbeschreibliches Jubel- und Glücksgefühl erfüllte mich. Ich war gerettet und konnte nun - zwar mit einer Stunde Zeitverlust, die am Ende des Tages für meinen Flug entscheidend wurde - doch weiterfliegen. Über Landeck und über seinen Venetberg führte mein Weg in 2700 m Höhe. Übers Ötztal und die Kalkkögel sauste ich »delphinierend« in der Hoffnung, die verlorene Zeit ein wenig einholen zu können. Um 16.30 Uhr flog ich am Großvenediger vorbei. Überwältigend schön dieser Anblick!

Inzwischen aber schienen die Wolken am Himmel wie weggeblasen, und die Aufwinde ohne Wolken - die sogenannte Blau-Thermik - waren schon sehr schwach. Ich mußte mein Tempo reduzieren und kleinste Aufwinde kreisend nutzen, um eine gewisse Durchschnittshöhe nicht zu unterschreiten. Bald lag vor mir der gewaltige Großglockner in seiner majestätischen Pracht. Im Gleitflug hätte ich jetzt leicht den Flugplatz Zell am See erreichen können; indes ich wollte weiter. Vielleicht würde mir der Himmel doch noch dazu verhelfen, nach Timmersdorf, meinem Startflugplatz, zurückzugelangen. Über den Radstädter Tauern war ich bereits bedenklich tief hinuntergesunken, und eine Rückkehr schien mir nur mehr wie ein vager Traum. Mit erheblicher Mühe, mit Geduld und zähem Ringen gelangte ich noch bis zum Flughafen Aigen, auf dem ich heil und dankbar nach zehnstündigem Flug landete.

Obwohl bis zum Startplatz noch 50 km fehlten, so war es doch mit 680 km der weiteste Ziel-Rückkehr-Flug, den je eine Segelfliegerin auf der Welt bisher erreichte.

Glücklich empfingen mich meine Aigener Kameraden und schleppten mich noch im Flugzeugschlepp am selben Abend nach Timmersdorf zurück.

Als ich am Ende jenes erlebnisreichen Tages den Flug und die Gefahr im Paznauntal überdachte und tief dankbar mich meiner Stoßgebete erinnerte, fiel mir ein wunderschöner Bericht ein, den mein Fliegerkamerad, Wernher von Braun, einst schrieb:

»Wir haben allen Grund - zu beten.

Was mich seit eh und je umgetrieben hat, war die Eroberung des Weltraums. Wenn ich je mit wachen Augen geträumt habe, dann von Weltraumflügen. Als ich 12, 13 Jahre alt war, bastelte ich zu Hause kleine Raketen und schoß sie auf einem Feld in der Nähe unseres Hauses ab. Sie pfiffen in die Luft und fielen nach wenigen Metern wieder auf die Erde zurück.

Bevor ich als Junge bei meinen kleinen Raketen das berühmte Knöpfchen drückte, kniete ich nieder und betete. Es waren Stoßgebete, wie man sie in Gefahr, vor Entscheidungen oder in Augenblicken der Angst betet. Ich erinnere mich genau: 'Herr, bitte, laß es dieses eine Mal gelingen!'

Nach dem Krieg wurde ich nach Fortbliss in Texas geholt, um meine Raketenversuche fortzusetzen...

Dort rief mich plötzlich ein Nachbar an und bat mich, ich möge ihn auf dem Weg zur Kirche begleiten. Ich stimmte zu... Warum eigentlich? Ich war neugierig, ob die amerikanische Kirche so etwas wie ein religiöser Club wäre - wie ich mir hatte sagen lassen. Als wir uns dem Gotteshaus näherten, stand das kleine weiße Gebäude in der glühenden Texassonne. Wenige Augenblicke später hörte ich das Kreischen von Bremsen. Ein alter Bus machte vor der Kirche halt. Die Wagentüren sprangen auf, und fünfzig Leute kletterten heraus. Als letzter folgte der Fahrer. Mein Nachbar trat zu ihm. 'Dr. von Braun', sagte er, 'ich möchte Sie gerne unserem Pfarrer vorstellen'.

Der Chauffeur war - der Pfarrer. Jeden Sonntag fuhr er mit seinem alten Bus runde 50 Kilometer, um seine Gemeindemitglieder aufzusammeln.

Zum erstenmal wurde mir klar, daß unser christlicher Glaube nicht an die großen Kathedralen des Mittelalters gebunden ist.

Zugleich habe ich verstanden, wie bequem ich es mir bisher mit meinen Stoßgebeten gemacht hatte. Nur wenn es Spitz auf Knopf stand, erinnerte ich mich an Gott. Ging alles glatt, war er, der Herr, vergessen. Der Pfarrer, der Sonntag für Sonntag in glühender Sonne seine Gemeindemitglieder sammelte und mit seinem alten Bus zur Kirche brachte, hatte mich gelehrt: Zum Glauben gehören Disziplin und Beständigkeit.

Ich begriff, daß ich auf ganz andere Weise beten mußte. Ich begann, täglich zu beten, zu ganz bestimmten Stunden - nicht nur im Augenblick der Krise, wenn ich das Knöpfchen drückte. Stundenlang fuhr ich hinaus in die Wüste bei glühender Sonne, war allein und betete. Wird Gottes Wille zu einem bescheidenen Teile auch in meiner Forschungsarbeit wirksam?

Unser Zeitalter der Weltraumflüge und der Atomspaltungen fordert eine hohe Verantwortung von jedem einzelnen. Wir haben allen Grund, zu beten, daß Gott uns die Kraft schenke, dieser Verantwortung gerecht zu werden.

Beten wir wirklich um diese Kraft und diesen Geist? Ich versuche es. «

ZWEITES KAPITEL

Mein Wortbruch

Am 28. April 1945 gegen drei Uhr morgens waren wir aus der Hölle und dem Flammenmeer Berlins entkommen und in Rechlin auf der Militär-Erprobungsstelle heil eingetroffen. Der neuernannte Oberbefehlshaber der Luftwaffe und Nachfolger Görings, Feldmarschall Ritter von Greim, und ich hatten auf Anordnung Hitlers den Bunker der Reichskanzlei in Berlin an diesem Tag zwischen zwei und drei Uhr morgens verlassen. Herr von Greim sollte einen Jagdbomberangriff auf die russischen Bereitstellungen in den Zufahrtsstraßen zur Reichskanzlei in Berlin in die Wege leiten. Hitler hoffte dadurch, den Angriff der Russen auf die Reichskanzlei wenigstens um 48 Stunden hinauszuschieben, in der Erwartung, daß bis dahin General Wenk mit seiner Armee in Berlin eintreffen und die Stadt freikämpfen würde. Die dafür erforderlichen Befehle konnten aus technischen und Geheimhaltungsgründen per Funk nicht mehr aus Berlin hinausgegeben werden.
Es schien wie ein Wunder, daß die russische Flak, die uns mehrfach im Scheinwerferkegel erfaßte, uns nicht abgeschossen hatte. Als Hitler am 25. April den Generaloberst Ritter von Greim zu sich nach Berlin befahl, hatte dieser mich als Piloten für diesen Einflug gewünscht. Denn ihm war bekannt, daß ich mich Ende 1944 während meines Aufenthaltes im Bunkerlazarett am Zoo

nach einer Verwundung - bei einem Bombenangriff auf Berlin -
wochenlang systematisch vorbereitet hatte, um gegebenenfalls die
Verwundeten, die im Flakbunkerlazarett lagen, aus dem einge-
schlossenen Berlin mit Hubschrauber herauszufliegen. So blieb
ich als Pilot an seiner Seite, nachdem wir aus Berlin mit unwahr-
scheinlichem Glück herausgekommen waren.

Nachdem Herr von Greim in Rechlin die für seinen Auftrag erforderlichen Anordnungen gegeben hatte, wechselten wir das Flugzeug, um statt mit der Arado 96 mit der Bücker 181 - einer noch
kleineren und noch langsameren Maschine - nach Norddeutsch-
land weiterzufliegen. Nur ein derart langsames Flugzeug ermöglichte es uns, in niedrigster Höhe an Waldrändern oder im Wald-
schatten hin- und herzufliegen, sicher vor den vielen Feindflug-
zeugen, die den deutschen Himmel beherrschten. Es war die Absicht des Feldmarschalls, in Plön so rasch wie möglich Großadmiral Dönitz aufzusuchen, um mit ihm das im Bunker Erlebte, aber
vor allem das, was Göring, Himmler und die nächste Zukunft betraf, zu besprechen. Die schwere Fußverletzung, die Ritter von
Greim bei unserem Einflug nach Berlin am 26. April 1945 durch
ein Panzersprenggeschoß erlitten hatte, schmerzte und behinder-
te ihn sehr. Nur auf zwei Krücken gestützt konnte er sich fortbe-
wegen und mußte in das Flugzeug hinein- und auch wieder her-
ausgehoben werden. Wir erreichten unbehelligt den Flugplatz
Schleswig. Bevor es von dort per Auto nach Plön, dem Hauptquartier von Großadmiral Dönitz, weiterging, erfuhren wir, daß
Hitler am 30. April 1945 seinem Leben ein Ende gesetzt hatte,
nachdem seine letzte Hoffnung auf Entsatz von Berlin zerstört
war.

Großadmiral Dönitz, den Hitler zu seinem rechtmäßigen Nachfolger bestimmt hatte, mußte unverzüglich eine neue Regierung
bilden. Feldmarschall von Greim blieb Oberbefehlshaber der
Luftwaffe, die zu diesem Zeitpunkt kaum mehr aktionsfähig war.

26

Anschließend flogen wir - jetzt als Passagiere des Bombers Do 217 - von Schleswig über Königgrätz und Graz nach Zell am See, in der Absicht, Feldmarschall Kesselring zu suchen. Mit ihm zusammen wollte Herr von Greim so lange wie nur irgend möglich den Vormarsch der Feinde im Osten aufhalten, um der deutschen Zivilbevölkerung, vor allem den Frauen und Kindern, die Flucht in den Westen zu ermöglichen. In Zell am See wurden wir am 8. Mai 1945 von der Kapitulation überrascht, die wir erst 24 Stunden später erwartet hatten.

Ich brachte Feldmarschall von Greim, dessen Zustand sich von Tag zu Tag verschlechtert hatte, hochfiebernd in das Luftwaffennotlazarett in Kitzbühel, wo uns die Amerikaner verhafteten. Chef des Lazarettes war der bekannte Berliner Chirurg Dr. Weidemann, der mit seinem Schwesternteam von Berlin aus dorthin evakuiert worden war. Vorläufig standen nur amerikanische Wachen vor den Lazaretteingängen. Sie waren das einzige Merkmal unserer Verhaftung. Nach einigen Tagen unseres Aufenthaltes dort übermittelte mir Herr von Greim tieferschüttert die furchtbarste Nachricht meines Lebens: Meine Familie, Vater, Mutter, meine jüngere Schwester Heidi (deren Mann als Major, kurz bevor sie ihr viertes Kind bekam, 1942, vor Leningrad gefallen war) und ihre reizenden Kinder waren nicht mehr am Leben. Im Frühjahr 1945 war Hirschberg, unsere Heimatstadt im Riesengebirge (Niederschlesien), evakuiert worden, und so gehörte meine Familie wie Millionen andere aus Ober- und Niederschlesien, aus dem Sudetenland, aus Ost- und Westpreußen, aus Pommern, Mecklenburg und aus Brandenburg zu den Heimatvertriebenen. Die Meinen hatten durch Freunde Aufnahme im Schloß Leopoldskron bei Salzburg gefunden. Kurz vor dem Einmarsch der Amerikaner war bekanntgeworden, daß General Eisenhower beabsichtigte, die aus dem Osten geflüchteten Frauen und Kinder soweit wie möglich in ihre Heimat, die inzwischen bereits von Russen besetzt war, zurückzuschicken. Ihre mit ihnen geflüchteten Männer sollten von den Familien getrennt und von den Amerikanern gefangengesetzt werden. Mein Vater hatte als Arzt in den zeitweise zurückeroberten Gebieten im Osten erfahren und mit eigenen Augen gesehen, was dort an Frauen und Mädchen Grauenvolles geschehen war. Bevor er also von seiner ohne ihn schutzlosen Familie getrennt werden würde, wollte er den Seinen, die das Heiligste und Liebste bedeuteten, was ihm auf der Welt anvertraut war, ein solches Schicksal ersparen, wie er es nun ausweglos hier auf sie zukommen sah. Von mir nahm er an, ich sei beim Flug mit Herrn von Greim nach Berlin gefallen. Meinen zwei Jahre älteren Bruder Kurt, der damals als Korvettenkapitän im Einsatz bei der Kriegsmarine stand, wußte er, falls Kurt lebend zurückkehren würde, glücklich verheiratet. So gab er die ganze übrige Familie und sich selbst, einen Tag vor dem Einmarsch der Amerikaner in Salzburg, Gott zurück.

Ich war wie gelähmt vor Schmerz: Das furchtbare Schicksal einer Grenzlandfamilie - eines unter unzähligen anderen.

Acht Tage danach ging Feldmarschall von Greim aus dem Leben. Er war aus unserer Haft im Luftwaffennotlazarett von einem jungen, akzentlos Deutsch sprechenden amerikanischen Offizier abgeholt worden. Er sollte als Gefangener nach England und anschließend nach Nürnberg vor ein Kriegsverbrechertribunal gebracht werden. Er war zwar der letzte Oberbefehlshaber der Deutschen Luftwaffe, aber zum Zeitpunkt seiner Ernennung, am 26. April 1945 im Führerbunker, existierte sie praktisch kaum mehr. So hatte er keinen Grund, sich diesem Tribunal in Nürnberg zu stellen, um den Siegern Rede und Antwort zu stehen über Dinge, für die nicht er die Verantwortung trug und die zu klären er vor allem als eine rein deutsche Angelegenheit ansah.

Jener Amerikaner, der ihn abholen sollte, verschob die Abreise wegen des dichten Nebels auf den nächsten Morgen und betrank sich derweilen mit Sekt und Wein. Solche Getränke ließ Dr. Weidemann ihm bewußt in reichlicher Fülle bringen, anstelle »deutscher Mädchen«, nach denen er verlangt hatte. So blieben Herrn von Greim und mir noch einige Stunden, um in Ruhe alles vor uns Liegende zu besprechen. Seine Handlungsfreiheit war nur gelähmt und behindert durch die Verantwortung, die er vor meinen toten Eltern mir gegenüber empfand, da er von meinen Eltern die Erlaubnis für den Flug nach Berlin für mich erbeten hatte. Jetzt nach dem Tod all der Meinen und dem Verlust meiner schlesischen Heimat mich einer feindlichen Welt ausgeliefert zu wissen, schien ihm undenkbar. Ich empfand aber, wie wichtig es war, daß er völlige Handlungsfreiheit behielt. Falls er seinen Freitod für unausweichlich und richtig und für die einzige Lösung hielt, um keine Kameraden vor dem Tribunal belasten zu müssen, so versprach ich ihm, daß ich ihm acht Tage nach Verkündung seines Todes im Rundfunk darin folgen würde. Wir beide hatten die Giftampullen, die wir im Hitlerbunker erhalten hatten, in unsere Kleidung eingenäht. Die tendenziöse Feindpropaganda, die alles Deutsche in den Schmutz zog, sollte mit diesem Abstand von acht Tagen daran gehindert werden, unser beider Tod miteinander in Verbindung zu bringen.

So trennten wir uns - schweren Herzens.

Mit Feldmarschall von Greim schied in Salzburg, einen Tag nach unserem Abschied, einer der größten und edelsten Offiziere der deutschen Wehrmacht aus dem Leben, von jedem verehrt und geliebt, der ihn erlebt hatte. Selbst die russischen Kriegsgefangenen, die im Bereich seiner Luftflotte zu arbeiten hatten, betrachteten ihn als einen Vater.

Bevor die acht Tage verstrichen waren, die ich nach der Todesnachricht auf meinem Bett liegend wie vor Schmerz gelähmt verbrachte, liebevoll umsorgt von Dr. Weidemann und Schwester Gertrud Huxel und nur sehnsüchtig den Tag herbeiwünschend,

an dem ich folgen durfte, erschienen drei hohe amerikanische Offiziere. Sie ließen sich von Dr. Weidemann nicht abwehren und
verlangten Zutritt zu mir. Sie erklärten, vor meinem Bett stehend, sie hätten größte Hochachtung vor mir und meinem Leben. Ich wäre wohl einer der ganz wenigen Piloten der ganzen
Welt, der all diese Typen geflogen hätte: von den größten Bombern und Verkehrsmaschinen sowie Raketenflugzeugen, der V 1,
Stukas und Jagdflugzeugen bis zum rückwärts fliegenden Hubschrauber. Sie bräuchten meine Erfahrungen und bäten mich,
mit ihnen nach den USA zu kommen. Ich würde berühmter werden als ich je war - ich würde eine der reichsten Frauen werden
und fliegen dürfen, was ich an Typen nur wolle. Sie versprachen
noch vieles mehr. Ich starrte sie an und fragte höflich, ob sie
nicht wüßten, wen sie vor sich hätten. Noch hätten wir keinen
Frieden. Bisher hätten sie während des Krieges meine Landsleute
getötet und unser Land zerstört. Nun hätte ich erfahren, daß sie
alle namhaften Deutschen einsperren ließen, um die Führenden
vor ein Gericht zu bringen. Was würden sie mit diesen Einge-
sperrten machen? Und wüßte ich, was sie mit meinen Erfahrungen drüben anfangen würden? Nein! Niemals würden sie mich
lebend zu diesem Zeitpunkt nach den USA bringen können. Sie
baten mich eindringlich, diese Entscheidung doch nochmals
ernsthaft zu überlegen. In drei Tagen wollten sie wiederkommen.
Wenn ich nicht gewillt wäre, mit ihnen zu kommen, wären sie
machtlos, mich vor dem Zugriff ihrer amerikanischen CIC zu
schützen. Diese würde mich unweigerlich in eine Gefängniszelle
sperren. »Schade für euch, nicht für mich«, antwortete ich. »Niemals habe ich etwas getan, das Ihnen das Recht dazu geben
würde.«
»Nach Recht fragt man bei dem Besiegten nicht«, war ihre Antwort. Die Atmosphäre begann immer eisiger zu werden. Dann
lenkten sie ein und versuchten mich mit allen Mitteln zu überre-

den: Ich würde in Deutschland gar nicht mehr Gelegenheit haben zu fliegen (sie wußten, daß ich ohne das Fliegen nicht leben konnte). »Da haben Sie recht, ohne Fliegen sterbe ich«, antwortete ich, »aber lieber sterbe ich anständig und bald in Ihrem Gefängnis, als unanständig und reich drüben in den USA zu fliegen und zu leben.« Darauf gingen sie, nicht ohne mich noch einmal zu bitten, die Sache zu überlegen.

Drei Tage später erschienen sie wieder. An meinem Entschluß hatte sich nichts geändert. Sie waren tief betroffen, blieben jedoch ritterlich und höflich. Sie fragten, ob sie irgend etwas für mich tun könnten und drückten mir ihre Teilnahme zum schmerzlichen Verlust all der Meinen aus. Sie hatten darüber von Dr. Weidemann erfahren.

Zu diesem Zeitpunkt war es für einen Deutschen unmöglich, von einem Ort zu einem anderen zu gelangen. So bat ich sie, mich nach Schloß Leopoldskron und nach Salzburg zu bringen, wo meine Angehörigen umgekommen und begraben waren. Ich wollte erfahren, wie sich das Ende meiner geliebten Familie abgespielt hätte und wollte ihnen und Herrn von Greim eine Blume aufs Gab legen, bevor ich mein Herrn von Greim gegebenes Wort einlöste. Dr. Weidemann hielt aber eine solche Fahrt wegen meines schlechten gesundheitlichen Zustandes, bedingt durch ein Übermaß an schwersten seelischen Erschütterungen, nicht für möglich; er ließ sich indessen erweichen unter der Bedingung, daß er mich als Arzt begleiten dürfe. So fuhren wir im Jeep, ich vorne zwischen zwei der hohen Offiziere sitzend, Dr. Weidemann hinten mit dem dritten Offizier. Keiner von ihnen konnte ahnen, daß es die letzte Fahrt meines Lebens sein sollte. Auf dem Weg nach Salzburg entschied sich mein Schicksal und mein Entschluß, »wortbrüchig« werden zu müssen.

Die Offiziere fragten mich unterwegs, wie es denn möglich gewesen sei, daß ich einer solchen »Verbrecherregierung« hätte dienen können. Sie zeigten als Belege für die angeblichen Verbrechen unserer Regierung furchtbare Fotos. Sie behaupteten, so seien Menschen in unseren Konzentrationslagern zerstückelt worden. Ich konnte das nicht glauben und entgegnete empört, daß es sich dabei bestimmt um Leichen handele, die nach feindlichen Bombenabwürfen gesammelt worden seien; in grausigen Haufen sah man Arme, Köpfe und Beine, getrennt von den Körpern, zerfetzt durcheinanderliegen. Sie beharrten bei ihrer Meinung und sagten, sie seien sogar von Dachau gekommen und hätten sich dort auch Gaskammern angeschaut, in denen wir Tausende von Juden vergast hätten. Ich war entsetzt und erzählte ihnen von meiner Begegnung mit Himmler, dem ich eine Feindbroschüre über angebliche Gaskammern 1944 empört vorgelegt hätte (siehe Seite 313 ff. in meinem Buch »Fliegen mein Leben«, München 1976). Da habe mich Himmler getäuscht, war ihre Antwort, wenn er dies abgeleugnet hätte. Meine Empörung wuchs. Es seien »grandiose« Zahlen von Juden vom Nazi-Deutschland vergast worden. Ich wurde stumm vor Entsetzen, glaubte davon aber kein Wort. Eines dagegen wußte ich todsicher, daß das deutsche Volk davon ebensowenig gewußt haben konnte, wie ich selbst. In der Zukunft würde es sich schon klären, was an solchen grauenhaften Dingen wirklich geschehen sei. In meinem Inneren hämmerte es: Ich müsse mich vor Millionen anständiger Deutscher stellen, ich müsse versuchen, die Wahrheit ergründen zu helfen, was immer sie auch ergeben würde.

Und in solchem Augenblick sollte ich aus dem Leben gehen, um das gegebene Wort zu halten? Ich rief im Geiste lautlos die Namen meiner Toten und vor allem den von Feldmarschall von Greim und bat um Rat und Hilfe. Die Tränen liefen mir jetzt heiß und unaufhaltsam über die Wangen. Gesprochen haben wir kein Wort mehr. Mein Entschluß, um dieses Zieles willen aber weiterzuleben, stand fest, noch bevor ich schluchzend vor den

1. Hanna Reitsch mit ihren Kriegsauszeichnungen

2. *Vor meinem Standard-Cirrus*

3. *In meinem Standard-Cirrus*

Gräbern all der Meinen kniete. Das frisch aufgeworfene Grab von Herrn von Greim war kaum 200 Meter von dem Grab meiner Familie entfernt. Sein Grab lag zwischen den Gräbern einfacher Soldaten. Es wäre dies ganz in seinem Sinn gewesen, wenn man ihn danach gefragt hätte. Ich flehte ihn an, meinen Wortbruch zu verstehen. Ich dürfte jetzt nicht nachkommen, so sehnlichst ich es mir auch wünschte. Ich müsse, was immer auch geschehen würde, mich vor ungezählte Deutsche stellen.

Durch meinen Wortbruch auf das schwerste belastet, wankte ich auf ein Zeichen meiner Begleiter, die respektvoll mit dem Arzt in fünfzig Meter Entfernung stehen geblieben waren, zum Jeep zurück. Jetzt mußte ich um die nötige Kraft beten, weiterzuleben, einzig und allein um dieser Aufgabe willen. Wir fuhren schweigend nach Kitzbühel ins Lazarett zurück.

DRITTES KAPITEL

Die Zeit der Gefangenschaft

Kurz nach jenem Besuch der drei amerikanischen Offiziere und meinem schicksalhaften Entschluß, weiterzuleben, erreichte uns im Lazarett die Nachricht, daß der Teil Tirols, in dem wir uns befanden, französisches Besatzungsgebiet werden sollte. Bevor dies aber in Kraft trat, wurde unser Lazarett, also seine gesamte Belegschaft mit dem Inventar des Lazaretts, in einen Rotkreuzzug verladen, der nach Deutschland, in die amerikanisch besetzte Zone fuhr. Während des Aufenthaltes auf dem Innsbrucker Bahnhof setzte ich mich heimlich ab und verschwand, da in Innsbruck alle meine nächsten Verwandten mütterlicherseits lebten, bei denen ich untertauchen konnte. Bei meinem Versuch, eine Woche später im Zug nach Salzburg weiterzureisen, um an die Gräber meiner geliebten Familie zu gelangen, wurde ich von zwei Männern in amerikanischer Uniform aus dem Zug geholt. Als sie von meinem Reiseziel erfuhren, erklärten sie, sie würden mich im Jeep nach Salzburg bringen. Es handelte sich um den Amerikaner Captain Work und den in CIC-Diensten arbeitenden Schweizer Püschel. Zunächst wurde mir gar nicht klar, daß es sich wieder um eine Verhaftung handelte. Sie schienen mich zwar dringend zu suchen, gaben jedoch an, mich vor dem Zugriff der Russen bewahren zu müssen. Diese seien in amerikanischen Uniformen unterwegs, um

34

mich zu »kidnappen«, meiner fliegerischen Erfahrungen willen. Sie gingen auf meinen Wunsch ein, mich in Schloß Leopoldskron in Salzburg abzusetzen. Dort eingetroffen, mußte ich ihnen das Versprechen geben, das Schloß und die Räume, in denen meine Familie gewohnt und den Tod gefunden hatte, nicht zu verlassen.

Es gab nur eine einzige Ausnahme: ich durfte jeden Tag um sechs Uhr früh mit dem Fahrrad zu den Gräbern fahren; dies hatte ich mir ausdrücklich erbeten. Schloß und Park waren von amerikanischen Wachen umstellt. Die Zeiten meines Fortseins wurden täglich genau registriert. Von dem alten Schloßdiener, der mit seiner Familie in dem großen, sonst menschenleeren Schloß wohnte, erfuhr ich eines Tages, daß mein langjähriger Chef, der ehemalige Leiter der Forschungsanstalt für Segelflug in Darmstadt, Professor Walter Georgii, in Reichenhall in einer Gefängniszelle säße. Ich war entsetzt, denn ich wußte, daß Professor Georgii lediglich Forscher war, der nie etwas mit Politik zu tun hatte und keiner Fliege je etwas hätte zuleide tun können. Ich wußte aber auch, daß er einem Gefängnisaufenthalt nicht gewachsen war. So beschloß ich, ihn unbedingt zu befreien. Die mir täglich von Captain Work ins Schloß gebrachte Nahrung in Form von Konserven, Butter und Brot rührte ich nun nicht mehr an und erklärte, so lange in Hungerstreik zu treten, bis er Professor Georgii aus dem Gefängnis geholt hätte. Nachdem ich acht Tage lang nichts gegessen hatte und Captain Work erkannte, daß ich diesen Streik weiter durchführen würde, erklärte er sich bereit, Professor Georgii zu holen. Er wollte mir indes zu diesem Entschluß eine Bedingung stellen, von der er erhoffte, daß ich daraufhin meine Forderung fallen ließe. Ich müsse das Schloß Leopoldskron verlassen, könne meine Gräber nicht mehr aufsuchen und würde mit Professor Georgii zusammen an einen anderen Ort gebracht werden. Ich willigte um Georgii helfen zu können, sofort ein. Meine Toten würden innerlich mit mir gehen, wohin immer es sei. Schon am nächsten Tag wurde ich mit einem Jeep abgeholt und nach Gmunden am Traunsee in die Villa Sonnenbüchel gebracht. Zu meiner großen Freude war Professor Georgii dort bereits eingetroffen, und wir fielen uns bewegt und erfreut in die Arme. Mit ihm und einem Kameraden aus dem Reichsluftfahrtministerium, Dipl.-Ing. Walter Schauberger, verbrachten wir dort etliche gemeinsame Wochen. Wir durften das Haus und den Garten zwar alle drei nicht verlassen, wurden aber so gut behandelt, als seien wir »inhaftierte Gäste«. Was für eine Bewandtnis dies hatte, verstanden wir nicht. Wir aßen gemeinsam mit drei amerikanischen Offizieren. Einer davon war Captain Work. Professor Georgiis sehr freundliche Umgangsformen gefielen den Amerikanern besonders gut. Sie behandelten ihn darum bald wie ihren väterlichen Freund, und so waren unsere Tischgespräche ungezwungen, entspannt und fast freundschaftlich. Nur wenn die Amerikaner deutsche Landsleute diffamierten, setzten wir uns zur Wehr. Auch ergaben sich bei Tischgesprächen vielerlei Fragen über meinen Flug in das von Russen eingeschlossene Berlin und über die letzten Tage, die ich im Hitlerbunker erlebte. Doch niemals berichtete ich in einer zusammenhängenden Erzählung. Es wurden dabei keinerlei Notizen von den Amerikanern gemacht. Auch wurde uns nie mitgeteilt, daß sie jene Tischgespräche als Berichte niederschrieben. Warum ich dies ausdrücklich betone? Nun, es hat für den weiteren Verlauf meines Lebens eine besondere Bedeutung.

Wir drei Deutsche hatten äußerlich über gar nichts zu klagen. Wir genossen hervorragende Verpflegung und durften tagsüber zusammensein. Wir schwammen im Traunsee, saßen gemeinsam im Garten, zerbrachen uns den Kopf, wie die Zukunft unseres zerstörten Deutschlands nach der bedingungslosen Kapitulation sich gestalten solle. Meinen persönlichen grenzenlosen Schmerz über den Verlust meiner Angehörigen, der mir fast den Verstand zu rauben schien, verbarg ich vor allen und wehrte nur nicht in den einsamen Nächten meinen Tränen.

Eines Tages entdeckte mich eine CIC-Streife, die Captain Work übergeordnet war und die trotz erbitterten Widerstandes von seiten Captain Works mich mitnahm und in das Salzburger Gefängnis brachte. Es war bereits dunkel, als wir dort eintrafen. Der erste Eindruck vom Gefängnis war für mich erschreckend. Ein hohes Treppenhaus, wie eine Art Gitterwerk, so daß man von unten bis zum obersten Stockwerk »hindurchsehen« konnte. Im zweiten Stock war die Frauenabteilung. Zelle 93 wurde aufgeschlossen, und ehe ich michs versah, wurde ich hineingestoßen. Die Tür fiel hinter mir zu. Es war eine winzige Einzelzelle. Rechts stand eine Pritsche zum Schlafen, daneben ein winziger Tisch mit einer Waschschüssel, ein kleiner Hocker davor, und darüber hoch oben in der Wand sah man ein kleines vergittertes Fenster. Jener Wand gegenüber lag die Zellentür, und in der Ecke neben der Tür gab es ein WC. Ich hatte mich noch kaum vom Schrecken erholt, als das Licht bereits von außen gelöscht wurde. Mein einziger tröstlicher Gedanke war nur: wie gut, daß meine Familie für immer ruhte und sich niemand qualvoll sorgen müßte, was jetzt mit mir geschehen würde. Sie alle würden mir vom Jenseits her bei Gott die Kraft für eine anständige Haltung erbitten. Mit diesen Gedanken tastete ich mich im Dunkeln zu meiner Pritsche. Es verging Stunde um Stunde; die innere Erregung ließ mich keinen Schlaf finden. Mit einem Male hörte ich - es muß gegen halb drei Uhr morgens gewesen sein - deutlich und klar eine Stimme, der andere Stimmen antworteten.

Woher kamen diese Stimmen? Es konnte sich doch keine Seitenwand gehoben haben, die mich mit meiner Nebenzelle verband? Ich stand auf und tastete mich im Dunkeln dorthin, von wo ich die Stimmen vernahm. Und zu meinem großen Erstaunen kamen sie aus dem WC. Wie durch ein Riesenrohrleitungssystem schienen die Zellen dadurch verbunden. Ich steckte voll Neugier den Kopf so tief wie ich nur konnte in die WC-Schale und hörte und verstand nun deutlich die Worte. Es waren meine Mitgefangenen, die sich untereinander informierten. Wer mochten sie wohl sein? Das Reden ging sehr diszipliniert vor sich. Ich fühlte mich plötzlich als Leidensgefährtin mit ihnen verbunden und hätte am liebsten gerufen: »Hallo - hier bin auch ich, Hanna Reitsch, wer seid ihr? Wie geht es euch?« Aber ich zog es vor zu schweigen. Ich lauschte, bis die Gespräche kurz nach vier Uhr morgens verstummten. Diese Stimmen brachten menschliche Nähe und hatten auf mich eine so tröstliche, beruhigende Wirkung, daß ich einschlief. Erst durch ein Gurren erwachte ich. Eine Taube hatte sich hoch oben vor das vergitterte Fenster gesetzt. Mir war es, als brächte sie mir Grüße vom Himmel und aus der Freiheit.

Im Gefängnis zu sitzen, ist ja nun nichts Welterschütterndes, Millionen vor mir - Schuldige und Unschuldige - haben es erlebt und erleben es noch heute auf der weiten Welt. Für jeden aber, der es erstmals durchlebt, ist es doch erschreckend, hinter Schloß und Riegel gesperrt zu sein, der Freiheit beraubt, nur Wände, ein vergittertes Fenster und kaum ein bißchen Himmel zu sehen. Und dann die sich erhebenden bangen Fragen für jeden: Wie lange? Wer wird mich je hier herausholen?

Ich wollte wenigstens wissen, was vom vergitterten Fenster aus zu sehen war. Da es so hoch oben an der Wand angebracht war, stellte ich den Hocker auf das Tischchen, das für die Waschschüssel bestimmt war, kletterte mit nackten Füßen hinauf und vermochte nun, aufrecht stehend, gerade mit den Händen die Gitter des Fensters zu erreichen. Mit einem Klimmzug arbeitete ich mich hinauf und konnte nun in den Gefängnishof hinuntersehen, in dem Gefangene mit den Händen auf dem Rücken schweigend im

Kreis herumgingen. Plötzlich hörte ich eine donnernde Stimme, die mit Dunkelkeller, trockenem Brot und anderen Strafen drohte. Ich war voll Mitleid für den Betroffenen, und es schauderte mich vor den für jenen ausgesprochenen Strafen. Dann wurde es einige Minuten still, und ehe ich - noch immer in der Höhe an den Fenstergittern hängend - mich versah, gingen Schloß und Riegel meiner Zellentür auf, und das donnernde Gebrüll wiederholte sich jetzt mit den gleichen Worten hinter meinem Rücken. Blitzschnell sprang ich hinunter. Aber in Sekundenschnelle war der Wärter aus meiner Zelle verschwunden, noch üble Drohungen aussprechend, falls ich je wieder zum Fenster klettern würde. Als ich mich von diesem Schreck erholen wollte und mich auf die Pritsche legte, gingen wieder Riegel und Tür auf. Derselbe Wärter mußte durch ein kleines Guckloch in der Zellentür mich beobachtet haben. Er brüllte mich nun an: Wenn ich mich noch ein einziges Mal tagsüber niederlegen würde, müßte ich bei Wasser und trocken Brot in eine Dunkelkammer gesperrt werden. Da ich zum ersten Mal in meinem Leben in einer Gefängniszelle saß, waren mir die Regeln dieser Institution natürlich unbekannt. Ehe ich jedoch noch diesbezüglich etwas fragen konnte, war der Wärter wieder verschwunden. Der Schock über diese Brüllerei war mir derart auf den Magen geschlagen, daß ich ein menschliches Rühren verspürte. Was aber, dachte ich mir, wenn dieser Kerl durch das Loch hereinschaut? Dies empfand ich als recht peinlich, drehte schnell von meiner Pelzjacke einen runden Pelzknopf ab und spuckte ihn an, damit er auch in dem glatten Guckloch haftete. Ich begab mich »an mein Vorhaben«. Kaum saß ich, da ging der Riegel auf, und der Bursche stand wieder brüllend vor mir, weil ich das Guckloch mit dem Pelzknopf bedeckt hatte. Ich muß schon sagen: Dieser erste Tag war anstrengend und aufregend, bis ich wußte, was im Gefängnis erlaubt und was verboten war. Im übrigen wurde ich mit jedem Tag ruhiger, denn im Gefängnis milderte sich der grausame Schmerz um meine Toten. Sie schienen vom Jenseits her fast näher bei mir, als dies im Leben draußen möglich gewesen wäre. Im übrigen wurde mir keine Minute des Tages lang. Ich versuchte mühsam, die vielen Gedichte meiner Mutter, die sie mir während meines bisherigen Fliegerlebens geschrieben hatte und die mir fürs Leben wegweisend waren, ins Gedächtnis zurückzurufen. Mit den Fingernägeln kratzte ich Vers um Vers, der mir einfiel, in die Wand, bis ein gütiger Wärter mir heimlich eines Tages Bleistift und Papier brachte.

Zu unvergeßlichen Lichtblicken dieser Zeit gehörte es, daß ich eines Tages in einem Eßnapf, der morgens, mittags und abends durch eine Öffnung in der Zellentür geschoben wurde, eine Nachricht fand. Es hatte sich nämlich im Gefängnis herumgesprochen, daß ich dort saß, und BdM-Führerinnen, die dort gleichfalls eingesperrt waren und zur Strafe Küchendienste tun mußten, steckten unter die Schale einer Pellkartoffel ein Brieflein an mich. Es war rundherum mit Blumen und Herzen bunt bemalt, und ich faßte es kaum, als ich darin laß: »Unsere liebe Hanna Reitsch, seit wir wissen, daß Sie hier in einer Zelle sitzen, ist unsere Liebe zu Ihnen, unsere Verehrung und Hochachtung noch viel größer als bisher...«, und dann folgten einige Namen. Was solche Zeilen in dieser Einsamkeit und Verlorenheit bedeuteten, das kann nur ermessen, wer dies selbst erlebt hat. Einsam und verloren erschien meine Situation allerdings nur äußerlich. Innerlich hatte ich mich völlig in die Hände Gottes gegeben und betete nur um anständige Haltung, was immer auch mit mir geschehen würde. Nicht eine Sekunde empfand ich Bitterkeit oder Haß gegen jene, die mich hier ohne jedes Recht eingesperrt hatten.

Sehr rührte mich eines Tages ein Wärter, der bei Tag meine Zellentür öffnete, sich vorsichtig umschaute, ob ihn vom Treppenhaus niemand beobachtete, und der dann in meine Zelle trat. Er zog beinahe scheu aus seiner Brusttasche ein vergilbtes Foto von mir und sagte leise: »Dieses Foto hatte ich während des ganzen Krieges bei mir. Es war für mich wie ein Schutzengel«; dann verschwand er schnell. Bewegt blieb ich in der Zelle zurück.

Eines Tages erschien ein amerikanischer Offizier in meiner Zelle und sagte, ich möge meine Sachen zusammenpacken und ihm folgen. Es öffnete sich für mich - ganz überraschend - die Gefängnispforte. Ich erfuhr nicht, wohin es ging. In rasender Fahrt verließen wir Salzburg und landeten nach ein paar Stunden in Garmisch. Der Offizier unterhielt sich unterwegs auffallend freundlich mit mir und deutete eine mir bevorstehende Überraschung an. Plötzlich standen wir vor einem KZ mit Deutschen. Mir wurde warm ums Herz, aber ich konnte es vor Glück kaum fassen, als ich in diesem Lager plötzlich vor meinem Landsmann und Fliegerkameraden, dem großen Raketen-Forscher Wernher von Braun, stand. Er ist sechs Tage älter als ich, wir hatten in Grunau 1932 zusammen Segelfliegen gelernt. Und am Grunauer Südhang sitzend hatte er mir damals seine Raketenpläne entworfen, bis zu Flügen auf den Mond und zu anderen Planeten. Mehrmals war ich vor und in dem Krieg bei ihm in Peenemünde gewesen und hatte sogar dort den furchtbarsten Bombenangriff miterlebt, bei dem ich glücklicherweise unversehrt blieb. Nun, da ich jetzt Wernher wiedersah, fielen wir uns um den Hals. Sehr erfreut war ich auch über die Wiederbegegnung mit General Dornberger und vielen V-2-Mitarbeitern. »Hanna, du kommst doch mit uns nach den USA?«... war die Frage aller. Und plötzlich standen die drei amerikanischen Offiziere unter uns, die mich von Kitzbühel nach USA hinüberholen sollten. Aha, dachte ich mir, ich war also nur in die Gefängniszelle gesperrt worden, um weich und gefügig zu werden. Nein, das hatte der Aufenthalt in der Zelle nicht fertiggebracht. »Oder«, setzten jetzt die amerikanischen Offiziere hinzu, »wollen Sie wieder in die Gefängniszelle zurück?« Ich antwortete, wenn auch mit schwerem Herzen: »Ja«. So schwer mir der Abschied von diesen prachtvollen Freunden und Kameraden auch fiel, so mußte ich mir und meinem Ziel treu bleiben. Es war ein schwerer Abschied für mich. Schweigend wurde ich wieder zurück nach Salzburg in meine alte Zelle gebracht.

Ich blieb nicht mehr lange im Gefängnis in Salzburg, sondern wurde eines Tages mit einem Jeep in eine Zelle nach Freising gebracht. Von dort ging es, immer mit einer anderen Bewachung, weiter nach Oberursel im Taunus in das Hauptquartier der CIC. Mit jeder neuen Etappe wurde die Behandlung gegen mich gehässiger und ruppiger. Während ich im Salzburger Gefängnis noch Captain Reitsch war, verlief die Fahrt nach Oberursel für meine Bewacher als »transport of a top Nazi criminal« (Transport eines Haupt-Nazi-Verbrechers). So zog ich eines Nachts in die Zelle des CIC-Lagers in Oberursel ein. Obwohl es Anfang November war, hatte das vergitterte Fenster meiner kleinen Einzelzelle keine Glasscheiben. Ich schnatterte vor Kälte. Die Zelle hatte kein WC, kein Inventar außer einem Strohsack auf dem Boden zum Schlafen und einem Hocker. Neben der Tür befand sich ein Holzhebel, den man für Rufzeichen benutzen konnte. Ich betätigte ihn bis zum nächsten Morgen vergeblich. Was blieb mir anderes übrig, als eine Ecke des Bodens als Toilette zu benutzen. Jetzt bekam ich eine Vorahnung, was in diesem Lager mit uns Deutschen geschah. Sehr früh am Morgen wurde ich durch wahnsinnige Schreie geweckt. Sie gingen mir durch Mark und Bein. Unwillkürlich faltete ich meine Hände und betete für den, der dort etwa, wie ich meinte, gefoltert wurde. Um sechs Uhr öffnete sich der Riegel meiner Zelle. Eine Wärterin erschien, eine Deutsche, die alle zu hassen schien, die hier eingesperrt waren. Sie fuhr mich an, ich solle ihr zum Waschen folgen. Als ich auf die stinkende Ecke meiner Zelle wies, sagte sie nur: »Später«. Der Waschraum war mit einer Toilette verbunden. Als ich mich zunächst dorthin begeben wollte, wich die Wärterin nicht von meiner Seite. Ich bat sie, mich allein zu lassen. Sie verweigerte dies. Als mein Bemühen dadurch völlig vergeblich war, da sie nicht von meiner Seite wich, herrschte sie mich nach drei Minuten an: »Ihre Zeit ist vorüber, zurück in die Zelle!« Ich bat, mich doch wenigstens waschen zu dürfen, aber sie lehnte dies mit eisiger Miene ab. Ich kochte innerlich vor Wut, als der Riegel sich hinter mir geschlossen hatte. Nach kurzer Zeit spürte ich erneut ein menschliches Rühren. Den Holzhebel an der Wand betätigte ich wiederum vergeblich. Meine Klo-Ecke füllte sich, und ich konnte auf Grund meiner schrecklich empfindlichen Nase den Gestank trotz glaslosem Fenster kaum mehr ertragen. Jetzt wurde mir voll Schrecken klar, daß hier etwas auf mich zukäme, mit dem ich niemals gerechnet hatte und dem ich nicht gewachsen war. Für ein weibliches Wesen ist der Gedanke wohl noch unerträglicher als für einen Mann, langsam verschmutzen zu müssen, bis einem vom eigenen Gestank übel wird. Dies also schien als Demütigung beabsichtigt. Der Gedanke erschütterte mich tief. Ich betete ganz fest um ein »Wunder«.

Am Nachmittag wurde mir eine Kehrschaufel in die Zelle gereicht, und ich mußte den Kot von meiner Zelle durch ein Spalier lachender, höhnender amerikanischer Wachtposten tragen. Zunächst hätte ich ihnen die Ladung am liebsten ins Gesicht geschmissen, aber sie hätten wahrscheinlich dann von ihren Pistolen Gebrauch gemacht. So zog ich vor, erhobenen Hauptes, voll Verachtung, durch das Spalier zu gehen.

Als die nächste Nacht vorüber war und sich dasselbe mit der Wärterin wie tags zuvor abspielte, gab mir der Himmel einen Gedanken ein, der wohl das »Wunder« war, das Gott mir schickte. Kaum war ich von der Wärterin wieder in meiner Zelle eingeschlossen, so donnerte ich mit den Fäusten an die Tür, als sei ich wahnsinnig geworden. Ich brüllte dazu so laut ich konnte. Ich hörte die Wache herbeieilen, die sofort aufschloß. Ehe sie mich anschreien konnte, brüllte ich auf englisch, ich sei schwerkrank, sie müßten mich umgehend zum Arzt bringen, bevor ich stürbe. Sie wollten ja etwas von mir und nicht ich von ihnen. Ich selbst warf daraufhin die Tür zu. Der Riegel wurde verschlossen, und zu meiner Genugtuung hatte mein schier irrsinniges Benehmen seine Wirkung nicht verfehlt. Nach zehn Minuten wurde ich von zwei bewaffneten GIs abgeholt und zur Arztbaracke gebracht. Ein deutscher Arzt empfing mich. Ich bat ihn, die Wache fortzuschicken, da ich eine Frau sei. Als wir allein waren, sagte ich zu dem Arzt, er brauche mich nicht zu untersuchen, ich sei in früheren Gefängnissen untersucht worden (was nicht stimmte). Ich litte an schweren Kreislaufstörungen, und die einzige Hilfe seien morgens und abends zwei Eimer Wasser, heißes und kaltes, in denen ich Wechselbäder machen könnte. Der Arzt war zufrieden und gab diesbezügliche Anordnungen. Von nun an schleppten GIs jeden Morgen und jeden Abend zwei Eimer Wasser in meine Zelle. Ich konnte mich nach Herzenslust morgens und abends von Kopf bis Fuß waschen und mit dem übrigen Wasser meine Klo-Ecke säubern. Die Seife dafür entwendete ich im Toilettenraum. Jetzt wußte ich: Es kann kommen, was will, ich halte durch. Ich dankte dem Himmel aus ganzem Herzen für diesen rettenden Einfall.

Tag um Tag verging, ohne daß ich vernommen oder jemandem vorgeführt wurde. Das Schrecklichste während dieser Zeit waren die gellenden Schreie, die sich oftmals am Tage aus verschiedenen Ecken der Baracke, mal nah, mal fern, wiederholten. Wer mochten die armen Gequälten sein? Es drang nicht die leiseste Nachricht in meine Zelle. Ich sehnte mich nach meinen Landsleuten und empfand ständig stärker werdendes Heimweh.

Eines Tages wurde ich von einem Deutsch sprechenden amerikanischen Offizier aus meiner Zelle geholt und in einem Jeep aus dem Lager gefahren. Kein Wort wurde dabei gesprochen. Nach kaum 800 Metern Entfernung ging es durch ein für uns geöffnetes Gartentor zu einer Villa. Der Zaun um den Garten war mit Sackleinen verhängt. Die Villa nannten die Amerikaner Haus »Alaska«. Sie war früher und ist auch heute wieder ein Lehrerinnen-Altersheim. Es sollte bis November 1946 mein Domizil werden. Das Haus, das viele Zimmer hatte, die alle verschlossen waren, als ich es betrat, wimmelte von GIs als Wachtposten. Ein Einzelzimmer im ersten Stock wurde für mich geöffnet und hinter mir wieder verschlossen. Alles ging wortlos vor sich. Was sollte das Theater? Ich verstand es nicht und fügte mich wie in ein Narrenspiel. Das Zimmer war nahezu wohnlich im Vergleich zu dem, was ich in den letzten Monaten erlebt hatte. Vor allem war es geheizt und warm. Es hatte Vorhänge an den Fenstern, hatte ein richtiges Bett, einen Schrank, eine Kommode, einen Tisch, einen Stuhl und sogar fließendes Wasser. Fast jubelte es in mir über diesen Luxus. Nach einer Stunde hörte ich, wie Zimmer für Zimmer aufgeschlossen wurde und ein Gemurmel von Männerstimmen begann. Viele Personen verließen offenbar ihre Zimmer und gingen die Treppe hinunter ins Parterre. Als die Stimmen verstummt waren und alle in einen Raum verschwunden zu sein schienen, wurde mein Zimmer geöffnet, und ich wurde von zwei Wachtposten abgeholt und eine Treppe tiefer in einen Riesenspeisesaal geführt, der mehrere lange Tische hatte, an denen etwa 50 bis 60 Herren saßen. Als ich eintrat und einen Augenblick verwirrt stehenblieb, standen alle auf. Ich trug noch mein EK 1 und EK 2, die hatte mir keiner genommen. So wurde ich gleich erkannt. Es waren alles Deutsche: Reichsminister, Staatsminister, Feldmarschälle, Generale, Admirale (zwar ohne Rangabzeichen, aber mit den roten und weißen Generalsstreifen an den Hosen), Botschafter, Gesandte, Staatssekretäre, Ärzte Adolf Hitlers und Führende aus den verschiedensten Berufen. Mein Platz an einem der langen Tische war neben dem ehemaligen Finanzminister Lutz Graf Schwerin von Krosigk, dem letzten Kanzler der Regierung Dönitz. Am liebsten hätte ich vor Glück geweint, zu ihnen allen als Leidensgefährte gebracht worden zu sein, und dies nach der langen Zeit völliger Abgeschiedenheit. Ich war unter Deutschen, die mir zwar fast alle persönlich unbekannt waren, deren Namen ich jedoch zum Teil mit größter Hochachtung gehört hatte und entsprechend schätzte. Ich spürte, daß sie dasselbe mir gegenüber empfanden.

Von sechs Uhr morgens bis neun Uhr abends blieben die Zimmer aller Insassen des Hauses geöffnet, und wir durften zusammenkommen, miteinander reden oder sogar spazierengehen, was ich mit Graf Schwerin von Krosigk zusammen jeden Tag mindestens vier Stunden lang tat, interessant diskutierend oder seinen Erzählungen lauschend. Natürlich hatte ich ungezählte Fragen an ihn, den Nationalsozialismus und seine Führer betreffend. Ich hatte als leidenschaftlicher und erfüllter Testpilot vor dem Krieg weder Zeit noch Interesse an gesellschaftlichem Leben oder gar an der Politik gehabt. So kam ich nie zu Empfängen und lernte infolgedessen auch keinen der politischen Führer persönlich kennen. Es interessierte mich auch glühend, durch Graf Schwerin von Krosigk über das jüngste Geschehen zu erfahren, nämlich, wie die Kapitulation und das Ende unserer letzten Regierung unter Dönitz vor sich gegangen sei. Ich war erschüttert, als ich von ihm erfuhr, wie die Regierung Dönitz durch englische Soldaten gefangengenommen worden war. Während Dönitz, Jodl und von Friedeburg am 23. Mai 1945 an Bord der »PATRIA« zum Leiter der Kontroll-Kommission, General Rooks, befohlen waren, wo ihnen ihre Absetzung und Verhaftung mitgeteilt wurde, stürmten schwerbewaffnete englische Soldaten in den Raum, in dem Schwerin von Krosigk die Restregierung zur täglichen Routinebesprechung versammelt hatte. Alle mußten sich nackt ausziehen. Mit dem Gesicht zu Wand folgte eine Leibesvisitation, bei der unter anderem von den Engländern jedem in den After gefahren wurde. Diese Behandlung widerfuhr auch einigen Offizieren und Sekretärinnen, die sich zusammen in ihren Arbeitsräumen befanden. Zu dieser Szene wurden englische Fotografen geholt, und in alliierten Zeitungen erschienen Abbildungen mit der Bemerkung: Man habe das Herrenvolk in den Betten überrascht. Das war eine infame Tendenzlüge.

So hat sich der Sieger gegenüber der Regierung des besiegten Gegners verhalten!

Der Adjutant des Großadmirals von Dönitz, W. Lüdde-Neurath, hat seine Erlebnisse bei der Gefangennahme in seinem Buch »Regierung Dönitz« (Musterschmidt-Verlag) Seite 111-117 gleichartig geschildert.

Hätte Hitler dies mit der französischen oder polnischen Regierung vornehmen lassen, nachdem sie 1939 und 1940 besiegt worden waren, so hätten diese Länder mit Sicherheit dafür gesorgt, daß nicht nur jeder Franzose und jeder Pole dies als Schändlichkeit empfunden hätte, sondern sie hätten es der ganzen Welt mitgeteilt. Unser Land schweigt darüber.

Nach meinem Eintreffen in diesem Haus wurde ich von einem Herrn nach dem anderen zunächst tagelang nach meinem Schicksal befragt, über das tragische Ende meiner Familie, über den letzten Flug nach Berlin und über die letzten Tage im Hitler-Bunker. Ich erzählte empört allen von den Behauptungen der amerikanischen Offiziere, die mir von Gaskammern und Massenvernichtungslagern erzählt hatten. Es wurde mit dem gleichen ungläubigen Entsetzen aufgenommen wie damals von mir.

Eingesperrt in unseren Zimmern wurden wir vorübergehend, wenn zum Beispiel ein neuer Häftling eintraf oder einige von uns nach Nürnberg oder in ein Lager gebracht oder ausländischen Regierungen übergeben wurden. Wenn so etwas vor sich ging, war dies für uns alle sehr schwer, denn keiner von uns wußte, ob sie gar umgebracht würden. Jedesmal lag nach solch einem Fortgehen von Insassen unseres Hauses ein lähmender Schatten über uns allen. Wir glaubten nur stumm, sie würden uns vorausgehen, denn von den GIs, die uns zu bewachen hatten, hörten wir nur, indem sie mit dem Finger auf uns alle zeigten: »They are all going to be hanged: (Sie werden alle gehängt). Wir ließen uns nichts von unserer persönlichen Sorge voreinander merken. Ich betete nur täglich darum, daß ich, wenn ich an der Reihe wäre, bis zum Schluß tapfer bliebe.

Zu essen bekamen wir einen miserablen Fraß, sahen nie Butter oder Fett, erhielten dünnste, wäßrige Suppen und trockenes Brot. Etliche, vor allem die älteren unter uns, wie zum Beispiel General Ritter von Epp, mußten bald vor Schwäche das Bett hüten. Der von uns gewählte Sprecher des Hauses, Admiral Lietzmann, reichte wegen des unglaublichen Essens eine Beschwerde an den Kommandanten des CIC-Lagers, Colonel Philp, ein, die - wie ich später von ihm hörte - niemals in seine Hände gekommen ist. Zu unserem großen Erstaunen bogen sich am nächsten Tag aber die Mittagstische mit köstlichen Suppen, mit Nußbutter und Brot, mit Fleisch aus Konserven, mit Gemüsen, Kartoffeln, Salat. Gleichzeitig erschien ein amerikanischer Offizier vom CIC-Lager. Mit akzentlosem Deutsch herrschte er uns an: »Ihr Nazi-Schweine, aufstehen! Umdrehen! Gesicht an die Wand!« Und dann hörten wir hinter unseren Rücken ein schmähendes Donnerwetter an Worten auf uns herniederprasseln: ...die Tische würden sich biegen, und dies sei uns Nazi-Schweinen immer noch nicht genug...! Als Admiral Lietzmann sich umdrehte, um das Wort bat und sagte, solche vollen Tische hätten wir, seit wir hier wären, noch nie gesehen, wir wären dankbar, wenn wir dies immer bekämen, brüllte dieser Amerikaner ihn an: »Halt's Maul, dreh dich um, du Nazi-Schwein! Verhungern sollte man euch lassen!« Und nach weiteren unflätigen Worten verließ er den Raum.

4. Mit meinem »Cirrus« am Venetberg bei Landeck

5. Entlang der »Kammspitze« / Steiermark

6. Das große Abenteuer »Im Segelflug über den Alpen«

Wir hatten dieses Mal wirklich gut und ausgiebig gegessen, aber schon am Abend und am nächsten Tag blieb alles »dünn und mager« wie eh und je.

Ich vergesse nie, wie eines Tages, während wir bei unserem kärglichen Mittagessen saßen, die Tür aufging und ein alter Mann hereinwankte. Lange, strähnige, klebrige Haare umrahmten sein Gesicht. Er hatte einen langen Vollbart, war aschfahl und eingefallen im Gesicht, er trug einen völlig verschmutzten Soldatenrock. Als er uns erblickte, versuchte er sich aufrechtzuhalten, so gut es ihm möglich war. Er schien dabei schwindlig zu werden, so daß zwei unserer Kameraden hinzusprangen, um ihn zu stützen. Dabei bekamen seine Augen einen feuchten Glanz, und er legte die Hand zum Gruß an die Stirn, als trage er noch seine Soldatenschirmmütze. Die zur Hilfe herbeigesprungenen Kameraden erkannten ihn plötzlich, standen stramm und riefen: »Feldmarschall von Weichs!« Wir alle erhoben uns stumm und erschüttert. Jetzt wirkte er trotz seines Äußeren fast königlich und würdig. Viele Augen füllten sich mit Tränen. Er war aus jener gleichen Zellenbaracke gekommen, in der auch ich gewesen war. Nachdem er uns mit beinahe gebrochener Stimme aufgefordert hatte, wieder Platz zu nehmen, bat er die zwei Helfer, ihn erst zum Waschen zu führen, um nicht so unmenschlich verkommen unter uns sitzen zu müssen. Der Eindruck dieses gedemütigten, leidgebeugten, äußerlich heruntergekommenen greisen Feldmarschalls nahm uns den Appetit auf unsere magere Kost. Die Unterhaltung war verstummt, und still begaben wir uns auf die Zimmer.

Der deutschen Bevölkerung wurde über dieses berüchtigte Zellenlager von Oberursel durch Zeitungsberichte folgendes mitgeteilt, was die Reporter von englischen Rundfunksendungen erfahren hatten: Dieses Lager wäre während des Krieges als Befragungslager benutzt worden, in dem abgesprungene englische

Fliegeroffiziere so lange von Deutschen gefoltert worden wären, bis sie alles, aber auch alles, was gefragt wurde, ausgesagt hätten. Beim Einmarsch der Alliierten hätte man sämtliche Aufzeichnungen fein säuberlich bei den Deutschen vorgefunden. Der verantwortliche Lagerleiter - General Killinger - wäre daraufhin zum Tode verurteilt worden und warte auf die Vollstreckung des Urteils. Als diese Kunde auf geheimen Wegen zu uns drang, waren wir empört. Jeder, der General Killinger kannte, sagte klar und ohne eine Sekunde zu überlegen: »Das ist völlig ausgeschlossen«. Noch dazu war in den Berichten die Art der Folterungen in allen Einzelheiten schauerlich beschrieben.

Nachdem die Nachricht vom Todesurteil für General Killinger in England bekannt geworden war, taten sich die ehemals in Oberursel verhafteten und ausgefragten englischen Offiziere empört zusammen und verlangten eine Revision des Urteils und die Wiederaufnahme des Prozesses gegen General Killinger. Es handelte sich dabei um die Söhne der höchsten, führenden und bekanntesten englischen Adelsfamilien, die sich fair, mutig und ritterlich für die Wahrheit über General Killinger und dieses Lager einsetzten. Sie sagten offen aus, daß ihnen vor ihren Einsätzen gegen Deutschland durch ihre eigene englische Propaganda so entsetzliche Greueltaten der Deutschen vorerzählt worden seien, daß sie alle annehmen mußten, nach Abschuß und einer Fallschirmlandung auf deutschem Boden zerstückelt zu werden. So seien sie in allergrößter Angst in dieses Oberurseler Zellenlager gekommen. Dort seien sie von der vornehmen, geradezu hervorragenden Behandlung derart überwältigt gewesen, daß sie manches ausgesagt hätten, was später von ihrem eigenen Land aus gesehen als Landesverrat hätte gelten müssen. Deutscherseits seien für dieses Lager als Befrager Diplomaten und hohe Offiziere, meist Adlige, ausgewählt worden, die die Inhaftierten sogar freundschaftlich behandelten. Sie machten ja mit einzelnen Spaziergänge in den

Taunus! Alle Gefangenen erhielten dort beste Verpflegung. So waren jene Engländer zutiefst bewegt von der Fairneß dieser Behandlung und ließen sich dadurch verleiten, in freundschaftlichen Gesprächen vieles preiszugeben. Jene englischen Offiziere wollten sich lieber der Verurteilung durch das eigene Land stellen, müßten indessen General Killinger und der Besatzug des Oberurseler Lagers dankbar das beste Zeugnis ausstellen.

Das Todesurteil gegen General Killinger wurde daraufhin in »lebenslängliche Haft« und durch den weiteren Protest dieser mutigen englischen Offiziere in »heimliche unauffällige Entlassung« umgewandelt.

Nun zurück zu unserer Haft im »Alaska«! Unter uns Deutschen herrschte in diesem Hause ein prächtiger Geist. Und diese Monate die ich dort als einzige Frau unter allen Verhafteten verbrachte, gehörten zu den lehrreichsten meines Lebens. Alle zwei oder drei Tage hielt nach dem frühen Abendessen einer nach dem anderen von uns einen Vortrag über sein Fachgebiet. Da wir viele Monate dort zusammen waren, kam jeder mehrmals an die Reihe, und wir konnten die Vorträge systematisch wie Vorlesungen mit Fortsetzungen aufbauen. Meine Vorträge hielt ich bewußt nicht über meine Testflüge vor dem Krieg und während des Krieges, sondern über den Segelflug. Dadurch konnte ich meine Zuhörer in Himmelshöhen hinaufnehmen, so daß Gefängnis und Inhaftierung für sie vorübergehend versanken. Auch hielten wir jede Woche einen literarischen Abend, bei dem namentlich Graf Schwerin von Krosigk und ich beim Vorlesen von Shakespeare mit verteilten Rollen als Hauptschauspieler fungierten. Sich ganz und gar in Rollen anderer in Freud und Leid hineinarbeiten zu müssen, erforderte intensive Vorarbeit und Konzentration. Die Freude und der Applaus der Zuhörer waren für uns der schönste Dank.

Drei Menschen kamen mir in dieser Zeit besonders nahe. Das war Lutz Graf Schwerin von Krosigk, der mir ein naher väterlichen

Freund blieb. Zu meinem großen Schmerz starb er im März 1977. Diese Freundschaft zu ihm hat sich später auf seine ganze Familie übertragen. Der zweite war Oberst a.D. Bogislav von Bonin, der ehemalige Chef der Operationsabteilung des großen Generalstabs, der später in das Verteidigungsministerium der Bundesrepublik zurückgeholt wurde, um dort maßgebend an dem Plan der Verteidigung der Bundesrepublik mitzuarbeiten. Und der dritte Konsul Lindemann - von uns nur »Vater Lindemann« genannt. Er, der Typ des königlichen Kaufmannes, war Chef der alten Bremer Firma Melchers, die vor nahezu 100 Jahren in Hongkong errichtet worden und führend am Ostasienhandel, besonders an dem mit chinesischen Sojabohnen, beteiligt war.

Solche Freundschaften machten diese Zeit unseres ungewissen Schicksals sehr reich. Fröhlich und mit Humor setzten wir Insassen des Hauses uns über alle Demütigungen hinweg, die uns zugedacht waren, wie Klosett-Putzen, Treppen-Putzen, Zimmer-Wischen und vieles mehr. Dabei passierten fröhliche Dinge, denn es waren dies Arbeiten, die uns allen ungewohnt waren. Da Graf Schwerin von Krosigk und ich die Frühaufsteher des Hauses waren, so benutzten wir, ich als erste, den sogenannten Feudel (den Wischlappen), um jeden Morgen unsere Zimmer zu wischen. Mit großer Geduld wusch ich den Lappen nach verrichteter Arbeit unter der Wasserleitung im Treppenhaus aus und ließ nicht eher davon ab, bis das Wasser beim Spülen glasklar wurde. Als nächsten Anwärter auf das Scheuertuch hörte ich aus dem Nachbarzimmer Graf Schwerin von Krosigk den Lappen holen. Nach ein paar Tagen aber stellte er mich ärgerlich zur Rede: Es sei eine Schande, wie schmutzig, ja schwarz von Schmutz ich den Wischlappen hinterließe. Ich begriff den Vorwurf nicht, und meine Unschuldsbeteuerungen blieben für ihn unglaubwürdig. Das konnte doch nicht mit rechten Dingen zugehen, dachte ich - ich mußte es ergründen. So ließ ich am nächsten Morgen, nachdem ich wie jeden Tag den Lappen ausgewaschen hatte und in meinem Zimmer verschwunden war, die Zimmertür einen Spalt offen, die ich vorher nur zum Schein hörbar verschlossen hatte. Nun sah ich, leise, tapp, tapp, tapp, den berühmten Historiker, den leider inzwischen verstorbenen Göttinger Professor Percy Ernst Schramm, barfuß daherlaufen. Er nahm den Lappen, fuhr damit wahrscheinlich rasch über den Fußboden seines Zimmers, der durch die Gartenspaziergänge während des damaligen Regenwetters stark verschmutzt war. Er kehrte in kürzester Zeit zurück, hing den Lappen, ohne ihn auch nur zumindest unter das Wasser zu halten, über den Abgußrand und wollte ebenso leise davonschleichen. Da sprang ich lachend aus dem Zimmer und rief: »Halt, jetzt haben wir den Sünder!« Und gleichzeitig trat Graf Schwerin von Krosigk aus dem Zimmer und hörte nun die Geschichte vom Übeltäter. Unser verehrter Professor Schramm, der uns oftmals mit hochinteressanten Vorträgen erfreute, stand mit hochrotem Kopf recht verlegen vor uns und sagte zerstreut: »Ach so, muß man solchen Wischlappen auswaschen?« Es endete in herzhaftem Gelächter.

Ich glaube, die GIs, denen man die furchtbarsten Dinge über die Nazi-Verbrecher dieses Hauses erzählt hatte und mit denen keiner von ihnen ein persönliches Wort wechseln durfte, müssen wohl nicht selten erstaunt gewesen sein über den Geist und die Stimmung in diesem Haus.

Besonders schwer wurde für uns alle der erste Weihnachtsabend 1945. Die Sehnsucht nach den Angehörigen, das Wissen um den verlorenen Krieg, das zerstörte Land, um Millionen, die aus ihrer Heimat im Osten vertrieben waren, und für mich persönlich der im Herzen immer brennende Schmerz um meine Toten - all das übermannte uns an diesem Abend. Ganz früh zogen wir uns still in unsere Zimmer zurück. Die GIs hatten einen Tannenbaum aufgestellt. Allerdings, was die GIs als Schmuck daran hängten, waren aufgeblasene und bemalte Kondome, wie man mir höchst verlegen erklärte.

Am Neujahrstag war die Stimmung besser. Der Hauptdichter für die Gestaltung dieses Abends war Professor Hanskarl von Hasselbach, einer der Leibärzte Adolf Hitlers. Douglas Chandler und ich sangen Duette, und alle zusammen sangen wir Lieder, die uns Hoffnung geben sollten, begleitet von einem guten Pianisten unter uns. Zu unserer Freude enthielt dieses Lehrerinnenheim nicht nur einen schönen Flügel, der im Eßraum stand, sondern auch eine beachtliche Bibliothek, die wir rege in Anspruch nahmen. Übrigens unterrichteten wir uns gegenseitig auf mancherlei Gebieten. Mir zum Beispiel gab der Gesandte Clee, den ich besonders hoch schätzte, Unterricht in englischer Sprache, um mein Schulenglisch aufzubessern.

Da ich unter den Insassen die einzige war, die alle ihre Angehörigen verloren hatte - das Schicksal meines Bruders, der mir zusammen mit seiner Frau geblieben, war mir damals noch unbekannt -übernahm ich für meine Mitgefangenen eine zusätzliche Aufgabe, weil eine etwaige Haftverschärfung bei mir eine geringere Rolle gespielt haben würde, während die anderen doch der Hoffnung waren, ihre Frauen und Kinder durch ein glückliches Geschick wiederzusehen. Ich erbot mich daher, in meinem Zimmer alles zu verstecken, was die einzelnen an historischen Dokumenten in jener Zeit niedergeschrieben hatten. Es gelang mir auch, mit Hilfe eines prächtigen deutschen Tellerwäschers, der für uns manchmal zu tippen hatte, alles heil hinauszuschmuggeln. Diese Unterlagen dienten später als wertvolle Gedächtnisstützen für diejenigen, die heil die Gefangenschaft überlebten.

Als unschätzbarer Reichtum dieser Zeit blieb mir bis zu seinem Tode im Jahre 1977 die Freundschaft mit Lutz Graf Schwerin von Krosigk, aber die mit seiner Familie hält weiterhin an. Unsere damaligen täglichen Gespräche kreisten unaufhörlich um Deutsch-

land, um die Vergangenheit, um Wollen und Irrtum, um Tapferkeit und Verrat, und des öfteren drückte Graf Schwerin von Krosigk das, um was es in unseren Gesprächen ging, in schönen Gedichten aus, die ich heute noch wie einen Schatz aus dieser Zeit
bewahre. Ganz besonders schwer wurde es mir, als Graf Schwerin
von Krosigk im Frühjahr 1946 plötzlich von Oberursel weggeholt
wurde. Seine Odyssee endete erst nach vielen Lagern und etlichen
Jahren Gefängnis in Landsberg, nachdem er in Nürnberg im letzten der vielen Prozesse verurteilt wurde, anstatt, wie er glaubte,
freigelassen zu werden. Die Jahre im Gefängnis Landsberg hätte
Graf Schwerin von Krosigk sich erspart, wenn er, wie es leider bei
etlichen vorkam, der Versuchung des Nürnberger Anklagevertre-
ters der USA, Robert M.W. Kempner, der jetzt als Notar in
Frankfurt lebt, erlegen wäre. Dieser hatte auch ihn aufgefordert,
gegen bestimmte andere auszusagen, mit dem Versprechen, daraufhin auf Haftfreiheit zu plädieren. Für Graf Schwerin von Krosigk war dies indiskutabel. Im November 1946 wurde ich von
einem amerikanischen Colonel in höflicher Form plötzlich abgeholt. Er erklärte mir, ich sei frei. Von da an lebte ich die
folgenden fünf Jahre in einer deutschen Villa in Oberursel, betreut von Gretel Böss, der früheren Sekretärin der Reichsfrauen-
führerin, die sich ohne einen Pfennig Gehalt als meine Sekretärin
und Hilfe anbot. Ich befand mich in sogenannter Halbhaft, da
die Amerikaner noch immer fürchteten, daß die Russen Interesse
an mir hätten. Die CIC hatte zwei Zimmer für mich in jener
Villa reserviert und brachte jeden Tag ein paar Büchsen Konserven, die für uns beide als Nahrung ausreichten. Ich durfte
Oberursel jedoch nicht verlassen. Immer wieder kamen amerikanische Streifen, um zu sehen, ob ich auch dort sei. Nachdem
lange Zeit diese Streifen, aber auch die Nahrungszuteilung aus-
blieben, betrachtete ich jene Halbhaft, ohne daß man es mir gesagt hatte, als wohl aufgehoben.

VIERTES KAPITEL

Ein folgenschweres Erlebnis

Ein besonderes Ereignis noch während meiner Gefangenschaft in Oberursel wurde für mein ferneres Leben so einschneidend, daß ich hier darüber berichten möchte.

Anfang Dezember 1945 wurde ich im Haus »Alaska« zum ersten und einzigen Mal ins Befragungszimmer befohlen. Dort erwartete mich ein Deutsch sprechender Amerikaner, Captain Cohn. Auf dem Tisch vor meinem Platz lag eine Tafel Schokolade, von der ich sofort wegschauen mußte, da mir, ausgehungert wie wir im Haus »Alaska« waren, das Wasser im Mund zusammenlief. Kaum hatte ich Platz genommen, sagte Captain Cohn freundlich, er wolle etwas sehr Ernstes und für mein ganzes Leben Entscheidendes mit mir besprechen. Ich wurde mißtrauisch, denn er begann mich durchdringend anzublicken. Nun folgten zunächst übertriebene Schmeicheleien über meine fliegerischen Leistungen und über meinen persönlichen Ruf. Sie alle wüßten genau, daß ich niemals der Partei angehört, daß ich sogar das mir angebotene Goldene Parteiabzeichen und Goldene HJ-Abzeichen abgelehnt hätte. Ich unterbrach ihn und sagte: »Das tat ich nicht aus innerer Ablehnung. Zwar war ich weder in der Partei noch im BdM. Aber ich habe in meinem Leben Auszeichnungen stets abgewiesen, wenn ich sie mir nicht selbst verdient habe. Etwas anderes ist es mit meinen Tapferkeitsauszeichnungen gewesen. Das EK 1 und 2 trage ich mit Stolz.«

Mein Einwand paßte Captain Cohn gar nicht, denn er war gerade dabei, mir nahezulegen, daß ich doch im Grunde meines Herzens immer gegen Hitler und seine Regierung und gegen den Nationalsozialismus gewesen sei. Ein Mensch wie ich, fuhr er fort, hätte doch mit solch einer Verbrecherbande und mit solchen Greueltaten, wie sie im Dritten Reich begangen worden wären, nichts zu tun gehabt. Er habe deswegen für den nächsten Tag 200 bis 300 Journalisten aus der ganzen Welt eingeladen, vor denen ich Fragen beantworten solle. Er erwarte von mir sensationelle Enthüllungen, und er habe die Eingeladenen dementsprechend informiert. Es hinge mein ganzes ferneres Leben davon ab, wie ich diese Fragen beantworten würde. Und dann schilderte er mir mit einem üblen Ausdruck im Gesicht, was für Ehrungen, Reichtümer und anderes mich erwarten würden, wenn ich gegen Hitler und sein Regime aussagen würde. Falls ich dazu nicht bereit wäre, würde ich mein Leben lang verflucht, verfolgt und verleumdet werden.

Ich hätte nichts zu enthüllen, sagte ich klar, und hätte nichts gegen mein Land und seine Regierung auszusagen, da brauche er sich gar keine Hoffnungen zu machen. Ich sah, daß ihm vor Wut das Blut zu Kopf stieg und hatte das Gefühl, dem unangenehmsten Menschen gegenüberzusitzen, dem ich bisher begegnet war. Meine Worte und mein Gesichtsausdruck mußten ihm meine grenzenlose Verachtung verraten haben. Jetzt ereiferte er sich und sagte aufgeregt und laut, ich solle nicht so dumm sein, so kurzsichtig und töricht, um aus einem falschen Treuekomplex heraus die dargebotene Chance abzuschlagen. Er ließ mich zu keinem einzigen weiteren Wort mehr kommen, sondern sagte mit schneidender Härte: »Ich warne Sie vor dieser Dummheit. Denken Sie an Ihr ganzes weiteres Leben!« Dann setzte er kurz hinzu:

»Ich werde Ihnen heute noch alles zuschicken, was für die morgi-
ge Konferenz für Sie nötig ist. Die Welt wird Ihnen zu Füßen liegen, wenn Sie die· gebotene Chance ergreifen.« Damit verließ
er rasch das Zimmer. Ich hatte das Gefühl, speien zu müssen,
so übel war mir von ihm. Für mich gab es keine Sekunde der
Überlegung, auch wenn alle seine Drohungen sich erfüllen
würden. Aber ich ahnte, daß etwas Furchtbares auf mich zu-
kam. Nach einer Weile erhob ich mich, verließ das Zimmer und
ließ selbstverständlich die Tafel Schokolade zurück. Vor
der Tür standen zwei Wachtposten, die mich in mein Zimmer
begleiteten, das sie hinter mir verschlossen. Keinem Insassen
des Hauses begegneten wir. Sie waren wieder alle in ihre Zimmer eingesperrt worden, so daß ich mit keinem mehr Gelegenheit
hatte zu reden.
Es dauerte nicht sehr lange, da wurde meine Tür aufgeschlossen
und von einem Wachtposten ein Paket nach dem anderen herein-
gereicht. Es war an den Umschlägen leicht zu erkennen, was die
Pakete enthielten: Schuhe, Strümpfe, Parfüm, Puder, Lippenstift
und ähnliches. Ich rührte nichts an. Nach einer weiteren Stunde
wurde wieder die Tür geöffnet, und ein nettes deutsches junges
Fräulein wurde hereingeführt, das allerlei Utensilien bei sich hatte, die zum Haarewaschen, Einlegen und Trocknen der Haare nötig sind. Es war eine Friseuse. Nein, dachte ich mir, ein solches ir-
reführendes Theater mache ich nicht mit. Wenn ich bisher so
schäbig aussehen mußte, so sollen das die Journalisten ruhig sehen. Damit dies Fräulein mich aber nicht vorzeitig verraten würde, sagte ich ihm, ich wolle mir besser heute nicht die Haare waschen lassen, da mir nicht wohl sei. Aber sie solle mit niemandem
darüber reden, denn das sei Frauensache. Sie möchte doch nächste Woche noch einmal kommen, um das Haarewaschen nachzu-
holen. So ließ ich mir in der Stunde, die sie mit mir eingesperrt
war, statt dessen von ihr erzählen, wie es den Deutschen

zur Zeit draußen erginge, von was sie lebten und was sonst auf der Welt geschehe. Da wir keine Zeitungen, keine Briefe und nichts dergleichen bisher bekommen hatten, sehnte ich mich, von »draußen« etwas zu erfahren. Nach einer Stunde wurde sie herausgeholt, und ich verbrachte den Abend und einen Teil der Nacht in inständigem Gebet, um am nächsten Tag im rechten Augenblick das rechte Wort zu finden. Um acht Uhr früh sollte ich abgeholt werden. Ich stand bereit. Als Captain Cohn persönlich die Tür aufschloß und mich sah, genauso häßlich ausschauend wie tags zuvor, mit Wollsocken, kaputten Schuhen, strähnig glatten Haaren, lief er rot und blau vor Wut an und brüllte derart los, daß man glaubte, die Wände fingen an zu wackeln. Nach diesem anfänglichen Zornanfall versuchte er, sich zu »fangen«, und plötzlich auf »freundlich« umschaltend, sagte er, es wäre sehr unklug, ja dumm von mir gewesen, ich hätte wohl vergessen, was für mein Leben von diesen nächsten Stunden abhängen würde. Noch sei es nicht zu spät. Und nun bohrten sich wieder seine Blicke durchdringend in die meinen. Noch könne ich diese Dummheit gutmachen, es würde sich wahrhaftig für mich und mein Leben lohnen, ich solle ihm jetzt folgen. Er ging voraus, ich zwischen zwei Wachtposten, fünf Schritte hinter ihm. Durch das Gartentor liefen wir die etwa 800 Meter hinüber in das Camp, das mir noch in schrecklichster Erinnerung war. Vor der Kasinobaracke, die einen großen Versammlungsraum besaß, hielt Cohn inne. Auf dem Flur vor dem Raum hingen ungezählte Mäntel, Herrenhüte und Uniformmützen, und durch die Tür war ein lautes Gewirr von Männerstimmen zu hören. Captain Cohn drehte sich, bevor er allein den Raum betrat, zu mir um, und er sagte mit leiser akzentuierter Stimme: »Denken Sie daran, Ihr ganzes Leben hängt von dieser Stunde ab, alles liegt allein in Ihrer Hand.« Ich schaute ihn nicht mehr an, sondern glaubte meine tote Familie und Feldmarschall von Greim vor mir zu sehen. Sie schienen mich wie mit einem Schutzwall zu umgeben und verliehen mir eine wunderbare Ruhe.

Nach dem Eintritt von Captain Cohn verstummte das Stimmengewirr, und er sprach zu ihnen auf englisch. Nach wenigen, mir von draußen unverständlichen Sätzen begann ein lautes höhnisches Gelächter. Genau dasselbe Lachen wiederholte sich, als ich hineingerufen wurde und den von Männern dichtgefüllten Saal betrat. Nun war mir klar, daß Captain Cohn die anderen auf mein Aussehen spöttisch vorbereitet haben mußte, wahrscheinlich mit der Ausflucht, daß ich mich für diesen Anlaß, um Mitleid zu erregen, verkleidet hätte. Als ich in Hunderte mich spöttisch musternde Männeraugen sah, war dies nicht gerade angenehm. Einer von ihnen war Captain Work, bei dem ich mit Professor Georgii in Gmunden inhaftiert war. Ich erfuhr dies aber erst sehr viel später.

Hinter einem Pult stand Captain Cohn und forderte mich auf englisch auf, vor ihn hinzutreten. Ich war ganz ruhig, schaute aber gelassen zum Fenster hinaus, während er die mir vom Vortage bereits bekannten Schmeicheleien über mich vor den anderen wiederholte. Dann bat er mich, ganz offen die Fragen, die mir gestellt würden, zu beantworten.

Erste Frage: Wie ich diesen Verbrecher Adolf Hitler beurteilen würde. Meine Antwort: Wenn Sie unser Staatsoberhaupt als Verbrecher bezeichnen, wunderte ich mich, daß Ihre Staatsoberhäupter mit ihm Verträge abgeschlossen und sich mit ihm zusammengesetzt haben. Sie sollten diese Frage besser an jene richten. Ich bin leider nur viermal kurz mit Adolf Hitler zusammengekommen - als ich Auszeichnungen entgegennahm!

Zweite Frage: Ob ich nicht mit meinem Einsatz für Adolf Hitler gegen mein Gewissen gehandelt hätte, nur gezwungenerweise? Meine Antwort: Nein, vollkommen freiwillig. Im übrigen habe ich für mein Land genauso selbstverständlich gekämpft wie Sie für das Ihre. Vor dieselbe Situation gestellt, würde ich ganz genauso wieder handeln, wie ich es tat, und wie es in jedem Land der Welt als ehrenhaft gelten würde.

Dritte Frage: Was sagen Sie zu den Verbrechen, die Adolf Hitler begangen hat? Antwort: Ich weiß nur von einem ungeheuer tragischen Krieg, der auf allen Seiten viele Opfer forderte. Wer und was diesen Krieg verursacht hat, kann ich noch nicht beurteilen. Von Verbrechen aber hört man immer eher über jene anderer Länder als über solche im eigenen Land. Ich habe von Verbrechen in anderen Ländern vieles erfahren. Von Verbrechen des eigenen Landes habe ich erst seit meiner Gefangenschaft von unseren Gegnern gehört.

Es war im Raum auffallend still, außer etlichem Räuspern. Captain Cohn, sehr nervös geworden, legte eine Pause ein, in der ich rasch wieder hinausgeführt wurde. Ihm war klar, daß er bei weiteren Fragen das von ihm Erhoffte niemals hören würde.

Für diesen Fall hatte er etwas anderes schon vorbereitet, das ich noch nicht ahnte. Jetzt suchte er mich nur rasch aus dem Raum zu führen, um weitere Fragen möglichst zu verhindern. Vor der Tür, vor der mich zwei Wachtposten in Empfang nahmen, sagte er mit vor Haß funkelnden Augen: »Das werden Sie Ihr Lebtag bereuen.«

Es war alles wie ein böser kurzer Spuk. Wieder im Haus »Alaska« eingetroffen, fand ich zu meiner Freude alle Türen offen und eilte in das Zimmer, in dem Graf Schwerin von Krosigk mit Feldmarschall von Weichs wohnte. Jetzt löste sich meine ganze Spannung, und ich erzählte beiden alles, was ich seit dem Vortag erlebt hatte. Sie waren entsetzt: »Ja, das hätte denen gepaßt, eine Verurteilung des eigenen Landes und seiner Regierung durch Hanna Reitsch in die Presse der Welt bringen zu können«, sagte der greise Feldmarschall. Es blieb indes die Frage offen, mit welchen Mitteilungen Hunderte ausländischer Journalisten statt dessen gefüttert wurden. Man konnte sie doch nicht ohne die versprochene Sensation davoneilen lassen.

Am übernächsten Tag wußten wir, was sie ersatzweise erhalten hatten. Wir waren mit allen Mitteln bestrebt, eine Zeitung zu erwischen. Das glückte, indem einer von uns blitzschnell aus dem Mülleimer eine amerikanische Zeitung hervorzog, während wir die Wachen im Garten ablenkten. Es war eine neue Ausgabe von »*Stars and Stripes*«. Und was lasen wir darin mit riesengroßer Überschrift? »Augenzeugenbericht über die letzten Tage Hitlers von Hanna Reitsch« (in Ich-Form geschrieben). Das war teuflisch. Mit keinem Wort war ich danach gefragt worden. Nichts, aber auch gar nichts stimmte in dem Bericht außer der nackten Tatsache, daß ich mit Generaloberst von Greim nach Berlin hineingeflogen, daß ich vom 26. bis 28. April 1945 mit ihm im Hitler-Bunker war, wo er von Hitler zum Feldmarschall und Oberbefehlshaber der deutschen Luftwaffe ernannt worden war, und daß wir am 28. April wieder mit einem Flugzeug aus Berlin herausgekommen waren. Alles andere war unwahr und primitiv und so, wie sich buchstäblich »Klein-Mäxchen« den Untergang des Dritten Reiches nur vorstellen kann. Tränen der Wut liefen mir beim Lesen über die Wangen. Um nicht den abenteuerlichen Flug, der aus selbstverständlicher Kameradschaft und aus Pflichtgefühl von mir durchgeführt worden war, glorifizieren zu müssen, ließ der Autor dieses Machwerkes mich »als Freundin Hitlers« zum Bunker nach Berlin fliegen. Im Bericht läßt er Hitler mir mit ausgebreiteten Armen entgegenkommen und ausrufen: »Hanna, du mein liebes Mädchen!« Ich war atemlos. Niemals hatte Hitler mich je angeredet bei den vier Gelegenheiten, bei denen ich ihm im Leben kurz begegnet war, nämlich: als ich den Titel Flugkapitän erhielt, als mir das EK 2 verliehen wurde und ich die von Frau Professor Trost entworfene Urkunde für das EK 1 in Empfang nahm. Die vierte Begegnung war bei diesem Flug mit

Herrn von Greim in dem Führerbunker der Reichskanzlei in Berlin. Empört über soviel Lügerei rieten mir meine Mitgefangenen, sofort einen Beschwerdebrief an den Kommandanten des Oberurseler Lagers, Colonel Philp, zu schreiben. Das tat ich umgehend. Der Brief blieb ohne Antwort. Was kann man als Gefangener auch schon tun? Nichts. Wie teuflisch aber die Wirkung dieses Artikels war, der im Haus »Alaska« von Zimmer zu Zimmer gereicht wurde, das erlebte ich schon dort in der folgenden Zeit. Der Artikel war nämlich so raffiniert geschrieben, daß alle Leser auf mich zornig werden mußten, sowohl jene, die für, als auch jene, die gegen Hitler waren. Im ersten Teil wurde ich als Freundin, fast als Geliebte Hitlers dargestellt. Im zweiten Teil ließ mich der Autor vernichtende, total erfundene Aussagen machen über die Atmosphäre im Bunker und über ihre Insassen, wie beispielsweise: Im Bunker wäre getanzt und getrunken worden, während Berlin unterging. So begannen sich wegen dieses Teils nach einigen Tagen Grüppchen unter den Insassen des Hauses »Alaska« zu bilden, die mich mieden, weil sie munkelten, daß da vielleicht doch irgend etwas von mir gesagt worden sei.

Jetzt setzte eine immer qualvoller werdende Zeit für mich ein. Und es zeigten sich bereits die furchtbaren Auswirkungen der durch Captain Cohn ausgesprochenen Drohungen. Nach meiner Freilassung im November 1946 suchte ich den Kommandanten des Lagers Oberursel, Colonel Philp, persönlich auf, um mich für bessere Ernährung der Inhaftierten einzusetzen, was mir nach langem, zähem Kampf gelang. Dabei erfuhr ich, daß Captain Work damals bei jener Journalistenbesprechung dabeigewesen sei. Sollte er jenen Bericht verfaßt haben, der aus Fetzen von Tischgesprächen in Gmunden, gewollt oder ungewollt, unwahr zusammengesellt worden war? Anders ist mir die Entstehung dieses Berichtes nicht erklärbar.

Einige Zeit nach meiner Entlassung wurde mir von Nachbarn voll

Entsetzen ein Buch von Trevor-Roper gebracht, der damals am Christ-Church-College in Oxford tätig war. Durch das Buch zog sich wie ein roter Faden jener gefälschte, in Ichform verfaßte »Augenzeugenbericht über die letzten Tage Hitlers von Hanna Reitsch«. Ich war außer mir. Gutgläubig und naiv, wie ich damals noch war, schrieb ich sofort einen höflichen Brief an den Autor Trevor-Roper. Er sei einer Fälschung zum Opfer gefallen, ich hätte nie diesen Augenzeugenbericht geschrieben, ihn niemals gesprochen, ihn niemals zu Gesicht bekommen und niemals unterschrieben. Er sei völlig unwahr. Er müsse sein Buch sofort stoppen. Ich wäre bereit, ihm zu schreiben, wie es wirklich gewesen war. Seine mit größter Spannung von mir erwartete Antwort war erstaunlich für einen Historiker: Was er geschrieben habe, das habe er von der amerikanischen CIC, und die schriebe die Wahrheit. Der englische Historiker wollte keinen Bericht von mir. Ich versuchte einen Prozeß zu arrangieren und wandte mich an den obersten amerikanischen Gerichtshof. Die Antwort war: Als Angehörige einer besiegten Nation hätte ich kein Reicht, zu prozessieren. Wir hatten damals noch keine Bundesregierung. Kaum war diese aber gegründet, versuchte ich Prozesse in Paris und London zu beginnen, natürlich auf Armengeld klagend. Denn alles, was ich besaß, war mir von den Siegern genommen worden und der Besitz meiner Eltern in Schlesien den Russen in die Hände gefallen. Die Antworten aus Paris und London lauteten, daß ich im Ausland nicht auf Armengeld klagen könne. Ich müsse die Prozeßkosten in der Währung des jeweiligen Landes vor dem Prozeß hinterlegen. Jetzt wurde mir klar, daß man Millionär sein müßte, um für die Wahrheit kämpfen zu können.
Mit Hilfe eines befreundeten Rechtsanwaltes (Fritsch) griff ich Trevor-Roper an, unter Androhung eines Prozesses. Es gelang, wenigstens einige Formulierungen in der 2. Auflage seines Buches zu ändern. Doch inzwischen war dieser gefälschte Augenzeugen-

bericht in fast allen Büchern verwendet worden, die sich mit dem Ende des Dritten Reiches befaßten, wie zum Beispiel bei William Shirer »Aufstieg und Fall des Dritten Reiches«. Ich sah mich bald hilflos einer ständig wachsenden Flut von Lügen gegenüber, die sich aus jenem Bericht ergaben. Ich erinnerte mich schaudernd an die bösen letzten Worte des Captain Cohn. Jetzt griffen Magazine den Inhalt dieses gefälschten Berichtes auf und machten ihrerseits entsprechend erfundene Reportagen daraus, wie zum Beispiel mit großer Überschrift: »Die Frauen um Hitler von Eva Braun bis Hanna Reitsch«, mit Fotos. Es war zum Verzweifeln. Und je mehr Prozesse gegen Deutsche geführt wurden, um so mehr dichtete man mir eine Verbindungen dazu an, denn »...ich sei ja die Freundin von Adolf Hitler gewesen«.

Ging ich in Oberursel auf die Straße, so kam es oft vor, daß Menschen, die mich erkannten, eiligst auf die andere Straßenseite auswichen und fortschauten, um mich zu meiden. Häufig erlebte ich, daß Menschen sich weigerten, mir die Hand zu geben. Aber dies sollte nur der Anfang eines Kreuzweges sein, den gehen zu müssen ich kaum für möglich gehalten hatte.

FÜNFTES KAPITEL

Mein Erleben im »Hitler-Bunker«

Die wahre Darstellung meiner Erlebnisse im Bunker der Reichskanzlei in Berlin schrieb ich im Juni 1946 - noch während meiner
Gefangenschaft - in einem Brief an meinen Bruder. Jener Brief ist
im Original in meiner Hand. Er lautet:

»*Mein Kurt*
Ob das Schicksal uns beiden, die wir von der ganzen Familie
übrigblieben, noch ein Wiedersehen schenkt, das weiß nur der
Herrgott. Ich sitze nun schon viele Monate hinter Stacheldraht,
im Kreise wertvollster, auf allen Gebieten führender deutscher
Männer. Der Feind ahnt wohl nicht, was er mir damit für einen
großen Reichtum schenkt. Und Du, mein Kurt, wo bist Du wohl?
Wie geht es Dir? Bist Du am Leben und auch gefangen und ein-
gesperrt? Und wie schaut es wohl in Dir aus, nach allem Furchtba-
ren, was unser Vaterland und uns beide persönlich getroffen hat?
Ich hoffe glühend, daß dieser Brief irgendwie und irgendwann in
Deine Hände gelangt. Er soll Dir ein wahrheitsgetreues Bild ge-
ben von den letzten, so geschichtlichen Tagen, die ich im Führer-
bunker, in der Reichskanzlei in Berlin, mit erlebte. Ich schreibe es
Dir so, wie ich es damals empfand, und nicht, wie ich es heute
über ein Jahr später, also mit etwas größerem Abstand, ansehe.

Die unwürdigen, vom Feind völlig erlogenen und tendenziösen Darstellungen dieser letzten Tage, die als 'scheinbare Erzählung von mir', als gefälschter 'Augenzeugenbericht von Hanna Reitsch' durch die Presse gehen (seit Anfang Dezember 1945), müssen Dich tief entsetzt und empört haben. Du weißt, daß solch ein Bericht niemals von mir stammen konnte. Als ich von seiner ersten Veröffentlichung hier in der Gefangenschaft erfuhr, war ich außer mir. Aber man ist ja als Besiegter 'vogelfrei', dem Schmutz der Feindmethoden ausgeliefert. Gegen diesen Lügenbericht setzte ich mich durch einen Brief an den Lagerkommandanten zur Wehr - blieb aber ohne Antwort. Jetzt schreibt eine Zeitung von der anderen ab. All das hat mir zunächst die Fassung genommen. Ich hoffe, daß Dir aus diesen unwürdigen Lügenberichten weder Schande noch Ärger erwachsen und die Ehre unserer Familie dadurch unangetastet bleibt.

So horch', wie sich alles zugetragen hat: Am 24. April 1945 befahl der Führer durch einen Funkspruch Generaloberst v. Greim, umgehend in die Reichskanzlei nach Berlin zu kommen. Der Funkspruch erreichte den Generaloberst erst am 25. April, im Raume München. Da zu diesem Zeitpunkt Berlin von den Russen schon vollständig eingeschlossen war, so glaubte Herr v. Greim, der - wie Du ja weißt - größtes fliegerisches Vertrauen zu mir besaß, daß mir ein Flug mit dem Hubschrauber, bei Nacht, nach Berlin hinein gelingen würde. Er kannte durch Jahre meine Einsatzbereitschaft und vor allem auch meine fliegerischen Vorbereitungen, die ich in der Stille getroffen hatte, um evtl. in der letzten Phase des Krieges noch Verwundete aus Berlin herausfliegen zu können. Ich selbst befand mich seit dem 21.4. im Raume Salzburg und Kitzbühel, um auf Veranlassung von Herrn v. Greim bei der Verlegung des Luftwaffenlazarettes 12/3 behilflich zu sein und Notlandeplätze für Verwundeten-Transporte im Raume Kitzbühel ausfindig zu machen. Er ließ mich sofort in Kitzbühel

suchen und abholen. Er selbst fuhr nach Schloß Leopoldskron,
nach Salzburg, zu unseren Eltern, die ja mit unserer ganzen übri-
gen Familie aus Hirschberg (Schlesien) dorthin geflohen waren.
Er glaubte mich inzwischen dort vorzufinden. Er bereitete die El-
tern auf meinen Auftrag vor. Sie standen, wie nicht anders zu er-
warten war, in selbstlosester, tapferer Haltung diesem Einsatz von
mir gegenüber, obwohl die Wahrscheinlichkeit gering war, von
diesem Flug lebend zurückzukehren.
Da ein Durchbruch von Süd nach Nord bei Tag auf dem Luftwe-
ge nicht mehr durchführbar war, so mußten wir die Nacht benut-
zen. Wir starteten mit einer JU-188 von München-Neubiberg, in
der Nacht vom 25./26. April um 2.30 Uhr. Wir erreichten unbe-
helligt, nach 2 Stunden Flugzeit, die Militär-Erprobungsstelle
Rechlin am Müritzsee in Mecklenburg. Dort lag der Luftwaffen-
Führungsstab Nord. Wir erfuhren in Rechlin, daß es seit 2 Tagen
keinem Flugzeug mehr gelungen sei, nach Berlin hineinzukom-
men. Der einzige Flughafen Berlins, der sich noch in deutscher
Hand befand, war Gatow, am Ufer des Wannsees, jedoch war er
von Russen schon halb eingeschlossen und unter russischem Artil-
leriefeuer. Ob ein trichterfreies Gebiet bis zum Eintreffen auf
dem Platz noch vorhanden war, konnte natürlich niemand vor-
aussehen. Der Hubschrauber, der uns ein Landen bei Nacht auf
dem Wilhelmsplatz, vor der Reichskanzlei ermöglichen sollte,
war in Rechlin zerbombt. Durch alle diese Umstände wurde dem
Generaloberst von diesem Fluge dringend abgeraten. Du kennst
Herrn v. Greim in seiner Pflichttreue, in seiner Offiziers-
Einstellung und seiner persönlichen Unerschrockenheit. Ihm war
es selbstverständlichste Verpflichtung, auch unter schwierigsten
Umständen, dem Rufe des Führers zu folgen. Man wählte zum
Flug die schnellste Maschine, die noch in Rechlin vorhanden war.
Dies war die FW-190. Du kennst sie. Es ist ein einsitziger Jäger. Es
war dieselbe Maschine, mit der 3 Tage vorher Minister Speer nach

68

Berlin hinein- und herausgeflogen wurde. Der hinter dem Piloten befindliche Raum war zu diesem Zweck als 2. Sitz ausgebaut worden. Da der Pilot dieser Maschine - ein Feldwebel - bei weitem die größte Erfahrung über die Taktik und die Flakstellungen der Russen im Raume Berlin besaß, wurde bei der Lagebesprechung festgesetzt, daß er Herrn v. Greim nach Gatow fliegen sollte.

Ich verabschiedete mich kurz und verließ den Raum, - innerlich aber stand für mich fest, Herrn v. Greim unter keinen Umständen im Stich zu lassen. Ich wollte an seiner Seite sein, wenn der schwierigste Teil begann, nämlich von Gatow nach Berlin hineinzugelangen. Der Feldwebel hatte den Auftrag bekommen, mit seiner Maschine so schnell wie möglich nach Rechlin zurückzukehren, da man jede Stunde mit der Einnahme Gatows rechnen mußte.

Herr v. Greim war für jeden von uns Segelfliegern und für jeden der Motorflieger, die ihn kannten, und vor allem für die Männer seiner Luftflotte, das Vorbild. Unsere Dankbarkeit, unsere Hochachtung und Treue zu ihm sind grenzenlos. Nicht nur sein hervorragendes fliegerisches Können und sein tapferer, erfolgreicher Einsatz, den er schon im Ersten Weltkrieg, als 'Pour le mérite-Flieger' bewiesen hat, sondern seine ganze Persönlichkeit war es, der unsere Verehrung galt: Soldatischer Führer, gütig sorgender Vater für seine Truppen und weiser Philosoph war er gleichzeitig. Stahlhart mit sich selbst, forderte er immer mehr von sich als von seinen Untergebenen. Er wirkte durch seine Schlichtheit und Bescheidenheit, und sein Beispiel war für seine Soldaten verpflichtend.

Kaum hatte ich den Lagebesprechungsraum verlassen, fuhr ich mit einem Auto auf den Flugplatz, suchte den Piloten auf, der für den Flug bestimmt war, und fragte ihn, ob mein Mitfliegen den Flug gefährden könne. 'Ihr Gewicht spielt keine Rolle', sagte er lachend, 'aber der Platz reicht nicht aus, es ist ja schließlich ein

Einsitzer, und alle Geräte, die sonst im Gepäckraum unterge-
bracht sind, wie Aku, Sauerstoff, usw. sind im Rumpf verstaut.'
Wir eilten zur Maschine. Ich ließ mich mit Hilfe von 4 Kamera-
den durch eine am hinteren Rumpf befindliche Luke in den hin-
tersten Teil des Rumpfes buchstäblich einfädeln. Ich muß geste-
hen, daß mich vorübergehend ein rechter 'Schweinehund' befiel;
denn wie ich halb darinnen steckte und weder mehr hinein- noch
herauskam, wollte mich eine derartige Platzangst befallen, daß
ich glaubte, lebendig in diesem Raum begraben zu sein. Die
Treue zu Herrn v. Greim ließ es mich überwinden. Zusammenge-
krümmt wie ein Wurm, den Kopf voraus, in einem Gestank von
Öl und Benzin, im Stockdunkeln, lag ich auf scharfen Metall-
spanten, die mich in Abständen von 10 bis 30 cm zu durchschnei-
den schienen. Platz, um auch nur im geringsten die Lage zu än-
dern, war keiner. Die Luke ließ sich nur von außen öffnen oder
schließen. Heraus wäre ich niemals mehr allein gekommen.
Ein leiser Trost war meine Pistole, die ich in der Hand behielt,
um sie bei evtl. Notlandung auf russischem Gebiet zu benutzen,
um nicht lebend in die Hände der Russen zu gelangen. (Ich hatte
sie von einem von Greims Offizieren kurz vor dem Start in Neu-
biberg erbeten.) Von den Kameraden glaubte keiner, daß wir we-
der in die Stadtmitte hineingelangen noch je lebend herauskom-
men würden.
Inzwischen begann es über uns zu brummen. 40 Jäger sammelten
sich um 13.30 Uhr über dem Platz, um als Jagdschutz den Gene-
raloberst zu begleiten. Kurz darauf vernahm ich das Eintreffen
von Herrn v. Greim. Er bestieg die Maschine, und kurz bevor der
Motor angelassen wurde, rief ich aus meinem Versteck: 'Sind Sie
gut angeschnallt?' Einen Moment war es still, dann hörte ich nur
laut, fast suchend: 'Kapitän, wo sind Sie?' 'Im Schwanz!' war
meine Antwort. Ich fühlte, daß er vor Bewegung kein Wort mehr
sagen konnte.

Dann starteten wir; das Rollen über den unebenen Platz war mehr als schmerzhaft, durch die teuflisch scharfen Metallspanten. Aber schließlich wußte ich ja, daß alles bald überstanden sein werde, denn in 30 Minuten Flugzeit mußten wir Gatow erreicht haben. Ich muß gestehen, es war bei weitem der scheußlichste Flug meines Lebens - so passiv, völlig untätig allem ausgeliefert und noch dazu restlos eingesperrt zu sein. Aber um Herrn v. Greim Treue und Dank zu beweisen und um ihm helfen zu können, wäre mir nichts zu hart gewesen.

Über Berlin angekommen, stellte der Pilot die Maschine fast senkrecht auf den Kopf - mit aufheulender Geschwindigkeit sausten wir hinunter. Ich glaubte, wir seien abgeschossen, und wartete, bis zu jeder Faser gespannt, auf den Aufschlag. Später erklärte uns der Flugzeugführer, er hätte sich dadurch angreifenden, russischen Jägern entzogen. Die Landung gelang glatt, ohne in einen Granattrichter zu geraten. Für mich war es zwar schmerzhaft, aber ich war glücklich, aus dieser Lage endlich befreit zu werden. Das Herausziehen war noch weit schwieriger als das Hineinkommen, noch dazu nicht gerade angenehm, weder für mich noch für die Beteiligten, weil die russischen Artillerie-Einschläge um uns herum krachten.

Von dem Luftschutzbunker der Flugleitung Gatow aus versuchte Herr v. Greim, die Reichskanzlei telefonisch zu erreichen. Mit etlichen Unterbrechungen gelang es. Oberst v. Below teilte ihm vom Bunker aus mit, daß der Führer nach wie vor ihn zu sprechen wünsche, daß aber sämtliche Zufahrtsstraßen in die Stadt hinein vom Russen besetzt seien, daß der Russe sich schon am Anhalter Bahnhof befände, am 'Knie', an der Bülowstraße, im Vormarsch auf die Potsdamer Brücke - Näheres wisse er nicht. Also, es kam nur ein 'Storchflug', mit Landung auf der Ost-West-Achse, in Frage. Der erste 'Storch', der für uns startklar gemacht war, fiel kurz vor dem Start durch einen Artillerietreffer aus. Ein weiterer

'Storch' war erst gegen 5 bis 1/2 6 Uhr nachmittags startklar. Herr v. Greim wollte selber steuern, da ich keine Fronterfahrung hatte und als Frau nie Feindflüge durchführen durfte. So stellte ich mich hinter seinen Sitz, und zwar so, daß ich über seine linke Schulter sowohl Steuerknüppel als auch Gashebel im Notfall erreichen konnte, falls Herr v. Greim bei dem Flug verwundet würde. So flogen wir wenige Meter über dem Boden in niedrigster Höhe über den Wannsee.

Kaum hatten wir den Grunewald erreicht, so empfing uns ein höllisches Feuer. Zu unserem Entsetzen wimmelte es unter uns von russischen Panzern. Da wir dicht über den Baumwipfeln flogen, so konnte man jedem der russischen Soldaten, die zwischen den Panzern standen, ins Gesicht sehen. Sie schossen auf uns mit allem, was sie gerade bereit hatten. Durch Abwehrbewegungen versuchte Herr v. Greim, mit dem 'Storch' zu entkommen; aber viel Hoffnung blieb kaum. Rechts, links, über und neben uns saßen die Explosionsrauchwölkchen, und das Geknatter übertönte bei weitem unseren Motor. Nach ganz kurzer Zeit krachte es furchtbar, ich sah nur neben dem Motor eine gelblich-weiße Flamme und hörte Herrn v. Greim gleichzeitig aufschreien: 'Mein Fuß - ich bin getroffen!' Ein Panzergeschoß hatte seinen rechten Fuß durchschlagen. Er wurde blasser und blasser, kämpfte mit höchster Energie, aber verlor nach kurzer Zeit die Besinnung.

Ich hatte schon bei seinem Aufschrei über seine Schulter hinweg den Steuerknüppel und Gashebel umfaßt, und da sein gesunder Fuß auch vom Seitenruder rutschte, konnte ich mit dem Steuerknüppel allein, in etwas schwerfälligen Abwehrbewegungen, die Maschine halten und weiterfliegen. Inzwischen krachte es unaufhörlich. Aus beiden Flächentanks rann das Benzin; ich erwartete jede Sekunde eine Explosion, aber wie ein Wunder trat dies nicht ein. Durch Rumpf, durch Schwanz, durch Flächen gingen Treffer, aber der 'Storch' blieb manövrierfähig, und ich selber völlig unverwundet; aber ob Herr v. Greim am Leben blieb, ob sein Fuß abgeschossen und er verbluten würde - all das quälte mich jede Sekunde.

Je mehr wir uns der Stadt näherten, um so dichter und penetranter wurden Qualm, Rauch, Staub und Schwefelgeruch, aber das Schießen hörte langsam völlig auf. Ab und zu kam Herr v. Greim zu sich und versuchte weiterzusteuern. Vom Funkturm ab gab es kaum mehr Sicht. Nur durch meine systematische Vorbereitung, die ich mir für den Notfall ausgedacht hatte, indem ich von allen markanten Punkten rings um die Stadt herum mir den Kurs zum Flakbunker am Zoo errechnet hatte, ihn bei jedem Wetter nachflog und auswendig wußte, gelang mir, das Ziel zu finden. Ein Suchen der Ost-West-Achse wäre bei der Feindlage zumindest eine große Gefährdung gewesen. Als die Siegessäule und der Flakbunker am Zoo sichtbar wurden, wußte ich, daß wir über der Ost-West-Achse flogen. Dicht vor dem Brandenburger Tor landeten wir mit dem letzten Benzin.

Ich zerrte Herrn v. Greim heraus, rings um uns war es wie ausgestorben und menschenleer, einige Bäume und Äste und Betonbrocken lagen verstreut. Es pfiffen und krachten die Einschläge, aber zu sehen war niemand. Auf der Straße kam Herr v. Greim zu sich. Ich hatte einen Ärmel meiner Bluse abgerissen und oberhalb seiner Fußverwundung fest ums Bein gebunden, um das Blut zu stillen. Wir warteten eine Zeit, an die ich mich nicht mehr zu erinnern vermag, denn Minuten wurden zu einer Ewigkeit. Vielleicht mag es nur 1/2 Stunde oder 1 Stunde gewesen sein. Da kam ein Militärauto, das uns aufnahm. Herr v. Greim wurde hinten hinaufgelegt. Ich setzte mich zum Fahrer, um den Weg zu weisen. Wir fuhren durch das Brandenburger Tor, Unter den Linden entlang, durch die Wilhelmstraße in die Voßstraße bis vor den Eingang des Luftschutzbunkers der Reichskanzlei.

Herbeigesprungene SS-Wachen trugen Herrn v. Greim sofort

hinunter in den Operationsraum des Bunkers. Dr. Stumpfecker,
der frühere Arzt von Himmler, der seit Oktober 1944 einer der
Ärzte des Führers geworden war, behandelte die Wunde, die ei-
nen schweren Durchschlag durch die Ferse aufwies. Herr v. Greim
hatte das Bewußtsein wiedererlangt, sah nur erschütternd weiß aus
und durch Schmerzen eingefallen. Der Fuß wurde geschient, und
auf einer Bahre wurde Herr v. Greim in den Führerbunker hinun-
tergetragen. Ich war bei der ärztlichen Behandlung dabeigeblie-
ben und half ganz still, wo ich nur konnte.
Der 'Führerbunker' lag 3 Stockwerke tief unter der Erde, wobei
die Stockwerke nicht übereinander, sondern gestaffelt zu liegen
schienen.
Auf halber Treppe kam uns Frau Goebbels entgegen. Noch nie
hatte ich sie im Leben gesehen, aber wir haben uns beide durch
Bilder sofort erkannt. Sie fiel mir vor Freude über unser Kommen
um den Hals und begleitete uns in den untersten Teil des Bun-
kers (den sogenannten 'Führerbunker'), wo uns der Führer in sei-
nem grauen, schlichten Soldatenrock entgegenkam. Seine Gestalt
war etwas nach vorn gebeugt, seine Arme zitterten ununterbro-
chen und seine Augen schienen nicht mehr im Diesseits zu ru-
hen. Mit unwahrscheinlich leiser Stimme begrüßte er uns, sicht-
bar bewegt, Herrn v. Greim verwundet zu sehen. Herr v. Greim
berichtete dem Führer über unseren Flug und erzählte, wie ich
ihm das Leben gerettet hätte. Darauf schaute der Führer mich an
und sagte mit fester, aber leiser Stimme: 'Sie tapfere Frau, es gibt
noch Treue und Mut auf der Welt'.
Nun erfuhr Herr v. Greim, warum er nach Berlin befohlen wor-
den war. 'Göring hat mich verraten und verlassen', sagte der Füh-
rer und zeigte Herrn v. Greim den Funkspruch, den er von Göring
erhalten hatte. 'Ich habe ihn verhaften lassen und habe ihn all
seiner Ämter enthoben.'
Der Führer beauftragte Herrn v. Greim mit dem Oberbefehl der

74

Luftwaffe und ernannte ihn gleichzeitig zum Feldmarschall. Was ein solcher Auftrag und eine solche Beförderung im Augenblick der Endphase des Zusammenbruchs an innerer Qual bedeuten mußte, war auf den Gesichtszügen von Herrn v. Greim zu lesen. Hier - an diese Stelle - an die Seite des Führers - gehörte, seiner Ansicht nach, als 'moralische' Verpflichtung Göring hin. Göring hatte bis zum Augenblick seiner Verhaftung die Verantwortung und Führung der Luftwaffe nicht aus der Hand geben wollen, er war eisern bemüht, sich seine Vertrauensstellung beim Führer zu erhalten. Jetzt, wo die Katastrophe unabwendbar ihren Verlauf nahm, hätte er bereit sein müssen, an der Seite des Führers den Untergang und seine Folgen zu ertragen.

Die deutschen Flieger haben in tapferster, ehrenhaftester und todesmutigster Weise ihr Leben eingesetzt in der Hoffnung, ihr Vaterland zu retten, im Glauben an den Führer, im Stolz auf ihre Luftwaffe und sein Oberhaupt. Es mag eine Führung richtig oder falsch gewesen sein - das zu beurteilen ist nicht an mir. Wenn man aber zu dieser Führung hauptverantwortlich gehört, muß man bereit sein, mit ihr unterzugehen. Es gibt einen Begriff der 'Soldatenehre' wohl auf der ganzen Welt. Darum entschied sich der neuernannte Feldmarschall, um der Ehre seiner Flieger und der ihm jetzt anvertrauten Luftwaffe willen, an der Stelle zu bleiben, an die Göring gehört hätte. Ob dies Tod oder Leben bedeutete, war ihm belanglos. So blieb er im Bunker und ich mit ihm. Der Führer bat mich, die Pflege des Verwundeten zu übernehmen. So kam es, daß ich plötzlich zum ersten Mal in meinem Leben in allernächste Umgebung des Führers kam. (Ich hatte, wie Du weißt, den Führer bisher nur drei Mal kurz in meinem Leben getroffen: Als ich als erste Frau der Welt den Titel 'Flugkapitän', das EK 2 und als erste und bisher einzige Frau der deutschen Geschichte das EK 1 erhielt.) Der Arzt von Hitler, der im Bunker gebliebene Dr. Stumpfecker, überließ dem verwundeten Feldmar-

*schall sein Bett im Arztzimmer, und ich durfte als Pflegerin an
seiner Seite bleiben.*
*Das Artilleriefeuer wurde im Laufe der Nacht vom 26./27.4. mit
jeder Stunde heftiger. Die Russen schienen sich langsam auf die
Reichskanzlei eingeschossen zu haben. Die Einschläge donnerten
und krachten über uns und durchschlugen die obersten Beton-
decken, und der Mörtel rieselte auf die unteren Schichten. Jeder
blieb angezogen in Alarmbereitschaft. Mein Schlafplatz war die
Bahre, auf der Herr v. Greim heruntergetragen wurde. Mein Beruf war nun ein völlig anderer geworden - ich wurde ganz und gar
zur Krankenschwester. Fast stündlich mußte ich, Tag und Nacht,
die mir anvertraute Verwundung kühlen oder desinfizierend spülen, für Schmerzlinderung sorgen und die Lage von Herr v.
Greim erträglich machen. Was gab es trotz unserer Lage Be-
glückenderes, als so helfen zu dürfen? Ist es ein Wunder, daß die
anderen des Bunkers mich nur heiter sahen? Was spielt der eigene
Tod für eine Rolle bei diesem Ausmaß an Katastrophe, in der Ungezählte ihr Leben gaben - auf eigener Seite wie auf der des Feindes. Jeder mit gleicher Überzeugung gestärkt, angetrieben oder
verführt durch seine Propaganda, um für sein Land, für Recht
und Freiheit kämpfen zu müssen.*
*Inzwischen lernte ich einige Insassen des Bunkers kennen: Dr.
Goebbels, die bezaubernden 6 Kinder von ihm im Alter von 12
bis 4 Jahren, traf den mir bereits bekannten Staatssekretär Dr.
Naumann und Botschafter Hevel, der auf des Führers Wunsch an
Stelle von Ribbentrop im Bunker bleiben sollte, Admiral Voss, als
Verbindungsoffizier der Marine, Oberst v. Below, den langjährigen, treuen Luftwaffen-Adjutanten des Führers (unseren Freund);
ferner General Krebs, General Burgdorf, Eva Braun, deren Existenz selbst Reichsministern völlig unbekannt war (wie ich in der
gemeinsamen Gefangenschaft von Graf Schwerin von Krosigk erfuhr). Außerdem waren noch viele andere dort, denen ich aber*

76

nicht begegnete, wie z.B. der Pilot des Führers, Flugkapitän Hans
Baur, Sekretärinnen des Führers, SS-Gruppenführer Fegelein, der
langjährige Verbindungs-Offizier zwischen Hitler und Himmler,
der jungverheiratet war mit Eva Brauns Schwester - sowie x andere. Die genannten, auch Frau Goebbels mit ihren 6 Kindern, waren in Bunkerräumen untergebracht, die ein oder 1/2 Stockwerk
höher lagen. Die Haltung von allen, die ich erlebte, war bewun-
derungswürdig, gefaßt und ruhig.
Da ich mich ausschließlich der Pflege von Herrn v. Greim und der
Beschäftigung mit den Kindern von Dr. Goebbels widmete, kam
ich mit den anderen Insassen des Bunkers wenig in Fühlung. Martin Bormann sah ich nur einmal flüchtig. Die 6 Kinder hatte ich
tief ins Herz geschlossen. Eines war klüger, hübscher und zugleich
ungezwungen natürlicher als das andere. Sie waren sehr begabt,
sehr musikalisch und vor allem liebevoll untereinander. Angst
hatte keines, denn ihnen war gesagt worden, wenn es donnere
und krache, dann besiege der 'Onkel Führer' die Feinde, und je
toller es krache, um so eher kämen sie wieder zurück nach Haus
und zu ihren Spielsachen. Zu jeder Mahlzeit wurde ich von einem
von ihnen geholt und mußte währenddessen vom Fliegen erzählen, von anderen Ländern und Erdteilen, über denen ich geflogen
bin, und ihre Augen strahlten. Ich lehrte sie mehrstimmige Lieder und war begeistert, wie hochmusikalisch sie waren. Der Gedanke, daß dies vielleicht eine der letzten Stunden ihres Lebens
sei, schien einem nicht nur die Kehle zuzuschnüren, sondern fast
den Verstand zu nehmen. Durch die eintreffenden Lagenachrich-
ten wurde mit jeder Stunde die Spannung größer; stündlich rück-
te der Russe näher an die Reichskanzlei heran, und es schien uns
ein Orkan von Feuer, Granaten und Bomben zu treffen. In der
einzigen, kurzen Unterredung, die ich mit dem Führer hatte,
hörte ich den Grund seines Entschlusses, in Berlin zu bleiben,
und hörte von der einzigen, letzten Hoffnung, die er ausdrückte,

aber wohl kaum selbst in seinem Inneren glauben konnte: nämlich der Entsetzung Berlins durch General Wenk und seine
Armee. Er hatte geglaubt, daß die Ost-Front halten würde, und
hatte alle Kräfte Berlins dorthin verlegt. Als die Russen trotzdem
durchbrachen, soll er physisch völlig zusammengebrochen sein.
Das sei bei der Lagebesprechung am 20.4.45 gewesen. Er habe
das Ende und den aussichtslosen Zusammenbruch erkannt und
ausgesprochen. Danach sei sein Entschluß gefallen, in Berlin zu
bleiben, um in der Hauptstadt gemeinsam mit den 3 Millionen
Einwohnern unterzugehen.

Ein einziger Hoffnungsstrahl erschien ihm die Armee Wenks, die
vom Süden kommend versuchen sollte, ihn und die Stadt Berlin
zu entsetzen. Als Laie - und von 'draußen' kommend - konnte ich
diese Gedankengänge nicht mehr verstehen, denn sie entspra-
chen in keiner Weise mehr der Wirklichkeit. Würde es Wenk
nicht gelingen, so sagte mir der Führer, würde er gemeinsam mit
Eva Braun aus dem Leben gehen, um als Oberhaupt des Landes
nicht den Russen in die Hände zu fallen. (Die furchtbare Ver-
stümmelung Mussolinis war im Bunker bereits bekannt.) Auch
wollte er keinesfalls, daß die Leichen in die Hände der Russen fielen und höhnend geschändet würden. Daher habe er alles veranlaßt, um nach seinem und Eva Brauns Tode deren Leichen umgehend verbrennen zu lassen.

Zu den mir furchtbarsten Erinnerungen gehört die Nachricht, die
im Laufe des 27.4. im Bunker von Mund zu Mund lief: SS-
Gruppenführer Fegelein habe heimlich versucht, aus dem Bunker
zu entkommen und sei in Zivilkleidung im Westen der Stadt von
Wehrmacht aufgegriffen worden. Er werde auf Befehl des Führers
erschossen. Der Schwager Hitlers - der Vertraute Himmlers - der
Verbindungsmann zwischen beiden! Wer war gegen wen? - Wer
verriet wen? - war die qualvolle Frage, die in mir brannte. Herr v.
Greim und ich wurden einsamer von Stunde zu Stunde!

Im Laufe des 27.4. landete eine Ju 52 auf der Ost-West-Achse.
Sie hatte den Auftrag, Herrn v. Greim und mich mit hinauszu-
nehmen. Ich erlebte das energische Telefongespräch, das Herr v.
Greim führte, als er davon erfuhr. Er hatte keinen Rettungsver-
such angeordnet, er wollte, daß keiner sich wegen ihm gefährde,
seit er sich entschlossen hatte, an dieser Stelle zu bleiben. Wäre es
nur im geringsten in der Absicht des Führers gelegen, sich heraus-
zuretten, so hätte Adolf Hitler die Möglichkeit ja leicht hier er-
greifen können.
Herrn v. Greims Verwundung machte mir ständig Sorge. Er litt
wortlos unter sehr großen Schmerzen; wollte er den Versuch ma-
chen aufzustehen, dann verlor er fast jedesmal vor Schmerzen die
Besinnung.
Inzwischen rollte draußen die todbringende Lawine heran, die
durch nichts mehr aufzuhalten war, auch wenn der Führer und die
unter seinem Einfluß Stehenden an die Befreiung durch General
Wenk noch glauben sollten. Der Bunker erzitterte wie durch ein
Erdbeben - Treffer auf Treffer krachte auf das Gelände der
Reichskanzlei nieder - es schien einfach die Hölle ausgebrochen.
Die Gefühle lassen sich schwer beschreiben, die man empfindet,
während das Schicksal langsam, unaufhaltsam seinen Lauf
nimmt, bis es einen selbst zermalmt. Der Gedanke an das, was
sich draußen an grausamsten Qualen unter der Berliner Bevölke-
rung jede Stunde abspielen mußte, war zermarternd. In dieser
Nacht vom 27. zum 28.4. löste ein Feuerüberfall den anderen ab.
Ein Orkan von Bomben und Granaten schien auf uns herunterzu-
prasseln. Nichts ist furchtbarer, als zur Untätigkeit verdammt zu
sein. Ein Gerücht brachte die Nachricht, daß der Russe den An-
fang der Wilhelmstraße erreicht hätte und außerdem bis zum Pots-
damer Platz vorgedrungen sei. Da erschien gegen 1 Uhr nachts der
Führer in unserem Zimmer; noch weißer, noch gebeugter, seine
Stimme noch tonloser und sein Augenausdruck noch ferner, als ich

es beim Ankommen empfunden hatte. Ein Anblick, der den Atem stocken ließ. 'Nun hat mich auch noch Himmler verraten', sagte er kurz. Durch eine Reuter-Meldung hatte er aus San Francisco gehört, daß Himmler über Graf Bernadotte von Schweden versucht hatte, hinter seinem Rücken die Kapitulation anzubieten. Mir schien der Boden unter den Füßen zu schwinden. Wo lag Verrat, wo lag Betrug, wo lag Treue und Ehre - was war richtig, was war falsch? 'Sie müssen so schnell wie möglich hinaus aus dem Bunker' - fuhr der Führer fort - 'wir haben erfahren, daß der Russe im Laufe des Vormittags die Erstürmung der Reichskanzlei vorgesehen hat. Wenn es gelingt, durch einen raschen Bombenangriff seine Bereitstellung auf den Zufahrtsstraßen zur Kanzlei zu zerbomben und zu vernichten, so können wir mindestens 24 - wenn nicht 48 Stunden Zeit gewinnen und damit General Wenk ermöglichen, noch rechtzeitig bis hierher vorzudringen'. Der Ballon zur Funksprechverbindung sei in dieser Nacht abgeschossen worden, und der Russe habe den Geheimschlüssel zum Funk. Es könnte also keine Nachricht aus dem Bunker, die dem Russen nicht bekannt werden würde. So bestände die Gefahr, daß er seine Pläne sonst vorverlegen könne.

Herr v. Greim sollte diesen Auftrag selbst in die Hand nehmen, um - wie der Führer glaubte - ihn und Berlin entsetzen zu helfen. Eine Arado-96, die noch heil auf die Ost-West-Achse hereingeflogen worden war, stünde in einer Splitterbox bei der Siegessäule und könne dafür benutzt werden. Ich war innerlich außer mir: Wie konnte man auch nur im leisesten mit einer Errettung durch General Wenk rechnen und um dessentwillen den verwundeten Feldmarschall in diese Hölle hinausschicken? Mein energischer Einwand, daß dies weder die anderen retten noch die Lage ändern könne, wurde im Bunker voll Entsetzen abgelehnt.

Binnen 30 Minuten haben wir den Bunker verlassen; es war gegen 1/2 2 Uhr nachts. Wir konnten uns von den anderen nicht mehr

7. *Mein Bruder Kurt und ich*

8. Generalfeldmarschall Ritter v. Greim - der letzte Oberbefehlshaber
   der Reichsluftwaffe

verabschieden, nur ganz kurz vom Führer und von unseren zwei Freunden Oberst v. Below und Botschafter Hevel, von Frau Goebbels und einigen anderen, die noch zufällig herumstanden. Wie schwer solch ein Abschied ist, bei dem man die anderen so sicher dem Tod überläßt, geht über menschliches Ausdrucksvermögen. Mit letzten Briefen, die ich noch von einigen mitbekam, verließen wir den Bunker. Herr v. Greim hatte seine ganze Energie und Kraft zusammengerissen, um trotz seiner großen Schmerzen dazu imstande zu sein. Teils auf einer Bahre getragen, teils auf 2 Krücken humpelnd, gelangten wir mit ihm hinauf auf die Straße. Bei jedem Stockwerk wurde der Schwefelgeruch beißender, der Kalkstaub erstickender, bis wir draußen standen auf der Voßstraße. Schwefelgelb war der Himmel durch das Flammenmeer erleuchtet. Wir hatten gerade eine Feuerpause erwischt, als sich unser Wagen über die Trümmer der eingefallenen Häuser auf der Voßstraße mühsam seinen Weg 'erkletterte', in Richtung zur Hermann-Göring-Straße. Einige SS-Wachen hatten unser beider Sitze umgeben, so wie eine Glucke ihre Jungen schützt - sie schienen die Kugeln von uns abhalten und auf sich ziehen zu wollen. Die gefährliche Ecke in der Nähe des Potsdamer Platzes war unbehelligt hinter uns. Alles atmete auf, und die Fahrt ging weiter durch den Tiergarten zur Siegessäule, während das Ari- und Granatfeuer wieder auflebte. Jetzt ging alles in Windeseile. Die Ost-West-Achse lag unter Artilleriefeuer; die Gefahr war nun, daß Granattricher unseren Start gefährden würden. Unser Ziel war Rechlin.

Kaum hatten wir den geglückten Start hinter uns und flogen über das Brandenburger Tor, so bot sich unter uns ein Bild, das man bis zu seinem letzten Atemzug wohl nie vergessen wird. Die Stadt war ein Flammenmeer! So stelle ich mir den Untergang der Welt vor! Und dort unten wußte man Millionen von Männern, Frauen, Kindern, Greisen, Verwundeten, und man selbst flog aus dieser

Hölle heraus, ohne den anderen helfen zu können! Wäre es doch endlich in einer anständigen Form mit einem selbst zu Ende gegangen! Dieser Gedanke ließ mich nicht los. Wie ein Wunder hat nicht eine einzige Kugel die Maschine berührt, obwohl die Scheinwerfer des Feindes uns bald eingefangen hatten und die bunte Munition, die für uns bestimmt war, aus der Dunkelheit zu uns hinaufgeschossen kam. Die Wolkenbasis war günstigerweise sehr tief, und wir verschwanden in den Wolken und waren gerettet. Die Wolkendecke löste sich 20 km nördlich von Berlin fast völlig auf. Im Schein des Mondes erkannte man glitzernd unter uns die mir bekannten Seen. Im Osten zeigten brennende Dörfer den Frontverlauf der Russen an. Unbehelligt erreichten wir Rechlin und landeten bei Mondschein, ohne besondere Schwierigkeiten...«.

(Das Geschehen nach unserem Flug aus dem »Hitler-Bunker« ist im Kapitel 2: »Der Wortbruch« wiedergegeben.)

SECHSTES KAPITEL

Die verschwundenen Briefe *

Eines Tages, lange nach meiner Rückkehr aus Salzburg, kam ein
Geschwisterpaar aus Ludwigsburg, Christoph und Sabine, zu
mir nach Oberursel. Es waren die zwei ältesten Kinder des Pfar-
rers K., die wie ich aus Niederschlesien stammten und von dort
vertrieben waren. Christoph war der Führer einer Jugendgruppe
des Versöhnungsbundes, und als deren Vertreter war er zu mir
gekommen. Sie planten eine dreitägige Tagung in M. mit vielen
Vorträgen. Ich sollte einen Vortrag übernehmen, das Thema stehe mir frei. Obwohl ich von dieser Art organisierter Versöhnung
nicht viel hielt und mir überdies diese Institution ein allzu intel-
lektuelles Unternehmen zu sein schien, das mit echter Versöhnung wenig zu tun hatte, gab ich ihrer Bitte nach und war bereit,
über das Thema »Unser Beitrag zum Frieden« zu reden. Sie fuhren, glücklich, mich gewonnen zu haben, wieder ab. Nach einer
Woche aber standen sie erneut vor mir, diesmal jedoch aufge-
bracht und erregt. Die Leiterin des gesamten Versöhnungsbundes, Frau X., die zugleich Landtagsabgeordnete war, hätte ihnen
entsetzt untersagt, »die böse Nazi-Hanna Reitsch« zur Jugendtagung einzuladen oder sie gar noch einen Vortrag halten zu lassen.

---

* entnommen dem Buch der Verfasserin »Das Unzerstörbare in meinem Leben«

Christoph hingegen hätte ihr erklärt, daß die Jugendtagung ohne mich nicht stattfinden solle. Er war sogar gewillt, wenn die Erlaubnis nicht erteilt würde, die Führung niederzulegen und aus der Organisation auszutreten. Nun aber kamen sie, mich zu fragen, ob ich trotz der ablehnenden Haltung, die mir dort entgegengebracht würde, zu ihnen kommen wolle. Ich möge sie doch nicht im Stich lassen. Natürlich war ich bereit, was auch immer mich erwarten würde.

Der Tag nahte, an dem ich mit dem Zug nach Ludwigsburg reiste. Ich wurde dort von den Geschwistern K. abgeholt. Sie schienen recht bedrückt und besorgt zu sein; denn Frau X. hatte viele Menschen eingeladen, darunter Amerikaner, Geistliche, evangelische und katholische, die sämtlich sehr viel älter waren als wir. Namentlich hielten sich alle für große Gegner der Vergangenheit und Gegner solcher Menschen, die während des Dritten Reiches Erfolge hatten. Ich war zunächst gespannt, was mich erwartete. Am Tagungsort angelangt, traf ich zunächst ungefähr 40 Jugendliche, meist Studenten, die, wie Christoph mir berichtet hatte, große Idealisten im Dritten Reich gewesen waren. Sie waren vor dem Studium Jugendführer in der HJ gewesen. Nach dem verlorenen Krieg und nach allem, was sie seitdem ausschließlich noch zu hören bekamen - wie schlecht oder verbrecherisch das Vergangene gewesen sei, für das sie gelebt hatten -, war in ihnen alles zusammengebrochen. Sie glaubten nun resignierend an gar nichts mehr. Sie waren noch zu jung, um zu begreifen, wie es Völkern und Nationen nach verlorenen Kriegen ergeht und wie die Lüge über Vergangenes von den neuen Machthabern systematisch in die Herzen aller gelegt wird. So zerbrach in diesen jungen Menschen das, was ihnen bisher Maß und Richtschnur bedeutet hatte.

Voll Zweifel, aber mit Freundlichkeit begrüßten sie mich. Mit eisiger Kälte hingegen behandelten mich die übrigen. Keiner gab mir die Hand. Sie wendeten sich wie verabredet um, wenn ich auf sie zutrat. Nur Frau X. gab mir notgedrungen kurz, jedoch äußerst ablehnend die Hand. Ich war wie erstarrt und entsetzt über diese kalte, feindliche Atmosphäre. Und so etwas nannte sich »Versöhnungsbund«? Bald darauf begann die Tagung. Frau X. begrüßte die Anwesenden und betonte, daß wir alle uns um des gemeinsamen Zieles willen »duzen« sollten. Ich fand dies völlig unangebracht unter Erwachsenen, die sich bisher noch gar nicht gekannt hatten. Als nächstes verkündete sie, daß wegen der großen Zahl gemeldeter Vorträge bedauerlicherweise einige ausfallen müßten. Sie nannte die Themen, natürlich auch das Thema meines Vortrages. Den Führer der Jugendgruppe packte der Zorn. Ich zwinkerte ihm beruhigend zu. Der Tag verlief in bedrückter Stimmung. Als ich am Abend in dem Gemeinschafts-Schlafsaal der Frauen auf meinem Bett lag, wußte ich nicht, was die Situation noch retten könnte. Ich selbst vermochte nichts dazu zu tun. Es war lähmend, wie eine Ausgestoßene behandelt zu werden. Der Himmel aber half in wundersamer Weise. Als wir am nächsten Morgen alle beim Frühstück saßen, wurde Frau X. ans Telefon gerufen und wegen einer wichtigen Angelegenheit den Vormittag über in den Landtag nach S. gebeten. Der Wagen, der sie holen solle, sei schon unterwegs. Sie teilte uns dies bedauernd mit und fügte hinzu, wir sollten auf Spaziergängen die Gelegenheit nutzen, uns kennenzulernen. Kaum war ihr Wagen außer Sicht, trat Christoph an meinen Tisch und sagte: »Bitte, nutzen Sie die Gelegenheit, der ganze Vormittag gehört jetzt Ihnen.« Da mir klar war, daß die meisten der Anwesenden einem angekündigten Vortrag von mir fernbleiben würden, beschloß ich, die Zeit wahrzunehmen, während alle beim Frühstück saßen. Ich schlug an meine Porzellantasse, stand auf und sagte fröhlich: »Ich weiß, daß sie entsetzt sind, wenn ich jetzt das Wort ergreife, und vor allem entsetzt sind, daß ich überhaupt hier unter Ihnen bin. Man muß

Ihnen ja Sonderbares von mir erzählt haben, aus Ihrem Verhalten gegen mich zu schließen. Wenn Sie mich aber für eine 'gefährliche Nazi' halten, so müßten Sie sich doch als Mitglieder des Versöhnungsbundes freuen, sich mit mir versöhnen zu können. Oder wollen Sie sich nur mit Versöhnten versöhnen?« Ein leises Schmunzeln ging über die Gesichter, und alle hörten mir jetzt interessiert zu. »Ich will Ihnen die Versöhnung leichter machen«, fuhr ich fort, »und Ihnen aus meinem Leben erzählen.« Und dann begann ich von meinem Elternhaus, vom Anfang der Fliegerei zu sprechen, warum und für was ich Flugkapitän geworden war und die Ehrungen und Auszeichnungen im Krieg erhalten hatte. Es waren dies alles Einsätze gewesen, bei denen man das eigene Leben ständig aufs Spiel setzte, um das Leben vieler anderer retten zu helfen.

Es war still im Frühstückssaal - so still, daß man eine Stecknadel hätte fallen hören können. Auch erzählte ich ihnen, wie ich zu jenem abenteuerlichen letzten Flug in das von Russen eingeschlossene Berlin mit dem damaligen Generaloberst Ritter v. Greim kam und was ich mit ihm im Bunker erlebt hatte. So ganz anders war dies gewesen als all die verschiedenen Fälschungen es darstellten, wie im Buch des englischen Historikers Trevor Roper »Die letzten Tage Hitlers«, der einen »Augenzeugenbericht« von Hanna Reitsch benutzte, den ich in Wirklichkeit nie gegeben, nie gesehen und nie unterschrieben hatte. Es herrschte atemlose Stille, als ich die Fälschungen beschrieb, die wiederum aus Trevor Ropers Buch von Zeitungen und Magazinen übernommen worden waren.

Nach einer Stunde endlich kam ich auf mein eigentliches Thema, nämlich »Unseren Beitrag zum Frieden«, der bei uns selbst begänne, bei jedem einzelnen. Ich führte dies vom kleinen persönlichen Bereich beginnend aus und endete mit dem, was mich das Erleben des Fliegens für den Frieden lehrte; denn hoch über der

Erde gebe es keine Grenzen, keine Völker, keine Farben, keine
Rassen und keine Sprachen. Dort bilde alles eine Einheit...
Erst als der Wagen von Frau X. angerollt kam, endete ich. Und
als sie eintrat, rauschte gerade der Beifall auf. Frau X. war bestürzt. Sie spürte, daß sie diese kleine Schlacht verloren hatte.
Tiefbeglückt aber kam Christoph auf mich zu. Er packte meine
beiden Hände. Tränen standen ihm vor Dank und Bewegung in
den Augen. Bald war ich von den übrigen Jugendlichen umringt.
»Wir hätten Ihnen noch viele Stunden zuhören können«, sagte einer nach dem anderen. »Woher nehmen sie nur die Kraft und
den Glauben an den Sieg des Guten und an den Sieg der Wahrheit, woher den Glauben an Gott, an die Menschen und an die
Zukunft überhaupt, nach allem, was man Ihnen im Gefängnis
angetan hat - nach dem Leid, das Ihnen Gott geschickt hat durch
den Tod all Ihrer nächsten Menschen und durch alle Verleumdungen über Sie?« »Woher ich den Glauben nehme, davon er-
zähle ich euch, wenn wir noch Zeit dazu finden im Laufe der Tagung.« »Das müssen wir ganz einfach«, sagte Christoph. »Können
Sie im Anschluß an diese Tagung nicht noch einen Tag länger
bleiben - ganz für uns allein?« Begeistert schlug nun Christoph K.
vor, sich in der Glöcknerwohnung des evangelischen Kirchturms
zu treffen; die Wohnung stehe leer, er würde seinen Vater um Erlaubnis bitten, sie dafür benutzen zu dürfen.
Die Tagung nahm nun ihren vorgeschriebenen Verlauf, allein es
war eine wunderbare Veränderung bei den Anwesenden mir gegenüber eingetreten, gegen die Frau X. nicht anzukommen vermochte. Und jede Pause zwischen Vorträgen wurde von den Jugendlichen, aber auch von vielen der Erwachsenen genutzt, mir
Fragen zu stellen. Die Jugendlichen drägte es in erster Linie, mir
ihre eigenen Probleme, mit denen sie nicht fertig wurden, aufzu-
decken. Erst als wir nach der Tagung in der Glöcknerwohnung
uns alle wieder trafen, konnte ich ungestört auf die vielen schwe-

ren Fragen antworten. Oft blieb ich eine Antwort schuldig, wenn ich selbst vor Rätseln stand. Dann holte ich die Verse meiner Mutter hervor, die ich immer mit mir führte. An die 70 Gedichte waren mir während meiner Gefangenschaft wieder eingefallen. Ich las ihnen eines nach dem anderen vor. Keines durfte ich auslassen, sie wollten alle hören und waren sehr bewegt. Sie spürten aus jeder Zeile die echte und dabei so schlichte Frömmigkeit, die Liebe zum Land und zur Heimat. Sie fühlten aus ihren Worten den starken Glauben an Werte, die für sie ins Wanken geraten waren. Doch nicht nur dieses Heiligtum der Verse meiner Mutter gab ich preis, auch noch einen anderen kleinen Kraftquell: Während meiner Gefangenschaft in Oberursel hatte ich den früheren Finanzminister Lutz Graf Schwerin von Krosigk kennengelernt, der in dieser gemeinsamen Zeit mir ein väterlicher Freund geworden war. Unsere Gespräche, unsere Sorgen und Qualen galten während unserer gemeinsamen Inhaftierung dem eigenen Land und der Wahrheit über die Vergangenheit, und sie galten der Sorge um die Zukunft Deutschlands. Auf diese Gespräche hin schrieb mir Graf Schwerin von Krosigk eine Reihe von Gedichten, in denen es ausschließlich um Deutschland und um den deutschen Menschen ging. Auch diese Gedichte führte ich als eigenen Trost mit mir und las sie nun den Jugendlichen vor. Sie wurden nicht weniger bewegt aufgenommen als jene meiner Mutter. Darin fanden sie Antwort auf ihre vielen Fragen und begriffen, daß ihre Liebe zu Deutschland und ihr Einsatz dafür nicht umsonst gewesen war. Und sie verstanden auch, daß das nun zerbrochene Land ihren vollen Einsatz in noch viel stärkerem Maß benötige als früher.

Bei unserem Abschied bat jeder darum, mir in vollstem Vertrauen schreiben zu dürfen. Da ich nicht falsche Hoffnungen erwecken wollte und mir klar war, daß ich eine Korrespondenz mit allen diesen 40 Jugendlichen niemals führen könnte, so versprach ich,

jedem von ihnen einmal ganz ausführlich zu antworten. Jeder
könne sich alles vom Herzen schreiben, und niemals würde ein
Fremder davon erfahren. So fuhr ich zurück nach Oberursel. Ich
fühlte mich auf der Heimfahrt im Zug fast wie entblößt. Hatte
ich doch gar alles, was mir selber heilig war, vor diesen Jugendlichen aufgetan, um sie in ihrer Zerbrochenheit wieder aufzurich-
ten, um ihnen Kraft für neuen Glauben und neue Hoffnung ins
Herz zu legen, Glauben an Werte, die sich immer gleichbleiben,
zu jeder Zeit und in jedem Land, auch wenn sie vorübergehend
zertreten wurden. Ich fror. Die »innere Entkleidung« schien sich
auf den ganzen Körper zu übertragen. Ich wünschte mir jetzt
nur, von diesen jungen Menschen richtig verstanden worden zu
sein. Mit Ungeduld wartete ich auf die ersten Briefe, die mich
langsam wieder »umhüllen« sollten - aber sie blieben aus. Ein einziger, mich tief ergreifender Brief erreichte mich, den ich sofort
ganz ausführlich beantwortete. Es quälte mich, daß ich mich derart vor ihnen geöffnet hatte und alles umsonst geschehen sei.
So vergingen zwei oder drei Monate. Da klingelte es an meiner
Wohnungstür in Oberursel. Pfarrer K. stand vor mir, mit blassem
Gesicht und ablehnendem Ausdruck. Als er mit mir allein im
Zimmer saß, brach es gleich aus ihm heraus: »Wie konnten Sie
unsere Jugend derart im Stich lassen? Das ist fast ein Verrat an der
Jugend. Sie allein hatten die Herzen der Jugend gewonnen; weder wir evangelischen Pfarrer noch die katholischen Kollegen ver-
mochten es, weder ihre Väter noch ihre Mütter. Sie aber haben
die Jugend aufgefangen in ihrer inneren Zerbrochenheit. Sie begannen durch Sie wieder voll Hoffnung zu glauben. Alle haben
Ihnen in tiefem Vertrauen geschrieben. Sie versprachen zu antworten, und Sie haben es nicht getan. Die jungen Menschen
schrieben Ihnen nicht nur einmal, sie schrieben zweimal, mein
Christoph sogar dreimal. Dann kamen sie und schlugen mit der
Faust auf den Tisch und riefen: 'Jetzt glauben wir an gar nichts

mehr, Hanna Reitsch hat uns auch getäuscht und im Stich gelassen'.

Dann war der Pfarrer einen Augenblick still. »Das war ein Verrat an den jungen Menschen«, fuhr er fort, »wie konnten Sie so gewissenlos sein?«. Mir schien der Kopf blutleer. Ich muß wohl aschfahl geworden sein. Dicke Tränen liefen mir langsam über die Wangen. Dann sagte ich leise: »Dann sind alle Briefe der Jugendlichen abgefangen worden. Einen einzigen habe ich erhalten und sofort ausführlich beantwortet. Ich hatte selbst darunter gelitten, daß meine Wort die anderen nicht erreicht zu haben schienen.« Jetzt war auch Pfarrer K. entsetzt, und Tränen standen auch in seinen Augen. »Das also gehört zu den Methoden, um ein besiegtes Volk ganz zu zerbrechen. Man zerstört seine Beispiele und nimmt ihm seine Helden«, sagte er ernst. »Wie viele andere mögen Ihnen in eigener Not geschrieben haben voll Dank, daß Sie im Land geblieben sind und all den Angeboten, ins Ausland zu kommen, nicht gefolgt sind. Armes Deutschland!«

Pfarrer K. war nach Ludwigsburg zurückgefahren. In den folgenden Monaten erlebte ich noch weitere nicht minder bösartige Methoden, die alle dieses gleiche Ziel hatten. Ich wünschte damals nur eines: Nicht mehr leben zu müssen, damit nicht andere - ohne daß ich es ahnen konnte - auf solche Weise durch mich noch mehr in Verzweiflung geraten würden.

Vorher aber wollte ich unbedingt über mein Leben schreiben und mich damit vor ungezählte Deutsche stellen, die in der Vergangenheit wie ich selbst das Beste wollten, an das Gute glaubten und von Verbrechen, die von Deutschen begangen sein sollten, nichts wissen konnten. Während ich, versteckt in der Eifel, an dem Buch »Fliegen mein Leben« schrieb, wurde mir klar, daß Lügen sich niemals auf die Dauer halten können. Und daß es ein großer Triumph wäre für die bösen Kräfte, wenn ich meinem Leben selbst ein Ende setzen würde. Es galt jetzt, diese schwere

Zeit, und wenn es viele Jahre dauern würde, durchzustehen und an den Sieg des Wahren und Guten zu glauben, das letztlich unzerstörbar bleibt. Nur ein tiefer Glaube konnte mir die Kraft dazu verleihen.

SIEBTES KAPITEL

Dem Sieger ausgeliefert

Zu meiner Freude stand eines Tages 1947 ein schlesischer Landsmann in Oberursel vor meiner Tür. Er war Segelflieger und gehörte zur Akademischen Fliegergruppe von Breslau. Wir nannten
ihn wegen seiner Länge den »Funkturm«. Er und seine Frau luden
mich ein, im Jeep mit ihnen nach Marburg zu fahren, dort über
Nacht zu bleiben, und am anderen Tag wollten sie mich nach
Oberursel zurückbringen. Als Deutscher einen Jeep selbst zu fahren, war in jener Zeit etwas Ungewöhnliches. Er erklärte es damit,
daß er bei den »Amis« arbeite, um leben zu können. Seine Frau
würde ebenfalls bei den Amerikanern im Marburger Gallup-Institut ihr Geld verdienen. Auf dem Weg nach Marburg erfuhr ich,
daß sie für den Abend ein paar nette Freunde vom Gallup-Institut eingeladen hatten, die mich gerne kennenlernen wollten. Das
junge Ehepaar bewohnte eine Einzimmerwohnung mit zwei Cou-
ches, die des Nachts als Betten dienten. Sie fragten, ob es mir etwas ausmache, auf dem Klappbett, wie in einer Skihütte, im gleichen Zimmer zu schlafen. Durch die Gefangenschaft an viel Einfachheit gewöhnt, machte mir so etwas wenig aus.
Der Abend begann mit viel Alkohol, den die Freunde aus dem
Gallup-Institut mitgebracht hatten. Es waren alles Deutschameri-
kaner, Emigranten, die nach dem Zusammenbruch Deutschlands

92

zurückgekehrt waren und hier arbeiteten. Sie tranken große Mengen Wein, waren in sehr fröhlicher Stimmung und versuchten ständig, auch mich zum Trinken zu animieren. Da mir Alkohol nicht bekommt, Fruchtsäfte aber nicht zur Verfügung standen, so nippte ich ein wenig am Glas und vertauschte dann rasch und geschickt die Gläser so, daß ich immer ein halbleeres oder fast leeres Glas vor mir hatte, in das ständig neu zugegossen wurde, ohne daß ich es selbst leerte. Mit vorgerückter Stunde wurden die Gäste aufgrund ihres Alkoholgenusses sehr redselig und verloren die Kontrolle über das, was sie sprachen. Da sagte mein Nachbar mit lauter Stimme: »Wir wissen, wie man Deutschland am Boden hält, man muß ihnen nur ihre Vorbilder und Helden nehmen. Um dies zu tun, haben wir äußerst wirksame Methoden.« Auf meine Frage, wie sie dies denn ausführen wollten, sagten sie nur laut lachend: »Dies werden wir Ihnen nicht verraten...«, und tranken weiter.

Mir war gar nicht wohl in dieser Gesellschaft. Noch dazu war ich längst todmüde, denn seit meiner Kindheit und auch als Testpilotin war ich gewohnt, früh schlafen zu gehen, dafür aber auch sehr früh aufzustehen. Hier aber war ich gezwungen zu warten, bis der letzte Gast aufgebrochen war. Geschlafen habe ich trotz meiner Müdigkeit wenig. Ich dachte an meine »verschwundenen Briefe« (Kapitel 6 dieses Buches). Ob dies wohl auch zu jenen angedeuteten Methoden gehörte? Ich war sehr froh, als ich am nächsten Morgen vom »Funkturm« nach Oberursel zurückgebracht wurde.

Man hat es nicht in der Hand, zum Idol gemacht zu werden; ob berechtigt oder unberechtigt, spielt hier keine Rolle. Tatsache, und zwar für mich eine recht lästige, war es, daß ich, wahrscheinlich durch die vielen Zeitungsberichte über mich als ersten weiblichen Flugkapitän der Welt, als erste Pilotin, die Hubschrauber, Raketen- und Jetmaschinen flog, wegen vieler Segelflugweltrekorde und deutscher Rekorde, der Jugend als Vorbild vorgestellt wurde. Nach dem Zusammenbruch suchten aber insbesondere die jungen Menschen, denen aller Glaube zerstört worden war, Vorbilder, an denen sie sich aufrichten konnten. Viele ihrer Vorbilder waren gefallen, viele als angebliche Verbrecher von den Siegermächten hingerichtet oder eingesperrt worden; doch etliche, die noch am Leben waren, folgten Angeboten ins Ausland oder setzten sich nach Argentinien ab. So klammerten sich junge Menschen an jene, die ihnen namentlich bekannt und im eigenen Land geblieben waren. Wie man systematisch versuchte, ihnen die Vorbilder zu zerstören, mußte ich an mir selbst in wachsendem Maß erleben:

Eines Tages bat mich ein Meteorologe, Dr. Wachter aus Frankfurt, mich mit ihm und mit einem Sportjournalisten der Frankfurter »Neuen Presse« im Café Laumer in Frankfurt (Main) zu treffen, um etwas Wichtiges zu bereden. Mir hatten Angehörige eines Mitgefangenen als »fahrbaren Untersatz« einen winzigen kleinen uralten »Hanomag«, genannt »Kommißbrot«, geliehen. Er war verrostet, schäbig, klapprig, indes er fuhr. Und so erreichte ich das Café Laumer. In unseren Gesprächen ging es darum, durch gute Artikel vorsichtig zu versuchen, das Interesse am Segelflug in der Bevölkerung wieder zu wecken, um langsam zu erreichen, daß der Segelflug uns Deutschen endlich wieder erlaubt würde. Als unser Gespräch zu Ende war, sagte jener Journalist, er wolle sich aber, bevor wir uns trennten, meinen »Buick« ansehen. Ich stimmte lachend zu und glaubte, er wolle mich mit diesem schäbigen »Kommißbrot« von Auto necken, mit dem er mich vielleicht hatte ankommen sehen. Als wir jedoch vor dem miesen kleinen Auto standen, sagte er erstaunt: »Nein, Ihren 'Buick' - Sie fahren doch einen großen 'Buick'«. Ich muß ihn wohl derart verblüfft angeschaut haben, daß er unsicher wurde und Dr. Wachter und mich bat, unbedingt mit ihm ins Café zurückzukehren. Er müsse uns genau berichten, wie er zu der Frage nach dem »Buick« gekommen sei.

Wieder im Café sitzend, fragte er erst noch einmal betont, ob ich wirklich keinen »Buick« besäße oder andere große amerikanische Wagen fahren würde. Ich beteuerte ihm, daß ich weder vor 1945 geschweige danach je einen amerikanischen Wagen gefahren hätte, ich aber dankbar und glücklich darüber sei, daß Bekannte mir diesen kleinen »Hanomag« zur Verfügung gestellt hätten. Nun folgte eine für mich atemberaubende Geschichte: In der Kantine der »Neuen Presse« erschiene nahezu täglich seit den letzten Wochen ein gutaussehender junger Mann, der sich mit dem Namen X. bei ihnen vorgestellt habe. Er wechsle oft, fast täglich den Tisch und brächte jedesmal dort, wo er saß, das Gespräch auf Hanna Reitsch, die er angeblich sehr gut und »intim« kenne. Erst lobe er in seinen Gesprächen immer meine Fliegerei und mit einem gewissen Augenzwinkern beschreibe er anschließend, wie weit erfolgreicher ich indessen als »Frau« sei. Das wisse nicht nur er, sondern es sei auch seinen amerikanischen Freunden bekannt. Sie würden sich in den Nächten, einer dem anderen, in meiner Wohnung die Türklinke übergeben. Ich würde dafür mit einem dicken »Buick«, mit viel Geld und Eßsachen belohnt. Das traf mich an meiner verletzbarsten Stelle, denn von meinem Vater hatte ich ein überempfindliches Ehrgefühl geerbt, das mir im Leben oft Pein bereitete. Ich glaube, ich bin damals ganz blaß geworden vor Entsetzen, kämpfte nur gegen die Tränen und war vor Empörung kaum imstande, etwas zu antworten. Beiden war klar, daß es sich um infamste Verleumdungen handelte. Jener Journalist, der mir vorher nie begegnet war, gab zu, diese Erzählungen, wie alle anderen, geglaubt zu haben.

Wäre solch ein bezahlter Gauner in meiner Heimatstadt Hirschberg/Schlesien so aufgetreten, wäre er aus jeden Lokal hinausgeprügelt worden. Dort kannte jeder meine Familie, dort kannte man mein Leben und Verhalten. Hier dagegen, in Oberursel, war ich eine Fremde. Von meinen fliegerischen Leistungen wußte jeder, jene »angebliche andere Seite« war ihnen neu. Warum nicht? dachten sie.

Ich war verzweifelt, durchweinte die Nächte und glaubte, mit solchen Verleumdungen nicht weiterleben zu können. War es nicht schon genug, was ich auf Grund dieses gefälschten »Augenzeugenberichtes« über die letzten Tage im Hitlerbunker« zu ertragen hatte? Mit Hilfe eines Freundes meiner Innsbrucker Verwandten, Friedel Volkmar, der Kaplan in Oberursel war, versuchten wir, der Sache nachzugehen. Kaplan Volkmar besprach den Fall mit einem ihm befreundeten Rechtsanwalt, um den Betreffenden zu verklagen. Es schien sich die Verfolgung der Sache aber durch eine Indiskretion des Journalisten herumgesprochen zu haben, denn jener Gesuchte erschien nie mehr in der Kantine der »Neuen Presse« und wurde von keinem mehr gesehen. Wir konnten nur so viel feststellen, daß er mit Schreibmaschinen handelte, ein Auto mit amerikanischer Nummer fuhr und im CIC-Camp in Oberursel ein und aus ging. Von da an verlor sich jegliche Spur. Auch die Bemühungen von Kaplan Volkmar, über den Camp-Kommandanten seine Personalien zu erfahren, blieben erfolglos.

Ich hatte mich noch kaum von diesem Schreck erholt, meldete sich nach wenigen Wochen bei mir, furchtbar geheimnisvoll tuend, ein angeblich aus einem Lager entflohener SS-Mann. Er nannte sich Horst Winter. Als ich ihn fragte, wieso er denn gerade zu mir käme, sagte er nur: »Es ist bekannt - Sie sind ein guter Kamerad.« Da fragte ich weiter, was er denn wolle, ob er hungrig sei, er könne Kartoffelsuppe bekommen. Nein, meinte er, er habe in Frankfurt ein Mädchen kennengelernt, das ihn versorge. Er bäte mich jedoch um einen kameradschaftlichen Dienst. Er schaute mir aber so gar nicht nach einem entflohenen Lagerinsassen aus. Dazu war er viel zu gut angezogen, mit schöner Wind-

9. Pfarrer Friedel
Volkmar (gest.
8.12.1976)

10. Der Notruf-
Pfarrer von Frank-
furt,
Karl Pehl

11. Gewinner der
bronzenen Medaille
bei den Segelflug-
Weltmeisterschaften
in Spanien 1952

12. Bei den
Segelflug-
Weltmeisterschaften
1952 in Spanien mit
Ernst-Günter Haase
und Prof. Georgii

jacke, zwei Füllhaltern in der Brusttasche. Als ich darauf hinwies und erstaunt fragte, wie er denn zu solch schöner Kleidung und den Füllhaltern käme, sagte er rasch, daß der Bruder jenes Mädchens ihn neu eingekleidet und mit den Füllhaltern versorgt habe. Das schien mir reichlich unglaubwürdig. Als er mein Mißtrauen bemerkte, wimmerte er unterwürfig (aber gut gespielt): »Oh, jetzt werden Sie mich gewiß verraten - das habe ich von Ihnen nicht geglaubt.« Jetzt war mir die Sache zu dumm. Ich fuhr ihn an, er solle sich zusammennehmen. Dabei tat er mir meiner lauten Worte wegen leid. Noch wußte ich ja gar nicht, was wirklich mit ihm los war und was er von mir wollte. Also wieder freundlicher werdend, fragte ich, was er denn nun von mir erwarte. »Ach«, erwiderte er ruhig, »die Sache ist ganz einfach. Ich wüßte einen Weg, und den können nur Sie gehen, um mir einen falschen Paß zu verschaffen...« Er hatte noch nicht zu Ende geredet, da sagte ich ihm rasch, daß so etwas für mich überhaupt nicht in Frage käme. Kaum hörte er meine Ablehnung, fing er wieder an zu lamentieren. Mir war unheimlich zumute. Mein Verstand sprach völlig gegen ihn, doch mein Gefühl sagte mir, daß ich einem Menschen, selbst wenn er mir noch so unsympatisch erschiene, in wirklicher Not helfen müsse. Kurz vor jenem Besuch hatte ich den damaligen Frankfurter evangelischen Pfarrer Werner Hess kennengelernt. So sagte ich dem Bittsteller, ich könne ihm nicht helfen, er solle in Frankfurt zu dem mir bekannten Pfarrer Werner Hess gehen, der bestimmt für seine Not einen Ausweg finden würde. Ich gab ihm die Adresse. Bevor er mein Zimmer verließ, schaute ich ihn ernst und durchdringend an und sagte scharf: »Wenn Sie mich aber in eine Falle locken wollten, dann werden Sie sich selber treffen. Der Gegner liebt den Verrat, aber nicht den Verräter.« So trennte ich mich von ihm, rief umgehend Pfarrer Hess an und beschrieb ihm diesen Fall und mein Unbehagen. Pfarrer Hess fand es gut, ihn zu ihm verwiesen zu haben; er wolle mit mir gleich telefonieren, wenn er dort erschienen sei. Der Anruf kam nie. Ich hatte wieder schlaflose Nächte. Wer also wollte mich in eine Falle locken?

Nach wenigen Tagen - ich wollte schon vor Mißtrauen und angehender Verfolgungsangst die Haustür nicht mehr öffnen - erschien sehr aufgeregt ein junger Mann, der mich ganz dringend wegen dieses gewissen Horst Winter sprechen wollte. Er wies sich als früherer Leutnant aus, doch wie viele Offiziere waren zum Gegner übergewechselt? Noch ehe ich dies traurig aussprechen konnte, sprudelte es aus ihm heraus: Jener angebliche Horst Winter hieße nicht Winter, sondern X. Er wäre niemals SS-Mann und niemals eingesperrt gewesen. Er sei ein früherer Klassenkamerad von ihm, der ihn letzte Nacht aufgesucht, sich in einen Sessel geworfen und geweint habe. »Ich Schwein«, habe er gesagt, »ich habe versucht, für eine Stange Zigaretten und für soundso viel Geld Hanna Reitsch in eine Falle zu locken. Ihre Haltung hat mich so beschämt, daß ich keinen Schlaf mehr finde. Geh zu ihr, sage ihr, daß außer mir noch viele andere unterwegs sind und versuchen sollen, sie in Fallen zu locken, um sie öffentlich anprangern zu können. Sie alle werden von Deutschamerikanern des CIC-Camps in Oberursel hoch bezahlt.«

Kaum war er gegangen, war es mit meiner Fassung aus. Diesen Methoden war ich in meiner Empfindlichkeit nicht gewachsen. Wäre ich in der Geborgenheit meiner Familie, so könnte man alles gemeinsam bereden, gemeinsam tragen und damit verkraften. Aber so - völlig allein, zwar im eigenen Land, aber doch in der Fremde -, so schluchzte ich hemmungslos.

Nichts hatte ich im Leben so unwürdig gefunden, wie mißtrauisch zu sein. Jetzt indessen spürte ich, wie das Mißtrauen sich fast wie eine Krankheit in mich hineinschlich. Es paßte so ganz und gar nicht zu meinem Wesen, meiner Offenheit und meinem Glauben an das Gute im Menschen. Nein, so könnte ich nicht mehr

98

weiterleben, glaubte ich - todunglücklich in durchweinten Nächten. In jenen Tagen kam zu meiner großen Freude ein Fliegeroffizier, ein gleichaltriger Kamerad und Freund, zu mir. Oft hatte ich mir in Gedanken Sorge um ihn gemacht, vor allem darüber, was nach dem Krieg wohl mit ihm geschehen sei. Nun saß er vor mir. »Hanna«, lachte er, »bekommst du auch Verfolgungswahn?« »Ja«, entgegnete ich, »man könnte es so nennen« und deutete kurz an, was ich an Scheußlichem erlebt hatte. »Mir geht es nicht anders«, tröstete er, »wollen wir nicht auswandern nach Südamerika?« »Mit Freuden«, sagte ich, »würde ich diesen mir unerträglichen Methoden entrinnen, aber ich darf es nicht und kann daher nicht mitmachen. Es ist ja nicht mein Wunsch gewesen, als Idol herausgestellt worden zu sein. So etwas aber habe ich zu tragen, solange ich lebe, ob es von anderen gewertet wird oder nicht, ob es bequem oder schwierig ist. Ich werde dir deinen geplanten Weg nicht zum Vorwurf machen, keineswegs, aber - ich bleibe im armen zerstörten Deutschland.«

Als er gegangen war, mit der Absicht, seinen Plan zu verwirklichen, war ich tief betroffen. War es dumm von mir, diesen seinen Weg nicht mitzugehen, wo ich doch ganz offensichtlich jenen üblen Methoden nicht gewachsen war? Ich versuchte, in mich hineinzuhorchen und hörte meine Toten meinen Entschluß bejahen. Ich würde von Gott die Kraft für meinen Weg bekommen. So ging es eine Weile weiter, nur mit der »Kraft« schien es nicht weit her zu sein. Ich war schon bald wieder wie am Boden zerstört. Diesmal allerdings gründlicher und nachhaltiger als zuvor. Ein Fliegerkamerad, Herr v. S., war aus dem Darmstädter Lager entlassen worden. In aufrechter Haltung, jedoch in schäbiger Kleidung, mit altem, zerschlissenem Soldatenrock, mit Wickelgamaschen und zerrissenen Schuhen begegnete er in Wiesbaden Oberst B., einem erfolgreichen Bomberflieger und bekannten HJ-Führer.

Während meiner Gefangenschaft in Oberursel war Oberst B. eines Tages in Begleitung von zwei amerikanischen Offizieren ins Haus »Alaska« gekommen. Er war auffallend gut gekleidet. Ich eilte freudig auf ihn zu, um ihn herzlich zu begrüßen, weil er sich 1944 bei unserem geplanten Selbstopfer-Einsatz mit der V-1 zur Verfügung gestellt hatte und mir dadurch bekannt war. Doch zu meinem größten Erstaunen tat er, als ob er weder mich noch irgendeinen meiner hohen namhaften Mitgefangenen kennen würde. Was seine Aufgabe beim kurzen Besuch im Haus »Alaska« war, blieb uns unbekannt. Unter uns allen hieß es nach diesem kurzen Besuch nur: »Schade, auch er ein dreckiger Überläufer.« Also diesem Oberst B. begegnete Herr v. S. Sie kannten sich aus der Zeit vor dem Krieg und während des Krieges als Fliegerkameraden und begrüßten einander auf der Straße freudig. »Mensch«, sagte Herr v. S., »wie siehst du feudal aus, mit schickem, weißem Trenchcoat und langen, vornehmen Hosen! Wie kommt man denn zu so etwas?« Da lachte Oberst B. und lud ihn in seine Wohnung ein. Neugierig, aber bereits mißtrauisch geworden, folgte Herr v. S. der Aufforderung und war äußerst erstaunt, als er eine vornehme, ja üppige Luxuswohnung in Wiesbaden betrat. Im weiten Wohnzimmer mit dicken Ledersesseln zündete Oberst B. das Feuer im Kamin an, und während das Feuer zu knistern begann, holte er von einer Bar im Zimmer die für einen Deutschen zu jener Zeit seltensten alkoholischen Getränke. Herrn v. S. war bereits klar, daß dies nicht mit rechten Dingen zugehen konnte, doch er wollte jetzt wissen, was dahintersteckte. Er neckte B. mit dessen Reichtum. Da zwinkerte jener mit den Augen und fragte: »Kennst du Hanna Reitsch?« »Na«, antwortete Herr v. S., »natürlich, welcher Flieger kennt sie nicht?« »Ja«, sagte B., »aber kennst du sie persönlich und privat - als 'Frau'?« »Nein«, versetzte Herr v. S., »wir sind uns nur auf Flugplätzen begegnet.« »Na, warte mal«, sagte Oberst B. und holte aus einem Schrank ein von ihm geschriebenes Manuskript, worauf er ihm lachend vorzulesen begann: Eine erfundene, gemeinste Zote nach der anderen. Es sollte ein Büchlein werden, das Manuskript war gerade von ihm beendet worden, und zwar voll solcher erfundener Schmutzgeschichten über mich. Ein paar davon hatte sich Herr v. S. mit äußerster Beherrschung angehört, dann war es um seine Geduld geschehen. Er sprang auf und brüllte Oberst B. an: Er wisse genau, daß nicht ein einziges Wort davon wahr sei. Jetzt wäre ihm klar, warum er hier wohne und so gekleidet sei! Pfui Teufel! Und wenn er dieses Manuskript nicht vor seinen Augen sofort den Flammen übergebe, so könne er eines glauben: Es gebe einen Fememord, und der würde ihn sonst zweifelsohne treffen. Oberst B. inzwischen schon aschfahl geworden, war klar, daß Herr v. S. nicht spaßte und warf das Manuskript in die Flammen. Schweigend schauten beide zu, bis alles verbrannt und verglüht war. Dann wandte sich Herr v. S. nochmals an den Oberst und sagte kurz: Ein einziges Wort dieses schändlich erfundenen Inhaltes würde ihn das Leben kosten. Damit verließ er mit größter Verachtung dieses ehemalige Idol.

Nach ein paar weiteren Wochen saß Herr v. S. mit seiner Frau in meinem Zimmer in Oberursel. Sie hatten lange miteinander beratschlagt, ob sie mir von diesem Vorfall erzählen sollten. Ich würde jene »Zoten« gewiß kaum verstehen, aber ich sollte und müsse wissen, was gegen mich, mit hohen Geldern bezahlt, vor sich ginge. So berichteten sie mir vorsichtig, was Herr v. S. in Wiesbaden erlebt hatte.

Während ihres Besuches und ihrer Erzählung hatte ich das Gefühl, als würde mein Kopf blutleer. Mit äußerster Kraft versuchte ich, ruhig und gelassen zu erscheinen. Aber kaum waren sie fort, warf ich mich schluchzend auf mein Bett. Ich weinte, weinte, bis ich vor Erschöpfung eingeschlafen war.

Als ich erwachte und mir das Vorgefallene wie ein böser Alptraum wieder ins Bewußtsein kam, hatte ich nur einen einzigen Wunsch: Endlich bei meinen Toten zu sein, mit ihnen im Jenseits vereint. War jenes Ziel, das mich zum »Wortbruch« gegen meinen nächsten Freund veranlaßt hatte, nicht doch ein hoffnungsloses Unterfangen? Wie sollte ich kleiner Mensch gegen die Lügen, die man ganz Deutschland zur Last legte, auftreten und mich vor ungezählte ehrenhafte deutsche Idealisten stellen können, wenn ich an den Lügen gegen mich selbst schon zerbrach? Ich war völlig verzweifelt. So fand mich eines Tages tränenüberströmt jener gleichaltrige Kaplan Volkmar, der ein Freund meines blinden Tiroler Onkels war, des Historikers Professor Richard Heuberger. Meine Verwandten in Innsbruck waren glücklich, ihn am gleichen Ort zu wissen, und baten ihn, sie alle, die ja als Österreicher nicht über die Grenze zu mir kommen konnten, bei mir zu vertreten. Das versuchte er auch wie ein Freund und Bruder. Bisher freilich hatte ich mir niemals von ihm ins Innere blicken lassen. Wir hatten uns über tausend andere Probleme unterhalten. Nun aber konnte ich es nicht mehr vermeiden, da er mich so weinend vorfand. Ich berichtete nun, was ich in Oberursel bisher alles erlebt hatte und daß ich aus verletztem Ehrgefühl diesen Lügen und Verleumdungen nicht mehr gewachsen sei. Er horchte bewegt, hatte er doch selbst einen dieser Vorfälle - jenen mit dem »Buick« - miterlebt und vergeblich versucht, den Schuldigen zu fassen. Nach langem Schweigen sagte er: »Genügt es Ihnen nicht, vor Gott und dem eigenen Gewissen zu wissen, wie gerade und sauber Ihr Weg bisher verlaufen ist?« »Nein«, schluchzte ich verzweifelt, »das genügt mir nicht. Sie werden bald alle mit dem Finger auf mich zeigen. Was weiß ich denn, wie viele, mit Geldern weiterhin bestochen, gegen mich solche Lügengeschichten verbreiten werden! Und alle, die sie hören, werden sagen: Auch Hanna hat uns enttäuscht! Und mehr und mehr Menschen werden an solchen Enttäuschungen zerbrechen. Es wäre besser, ich würde nicht mehr leben.« Da fragte er ernst: »Und was haben Sie mir seinerzeit nach Ihrem Besuch in Marburg beim 'Funkturm' voll Abscheu erzählt? *Dies* sind die Methoden, die jene damals andeuteten, um den Deutschen ihre Vorbilder und Helden zu nehmen. Und Sie, Hanna, zerbrechen daran? Und enttäuschen Ungezählte, wenn Sie daran zugrunde gehen! Glauben Sie mir, Lügen, und wenn sie noch so teuflisch und raffiniert erdacht sind, halten sich nur eine Weile. Die Weile kann kurz, aber auch lang sein, das liegt in Gottes Hand; sie kann über Jahre, ja über Generationen dauern. Aber ob wir es noch erleben oder nicht, die Wahrheit kommt eines Tages ans Licht.«

Ich schaute ihm ernst in die Augen und fragte leise: »Was soll ich tun?« »Durchhalten«, sagte er. »Mit erhobenem Haupt durch die Straßen gehen, selbst wenn die anderen mit den Fingern auf Sie zeigen. Sie wissen vor sich selbst und vor dem Herrgott Ihren guten Weg. Mit Gott sind Sie stärker als alle zusammen!« Dann schwieg er. Bevor er ging, meinte er nur: »Ich weiß, dies ist leichter gesagt als getan. Aber ich kenne Ihre Wurzeln und weiß daher, daß Sie es schaffen werden.«

Jetzt begann für mich die schwerste Zeit in dem Versuch, zu verzeihen und ungebrochen täglich zu trainieren, was jener Freund meiner Verwandten mir nahegelegt hatte. Es war schwer, sehr, sehr schwer, vor allem durch diese empfindliche Haut, in der ich nun einmal steckte. Allein, ich wußte, Kaplan Volkmar hatte recht. Er wurde mir jetzt innerlich so nahe, als wäre es mein eigener Bruder. Ich verstand meine Verwandten, in erster Linie meinen blinden Onkel, der ihn überaus schätzte und liebte. Von seinen großen, klaren blauen Augen ging soviel Güte, Klugheit und echte Menschlichkeit aus. Er muß durch sehr viel eigenes Leid gegangen sein und einen ganz tiefen Glauben besitzen, um so überzeugend sein zu können, wie er war. Er glaubte an mich, und ich durfte weder ihn noch alle, die an mich glaubten, enttäuschen.

ACHTES KAPITEL

»Entnazifizierung«

Im Sommer 1947 hing am Rathaus des Marktes von Oberursel im Taunus ein großer Aufruf, daß alle, die gegen die Fliegerin Hanna Reitsch und ihr Wirken als »Nazi« etwas auszusagen hätten, gebeten werden, dies an den Spruchkammer-Vorsitzenden K. bis Mitte November 1947 einzusenden. Das Verfahren gegen Hanna Reitsch sei für Mitte Dezember 1947 vorgesehen.
Ich wurde von Bekannten auf diesen Aushang aufmerksam gemacht. Auch jener Freund unserer Familie, Friedel Volkmar, der damals als Kaplan in Oberursel tätig war, kam besorgt zu mir und bat mich, doch so rasch wie möglich an viele meiner Freunde zu schreiben und um Entlastungsbriefe zu bitten, vor allem von meinem jüdischen Kameraden und Freund, dem ich seit 1936 soviel geholfen hätte und um dessentwillen ich vor ein Parteigericht in Frankfurt geholt worden sei. (Dies war damals möglich, ohne Pg zu sein, da jeder Angestellte der Forschungsanstalt, an der ich als Testpilot tätig war, automatisch der DAF, der Deutschen Arbeitsfront, angehörte). Die Vertreter des Parteigerichts hatten mir damals erklärt, daß ich mich strafbar gemacht hätte, da ich mit diesem 50 %igen Juden durch Briefe und auch finanzielle Hilfen in Verbindung stünde. Darauf antwortete ich ihnen, daß weder sie noch ich etwas dafür konnten, nicht jüdisch zu sein. Der betref-

fende Kamerad gehöre zu den mir liebsten Freunden und sei charakterlich einer der wertvollsten Kameraden, die ich kennen würde. Im übrigen sei er ein ungewöhnlich guter Flieger und ein hervorragender Wissenschaftler. Sie könnten alles, was sie gegen mich diesbezüglich hätten, sofort - am besten direkt an Adolf Hitler - weiterleiten, ich würde mich auch an ihn wenden. Im übrigen würde ich weiterhin durch Briefe (sie könnten sie gerne alle lesen) versuchen, ihm moralisch und seelisch zu helfen. Er litt besonders darunter, daß er als Halbjude nicht an der Front sein Vaterland verteidigen durfte. Aber zu Beginn des Krieges erhielt er eine hervorragende Stellung in der deutschen Luftfahrtindustrie.

Meine Freunde bedrängten mich weiter, ich müsse mir unbedingt bescheinigen lassen, daß ich auf Betreiben der DAF im Winter 1938/39 als Testpilot von der DFS entlassen werden sollte. Damals sollte ich vor unserem gesamten Institut widerrufen, was ich am Tag nach der »Kristallnacht« auf einem Betriebsausflug laut vor den Betriebskameraden gesagt hätte, nämlich: daß ich mich im Hinblick auf das Geschehen jener Nacht schämen würde, eine Deutsche zu sein. Ich hatte jedoch, statt dies zu widerrufen - auch auf die Gefahr hin, daß mein heißgeliebtes Testfliegerleben dadurch vielleicht für immer ein plötzliches Ende finden könne -, sehr ernst und laut vor dem versammelten Institut gesagt: Ich könne dasselbe nur wiederholen. Ich schämte mich, eine Deutsche zu sein angesichts dessen, was in der »Kristallnacht« geschehen sei. Diese Antwort hätte mein Ausscheiden besiegelt, wenn nicht mein direkter Chef, der Institutsleiter und Konstrukteur Hans (Köbis) Jacobs, aufgesprungen wäre, und vor der Versammlung laut erklärt hätte: »Wenn mein Testpilot Flugkapitän Hanna Reitsch die Anstalt verlassen muß, dann gehe ich auch!« Und damit verließ er rot vor Wut die Halle. Jedem war klar, daß es ihm ernst damit war. Da aber die DFS - wie Professor Georgii als der

Anstaltsleiter es mehrfach voll Dank an meine Eltern geschrieben hatte - ihre größten Erfolge den Arbeiten von Köbis Jacobs und mir verdankte, war die Anstaltsführung jetzt ratlos. Die Versammlung wurde ohne Entscheidung aufgelöst. Köbis und ich gingen unserer Arbeit nach, als wäre nichts geschehen, und alles blieb beim alten. Es wurde über diesen Punkt nie mehr ein Wort verloren.

»Nein«, sagte ich empört zu meinen Freunden. »Was für eine Zumutung, mir nachträglich ein für mich völlig selbstverständliches Verhalten schriftlich bestätigen zu lassen! Keinen einzigen Entlastungsbrief lasse ich mir ausstellen!« - Stattdessen zog ich mich an einen Platz zurück, wo mich niemand vermuten oder finden konnte. Ich hinterließ nur, ich würde pünktlich zum Termin der Vorladung wieder zurück sein. Da war es der treue Freund, Friedel Volkmar, der heimlich die Initiative ergriff. Als erstes schrieb er unseren Tiroler Verwandten, mit denen er so eng befreundet war, und bat, ihm umgehend die Adressen all meiner Freunde zu schicken, vornehmlich auch die jenes jüdischen Fliegerkameraden. So ließ er ohne mein Wissen ungezählte Briefe hinausgehen und erhielt ergreifende Antworten, die ich, Gott sei Dank, nie zu Gesicht bekam, die aber dem Spruchkammervorsitzenden einen großen Eindruck hinterließen. Da ich noch dazu weder der Partei noch einer anderen nationalsozialistischen Vereinigung angehörte - ich hatte 1931 das Abitur gemacht, war darum nicht im BdM oder Arbeitsdienst; das NS-Fliegerkorps nahm keine Frauen auf -, lautete mein schriftlicher Spruchkammerbescheid ohne mündliche Vorladung wie auf nachstehender Fotokopie dokumentiert.

Ich muß offen gestehen, daß ich mich vor allen meinen unschuldig belasteten Freunden über solch einen Bescheid fast schämte, denn ich hatte, wie sie alle und wie Millionen Deutscher, nur auf meinem Platz meine Pflicht für unser Land getan.

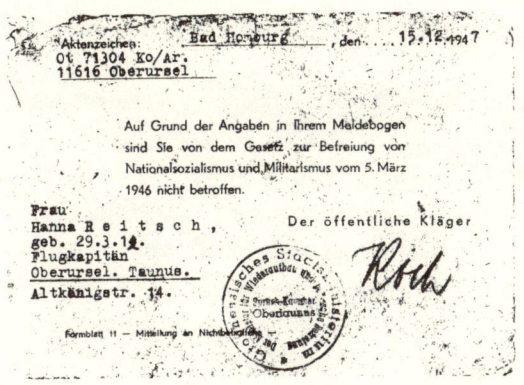

Als die infamen Zeitungsartikel gegen mich nicht aufhörten, gefälschte »Interviews« erschienen, die ich nie gegeben hatte, und
zahlreiche Magazine weiterhin meinen Namen übel, aber offensichtlich »gesteuert« mißbrauchten, entschloß sich Kaplan Friedel
Volkmar angesichts dieser Diffamierungen zu folgendem Aufruf,
den er von vielen namhaften Persönlichkeiten unterschreiben
ließ. Der Aufruf lautete:

*»Das Schicksal einer Frau, die wir Unterzeichneten des Aufrufes
alle persönlich kennen, veranlaßt uns, Protest zu erheben gegen
eine Unzahl von Veröffentlichungen im In- und Ausland, die ein
erschreckendes Licht werfen auf die Verantwortungslosigkeit, Un-
sachlichkeit und Unwahrhaftigkeit heutiger Berichterstattung, -
vor allem, wenn es darum geht, die Vergangenheit zu bewältigen. Es ergreifen hier Menschen das Wort, die sowohl der Ideo-
logie als auch der Politik des vergangenen Regimes völlig ablehnend gegenüberstanden. Wenn wir dies tun, dann geschieht es
nur um der Wahrheit und Gerechtigkeit willen und weil wir wissen, daß die Zukunft unseres Landes, wie die der Welt, voll Hoffnung nur gestaltet werden kann, wenn die Ehre und Würde des
Menschen, wer immer es auch sei, nicht beschmutzt und ver-*

leumdet, sondern so gewertet und geachtet wird, wie es ihm zukommt.

Seit zwei Jahren kämpft unsere Fliegerin Hanna Reitsch einen verzweifelten Kampf gegen alle Unwahrheiten, die mit Mißbrauch ihres Namens durch die Presse der Welt gehen. Es ist der Öffentlichkeit zur Genüge bekannt, wie in deutschen und ausländischen Zeitungen und Zeitschriften seit langem ein - oft authentisch genannter - 'Augenzeugenbericht über die letzten Tage im Bunker der Reichskanzlei' unter ihrem Namen zu lesen ist. Dieser wurde von ausländischen Schriftstellern in Büchern und Broschüren verwendet, darunter sogar von einem englischen Historiker aus Oxford, der ihn in dem Buch benutzt 'The last days of Hitler', welches einen gewissen Anspruch auf historischen Wert erhebt. Hanna Reitsch hat diesen Bericht nie gemacht - er ist unwahr und journalistisch erdacht.

Wie kann man es wagen, ohne ehrliche Prüfung einen Menschen, der von weitesten Kreisen des eigenen Volkes und des Auslandes geachtet und wegen seiner großen fliegerischen Leistungen und menschlichen Werte verehrt wird und der nur in fliegerischem, selbstlosem Einsatz seines überragenden Könnens gehandelt hat, durch den tapferen Flug nach Berlin in das Rampenlicht von Politik und Sensation zu zerren und in menschliche Beziehung zu politischen Führern zu verknüpfen, die völlig aus der Luft gegriffen sind. Mal wird aus ihr eine 'Freundin Hitlers' oder 'Rivalin Eva Brauns' gemacht, von deren Existenz sie überhaupt erst durch ihren Flug nach Berlin erfuhr, - mal wird sie zur 'Vertrauten Görings' gestempelt --- alles vollkommen unwahr, denn sie gehörte niemals menschlich in diesen Kreis. Wir könnten die Beispiele an öffentlichen Verleumdungen bis zur jüngsten Zeit noch zahlreich fortsetzen. Wir Unterzeichneten kennen Hanna Reitsch so gut, daß wir von ihr sagen können, sie hat nichts getan, was ihr Gewissen verdammt, und nie etwas gesagt, was der von ihr erkannten Wahr-

heit zuwider war. Wir sind uns bewußt, welch hohes Urteil wir
hier sprechen, aber wir sagen es, weil wir wissen, daß es wahr ist.
Die Aufgabe ihres Lebens bestand und besteht - so wie das Leben
edler Menschen immer -, dem inneren Gesetz gemäß -, das sie er-
kannte -, zu leben, und nicht darin, auf der Seite der Mehrzahl
zu stehen. Sie hat stets voll Aufrichtigkeit gehandelt, - mutig und
ohne Trug - und sich nie irgendwann in Schuld verstrickt, die der
Öffentlichkeit das Recht gäbe, sie zu verleumden.
Wenn wir uns in ernster Besorgnis an die Öffentlichkeit wenden,
dann tun wir das wahrlich nicht nur, um die Fliegerin Hanna
Reitsch zu rechtfertigen - ihr Fall ist ein Beispiel für viele andere -,
sondern um warnend unsere Stimme zu erheben, daß die Freiheit
der Presse nicht zur Willkür und Lüge mißbraucht werden darf,
sonst hat sie ihr Recht verloren, weil sie die Leser in neue Verwir-
rung und Verirrung führt. Es ist wirklich ein trauriges Schauspiel,
zu sehen, wie Publizisten heute, statt die Wahrheit zu suchen
und die gefundene zu verkünden und wirken zu lassen, aus Sen-
sation oder - was noch weit schlimmer ist - weil sie das Echo der
Majoritäten sein wollen, erdichtete oder ihnen verantwortungslos
zugeflüsterte Dinge ausrufen oder nachrufen.
Die Welt kämpft einen verzweifelten Kampf um den Frieden.
Friede aber kann nur sein, wo die Wahrheit ist. Mag die Wahrheit
auch hart und schwer zu ertragen sein, es liegt in ihr eine unzer-
störbare Kraft der Zukunft. Es ist schon so, wie einer unserer Gro-
ßen sagt: 'Die Wahrheit ist mächtiger als alle Dinge, die Lüge
aber die Grenze des Lasters'.«

Diesen Aufruf bot er allen namhaften deutschen Zeitungen im
Frühjahr 1948 an. Keine einzige hatte den Mut oder die Erlaubnis, ihn abzudrucken.
Daraufhin ließ er ihn durch einen ihm befreundeten Drucker in
einer großen Zahl vervielfältigen und schickte ihn an viele Bekannte und Unbekannte.

Allein - es änderte sich weiterhin nichts, gar nichts. Da suchte mich eines Tages in Oberursel ein bekannter Journalist der FAZ auf: Thilo Bode. Er war, wie mein Bruder, aktiver Marineoffizier gewesen und kannte ihn. Thilo Bode wollte als verantwortungsbewußter Journalist den vielfältigen, ständig in übler Form und sensationell aufgemachten Veröffentlichungen über die Schwester seines Kameraden nachgehen. Viele Stunden lang hörte er sich meine Lebensgeschichte an, vor allem die Erlebnisse, unter denen ich nach dem Krieg zu leiden hatte. Er wollte nicht unbedingt *mir* helfen - das sagte er mir offen -, aber als Journalist - das sei ja sein Berufsauftrag - wolle er versuchen, die Wahrheit zu finden. So trat er wochen-, ja monatelang, mit den verschiedensten Historikern, Wissenschaftlern, Fliegerkameraden usw. in Verbindung und schrieb einen langen Bericht, dem er die Überschrift gab: »Wie Geschichte gefälscht wird, am Beispiel von Hanna Reitsch.« Dieser Bericht sollte in einer Serie von vier bis fünf Fortsetzungen erscheinen. Mir war der vorgesehene Tag der Veröffentlichung bekannt, aber - zu meiner großen Verwunderung - es erschien nichts. Ich rief Thilo Bode an. Er antwortete nur: »Ich koche vor Wut - ich suche Sie morgen auf - ich muß erst versuchen, innerlich Abstand zu gewinnen.«

Er kam am nächsten Tag und sagte, daß einer seiner Vorgesetzten zufällig sein Manuskript gesehen und wegen meines Namens in der Überschrift es sofort gelesen und verboten habe, mit der Begründung: Dies sei eine Glorifizierung des Dritten Reiches, und er denke gar nicht daran, ihm auch nur eine Zeile davon zur Publikation zu genehmigen.

»Glorifizierung des Dritten Reiches?« fragte ich erstaunt, nachdem ich das ganze Manuskript, das er mir jetzt zeigte, gelesen hatte. Herr Bode verließ mich, noch immer empört, und sagte: »Ich werde meine Konsequenzen daraus ziehen. Ich verstehe unter Demokratie und Pressefreiheit etwas anderes.« Er verließ nach einiger Zeit nicht nur jene Zeitung, sondern Deutschland. Zunächst ging er nach Indien - als Presse-Attaché - zur Deutschen Botschaft. Er machte sich aber bald als Journalist selbständig. Sein Weg führte ihn eine Zeitlang nach Bangkok. Später, nach vielen Jahren, kehrte er nach Westeuropa zurück, jedoch nicht nach Deutschland.

Beim Abschied fragte ich ihn damals, ob er etwas dagegen habe, wenn ich den Herrn in der Zeitung selber aufsuchte, um mir erklären zu lassen, was er im Manuskript als »Glorifizierung des Dritten Reiches« ansehe. Er riet mir ab und meinte, ich würde keine Freude an diesem Gespräch haben; dagegen aber hätte er nichts, wenn ich mich dem aussetzen wolle.

Ich tat es - meldete mich bei dem Herrn an und stand zur festgesetzten Stunde vor ihm. Ich bat ihn, mir zu erklären, warum er T. B. diese Serie verboten habe. Da geriet der Herr rasch in Erregung und rief: Er dächte nicht daran, in seiner angesehenen Zeitung eine »Glorifizierung des Dritten Reiches« zu bringen. Als ich ihn bat, mir doch auch nur eine einzige Stelle zu nennen, überlegte er kurz und sagte: »Zum Beispiel behaupten Sie, Frau Reitsch, in Bodes Bericht, es wäre im Hitlerbunker gefaßt und still zugegangen, fast wie in einer Gruft. Statt dessen ist in Wahrheit gesoffen worden, es wurde getanzt und ähnliches.«

Ich schaute ihn fassungslos an und sagte: »Sehen Sie, so verheerend wirken sich die Lügen aus - erklärt man nüchtern, was man als Augenzeuge persönlich erlebt hat, so wird das als 'Glorifizierung' betrachtet und nicht geglaubt, weil so viele Lügen von unseren Gegnern schamlos verbreitet wurden.«

Es hatte keinen Zweck, das Gespräch fortzusetzen. Ich ging fort und dachte nur traurig: Armes Deutschland. Wie soll eine segensvolle Zukunft erwachsen, wenn man nicht den Mut zur Wahrheit hat?

111

NEUNTES KAPITEL

Ich schreibe »Fliegen - mein Leben«

Jeder Tag und jede Stunde jener Zeit waren für mich eine Qual. Ich durchkämpfte sie bewußt, immer bemüht, trotz meiner Empfindlichkeit die Demütigungen, die mir auf Schritt und Tritt in Oberursel zugefügt wurden, erhobenen Hauptes und verzeihend zu ertragen. Doch ich dachte mir, wenn mich der Herrgott plötzlich abberufen und erlösen würde, so hätte ich das zu tun versäumt, wofür ich wortbrüchig geworden sei. Darum müsse ich so rasch wie möglich mein Lebensbuch schreiben, in dem ich mich vor ungezählte Deutsche stellen müßte, die wie ich das Beste gewollt, an das Gute geglaubt und von Verbrechen, wie ich selbst, nichts gewußt hatten. Wie indes sollte ich in dieser Atmosphäre der Verleumdungen und Demütigungen schreiben? Dazu wäre ich hier nicht imstande. Könnte ich doch zum Schreiben vorübergehend in einer Klosterzelle verschwinden! Das war mein Wunsch. Aber wer konnte einer evangelischen Christin wie mir dazu verhelfen? Ich schaute mich um und befragte viele Menschen. Die Benediktinerinnenklöster waren zum Bersten überfüllt mit Flüchtlings-Verwandten der Ordensfrauen. Da riet mir meine Freundin Lotte Schiffler, ich solle den Prior von Maria Laach, in der Eifel, um Rat fragen.
Dieses Benediktinerkloster jedoch lag in der französischen Zone.

13. Ich bin deutscher Segelflugmeister 1955. Rechts von mir der letzte Segelflugweltmeister, der Franzose Pierre, links von mir der letzte schwedische Staatsmeister Silesmo, die ich beide besiegte

14. Die deutschen Piloten bei den Segelflugweltmeisterschaften 1956. Von links: Mannschaftsführer Prof. Stüper, ich, Gustel Wietüchter, Ernst-Günter Haase und Heinzel

15. Als Segelfluglehrerin 1956 auf dem Klippeneck

Für eine »belastete Deutsche«, wie ich durch die Zeitungslügen längst eine war, schien es unmöglich, 1947/48 legal von einer Zone in die andere zu gelangen. So schlich ich mich heimlich »hinüber« und fand in Wehr, in der Eifel, bei der Freundin von Lotte Schiffler Unterschlupf. Dies war Käthe Rheindorf, eine ungewöhnliche Persönlichkeit. Sie war Dichterin (Lyrikerin) und eine echte Künstlerin. Bis Mitte des Krieges war sie in der Sozialen Frauenarbeit tätig, stieß aber als bekennende Katholikin bei engherzigen Pg-Vorgesetzten auf Widerstand und nahm ihren Abschied. Sie sympathisierte nicht mit dem Nationalsozialismus, wie er ihr begegnete. Indessen - welch seltsame Fügung: Sie hatte, ohne mich zu kennen, Bilder, die von mir in den dreißiger Jahren in Zeitschriften erschienen waren, so liebgewonnen, daß sie diese in ihren Schulklassen eingerahmt an die Wände hängte. Und als sie 1942 von meinem schweren Absturz mit der Me-163 erfahren hatte, schrieb sie mir einen der ergreifendsten Briefe, die ich damals bekommen habe, ins Lazarett. Da ich mich aber fünf Monate lang infolge meiner schweren Kopfverletzungen kaum bewegen konnte, so beantwortete meine Mutter, die in den ersten zwei Monaten bei mir im Lazarett in Regensberg war, damals all meine Post. Den Antwortbrief meiner Mutter hatte Käthe Rheindorf wie einen Schatz aufbewahrt.

Wir waren beide aufeinander gespannt, nicht ohne leise Furcht, weil wir doch aus so entgegengesetzten Welten kamen. Doch die Sorge war umsonst. Vom ersten Augenblick an fühlten wir uns wie zwei verwandte Seelen. Sie war fünfzehn Jahre älter als ich und wurde bald eine mütterliche Freundin von mir. Wir wanderten stundenlang durch die Eifel, redend und schweigend; wir erzählten uns unsere Lebensgeschichten. Mit Katja, wie sie genannt wurde, zu wandern war ein Genuß. Sie konnte jeden Vogel, jede Blume, jede Beere und jeden Baum bestimmen. In ihren Händen verwandelten sich die verschiedensten Früchte von Bäumen, Büschen und Blumen zu schönsten Ketten und Wandbehängen. Es war wohl unser beider gleichartige Erlebnisfähigkeit, die uns so nahe verband. Wir spürten, daß es im Grunde genommen nicht darauf ankommt, wo einer geistig und politisch steht, sondern wie er das lebt und beantwortet, was er glaubt. Unsere Freundschaft vertiefte sich in den folgenden Jahren immer mehr, bis zu Katjas Tod im Jahre 1964, und wurde für mein Leben ein nichtauszulöschender Reichtum.

Als sie von meinem Anliegen gehört hatte, an der Klosterpforte in Maria Laach anzufragen, um eine Zelle oder einen Raum zu bekommen, in dem ich ungestört von Verfolgung schreiben könnte, bangte sie um mich wegen meiner Verwundbarkeit. Sie war überzeugt, daß ich abgewiesen würde.

Der damalige Prior, Pater Theodor Bogler, war für sie der ihr bekannteste unter den Mönchen, aber er blieb ihr etwas unnahbar. Ich meldete mich trotzdem telefonisch bei ihm an und bat um einen Termin.

Pünktlich stand ich am vereinbarten Tag zum ersten Mal in meinem Leben an einer Klosterpforte. Mit dem Glockenschlag 3 Uhr klingelte ich. Der Pfortenbruder Tiburtius öffnete mir freundlich. Er wußte von meinem Kommen und führte mich in ein Gästezimmer. Kohle war rar, es war kalt. Ich wartete und wartete. Es vergingen 5 Minuten, 10 Minuten, 15 Minuten. Ich wartete und fror. Hatte ich nicht oft gelesen, daß gerade Benediktiner besonders höflich seien? Wollten sie hier vielleicht nun meine Demut prüfen? Ich war beschämt bei diesem Gedanken, denn meine aufsteigende Ungeduld war längst nicht demütig genug. Nachdem über 30 Minuten vergangen waren, dachte ich: Demut hin - Demut her, es könnte mich ja auch der Pfortenbruder vergessen haben. Kaum erschien ich vor ihm, hob er beide Arme und sagte: »Oh - Vergebung, ich habe vergessen, Sie zu melden« -, und schon war er verschwunden. Nach zwei Minuten erschien groß, ernst und fast unnahbar der Pater Prior. Es schien, als passe er gerade knapp in den Türrahmen. An seinem Gesichtsausdruck sah ich seinen Unmut über meine vermeintliche Unpünktlichkeit. Da lachte ich und sagte: »Bitte zürnen Sie dem Pfortenbruder nicht, denn er hat Ihnen wohl nicht gestanden, daß er vergessen hat, mich bei Ihnen zu melden. Ich war pünktlich um drei Uhr hier.« Jetzt errötete Pater Prior leicht, verneigte sich betroffen und entschuldigte sich für ihn. Er bot mir freundlich einen Stuhl an und nahm mir gegenüber Platz. Es trat ein kurzes Schweigen ein. Ich dachte voller Hoffnung: »Jetzt steht es 'eins zu null' für dich, das mußt du nutzen!«

So begann ich rasch von dem zu erzählen, was mich am meisten mit seinem Orden verbände, nämlich das V1-Fliegen. Er schaute mich bestürzt an und bat mich, ihm dies zu erklären. Ich erzählte ihm die Hintergründe und Vorbereitungen für den geplanten Selbstopfereinsatz, für den diejenigen, die sich dafür freiwillig gemeldet, sich in einer Art Orden zusammengeschlossen hatten. Nun wollte Pater Theodor Bogler, der im Ersten Weltkrieg Offizier gewesen und danach erst Mönch und Benedektiner geworden war, noch vieles mehr erfahren, über meinen Kriegseinsatz und meine Aufgaben als Testpilotin.

Es hatte längst zur Complet geläutet. Pater Prior aber blieb bei mir sitzen und fragte weiter, bis ich voll Entsetzen merkte, daß es zu dämmern begann. Ich mußte ja noch zu Fuß nach Wehr zurück. Das war eine Stunde Weges, und dieser führte durch einen einsamen Wald. Als ich Pater Theodor meine Bedenken sagte, schlug er rasch vor, mir gleich einen Laienbruder als Begleitung zum Schutze mitzugeben. »Aber«, fügte er hinzu, »darf ich Sie bitten, morgen um die gleiche Zeit noch einmal hierher zu kommen? Ich werde Sie persönlich um fünfzehn Uhr an der Pforte empfangen.«

Als ich am nächsten Tag pünktlich dort eintraf, stand Pater Prior

115

bereits am Tor und begrüßte mich wie einen vertrauten Bekannten. Hoffentlich, dachte ich, kann ich heute anbringen, wofür ich eigentlich nach Maria Laach gekommen war: nämlich eine Zelle oder einen Platz zu erbitten, um wie ein »Eremit« leben und ungestört mein Buch schreiben zu können. Doch auch an diesem Nachmittag kam es nicht zu diesem Gespräch. Im Gästezimmer, in das mich Pater Prior führte, warteten schon vier weitere Mönche, die mich kennenlernen wollten, auf den Bericht hin, den Pater Theodor dem Konvent gegeben hatte! Es war der Novizenmeister, Pater Emanuel von Severus, außerdem der Ökonom und zwei andere, deren Spezialaufgaben mir nicht mehr erinnerlich sind. Sie alle befragten mich nun über meinen Flug in das von Russen eingeschlossene Berlin, über die letzten Tage im Hitlerbunker, und schnell verging eine Stunde nach der anderen. Dann hörte ich wiederum die Glocke zur Complet rufen. Alle blieben indessen bei mir sitzen, bis ich bei Einbruch der Dämmerung auf dem Rücksitz eines Motorrades von einem Praktikanten nach Wehr zurückgefahren wurde. Diesmal entließ man mich mit der Frage und Bitte, ob ich bereit wäre, am folgenden Tag vor dem ganzen Konvent in der Aula des Klosters von meinem Leben zu erzählen. Ich würde mit dem Auto in Wehr abgeholt, könne nach dem Vortrag bei der Förstersfamilie von Maria Laach übernachten und würde am nächsten Vormittag mit dem Auto nach Wehr zurückgebracht. Ich war einverstanden. Aber während ich auf dem Rücksitz des Motorrades durch den dunklen Wald ruckelte, wunderte ich mich, daß es mir noch immer nicht gelungen war, meine Bitte dort anzubringen.

Katja Rheindorf war fassungslos, als sie von meinen Erlebnissen in Maria Laach hörte, und hatte etwas Vergleichbares noch niemals dort erfahren. Und einen Vortrag solle ich dort halten - vor dem ganzen Konvent -, ich, ein weibliches Wesen und eine Protestantin, dazu noch ohne Einwilligung des Abtes, der verreist war!

Am nächsten Nachmittag fuhr in Wehr ein Auto vor, das mich abholte. In Laach stand Pater Theodor, wie ein Freund mich erwartend, an der Klosterpforte. Und als ich an der Seite des Priors die große Aula des Klosters betrat, standen alle auf; denn der Prior war in Abwesenheit des Abtes das Oberhaupt.

Seltsam war mir zumute, als ich wie durch ein Spalier von schwarzgekleideten Benediktinern schritt. Es war erst wenige Jahre her, da wurde ich nach meinem Absturz mit der Raketenmaschine, kurz bevor ich wieder zu meinem fliegerischen Einsatz als Testpilotin zurückkehrte, nach Breslau gerufen, um in der Jahrhunderthalle vor 2000 Hitlerjugend-Führern und BdM-Führerinnen zu sprechen. Damals schritt ich durch ein Spalier dieser Jugendführer. Und das, was ich jenen damals sagte, dasselbe plante ich in Maria Laach zu sagen: nämlich nichts von meinen Testflügen oder sensationellen Erlebnissen, sondern von dem, was mich das Erleben des Fliegens lehrte und was mir daran das Wesentliche war. Natürlich mußte ich zunächst - um mein eigentliches Anliegen verständlich zu machen - versuchen, sie durch Erzählen meiner Erlebnisse in »Himmelshöhen« hinaufzuführen. Und hier in Maria Laach folgten sie meinen Ausführungen ebenso atemlos und mäuschenstill wie die Zuhörer damals in der Jahrhunderthalle zu Breslau.

Diesmal saßen nur männliche Wesen vor mir, die Aula war völlig besetzt. Den größten Teil der Zuhörer bildete der gesamte Konvent, der nach dem Krieg eine stattliche Zahl an Mönchen wie an Klosterbrüdern aufwies. Im hinteren Drittel des Raumes saßen Zivilisten, meist junge Studenten, die als Praktikanten in Maria Laach arbeiteten. Entweder taten sie das in Kunstwerkstätten als Bildhauer oder Maler oder sie arbeiteten in den vielseitigen landwirtschaftlichen Betrieben. Das Kloster lebte ja fast ganz von den eigenen Erzeugnissen.

Als ich nach einer Stunde schloß, blieb es erst lange still. Es schien, als müßten alle erst aus Himmelshöhen wieder zur Erde herunterkommen. Dann rauschte Beifall auf. Pater Theodor, der mich eingeführt und allgemein auf die Ungewöhnlichkeit dieses Vortrages einer Frau in Maria Laach hingewiesen hatte, erhob sich nun sehr ernst. Er drückte mir bewegt die Hand und sagte: »Was wir heute hörten, war die schönste Predigt. Wir alle danken Ihnen.«

Alle blieben an ihrem Platz, bis ich im Geleit der fünf führenden Mönche des Konvents hinausgeleitet wurde. Man brachte mich zur Förstersfamilie des Klosters.

Am nächsten Morgen, während ich mit der ganzen Familie fröhlich plaudernd beim Frühstück saß, erschien Pater Prior und bat mich, zu einem Empfang zum Herrn Abt zu kommen. Er sei in der Nacht von seiner Reise zurückgekehrt.

Ein Hoffnungsstrahl durchzuckte mein Herz: Würde ich wohl endlich anbringen können, weshalb ich überhaupt an die Pforte von Maria Laach geklopft hatte?

Begleitet von Pater Theodor, ging ich zum Kloster hinüber, sehr gespannt, die erste Begegnung mit einem Abt zu erleben. Es war Basilius Ebel. Nach seiner Rückkehr in der Nacht hatte er vom Konvent begeistert und bewegt von meinem Vortrag erfahren. Und als er daraufhin seinen Neffen, der als Praktikant dort arbeitete, zu sich rief, um auch von ihm über meinen Vortrag etwas zu erfahren, wuchs seine Verwirrung, denn jener Neffe sagte ihm: Noch nie, seit er in Maria Laach sei, hätte ihn und seine Kameraden ein Vortrag so tief beeindruckt.

Hatte ich ihnen etwa als weibliches Wesen den Kopf verdreht? So ähnlich müssen wohl die Gedanken gewesen sein, die den Abt nicht ohne Sorge, jedoch auch mit einer gewissen Neugier berührten. Ich ahnte davon nichts, als er mich freundlich, allerdings etwas unnahbar empfing. Als Pater Theodor uns allein gelassen hatte, begann er ruhig, aber mich scharf beobachtend, seine Verwunderung zum Ausdruck zu bringen über die Reaktion der Hörer meines Vortrages: »Führen Sie diese Wirkung darauf zurück, daß Sie als Frau vor all diesen Männern sprachen?« fragte er mich ernst. Ich war für einen Augenblick geradezu verwirrt; denn auf solch eine Idee wäre ich niemals gekommen. Dann sagte ich rasch, aber fröhlich: »Exzellenz, es ist völlig egal, ob Frauen oder Männer, ob Buben oder Mädchen, ob Alte oder Junge vor mir gesessen hätten, sie wären alle gleichartig mitgerissen worden, denn es ist 'unsere Welt hoch oben', die wir als Segelflieger erleben dürfen, die so einzigartig faszinierend ist.«

»Aber«, wandte er ein, »warum schreiben Sie denn nicht darüber?« Endlich war ich am Ziel! Er konnte ja nicht ahnen, daß ich jetzt ganz erlöst und glücklich über seine Frage war. Ich erwiderte strahlend: »Ja, deswegen bin ich doch an Ihre Klosterpforte gekommen, um eine Zelle oder einen einsamen winzigen Platz zu erbitten, an dem ich ungestört schreiben kann. Aber vielleicht wären Sie mit dem, was ich schriebe, gar nicht einverstanden; denn meine ganze Familie und ich hatten täglich für den Sieg unseres Vaterlandes gebetet.«

Da legte er seine Hand auf die meine und sagte: »Hätten wir das doch auch mehr getan.«

Nun erklärte er mir, daß es unmöglich sei, mir hier im Kloster eine Zelle zu geben, auch alle Nebengebäude des Klosters seien von geflüchteten schlesischen Ordensfrauen besetzt. Doch solle ich nach Wehr zurückkehren und dort warten, er würde mir bald einen geeigneten Platz verschaffen.

Es dauerte keine zehn Tage, da kam ein Pater im Auftrage des Herrn Abtes nach Wehr und bat mich, am nächsten Morgen abfahrbereit zu sein. Ich würde im Auto abgeholt und ungefähr fünfzehn Kilometer von Maria Laach entfernt an einen zum Schreiben geeigneten Platz gebracht, an dem ich als Gast des Klosters arbeiten könne. Ich war überglücklich. Dieser Platz war märchenhaft schön. Er lag im Brohltal und war der Sommersitz einer alten, wohlhabenden Dame, in deren Berliner Villa Kardinal Graf Preysing während des Zweiten Weltkrieges gewohnt hatte. Sie lebte in diesem Sommerhaus mit ihrer jüngsten, unverheirateten Tochter. Ein großer Garten umgab das Haus, und im Gartenhaus wohnte ein von ihr angestellter Wildmeister, dessen Frau für uns kochte und das Haus in Ordnung hielt. Dort hatte ich zwei reizende, stille, kleine Zimmer, die ineinander übergingen. Jede Woche kam von Maria Laach ein Pferdewagen mit Kohlen und außerdem mit allem, was die Landwirtschaft des Klosters produzierte: mit Kartoffeln, Mehl, Brot, Milch, Butter, Eiern, Schinken, Wurst und Käse. Für damalige Verhältnisse waren es ungewohnt köstliche Dinge, so daß meine Gastgeber und ich ganz üppig davon leben konnten. Es war ein Paradies an Geborgenheit, Stille, Ungestörtheit und menschlicher Wärme. Leider ist die Besitzerin, Frau Müller, nicht lange nach meinem Aufenthalt dort an ihrem schweren Herzleiden gestorben.

Als ich nach vielen Wochen mein Manuskript beendet hatte und es meinem Bruder in Hamburg zeigen wollte, begegnete ich in Hamburg auf der Straße meinem Fliegerschulkameraden und langjährigen Freund, dem inzwischen längst verstorbenen Schauspieler Mathias Wieman. Er bat mich, das Manuskript über Nacht lesen zu dürfen, und riet mir danach dringend davon ab, es in dieser derart persönlichen Form zu schreiben. Ich hatte jedes Kapitel unter einen Vers meiner Mutter gestellt, und Mathias fand alles viel zu persönlich. »Niemand, der dich nicht kennt, wird je glauben, daß ein Mensch tatsächlich so idealistisch lebt«, sagte er. »Du mußt dieses Buch ja für Menschen schreiben, die dich nicht kennen.«

Ich war daraufhin arg entmutigt; denn ich hatte das Gefühl, meine letzte Kraft, die ich noch besaß, dafür verbraucht zu haben. Erneut ganz von vorn damit beginnen zu müssen? Noch dazu: Wo und bei wem? Die alte Dame erlitt zu jener Zeit schwerste

Herzanfälle. Und noch einmal in Maria Laach um einen Platz bitten? Nein - das war unmöglich. Ich war tief deprimiert. Außerdem war es eine schwerwiegende »finanzielle« Frage. Ich lebte, seit ich aus der Gefangenschaft kam, von »Almosen«, das heißt, mir Unbekannte warfen heimlich, aber regelmäßig Geld in meinen Briefkasten.

Da lernte ich eines Tages ein Ehepaar kennen. Er war Diplom-Ingenieur und sie Juristin. Während eines Tischgesprächs, bei dem ich ihnen viel erzählen mußte, schlugen sie mir vor, doch unbedingt ein Buch zu schreiben. Da berichtete ich ihnen von meinem mißglückten Versuch und gestand, ich hätte einfach nicht mehr die Kraft, das ganze neu zu fassen. Daraufhin schlugen sie mir vor, ihnen beiden das ganze Buch zu erzählen. Sie würden versteckt in einer Blumenvase das Mikrofon eines Diktafons anbringen, so daß es mich gar nicht stören würde. Sie hätten in ihrem Haus eine Gästewohnung, die mir ganz allein dafür zur Verfügung stünde. Ich faßte daraufhin neuen Mut und ging auf ihren Vorschlag ein; denn diesen mir bisher fremden Menschen mein Leben zu erzählen würde vielleicht zu jener sachlichen Form des Buches führen, die es bekommen sollte. Da sie beide freiberuflich tätig waren, machten sie sich vierzehn Tage für mich frei, und jeden Tag erzählte ich ihnen von früh bis spät so lange, bis das ganze Buch auf Band gesprochen war. Frau Sch. konnte sehr gut maschineschreiben und übertrug das Gesprochene, so daß ich es nur überarbeiten mußte.

1951 gab es zunächst die Deutsche Verlagsanstalt Stuttgart unter dem Titel »Fliegen mein Leben« heraus. 1968 übernahm es der Lehmanns Verlag, München, mit dessen einstigen Inhabern, der Familie Spatz, ich mich menschlich nahe und freundschaftlich verbunden fühle, und am 1. April 1977 die Verlagsgruppe Langen-Müller/Herbig, München.

Der erwartete Erfolg dieses Buches freilich blieb zunächst völlig

aus. Nachdem die Buchläden in Frankfurt und, wie ich hörte, auch in vielen anderen Orten Deutschlands es in die Auslage gestellt hatten, war es nach wenigen Tagen daraus verschwunden. Ich glaubte strahlend, daß es gleich ausverkauft worden sei, und ging in eine der bekanntesten Frankfurter Buchhandlungen (Herder), um danach zu fragen. Auf die Antwort des Inhabers, es sei noch keines verkauft, stellte ich mich vor und fragte, warum sie es denn dann aus dem Schaufenster entfernt hätten. Da zeigte er mir vertraulich einen anonymen Drohbrief. In ihm stand: Wenn er mein Buch nicht sofort aus dem Schaufenster oder der Auslage entfernen würde, käme seine ganze Familie in Gefahr. Da der Besitzer nach Rückkehr aus Krieg und Gefangenschaft seine Frau und seine fünf Kinder mühselig über die schweren Nachkriegsjahre hinweggebracht hatte, gab er mir zu verstehen, daß er sie keiner weiteren Gefahr aussetzen wolle. Jeder, der nach meinem Buch frage, könne es bekommen, es läge ja unter dem Ladentisch. Dieselbe Antwort erhielt ich von vier anderen Buchhandlungen. Ich war entsetzt und gedachte der bösen Worte von Captain Cohn: »Sie werden Ihr Leben lang verfolgt werden...«
Ich spürte, wie mich in Oberursel diese beklemmende Atmosphäre wieder empfing. Gegen diese üblen Methoden aus dem Hinterhalt vermochte ich nichts zu machen. Ich zog mit Hilfe der ersten Ersparnisse durch das Buch nach Frankfurt und dachte: Jetzt wünsche ich mir nur Arbeit, Arbeit. Nur helfen und arbeiten für andere kann mich vor dem Wahnsinn bewahren, die diese Verfolgungsmethoden verursachen können.

ZEHNTES KAPITEL

Die Mitarbeit im Notruf

Von Oberursel im Taunus nach Frankfurt zu ziehen, war für mich der Versuch, in der Anonymität zu verschwinden. Die vielen schweren Erlebnisse, die ich dort gehabt hatte, machten mir das Weggehen leicht. Frankfurt aber war nach dem Krieg kein sehr erfreuliches Pflaster. Es war die Zentrale des Schwarzmarktes, es war ein Sammelbecken für Flüchtlinge, für Einsame und Verzweifelte und hatte eine besonders hohe Zahl an Selbstmördern. Um diesen armen Verzweifelten zu helfen, hatte Pfarrer Volkmars bester Freund, der katholische Pfarrer Karl Pehl, eine »anonyme Telefon-Seelsorge« gegründet. Unter der Nummer 55 55 36 konnten von da an bis zum heutigen Tag verzweifelte Menschen unerkannt um Hilfe und Rat bitten. Gelang es bei solch einem Gespräch, den Verzweifelten so viel Vertrauen einzuflößen, daß der Anrufer gewillt war, zu einem persönlichen Gespräch ins Haus des Helfers zu kommen, dann war der erste Schritt geschafft, um ihn gegebenenfalls retten zu können. Lehnte er dies ab und verschwand in der Anonymität, so erfuhr niemand, ob er nicht doch aus dem Leben gegangen war.
Diese Art von Telefon-Seelsorge wurde inzwischen längst von den Großkirchen übernommen. Sie wird heute nicht nur in Deutschland praktiziert, sondern in ganz Europa, vor allem auch in den

USA. Mitte der fünfziger Jahre jedoch war es noch etwas Einmaliges und Neues. Pfarrer Pehl suchte Mitarbeiter und Helfer, da er bald nicht mehr in der Lage war, die Aufgabe allein zu schaffen. Ich stellte mich als Helferin zur Verfügung. Ihn interessierte es wenig, welcher Konfession solch ein Mitarbeiter angehörte - wohl aber, ob er warmherzig und menschlich, ob er verständnisvoll und psychologisch geschickt war, ein gutes Einfühlungsvermögen besaß und die Fähigkeit, zuzuhören. Mir übergab er Fälle, die er selbst nicht bearbeiten konnte, wenn es sich zum Beispiel um Frauen handelte, bei denen die Gefahr bestand, daß sie sich noch in der folgenden Nacht etwas antun würden, er aber als Pfarrer nicht die Nacht über zu ihnen gehen konnte - oder wenn Menschen lange Zeit als »Gefährdete« begleitet werden mußten, wenn es also besonders zeitraubende Fälle waren, wie zum Beispiel bei Süchtigen. In jenen Jahren handelte es sich noch nicht um die Jugendsüchtigkeit durch Drogen, sondern um Morphinisten, Alkoholiker oder durch Nikotin Ruinierte.

Bei dieser Mitarbeit wurde mir zum ersten Mal nach dem Krieg mein eigener Name eine große Hilfe. Beispielsweise bat mich Pfarrer Pehl eines Tages, eine fünfunddreißigjährige Arbeiterin um dreiundzwanzig Uhr von ihrer Nachtschicht abzuholen, sie sei schwer »suicid-gefährdet« (selbstmordgefährdet). Sie wohne in einem Arbeiterinnenheim, und er fürchte, daß sie die nächste Nacht vielleicht schon nicht mehr überlebe. Mehr durfte er mir nicht sagen. Ich erfuhr ihren Namen und die Firma, in der sie arbeitete. Wie aber sollte ich sie unter Tausenden herausfinden? Dies alles blieb nun mir überlassen. So fuhr ich am Spätnachmittag zum Pförtner jener Firma und fragte bei ihm an, ob eine Frau X. dort arbeite, ich hätte ihr eine dringende kurze Mitteilung zu machen. Er durchsuchte das alphabetische Verzeichnis und ließ sie rasch an die Pforte kommen. Dort sagte ich ihr freundlich, daß Pfarrer Pehl mich gebeten habe, sie heute nacht am Ende ihrer

Schicht mit dem Wagen abzuholen, da es ihr gesundheitlich wohl nicht gut ginge. Ein leises Lächeln flog über ihre stumpfen, hoffnungslosen Züge, und sie sagte fast tonlos: »Wie gut ist das von Pfarrer Pehl.«

Um sie nicht länger als nötig von ihrer Arbeit aufzuhalten, zeigte ich auf eine Laterne auf der Straße und sagte: »Dort werde ich stehen und mit meinem grauen VW auf Sie warten.« So trennten wir uns, und ich war gewiß, sie nicht zu versäumen. Als ich zur verabredeten Zeit unter der Laterne wartete, erlebte ich die Ströme von Menschen, die sich jetzt durch die breiten Tore drängten, um nach Hause zu eilen. Niemals hätte ich sie auf eine andere Weise abfangen und finden können. Nun stand sie plötzlich vor meinem Wagen und schien beinahe froh zu sein, daß ihr der Weg bis zum anderen Ende der Stadt, wo das Arbeiterinnenheim lag, so bequem gemacht war. Ich versuchte vorsichtig, sie auf unserer Fahrt zum Reden zu bringen und fragte, ob sie Fieber oder Grippe habe. »Oh«, entgegnete sie gleich, »nein, nein, ich habe etwas ganz anderes, was mich zerquält.« Als ich nun behutsam anbot, ob ich ihr irgendwie helfen könnte, da brach es geradezu aus ihr heraus: »Hier kann niemand helfen« - und dann begann sie, vor sich hin zu weinen, ohne ein Wort herauszubringen. Als wir das Heim, in dem sie wohnte, erreicht hatten, war mir klar, daß ich sie so nicht allein lassen konnte, und ich riet, mit ihr auf ihr Zimmer zu kommen. Aber, so antwortete sie, das wäre für Nichtbewohner des Hauses ab zweiundzwanzig Uhr nicht gestattet. Da schlug ich ihr ganz einfach vor, doch mit mir in meine Wohnung zu ziehen, ich hätte dort eine freie Couch, die sich zum Schlafen eigne, sie könne ja ihre Nachtsachen vom Zimmer herunterholen. »Aber«, forschte sie mit verweinten Augen, »wer sind Sie denn eigentlich, wie heißen Sie denn? Ich kenn' Sie doch gar nicht, ich kann ja nicht einfach zu einem fremden Menschen kommen?« Da sagte ich ihr, daß ich eine Mitarbeiterin von Pfarrer Pehl sei, mein Name sei Hanna Reitsch. Kaum war der Name ausgesprochen, so hob sie den Kopf und meinte erstaunt: »Sie haben ja denselben Namen wie die berühmte Fliegerin - sind Sie etwa verwandt mit ihr?« »Ich bin es selbst«, sagte ich lächelnd, »aber das ist doch ganz gleichgültig, der Name spielt doch keine Rolle, ich will Ihnen ja nur helfen.« Mit lautem Schluchzen ließ sie den Kopf jetzt auf meinen Schoß fallen. Sie weinte und weinte. Ich strich ihr leise über die Haare. »Nein«, gab sie weinend zu verstehen: »Sie sind seit vielen, vielen Jahren, schon seit der Zeit vor dem Krieg, mein Idol, und jetzt, in der dunkelsten Zeit meines Lebens, wollen Sie mich als Unbekannte zu sich nehmen und mir helfen?« Sie schien dieses unerwartete Glück kaum fassen zu können.

Als wir bei mir daheim angelangt waren, ließ ich ihr als erstes ein schönes warmes Bad ein und richtete ihr das Bett, während sie badete. Bis zwei Uhr morgens saß ich dann bei ihr und hörte zunächst ihren Problemen zu: Verlorene Familie, verlorene Heimat, betrogene Liebe, Einsamkeit und vermeintliche Sinnlosigkeit ihres Weiterlebens.

Da ich selber meine Heimat, meine Familie und den Mann verloren habe, den ich liebte, und selbst kein Geld hatte außer einer Rente und den kümmerlichen Einnahmen meines Buches, horchte sie auf, als ich ihr von mir zu erzählen begann. Jetzt spürte ich, daß nur mein selbsterlebtes Leid sie aufhorchen ließ, denn allen anderen konnte sie leicht sagen: »Ihr wißt ja gar nicht, was das alles heißt, solch unfaßliches Leid ertragen zu müssen.« Sie wurde ganz still und lauschte weiter. Sie hing an jedem Wort, das ich sagte, und daß man wieder, selbst in solcher Lage, doch noch glücklich werden könne. Je weniger man an sich selber dächte, um so mehr gelänge es, seinen Mitmenschen zu helfen. Ihr Weinen hatte längst aufgehört. Sie hatte sich bisher als die verlassenste, ärmste, bedauernswerteste und einsamste Frau der Welt gefühlt. Und als zum Schluß ihr Freund sie mit einer anderen betrogen und dann verlassen hatte, glaubte sie in Bitterkeit und Verzweiflung endgültig, nicht mehr leben zu können.

Wir redeten lange darüber, wie sie aus dieser Verzweiflung herausgelangen könne, bis mir gegen zwei Uhr morgens vor Müdigkeit die Augen zufielen. Da ich aber um sechs Uhr früh wieder abreisen mußte, zu einer wichtigen Besprechung im Verkehrsministerium in Düsseldorf, so habe ich ihr dies erklärt, und sie verstand, daß ich einige Stunden Schlaf benötigte.

Ob sie mir wohl bei meiner Besprechung durch ihre Gebete helfen würde, fragte ich. »Ich Ihnen helfen können, und sogar durch Gebete?« sagte sie verwirrt. »Ich habe doch seit meiner Kindheit nie mehr gebetet. Ich wüßte nicht einmal, wie und was ich beten sollte.« »Sprechen Sie ganz einfach mit Gott so, wie Sie mit dem liebsten Menschen sprechen würden, den Sie je auf Erden hatten«, riet ich ihr. »Gott versteht Sie immer. Ich richte Ihnen in der Küche Frühstück und in einer Thermosflasche Kaffee. Den Wohnungsschlüssel werfen Sie nur in den Briefkasten. Wenn ich am Nachmittag von Düsseldorf zurückkomme, eile ich direkt zu Ihnen in Ihr Heim, um Ihnen zu berichten, ob Ihre Gebete geholfen haben.« So trennten wir uns und schliefen beide.

Sie merkte nicht, wie ich mich frühmorgens aus der Wohnung schlich. Als ich von Düsseldorf zurückgekehrt in ihr Heim-Zimmer trat, stand sie schon am Fenster, winkte aufgeregt und lief mir dann im Treppenhaus entgegen. »Haben meine Gebete geholfen?« fragte sie zaghaft und ungläubig. »Sehr«, erwiderte ich, »es hätte die Unterredung nicht besser und positiver ausgehen können. Ich danke Ihnen.« »Sie, Hanna Reitsch, danken mir«, sagte sie immer wieder leise vor sich hin, als wir in ihr Zimmer gingen. Es schien, als habe sie mit meinem Dank ein ungeheures Geschenk empfangen.

Eins war mir schon an diesem Tag ganz sicher: daß sie von Selbstmordgedanken befreit war. Noch aber konnte ich nicht ahnen, wie sehr sie sich von nun an mehr und mehr aufgeschlossen zeigte für die Not ihrer Kolleginnen an ihrer Arbeitsstätte und auf diese Weise ihrem Leben einen neuen Sinn geben konnte.

Natürlich geht es nicht immer so gut aus wie in diesem Fall. Manchmal kann man nichts anderes tun als tragen, ein Kreuz annehmen helfen. Solche Schützlinge hat man weiter zu betreuen, vielleicht solange man lebt. So ergeht es mir, obwohl ich längst nicht mehr unmittelbar im »Notruf« mitarbeiten kann. In vielen Fällen aber war und ist mir bei dieser Tätigkeit mein Name eine große Hilfe.

16. Mit Ministerpräsident Pandit Nehru.
Links von mir: Vish Gupta, Leiter des Delhi-Gliding-Club

17. Pandit Nehru trifft auf dem Flugplatz Safdarjung ein.

18. Ich erkläre Jawaharlal Nehru die Instrumente der Ka-7 vor unserem Start

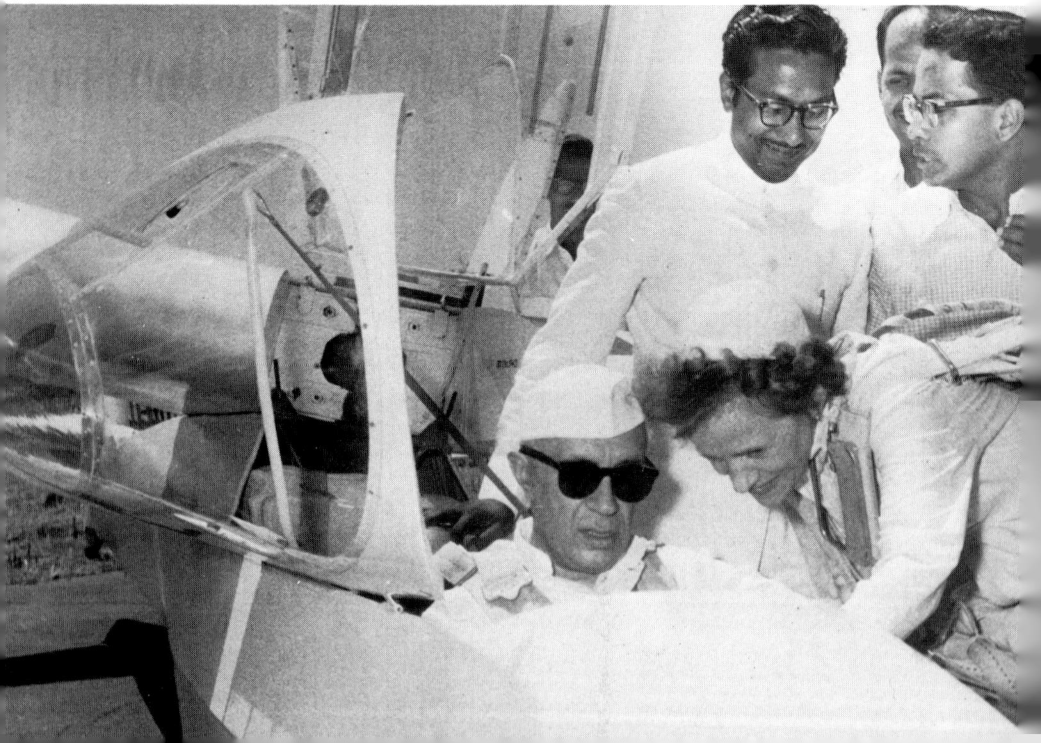

ELFTES KAPITEL

Segelflug-Weltmeisterschaften 1952 in Madrid

Bevor das Fliegen - sowohl Segel- wie auch Motorflug - uns Deutschen nach dem verlorenen Krieg wieder erlaubt wurde, bekam ich durch eine großzügige kameradschaftliche Hilfe die Gelegenheit, in der Schweiz meinen Motorflugschein - wenigstens für Sportflugzeuge - wieder zu erhalten. Der jetzige Präsident unseres deutschen Aeroclubs, Graf Hardenberg, besaß eine »Piper«, die in Sisseln in der Schweiz stationiert war. Diese stellte er mir unentgeltlich zur Verfügung. Ich war natürlich glückselig darüber und danke ihm das noch heute.

Allerdings mußte man in der Schweiz einen neuen Luftfahrerschein erwerben, mußte sowohl alle theoretischen Prüfungen wie auch die fliegerischen dort wiederum absolvieren. Mein langjähriger Fliegerkamerad, Flugkapitän Karl Schieferstein, war einer der Fluglehrer in Sisseln und bereitete mich auf die Prüfung vor. Der einzige Prüfer, vor dem Lehrer wie Schüler Furcht hatten, war ein Schweizer Oberst aus Basel - doch es schien unwahrscheinlich, daß er, der ganz selten kam, diese Prüfung übernehmen würde. Aber - gerade dieser Oberst erschien. Ich sah an den erschreckten, mitleidigen Gesichtern aller Kameraden und der dortigen Fluglehrer, daß sie um mich bangten. Denn seine politische Einstellung gegen das Dritte Reich war bekannt. Der fliegerische Teil mit den drei Ziellandungen ohne Motor war bestens geglückt. Ich kann nur sagen, der theoretische Teil hätte nicht besser gelingen können. Am Ende der Prüfung schieden wir fast als Freunde, und der Oberst bedankte sich bei mir, mich kennengelernt zu haben. Das hätte ich mir nie träumen lassen. Wir blieben noch bis zu seinem Tode freundschaftlich verbunden.

Nun war ich also wieder glückliche Besitzerin eines Motorflugscheines, ohne ihn in Deutschland nutzen zu können.

Es gibt ja wohl kaum einen Beruf in Deutschland, in dem vergleichbar verfahren wurde wie mit uns Berufsfliegern. Sämtliche Flugscheine wurden einfach für ungültig erklärt. Ich hatte alle Scheine bis zu der Erlaubnis, Bomber und die damaligen Verkehrsmaschinen zu fliegen. Alle Scheine wurden nun null und nichtig. Da mir indes die Siegermächte alles genommen hatten, sowohl all das, was ich in meiner Heimatstadt Hirschberg in Schlesien besaß, deren Ehrenbürger der Dichter Gerhart Hauptmann und ich waren, als auch, was ich durch meine Testpiloten-Tätigkeit elf Jahre lang gespart hatte -, so konnte ich diese Scheine zum Fliegen großer Maschinen aus finanziellen Gründen nie mehr zurückerwerben. Aber ich war dankbar, durch die freundschaftliche Hilfe von Graf Hardenberg wenigstens den Sportfliegerschein erwerben zu können.

Der glühende Wunsch unzähliger deutscher Flieger - vor allem der Segelflieger -, wieder fliegen zu dürfen, machte sich sechs Jahre nach Deutschlands Zusammenbruch 1945, wie durch einen stillen, unsichtbaren Geist geführt, Luft: Im August 1951, am jährlichen Erinnerungstag an Lilienthals Geburtstag, der vor 1945 immer auf der »Wasserkuppe/Rhön« gefeiert wurde, trafen sich - kein Mensch weiß, wodurch und durch wen veranlaßt - schier alle Segelflieger in Deutschland, die noch am Leben waren, von Nord und Süd, von Ost und West. Sie kamen zu Fuß, per Fahrrad, mit alten Motorrädern oder »per Anhalter«. Ich sogar mit einem alten, von der Generalvertretung von VW in Frankfurt mir zur Verfügung gestellten VW-Käfer. Es waren ergreifende Szenen des Wiedersehens - denn die meisten wußten voneinander nicht, ob und daß sie noch am Leben waren. Die alten Pioniere der Wasserkuppe, wie Oskar Ursinus, Wolf Hirth, Fritz Stamer, Alexander Lippisch, Oskar Knofe, Heini Dittmar und sein Bruder Edgar - alles, was Namen hatte in der Segelfliegerei - waren dort erschienen, Bekannte und auch Unbekannte - ungezählte Fliegerkameraden. Es war eine Stimmung, wie wir sie wohl gar nie mehr vergleichbar wiedererlebten. Es wurde spontan der neue deutsche Aero-Club gegründet und Wolf Hirth als sein Präsident gewählt. Fritz Stamer wurde Generalsekretär und Seff Kunz Leiter der Segelflugkommission.

Die Erlaubnis der Siegermächte zum Segelfliegen war jetzt nicht mehr aufzuhalten. Es war auch der Startschuß zur Gründung vieler Segelflieger- und Sportfliegerclubs über ganz Deutschland, die infolgedessen im vorigen Jahr, 1976, alle ihr fünfundzwanzigjähriges Jubiläum feierten. Was in dieser Zeit von 1951 bis 1977 in Deutschland sportfliegerisch für den Segelflug sowie für den Motorflug aufgebaut und erreicht wurde, ist einzigartig: Es gibt etwa 1000 Luftsport-Vereine in Westdeutschland, 400 Segelflug-Gelände- und 250 Motorflugplätze; 33000 Segelflieger, davon 3000 Segelfliegerinnen und 23000 Privat-Motorflieger; 5046 Segelflugzeuge und 5270 Motorsportflugzeuge. Das sind schon beachtliche Zahlen.

Zu unserem großen Jubel wurde dem neugegründeten deutschen Aero-Club mitgeteilt, daß wir uns 1952 zum ersten Mal wieder an einer Segelflugweltmeisterschaft beteiligen durften. Sie fand in Spanien statt, in »Cuatro Vientos«, einem der Flugplätze von Madrid. Vom 30. Juni bis 13. Juli 1952 war dort der Schauplatz der bis dahin größten Sportveranstaltung in der Geschichte der Luftfahrt.

Die Auswahl der deutschen Piloten wurde bei der 3. Segelflieger-
tagung, die vom 28. bis 31. März 1952 in Ziegenhain (Hessen)
stattfand, in geheimer Wahl getroffen. Zeit zu einem Ausschei-
dungsfliegen war nicht vorhanden, da die zu benutzenden Segelflugzeuge alle noch im Bau waren. Nach einer Liste der bisherigen fliegerischen Leistungen wurden - nachdem Heini Dittmar
auf seine Teilnahme verzichtet hatte - die Piloten in folgender
Reihenfolge zur Teilnahme an den Weltmeisterschaften gewählt:
Ernst-Günther Haase, Hanna Reitsch, Max Beck, Heinz Kensche
und Ernst Frowein. Da Max Beck aus familiären Gründen absagen
mußte, wurde Diplom-Ingenieur Rudolf Ziegler statt seiner gewählt. Es nahmen 59 Leistungs-Segelflieger von 19 Nationen der
Welt teil, und zwar aus Europa: Finnland, Schweden, Norwegen,
Dänemark, England, Holland, Belgien, Frankreich, Schweiz, Italien, Spanien, Deutschland. Und aus anderen Kontinenten:
Ägypten, Südafrika, Australien, Argentinien, Brasilien, USA,
Kanada sowie als Beobachter Österreich und Chile. Zwar wurden
keine Rekorde erflogen, da man sich der Sitte des Landes anpas-
sen mußte, in dem - durch die Hitze bedingt - erst um dreiundzwanzig Uhr gegessen wurde und der Tag spät am Vormittag begann. So war der Start meist in der Mittagszeit angesetzt. Man
mußte sich eben nach den Verhältnissen des Landes richten, das
wenige Landemöglichkeiten hat und auch von Madrid aus - geschweige über die Pyrenäen hinweg - keine größeren Strecken bieten konnte. Für alle Teilnehmer wurde versucht, gleiche Voraussetzungen zu schaffen. So durfte zum Beispiel kein Rücktransport
im Flugzeugschlepp stattfinden.
Alle Flugzeugführer hatten Ausweise erhalten, durch die ihnen
die Unterstützung aller Dienststellen und Behörden im weiten
Land gesichert war. Der Ausweis muß derart ehrenvoll beinhaltet
gewesen sein, daß manchmal Wachtposten nach dem Durchlesen
dieser Schrift mit dem Gewehr vor uns Fliegern salutierten. Aber

132

trotz all dieser helfenden Vorkehrungen geschah es doch häufig, daß Piloten viele Stunden benötigten, um auf einem Esel, Karren, Fahrrad oder im wackeligen alten Auto (oft dem einzigen im ganzen Dorf) die nächste Telefonstelle zu erreichen.

Es war eine große organisatorische Leistung, daß die 59 Flugzeuge in einer knappen Stunde jeweils alle gestartet wurden. Geschleppt wurde mit Fieseler Störchen und spanischen Konstruktionen mit 150 PS. Der Flugplatz »Cuatro Vientos« wurde mit dem Flugplatz des spanischen Aero-Clubs zu einem riesigen Landefeld von 1200 x 2500 m vereint. Auf keinem Flugplatz Europas wäre der Start zu der damaligen Zeit so mustergültig durchführbar gewesen wie dort.

Der spanische Aero-Club stellte seine prachtvollen Anlagen - sein wunderbar ausgestattetes Clubhaus mit allen Sälen und Salonräumen und das paradiesisch schöne Schwimmbad - den Teilnehmern aller Nationen zur Verfügung. Seltsam gering aber war das Interesse der Bevölkerung. Gewiß lag dies an der mangelnden Werbung. Bei uns in Deutschland wurde die Segelflugweltmeisterschaft, die 1960 in Köln stattfand, täglich das Ziel von Tausenden schaulustiger und interessierter Segelflieger und Freunden des Segelflugs. Und doch wurden die Weltmeisterschaften in Spanien zum Höhepunkt in der Geschichte des Segelfluges bis 1952. Es war das größte Fliegerfest der Welt. Mit 59 Teilnehmern aus 19 Nationen waren fast doppelt soviel Teilnehmer am Start wie bei der vorangegangenen Weltmeisterschaft 1950 in Schweden. Und ich flog als einzige Frau im Wettkampf - ohne jegliches Training - gegen die männliche Elite des Segelfluges der Welt.

Nach dreizehnjähriger Pause durch Flugverbot nach dem verlorenen Krieg waren wir Deutsche somit erstmalig wieder dabei. Dreizehn Jahre lang hatten wir nicht mehr in Segelflugzeugen gesessen. Unser aussichtsreichster Segelflieger Heini Dittmar nahm seine Wahl nicht an und riet mir, dasselbe zu tun, denn unser bei-

der Namen wären zu bekannt, und wir dürften uns - trotz dreizehnjähriger Segelflug-Pause - nicht blamieren. Ich fand aber,
daß die Teilnahme von uns Deutschen - ob mit oder ohne Erfolg -
zunächst das Wichtigste war.

Wir bauten - sobald der Segelflug 1951 wieder erlaubt war und
feststand, daß Deutschland 1952 an den Weltmeisterschaften
erstmalig teilnehmen durfte - lauter Doppelsitzer, um sie anschließend zur Schulung der neuen jungen Segelflieger benutzen
zu können. Es mußte ja dabei an den eigenen Aufbau des Segelflugs in Deutschland gedacht werden, der dreizehn Jahre lang
brachgelegen hatte. So baute Focke/Wulf, Bremen, den von
Hans Jacobs rasch entworfenen und konstruierten »Kranich III«,
einen zweisitzigen Schulterdecker. Ich flog ihn als sein langjähriger Testpilot in Bremen ein. Bis kurz vor Beginn der Weltmeisterschaften wurden drei Stück dieses Types fertig, die von Heinz
Kensche, Dr. Ernst Frowein und mir im Flug erprobt wurden. Rudolf Ziegler flog eine von Egon Scheibe neuentwickelte »Mü 13 E«
(Bergfalke) und Ernst-Günther Haase einen »Condor 4« von Heini Dittmar. Also wir fünf bildeten die Piloten der deutschen
Equipe; vier von uns starteten in der Doppelsitzerklasse und Haase als einziger in der Einsitzerklasse mit seinem Doppelsitzer
»Condor 4«. Ich mußte eine Damenbesatzung stellen und nahm
als Passagier eine Studentin aus Freiburg mit, die dort Assistentin
von Dr. Frowein war: Lisbeth Häfner. Sie wurde in späteren Jahren selbst Segelflugpilotin und führte Meßflüge für das Forschungsinstitut von Dr. Frowein durch. Sie war eine prachtvoll
tapfere Begleiterin - aber ich selbst schwor mir, niemals mehr im
Leben auf Weltmeisterschaften doppelsitzig zu fliegen. Die Verantwortung für das Leben eines anderen Menschen zu haben bei
oft härtesten und gefährlichsten Kämpfen (damals war Wolkenflug noch erlaubt, und wir waren manchmal gezwungen, Gewit-
tertürme zu durchfliegen, um das gesetzte Ziel zu erreichen) -

134

das war mir alles eine sehr große Belastung. Für sich selbst kann man Wagnisse eingehen - allein die Verantwortung für einen Zweiten (so leicht es mir Lisbeth Häfner auch diesbezüglich gemacht hat) ist einfach zu schwer und zu bedrückend. Unser Gesamt-Equipe-Chef war Seff Kunz, mein eigener Mannschafts-führer Heinz Huth, genannt »der Lange«, der in den sechziger Jahren mehrfach Segelflug-Weltmeister wurde. Da er jedoch die mörderische Hitze am Boden nicht vertrug, mußte ich während des Wettbewerbs meinen Manschaftsführer wechseln. Ich hatte das große Glück, Heinz Schubert, einen früheren DFS-Kameraden und Freund, dafür gewinnen zu können, der nach dem Krieg mit seiner Familie nach Südwestafrika ausgewandert war und noch heute dort lebt und fliegt. Er war als Schlachten-bummler nach Madrid gekommen. Da er an die Hitze Afrikas gewöhnt war machten ihm die spanischen Temperaturen nichts aus. Er übernahm mit Freude und großem Geschick meine Mann-schaftsführung.

Übrigens war es interessant, daß von 59 Flugzeugen, doch 32 deutsche Muster bei den Weltmeisterschaften flogen, obgleich Deutschland so lange nach dem Krieg fliegerisch ausgeschaltet worden war.

Für uns Deutsche wurde unsere erstmalige Teilnahme nach dem Krieg zu einem großen Erlebnis. Hier in Madrid empfing man uns im Clubhaus des großen Madrider Flugplatzes mit deutschen Volksliedern als Freunde. Es war der Präsident des Wettbewerbs und des spanischen Segelfluges, Oberstleutnant Ordovas, der dies für uns vorbereitet hatte und sich mutig als Freund Deutschlands bekannte.

Am 30. Juni um neunzehn Uhr wurde die Weltmeisterschaft in Anwesenheit hoher Vertreter des Staates, des Militärs und der Kirche vom spanischen Luftfahrtminister Gallarza feierlich eröff-net. Minister Gallarza gab seiner Freude darüber Ausdruck, daß die Weltmeisterschaften diesmal in Spanien stattfanden. Er begrüßte die Nationen, die erschienen waren, und ihre Besatzungen, wobei er als einzigen Namen mich persönlich n annte. Ich muß sagen, daß wir Deutschen alle darüber beglückt und bewegt waren. Er hob meine Leistungen hervor und dankte mir in seiner Rede für meine Verdienste um den Segelflug der Welt.

Nach der Rede des Ministers wurden die Fahnen aller 19 teilnehmenden Nationen gehißt. Nachdem die spanische Nationalhymne erklungen war, ging der Luftfahrtminister Gallarza von Flugzeug zu Flugzeug zu allen Mannschaften, die inzwischen an ihre Flugzeuge geeilt waren. Vor meinem Flugzeug angekommen, schüttelte er mir besonders herzlich die Hand und unterhielt sich längere Zeit mit mir, auch über meine Testflüge während des Krieges und über die letzten Tage im Hitlerbunker.

Den Abschluß der Eröffnungsfeier bildete ein Empfang, den Minister Gallarza gab. Auf alle Erlebnisse dieser Weltmeisterschaft einzugehen würde den Rahmen dieses Buches sprengen.

Die Weltmeisterschaft wurde in drei Disziplinen ausgetragen: Weitstreckenflüge, Zielstreckenflüge mit selbstgewähltem Ziel und Geschwindigkeitsflüge über festgelegte Strecken. So zum Beispiel: von Madrid nach Torresavinan. Es konnten nur 5 Wertungstage durchgeführt werden.

Am Schluß der Weltmeisterschaften lag Dr. Ernst Frowein mit seinem jungen Begleiter, dem Freiburger Studenten Kuhn, an 2. Stelle in der Doppelsitzerklasse unter 17 Teilnehmern. Er wurde also Vize-Weltmeister hinter dem Spanier Juez, der der Weltmeister dieser Klasse wurde. Als Dritter folgte ich und erhielt somit die Bronzene Medaille, zusammen mit meiner tapferen Begleiterin Lisbeth Häfner. An 7. Stelle dieser Klasse lag Heinz Kensche / Kürten, an 11. Stelle Rudolf Ziegler / Braun und in der Einsitzerklasse Ernst-Günther Haase an 12. Stelle unter 39 Teilnehmern.

Weltmeister in der Einsitzerklasse wurde als Krönung seines Fliegerlebens der Engländer Philip Wills.

Deutschland konnte also mit unserem Abschneiden sehr zufrieden sein. Statt dessen schrieben die Zeitungen nach unserer Rückkehr mit dicker Überschrift: »Eine Schande, die 'Nazi-Hanna Reitsch' als Vertretung Deutschlands hinausgeschickt zu haben.« Mich selbst berührte das nicht, denn ich hatte es in Spanien anders erlebt. Ich schämte mich nur der deutschen Würdelosigkeit und unwahren Berichterstattung.

Bei der Schlußfeier der Weltmeisterschaften trat ein französischer Jude auf mich zu. Er hatte im Ersten Weltkrieg im Kampf gegen Deutschland ein Bein verloren. Er haßte das Deutschland des Dritten Reiches wegen der Judenverfolgung. Jetzt aber drückte er mir mit beiden Händen die Hand und sagte bewegt: »Sie haben während dieser Weltmeisterschaften die Herzen aller gewonnen. Durch Sie habe ich den Haß gegen Deutschland begraben.« Diese Worte waren für mich weit beglückender als die errungene Bronzene Medaille.

Über der Freude von uns Deutschen allerdings lag ein schwerer Schatten, denn am letzten Wettbewerbstag stürzte unser lieber Kamerad Rudolf Ziegler mit seinem Begleiter Braun beim Hereinlanden auf dem Zielflugplatz Torresavinan ab. Es hatte ihn eine sich durch die große Hitze rasch lösende Trombe kurz nach Überfliegen der Ziellinie in niederer Höhe erfaßt und den rechten Flügel mit solcher Gewalt nach oben gerissen, daß der linke Flügel den Boden berührte und er wie ein »Hammer« mit voller Fahrt auf den Boden prallte. Sein Begleiter Braun blieb unverletzt. Rudolf Ziegler aber zog sich eine schwere Querschnittlähmung zu und verstarb - nachdem wir anderen alle abgereist waren und seine Frau aus Deutschland zur Pflege zu ihm geeilt war - nach wenigen Wochen. Wir alle bewahren Rudolf Ziegler ein treues Gedenken.

ZWÖLFTES KAPITEL

Ich bin ein hoffnungsloser Fall

Seit der Segelflug 1951 in Deutschland wieder genehmigt wurde, hatte ich leider nur jedes Jahr während der vierzehntägigen deutschen Segelflugmeisterschaften beziehungsweise während der Segelflug-Weltmeisterschaften Gelegenheit zum Segelfliegen. Zu diesen Meisterschaften stellte mir zunächst die Firma Focke-Wulf, Bremen, einen doppelsitzigen »Kranich III« zur Verfügung. In späteren Jahren, von 1955 bis 1958, gab mir die Firma Egon Scheibe den Einsitzer »Zugvogel II«. Damit ich aber auch während des Jahres Segelflüge durchführen und trainieren könne, wollte mir Herr Dr. Nordhoff vom VW-Werk Wolfsburg einen neuen »Kranich III« schenken. Das war für mich eine kaum zu fassende große Überraschung. Wo jedoch sollte ich den Vogel unterstellen? Und wer sollte ihn warten?

Von diesem geplanten Geschenk erfuhr ein lieber Kamerad von mir, der mit mir gemeinsam an der DFS gearbeitet hatte. Er machte den Vorschlag, doch mit dem Präsidenten und Geschäftsführer seines Clubs dieserhalb in Verbindung zu treten. So trafen wir uns zu viert in meinem Heim in Oberursel. Der Präsident jenes Clubs machte mir nun folgenden Vorschlag: Sie hätten selbst einen fast neuen »Kranich III«, sie wären gerade dabei, einen Mannschaftswagen umzubauen, um ihre Fluggruppe von der im Ort liegenden Werkstatt zum Flughafen hinaus transportieren zu können. Dieser Wagen würde mir für Meisterschaften samt einer Mannschaft zur Verfügung gestellt werden. Wann immer ich den »Kranich III« fliegen wolle, so hätte mein Wunsch immer den Vorrang. Ich brauchte mich weder um Wartung noch um Unterstellung zu kümmern - sie aber wollten statt dessen das Bargeld, welches das VW-Werk zum Kauf des »Kranich III« spenden wolle - selber haben. Das bedeutete in jener Zeit, 1953, einen Betrag von 15.000 DM.

Ich besprach diesen Vorschlag mit ein paar Freunden, die nur ein Bedenken hatten, und zwar, ob das bei jenem Club auch eine voll und ganz für mich befriedigende Lösung sei. Da jener DFS-Kamerad aus diesem Club hervorgegangen war, für ihn eintrat und es sich doch noch dazu um Fliegerkameraden handelte, vertraute ich völlig. Ich bat darum Herrn Dr. Nordhoff, von der Neubestellung eines »Kranich III« zunächst abzusehen und aus jenem beschriebenen Grund lieber das Geld in bar zu zahlen. Da gerade die deutschen Meisterschaften 1953 ausgetragen werden sollten, würde es sich erweisen, ob die Zusammenarbeit dem entsprach, was jener Club vorgab.

Zur festgesetzten Zeit war ihr Mannschaftswagen fertig, und wir planten, uns zu einem bestimmten Termin in Örlinghausen, dem Austragungsort, zu treffen.

Wie war ich erstaunt über den ersten Eindruck von der drei-(vier)köpfigen Mannschaft! Sie alle trugen gleichartige, vornehme, gefütterte Jacken mit Pelzkrägen, und auf meine verwunderte Frage über das flotte Aussehen meinten sie: »Als Mannschaft von Flugkapitän Hanna Reitsch sind wir das schuldig.« Meine Verwunderung aber schlug in leichten Ärger um, als ich hörte, daß zwei Männer der Mannschaft, die nicht rechtzeitig fertig geworden waren, von ihrem Wohnort mit einer Taxe bis Örlinghausen gereist waren, das heißt ca. 230 km. Was sollte solch eine Verschwendung? Ich wurde skeptisch.

Die Meisterschaft verlief reibungslos. Ich hatte mich an die 2. Stelle der deutschen Teilnehmer vorgekämpft. Da jedoch wettermäßig nur wenige Tage segelfliegerisch zu nutzen waren, beschloß die Wettbewerbsleitung mit Zustimmung aller Teilnehmer, die Dauer des Wettbewerbs um ein oder zwei Tage - das waren ein Samstag und Sonntag - zu verlängern. Kaum erfuhr dies der Präsident jenes Clubs, so kam er angereist und sagte empört: Dies gehe keinesfalls, denn sie benötigten den »Kranich III« in jenen zwei letzten Tagen selber. Meinen Einwand bezüglich des von ihnen vorgeschlagenen Vertrages (den ich Gott sei Dank noch nicht unterschrieben hatte) schlug er in den Wind. Erst dem Machtwort des Leiters der Segelflugkommission beugte er sich, blieb aber verärgert in Örlinghausen, um mir den »Kranich III« nach meiner letzten Landung - möglichst noch »sitzwarm« - wegzunehmen.

Dieses Verhalten konnte mich nicht ermutigen, eine »Flieger-Ehe« mit ihnen einzugehen. Die »Verlobungszeit« sprach völlig dagegen. Als ich ihrem Vorstand dies nach dem Wettbewerb mitteilte und bat, mir die Auslagen der Mannschaft während des Wettbewerbs sowie die Chartergebühren fürs Flugzeug während der vierzehn Tage mitzuteilen, jedoch von dem Plan des gemeinsamen Flugzeuges abzusehen, da schrieben sie mir eine Rechnung, daß mir der Atem wegblieb: Das Geld für die Bekleidung der Mannschaften - einen neuen Fallschirm, den sie aber selbst behielten - den gesamten Umbau des Mannschaftswagens - die Taxifahrt nach Örlinghausen usw. usw., kurzum es blieben für mich vom Gesamtbetrag von 15.000 DM knapp 2000 DM übrig. Das war ja kaum zu glauben. Ich lief zum damaligen Generalsekretär des Aero-Clubs, dem ich leider seit jeher »ein Dorn im Auge« war. Er war nämlich voll und ganz gegen das »Frauenfliegen« eingestellt. Er legte dies mit Begründungen auch mehrfach in Berichten nieder. Nur - dummerweise - widersprach mein Beispiel all seinen Begründungen; daher wohl seine Abneigung gegen mich. Er mußte zwar zugeben, daß die aufgestellte Rechnung geradezu grotesk und unmöglich sei. Entweder müßten sie zum Beispiel den neuen Fallschirm, wenn sie ihn in Rechnung stellten, mir überlassen sowie die Summen für Bekleidung von der Rechnung streichen, ebenso die Rechnung für den Umbau des Mannschaftswagens, den sie ja bereits fast fertig hatten, bevor wir den Plan begannen. Selbstverständlich mußte die Rechnung über die Taxifahrt storniert werden und noch vieles mehr. Der Generalsekretär aber schlug vor, noch zu warten, bis der erkrankte Geschäftsführer jenes Clubs von einer Krankheit genesen sei. Auf diese Weise zog sich die Angelegenheit über Monate hin. Das Geld sollte derweilen an die Geschäftsstelle des Aero-Clubs vom Volkswagenwerk überwiesen werden. In der Zwischenzeit hatte jener Geschäftsführer den Generalsekretär des Aero-Clubs aber völlig eingewickelt, so daß jener alle Zahlungspunkte des Clubs anerkannte und mir nur knapp 2000 DM erstattet wurden. Meine Freunde bearbeiteten mich, daß ich unbedingt einen Prozeß führen und das VW-Werk und Herrn Dr. Nordhoff über die Angelegenheit in Kenntnis setzen müsse, unter Umständen würden sie mir ihren eigenen Juristen zur Verfügung stellen. Nein - gegen eigene Fliegerkameraden und den Generalsekretär des Aero-Clubs zu klagen? Das wäre doch eine tolle Schande für uns Flieger. Das konnte und wollte ich also nicht tun, obwohl ich sehr, sehr unter dieser Angelegenheit litt. So saß ich wieder ohne eigenes Flugzeug und ohne Trainings-Möglichkeit da. Nicht einmal Dr. Nordhoff wagte ich von diesem skandalösen Verhalten zu berichten. Jeder meiner Freunde aber schüttelte den Kopf und sagte nur: »Hanna - du bist ein hoffnungsloser Fall.« Und leider haben sie - was »Geld« anlangt - völlig recht. Mein berühmter »Geld-Verstand« spielte mir im Leben noch oftmals hart mit.

Der Apfel allerdings fällt nicht weit vom Stamm. Dies mangelnde

Geldverständnis hatte ich von meinen Eltern, und zwar von beiden, geerbt. Mein Vater beispielsweise wollte in seiner eben geschlossenen jungen Ehe eine ordentlich geführte Haushaltsregelung haben und erbat von seiner jungen Frau, gar jeden Tag die Ausgaben aufzuschreiben, so daß man am Ende des Monats genaue Übersicht habe, was man ausgegeben habe und was man allenfalls sparen könne. Vater freute sich sehr, daß alles von Mutter so gewissenhaft aufgeführt war, daß weder Ausgaben für Streichhölzer noch für Petersilie fehlten und immer alles unter dem Strich haargenau stimmte. Allerdings fiel ihm nach einigen Monaten auf, daß vor dem Strich immer ein besonders hoher Geldposten stand, der nur bezeichnet war mit G. w. w. Als er seine Frau vorsichtig fragte, was denn jener sich ständig wiederholende, aber doch immer sehr hohe Ausgabenposten G. w. w. bedeute, da errötete sie und sagte beschämt: »G. w. w. das heißt 'Gott weiß wofür'«.

Vater lachte herzlich und hat es bald aufgegeben, Mutter mit solch einer Buchführung zu belasten. Warum er für Mutter darin so viel Verständnis hatte, wurde uns drei Geschwistern bald bewußt. Eines Tages entdeckte Mutter beim Umräumen eines Zimmers hinter einem Schrank eine Anzahl scheußlicher Ölgemälde. Als sie erstaunt meinen Vater fragte, was für eine Bewandtnis das habe, da errötete diesmal er und sagte: »Weißt du, Emerl, da kommen immer wieder so bettelarme Künstler zu mir, denen ich doch helfen muß, ihre Familien zu ernähren. Und um sie nicht mit einer Schenkungssumme zu kränken, nahm ich eben ihre scheußlichen Bilder und versteckte sie hinter dem Schrank.«

Von da an beäugte meine Mutter - wann immer sie konnte - das Wartezimmer, ob darin Menschen saßen, denen man ansah, daß sie wohl gewiß kein Augenleiden hatten. Sie bat sie, einen Augenblick heraus in den Flur zu kommen, und befragte sie, was ihnen fehle. Wenn sie sagten: Wir haben ganz privat etwas zu bere-

den, dann wurde sie skeptisch, denn dann handelte es sich nahezu immer um solche Menschen, die Vaters Herzensgüte ausnut-
zen wollten, denn das hatte sich rasch herumgesprochen. Da verstand Mutter es dann, freundlich, aber sehr bestimmt sie fortzuschicken.

Doch was Vater für andere tat, wurde meinem Bruder und mir
erst klar, nachdem alle übrigen Familienmitglieder nach der Vertreibung aus Schlesien den Tod gefunden hatten. Bei Schlesier-
oder Hirschbergertreffen nämlich schüttelten uns immer von neuem viele Hirschberger die Hand und sagten: »Das werden wir Ihrem guten Vatl nie vergessa, doss er ins als soane Patienten nischte
nich hot zohla lassa, wenn er hörte, wie arm wir woarn.«

Das rührte meinen Bruder und mich stets von neuem, und wir
verstanden, warum wir so puritanisch einfach als Kinder erzogen
wurden, obschon Vater täglich an die achtzig Patienten hatte und
zusätzlich täglich operierte.

Wie sollte bei solchen Eltern in mir ein »Geld-Verstand« gewachsen sein? Ich blieb und bleibe wohl mein Leben lang »ein hoffnungsloser Fall«.

DREIZEHNTES KAPITEL

Deutscher Segelflugmeister 1955

In den fünfziger Jahren waren die nationalen wie auch die Segelflug-Weltmeisterschaften längst nicht mehr das, was die Rhön-Segelflug-Wettbewerbe einst gewesen sind. Damals, in den dreißiger Jahren, war es ein freundschaftliches Treffen aller am Segelflug Interessierten sowie ein Vorführen der neuentwickelten Flugzeuge und Instrumente - es war ein Meinungsaustausch der Techniker und Wissenschaftler und daneben ein Wettfliegen. Inzwischen ist solch ein Wettbewerb zu einem harten, sportlichen Kampf geworden. Aber, wie bei Ski-Meisterschaften und bei einigen anderen Sportarten, so spielt im Segelflug beim Wettbewerb nach wie vor das Glück eine große, entscheidende Rolle: Bedingt schon durch die Wetterlagen und die Tatsache, daß nicht alle gleichzeitig starten können. Ob man an erster oder letzter Stelle starten muß, kann entscheidend sein. Man kann weit günstigere oder ungünstigere Wetterbedingungen antreffen als die Konkurrenten.

In diesem Jahre 1955 wurde der Wettkampf besonders spannend, da sich als Gastteilnehmer der Franzose und letzte Weltmeister Gérard Pierre mit seiner ausgezeichneten »Brequet«, ferner der junge schwedische Segelflugmeister Silesmo - auf einer alten deutschen »Weihe« - zur Teilnahme angemeldet hatten.

Von der deutschen Spitzenklasse waren vertreten: Dr. Ernst Frowein, dessen prächtiger, hartumkämpfter Sieg bei dem vorhergegangenen französischen National-Segelflug-Wettbewerb viel zuwenig in der deutschen Presse bekanntgemacht und gewürdigt wurde. Er flog diese Örlinghausener Meisterschaften auf der HKS-2, die Ernst Günther Haase bei der Weltmeisterschaft 1954 in England (Camphill) geflogen hatte. Ernst Günther Haase startete diesmal auf der neuentwickelten HKS-3. August Wietüchter flog die alte erste HKS-1 und ich den neuen »Zugvogel 2«, von Egon Scheibe (Dachau) entwickelt. Bei der Doppelsitzerklasse nahm der Hamburger Segelflieger Heinz Huth, genannt »der Lange«, teil, der später in den sechziger Jahren mehrfach Weltmeister der Standardklasse wurde. 1955 flog er den »Kranich III«, konstruiert von Hans Jacobs, mit Passagier, und erkämpfte sich unter 10 Doppelsitzern seiner Klasse den Sieg mit 2594 Punkten vor Remm (Berlin, auch auf »Kranich III«) mit 2316 Punkten und Hahn (Niedersachsen, auch auf »Kranich III«) mit 2280 Punkten. Dieser Wettbewerb fand vom 31. Juli bis 14. August 1955 in Örlinghausen statt. Es war der 2. Deutsche Bundes-Segelflieger-Wettbewerb, der als Deutsche Meisterschaft nach dem Kriege ausgetragen wurde. Schwierig und aufregend bei diesem Wettbewerb war, daß erst der 7. Wettbewerbstag unter 14 Tagen gewertet werden konnte, da die Ausschreibung verlangte, daß zur Anerkennung als Wertungstag mindestens zwei Teilnehmer, und zwar in jeder der zwei Klassen, die Mindestbedingungen des betreffenden Tages erfüllt haben mußten. So kam es, daß, wenn nur einer von jeder der zwei Klassen sich mühsam um den vorgeschriebenen Kurs vorangekämpft hatte, er ohne jeden Punkt ausging.

Am Sonntag, dem 31. Juli, wurde trotz Nieselregens der Wettbewerb im Freien, auf dem Sand des Örlinghausener Flugplatzes vor der Fliegerkantine, vom Präsidenten des Nordrhein-Westfälischen Luftsportverbandes, General a. D. Ludwig Schulz, in Vertretung des damaligen Aero-Club-Präsidenten Dr. Mann, eröffnet. Der Staatssekretär des Verkehrsministeriums von Nordrhein-Westfalen, Professor Brandt, sprach eindrucksvolle Grußworte, und ihm wurde von Präsident Schulz die Ehrenmitgliedschaft des Nordrhein-Westfälischen Luftsportverbandes angetragen. Ohne Professor Brandts große Hilfe wären vom Ministerium die Gelder für den neuen Hallen- und Turmbau nicht genehmigt worden, die in achtundzwanzig Tagen damals, vor den Meisterschaften, unglaublich rasch errichtet worden waren.

Am Nachmittag des Eröffnungstages klarte das Wetter noch auf, und vor den zehn- bis zwanzigtausend herbeigeeilten Zuschauern und Gästen konnte ein schöner Flugtag unter anderem mit ausgezeichneten Segelkunstflug-Vorführungen von Herbert Tilling, dem späteren ersten Segelkunstflugmeister, vor sich gehen, der alle die vielen Zuschauer begeisterte.

Erst am 7. August gelang es, den ersten Wertungstag zu erreichen, wenngleich wir alle uns die sechs vorangegangenen Tage vergeblich bemüht und abgekämpft hatten. Aber nur je einer jeder Klasse hatte das gesetzte Tagesziel jeweils erreicht.

Es wurden während des Wettbewerbes nur Dreiecksflüge, manchmal mit mehrfacher Umrundung oder auch mit Geschwindigkeitswertung, ausgeschrieben, außerdem Zielflüge mit Geschwindigkeitswertung und Ziel-Rückkehrflüge.

Immer wieder trafen während des Wettbewerbs als Zuschauer hohe Gäste aus dem In- und Ausland ein. Zu unserer Freude waren natürlich unser großer Segelflug-Pionier, mein »Fliegervater« Wolf Hirth und seine Frau, während des ganzen Wettbewerbes anwesend. Und als Gast erschien der große alte Segelflug-Pionier der Wasserkuppe, Wolfgang Klemperer, der in den dreißiger Jahren nach den USA ausgewandert war. Auch war die große Segelfliegerin Betsy Woodwards aus den USA unter den Besuchern.

146

Betsy hatte am 14. April 1955 während einer Wellen-Segelflug-Forschungs-Expedition, die unter Führung von Dr. Joachim Küttner stand, über der Sierra Nevada im Segelflug eine Höhe von 12.190 m erreicht, also einen Höhen-Frauensegelflug-Weltrekord aufgestellt, der bis heute noch nicht überboten wurde.

Am 12. August - dem vierten Wertungstag - lag ich, ohne es selbst zu wissen, an vierter Stelle hinter den Ausländern Pierre und Silesmo und hinter dem Deutschen Jakob Laur. Am fünften Wertungstag hatte ich ein ganz herrliches Erlebnis: Es war zum zweiten Mal ein Zielflug nach Dortmund (88,8 km) mit Geschwindigkeitswertung ausgeschrieben worden. Am Morgen jenes Tages, des 12. August, lag strahlender Sonnenschein über dem Teutoburger Wald und der Senne. Der Tag schien günstig zu werden. Die Wetterlage wurde durch ein Hoch über England bestimmt. Ein Gewittertief über Frankreich aber bewirkte starken Wind aus Ost bis Nordost, so daß ein Dreieckskurs unmöglich war und nur ein Zielflug ausgeschrieben werden konnte. So entschloß sich die Wettbewerbsleitung zur gleichen Aufgabe wie tags zuvor. Die Doppelsitzerklasse startete immer zuerst. Darum kam unsere Einsitzer-Klasse mit ihren vierzehn Maschinen kaum vor halb zwölf Uhr zum Starten.

Ich hatte Pech - ich war zu rasch abgeflogen und soff wenige Kilometer von Örlinghausen entfernt auf dem damals kleinen Flugplatz »Windelsbleiche« ab. Gegen vierzehn Uhr traf schon in Örlinghausen die Meldung ein, daß Pierre als erster und der Deutsche Hummel als zweiter in Dortmund gelandet seien.

Als ich mit meiner tüchtigen Mannschaft, die ich seit diesem Jahr bis 1958 jährlich bei den Deutschen- oder Weltmeisterschaften hatte und mit denen ich mich bis heute treu verbunden fühle (Oberstudiendirektor Kurt Bauer aus Velbert, Otto Bartsch, Germering, Fritz Lomberg, Langenberg Gut Pollen) gegen dreizehn Uhr dreißig wieder auf dem Flugplatz Örlinghausen eintraf, kam, bevor mein Vogel aufmontiert und ich wieder startbereit war, bereits die Meldung, daß schon sieben Piloten in Dortmund eingetroffen waren. Da muß man sich arg zusammennehmen, um sich nicht entmutigen und nicht nervös machen zu lassen. Vor meinem Start zog von Osten ein bedrohlich erscheinendes, mächtiges Gewitter heran, das schon über dem Teutoburger Wald und dem »Hermanns-Denkmal« dicht hinter unserem Flugplatz stand. Mit stark klopfendem Herzen startete ich, bevor die Gewitterfront uns erreicht hatte, um vierzehn Uhr vierundvierzig. Eine Stunde vor mir war Ernst-Günther Haase ein zweites Mal gestartet und befand sich noch in Platznähe. Ich beobachtete nun, was er zu tun gedachte. Es gab nur zwei Möglichkeiten: entweder die Front zu benutzen, deren Entwicklung man nie voraussagen kann, oder in die noch von der Sonne beschienene entgegengesetzte Richtung zu fliegen und zu versuchen, auf Umwegen Dortmund zu erreichen. Letzteres wählte Ernst-Günther Haase, hatte aber Pech mit dieser Entscheidung und soff nach langem Ringen später ab. Ich kämpfte innerlich, ob ich seinem Beispiel folgen solle (noch ahnte man nicht seinen schlechten Ausgang), entschloß mich jedoch, da ich ja dieses Jahr endlich wieder im Einsitzer fliegen konnte und nur für mich allein verantwortlich war, das Risiko zu wagen und die Front zu benutzen. Ich flog ihr direkt nach dem Ausklinken entgegen. Sie war stark ausgeprägt und schien sich sehr lang, noch dazu in Richtung meines Zieles Dortmund, auszudehnen. So flog ich bis kurz unter den schwarzen Frontkopf, hinter dem ein milchiger Vorhang ahnen ließ, daß der Regen dort bereits herunterprasselte. Unter mir, also unter dem Frontkopf, schien die Erde wie in höllischem Wirbelwind aufgepeitscht, Staub bis in meine Höhe hinaufwirbelnd. Kaum hatte ich den Frontkopf in niedriger Höhe erreicht, so zog es mich mit 5 m/sec. nach oben. Das Vario stand bald am Anschlag, also das wirkliche Steigen wußte ich nicht, spürte nur einen ungeheuer starken Sitzdruck, als wäre ich doppelt so schwer geworden wie normal. Um zu verhüten, daß ich in die gefährlich brodelnden Wolken hineingezogen wurde, setzte ich das Steigen - auf die Festigkeit der guten »Egon-Scheibe-Konstruktionen« bauend - in Geschwindigkeit um, manchmal sogar mit ausgefahrenen Klappen. Ich raste mit einer für die damaligen Verhältnisse unglaublichen Geschwindigkeit von 180 - 190 km/h unter der Front entlang. Sie bewegte sich so günstig, daß ich genau auf dem Kurs nach Dortmund lag. Blitze zuckten und erschreckten mich ständig zu meiner Linken und vor mir, aber das Donnern wurde Gott sei Dank durch das Zischen meines dahinbrausenden »Zugvogels« übertönt. Zweiundfünfzig Minuten nach meinem Start, ohne auch nur einen einzigen Kreis geflogen zu haben, landete ich heil - bevor auch nur ein Regentropfen Dortmund oder meinen »Zugvogel« erreicht hatte. Die Front war *vor* Dortmund stehengeblieben und hatte sich dort in großen Regengüssen entladen und aufgelöst.

Man kann sich nichts Komischeres vorstellen als die Gesichter der sieben glücklichen, bereits in Dortmund vor Stunden gelandeten Kameraden. Sie waren ganz sicher, daß kein weiterer Teilnehmer bei dieser Wetterlage - die Front schien jetzt den Weg von Örlinghausen her völlig abgeschnitten zu haben - noch eintreffen könne. Tatsächlich waren alle übrigen Teilnehmer schon lange vor dem Gewitter auf der Strecke nach Dortmund abgesoffen. Die sieben dort gelandeten Piloten schauten schon gar nicht mehr nach dem Himmel, sondern montierten, glücklich über ihren Erfolg, ihre Maschinen ab. Zum Teil waren sogar ihre Mannschaften mit den Transportwagen schon eingetroffen. Sie rechneten sich alle aus, welchen Vorsprung und welche Plazierung dieser Tag ihnen einbringen würde. Da überflog ich zischend mit toller Fahrt die Ziellinie und landete nach einer hochgezogenen Kehrtkurve neben den erschrocken dreinschauenden Kameraden. Sie ließen jetzt alles stehen und liegen, kamen zu meiner Maschine gerannt und riefen: »Ja Hanna, wie bist du denn vom Himmel gefallen?« Auch die Wettbewerbsleitung in Örlinghausen traute bei meinem Anruf ihren Ohren nicht und glaubte an einen Scherz, da ich doch erst vor knapp 52 Minuten in Örlinghausen gestartet sei. Ich bat zu meiner Unterstützung die in Dortmund gelandeten Kameraden ans Telefon, die alle beteuerten: »Es ist tatsächlich wahr - Hanna ist soeben hier in Dortmund gelandet.« Mit einem Durchschnitt von 102 km/h, für damalige Verhältnisse sagenhaft schnell, hatte ich die 88,8-km-Strecke zurückgelegt und befand mich jetzt in der Gesamtwertung hinter dem Weltmeister Pierre an zweiter Stelle des Gesamtfeldes. Ich muß hier dazu sagen, daß ich dies selbst nicht wußte und auch von niemandem hören wollte. Ich gehe darauf später nochmals ein.

Der nächste Tag ließ wettermäßig keine Wertung zu, so blieb nur noch Sonntag, der 14. August, als letzter Tag des Wettbewerbs und als Wertungstag. Es wurde für Zuschauer und Teilnehmer ein Endspurt von geradezu dramatischer Spannung - nur nicht für mich selber. Ich wollte während eines jeden Wettbewerbes niemals wissen, wo ich punktemäßig lag. Ich gab täglich mein Bestes - mehr konnte ich nicht. Warum sollte ich mich nervös machen oder gar deprimiert mir die Freude und den Schwung nehmen lassen, wenn ich durch einen Fehler mal einen Tag ungünstiger abschnitt? So ahnte ich nichts von der Spannung, die dieser Tag bringen sollte.

Jener letzte Tag begann mit herrlichem Sonnenschein. Es sah so aus, als würde es für uns alle noch einmal einen prächtigen Wettkampftag geben. Der Wetterbericht beim »Briefing« hatte uns labile Schichtungen vorausgesagt; das bedeutete stärkere Thermik, wenigstens für die Mittagszeit. Das Gewittertief, das über Frankreich gemeldet wurde, zog langsam nach Norden, so daß für Nachmittag Gewitterbildung zu erwarten war. Um auf je

150

den Fall zu einem weiteren Wertungstag zu gelangen, schrieb die Wettbewerbsleitung einen kleinen Dreieckskurs von zirka 60 km aus. Kurz nach elf Uhr startete die Doppelsitzerklasse, und sofort anschließend unsere vierzehn Flugzeuge der Einsitzerklasse. Rasch zeigte sich, daß die Thermikentwicklung wesentlich schwächer und zerrissener war als erwartet. Etliche Absaufmeldungen trafen bereits ein. Gegen dreizehn Uhr überzog sich der Himmel völlig, und niemand von der Wettbewerbsleitung glaubte an die Rückkehr auch nur eines einzigen Flugzeuges. Um so erstaunter waren alle auf dem Örlinghausener Platz, als kurz nach dreizehn Uhr am dunstigen Horizont das erste Segelflugzeug sichtbar wurde. Es war Heinz Huth von der Doppelsitzerklasse auf seinem »Kranich III«. Dicht dahinter lösten sich weitere Umrisse aus dem Grau von Dunst und Wolken, und innerhalb der nächsten halben Stunde landeten - nach unglaublich schwerem, mühsamem Kampf - zehn weitere Teilnehmer. Fünf gehörten zur Einsitzer- und fünf zur Doppelsitzerklasse. Sie alle schwebten nur wenige Meter über den benachbarten Wäldern herein, erlöst und glücklich, den Platz gerade noch erreicht zu haben und nicht in den Baumwipfeln hängengeblieben zu sein. Wieder andere Piloten erlebten das Pech, angesichts des Platzes - kaum mehr als einen Kilometer Luftlinie entfernt - außenlanden zu müssen.

Über dem Platz indessen kreiste erstaunlicherweise noch immer Pierre, der erst um zwölf Uhr vierundvierzig starten wollte, in der festen, aber trügerischen Hoffnung, daß das Wetter sich bessern würde und er Wolkentürme nutzend ganz schnell und spielend dies kleine Dreieck durchrasen würde. Allein - Pierre fand keinen Anschluß mehr. Ihm war bis zum Vortag der Sieg in der Einsitzerklasse sicher gewesen. Er hatte mir, als Nächstfolgender, 601 Punkte voraus, und er hatte nicht geglaubt, daß bei dieser Wetterlage auch nur einer herumkommen würde - auch nicht ich, seine ihm jetzt gefährlichste Konkurrentin.

Da wir damals ja noch ohne Funk flogen, war alles mächtig gespannt, wie es mir auf der Strecke wohl ergehen würde. Noch war keine Außenlandemeldung von mir eingetroffen. Meine Mannschaft fieberte vor Aufregung. Am wenigsten aber fieberte ich selbst, denn ich wußte gar nicht, daß es jetzt um Sieg oder Nicht-Sieg ging.

Plötzlich tauchte für die Wartenden von Westen her mein gelber »Zugvogel« auf, noch in sicherer Höhe, und die Spannung meiner Mannschaft löste sich jetzt in lautem Jubel. Ich selbst war nur überglücklich, den Platz nach der Dreiecks-Umrundung wieder erreicht zu haben. Und als ich durch den Dunst klar vor mir den Platz erkannte und wußte, ich würde ihn ganz gewiß erreichen, so »heizte« ich vor Glückseligkeit meinen schnittigen gelben »Zugvogel« noch einmal an, um mit großer Geschwindigkeit die Ziellinie zu überfliegen, nachdem ich mich für das kleine Dreieck fast zwei Stunden lang abgekämpft hatte. Ich landete nach einer hochgezogenen Kehrtkurve vor meiner winkenden glücklichen Mannschaft. Erst durch ihre Umarmungen und ihre Glückwünsche erfuhr ich, daß ich Sieger und somit deutscher Segelflugmeister 1955 mit 2635 Punkten vor unseren Gästen Pierre mit 2436 Punkten und Silesmo (an fünfter Stelle mit 2181 Punkten) und dem zweitbesten Deutschen, Jakob Laur, mit 2261 Punkten, geworden war.

Obgleich ich sowohl in den dreißiger Jahren bei den Rhön-Segelflug-Wettbewerben als auch nach dem Krieg bis 1958 als einziges weibliches Wesen an Segelflugwettbewerben oder nationalen und Weltmeisterschaften teilnahm und immer in der Spitzengruppe lag (zwischen erstem und sechstem Platz), so hatte ich doch vor dem Krieg nur ein einziges Mal bei einem Segelflugwettbewerb gesiegt, und zwar beim ersten je ausgetragenen Strecken-Segelflug-Wettbewerb, bei dem sich fast alle unsere deutschen Segelflug-Asse beteiligten. Er führte von Sylt nach Breslau, das man binnen vierzehn Tagen erreicht haben mußte, mit An- oder Überfliegen einer Reihe bestimmter Flughäfen. Damals war ich vier Tage vor dem Nächstbesten in Breslau eingetroffen, der Hauptstadt meines Heimatlandes Schlesien.

Diesmal, 1955, aber war es die erste deutsche Meisterschaft, die ich gewann.

So verlor Pierre, nachdem er dreizehn Tage lang in Führung lag, am letzten Wettbewerbstag durch einen taktischen Fehler seinen Sieg an mich. Nur um 199 Punkte hatte ich ihn überboten.

Ich war dem Himmel dankbar für diesen beglückenden, unerwarteten Ausgang der Meisterschaften.

Wäre dies in Frankreich geschehen, und hätte Pierre als Franzose mich als Deutsche am letzten Tag überflügelt, so wären alle französischen Zeitungen voll dicker Überschriften gewesen: »Unser Gérard Pierre besiegt die Elite von In- und Ausland!«

Die deutschen Zeitungen schienen enttäuscht, daß ich gesiegt hatte und berichteten in großer Überschrift: »Der französische Weltmeister Pierre wurde am letzten Tag von seinem ganz sicher erscheinenden Sieg auf den 2. Platz verwiesen«. Und danach folgte - ganz klein -, daß ich ihn überrundet hatte.

An Derartiges seit 1945 gewöhnt, konnte mir das mein Glück und meine Dankbarkeit nicht beeinträchtigen.

VIERZEHNTES KAPITEL

Die Segelflug-Weltmeisterschaften in St. Yan 1956

1956 wurden die Segelflug-Weltmeisterschaften in St. Yan/ Frankreich ausgetragen. Da sich diesmal sieben Länder mehr als bisher beteiligten, und zwar folgende: die CSSR, Polen, die Türkei, Ungarn, Japan, Brasilien und Neuseeland, war die Zahl der Bewerber so hoch, daß sie von fünf Piloten pro Land auf drei Piloten pro Land reduziert werden mußte. Weil ich Sieger bei der deutschen Segelflugmeisterschaft 1955 geworden war, stand meine Teilnahme in Frankreich auf jeden Fall fest. Als Mannschaftsführer der deutschen Equipe wurde Professor Stüper benannt, als Pilot der Einsitzerklasse außer mir auf »Zugvogel II« noch August Wietüchter auf HKS 3 und in der Doppelsitzerklasse Ernst-Günther Haase auf HKS 2 mit seinem Copiloten Hans Heinzel. Am 29. Juni 1956 fand die Eröffnungsfeier statt. In weitem Halbrund standen die Mannschaften jeder Nation hinter ihren Fahnen, und nach den Eröffnungsansprachen eines französischen Staatssekretärs und des Leiters des französischen Segelfluges, Monsieur Agesilas, betraten die Piloten mit ihren Mannschaftsführern dem Alphabet nach das Podium. Sie wurden einzeln vorgestellt. Unter den Klängen der jeweiligen Nationalhymne entfaltete sich dann die Fahne jeder Nation, und die Weltmeisterschaften wurden als eröffnet erklärt.

Am ersten Wettbewerbstag, an dem ein freier Streckenflug ausgeschrieben war, gelang mir ein neuer deutscher Frauen-Strecken-segelflug-Rekord von 430 km.

Ich wurde zum Schluß bei der Gesamtwertung als bester Deutscher die 8., mit 3.042 Punkten. Wietüchter wurde 21. mit 2.268 Punkten, und in der Doppelsitzerklasse wurde Ernst-Günther-Haase 8. mit 1.057 Punkten.

Bei jenen Weltmeisterschaften gelang es erstmalig, sämtliche vierundsechzig teilnehmenden Piloten binnen dreißig Minuten hochzuschleppen. Es standen zehn Schleppflugzeuge zur Verfügung, und die Segelflugzeuge wurden in Zehnerreihen aufgestellt. Es waren also sechs Reihen und eine siebente, die nur vier Flugzeuge hatte. Beim ersten Start wurde ausgelost, welche Reihe beginnen solle, welche die zweite, dritte und vierte sei. Vom zweiten Tag an wechselten die Zehnerreihen, die erste Reihe kam am zweiten Tag an den Schluß und so weiter. Die Schleppflugzeuge stellten sich mit eingeklinkten Seilen am Morgen startfertig vor die erste Zehnerreihe. Beim Startschuß zog der am weitesten links stehende Schleppzug an. Hatte das geschleppte Segelflugzeug die Motormaschine des danebenstehenden Schleppzuges erreicht, so gab dieser Schleppzug Gas. Es gab somit eine ununterbrochene Kette von Schleppzügen, und während das erste Segelflugzeug ausklinkte und das erste Schleppflugzeug landete, war gerade das letzte der ersten Reihe gestartet, und es folgten umgehend - auf gleiche Weise - die zweite Reihe und die anderen.

Das Wetter ließ nur sieben Wertungstage zu. Der letzte Tag war der schwerste. Es wurde durch starken Nordostwind ein Streckenflug auf Kurslinie in Richtung St. Auban/Mittelmeer als Aufgabe gestellt. Die Wolkenbasis war zunächst sehr niedrig. Man mußte sich in gefährlich dichten »Trauben« an die Basis der schnell dahinziehenden Wolken hängen. Wolkenflug war verboten. Blieb man nicht an der Wolke hängen und wollte die Wolke überholen, so soff man unbarmherzig ab. Man mußte mit Geduld an der Basis der Wolke kreisen, unter der man sich befand. Dann gelang es mit Hilfe dieser Wolke, das Rhônetal zu überqueren. Aber in der Mitte des Tales lösten sich die Wolken meistens auf. So soffen sehr viele irgendwo in diesem Tal ab und landeten auf schönen weiten Wiesen. Ich hatte das Glück, zu den ganz wenigen zu gehören, die die andere Seite des Rhônetales erreichten - zwar ganz niedrig, aber immerhin noch hoch genug, um mich im Hangaufwind mühsam in die Höhe kämpfen zu können. Es war unvorstellbar bockig, eine so bockige Wetterlage hatte ich bis dahin noch nie erlebt. Es herrschte Wellenwetter, was ich damals jedoch noch nicht erkannte. 1956 waren die Weltmeisterschaften übrigens noch sportlich und kameradschaftlich - nicht so »tierisch ernst« und verbissen wie später.

Plötzlich rief einer der Piloten im Funk auf englisch: »Hanna, what are you doing there (was tust du dort)?« Ich antwortete: »Who is calling me (Wer ruft mich)?« Da sagte ein amerikanischer Pilot seinen Namen: »Bill«, und fügte hinzu, »Hanna, it is very dangerous there, where you are, due to terrible turbulence (Hanna, dort, wo du über die Berge fliegen willst, ist es sehr gefährlich und fürchterlich turbulent)«. Da antwortete ich: »Bill - you must dare it for your country and I for my-one (Du mußt es für dein Land wagen und ich für das meine).« »No«, sagte Bill, »I have 5 children, I prefer to land safely in the Rhône-Valley (ich habe fünf Kinder und ziehe vor, sicher im Rhônetal zu landen).« Ich sagte: »Bill, I have no children, therefore I have to try to go on (Bill, ich habe keine Kinder und muß daher versuchen, weiter zu kämpfen).«

Aber kaum hatte ich die Höhe jenes Grades überstiegen und genügend Höhe errungen, um »auf Kurs« zur nächsten Bergkette weiterzufliegen, da warf es mich mit fürchterlicher Böigkeit nach unten. Mein Variometer stand am Anschlag bei »Fallen«, und un-

ter mir war keinerlei Möglichkeit, heil zu landen. Es blieb mir nur
übrig, mit der Rumpfschnauze nach unten und mit hoher Geschwindigkeit den gegenüberliegenden Hang des Bergrückens zu
erreichen, in der Hoffnung, Hangaufwind würde mich dort retten. Die Flügel meines »Zugvogels« ächzten und stöhnten und
wurden in härtesten Schlägen mal auf-, mal abwärts geschlagen,
so daß ich nur betete, sie möchten dies aushalten.
Gott sei Dank trug mich, obwohl ich recht tief den nächsten felsi-
gen Hang erreichte, der »Aufwind« in die Höhe. Die Böigkeit
warf mich indes auch im Hangsegeln derart mal 'rauf und mal
'runter, daß mir vor Anstrengung die Schweißperlen im Gesicht
hinunterliefen. Dankbar und glücklich erreichte ich die Hang-
kante und wollte soviel Höhe wie möglich gewinnen, um dann
das nächste Tal, vor dem mir graute, durchfliegen zu können,
wollte danach wieder den nächsten Hang erreichen. Es wurde ein
wilder Kampf, und kein einziges Segelflugzeug konnte ich ent-
decken. Die Einsamkeit zwischen diesen wilden Bergrücken in
turbulentestem Auf und Ab würgte mich vor Angst.
Es verging Stunde um Stunde, und ich versuchte, wenn auch nur
langsam fortkommend, möglichst über der Kurslinie zu bleiben.
Plötzlich - nach mir endlos erschienener Zeit - entdeckte ich ein
Segelflugzeug. Es trug die Wettbewerbsnummer 30. Meine Liste
der Teilnehmer, die ich neben mir liegen hatte, sagte mir, das ist
der beste Pole, Gorzelak, auf »Jaskolka«. Er schien sich ebenso zu
freuen, einen Kameraden entdeckt zu haben, denn er flog direkt
auf mich zu. Wir winkten uns kurz, dann riß es mich nach unten,
ihn nach oben; im nächsten Augenblick war ich wieder oben und
er unten - so ging es weiter für die nächsten drei Stunden. Wir
blieben kämpfend beisammen - immer in Sichtweite. Als es
neunzehn Uhr dreißig wurde, hatte ich Gorzelak plötzlich verloren. Ich hätte noch weiterfliegen können - der irrsinnig turbulen-
te Aufwind hätte es zugelassen. Aber, sagte ich mir, die Landung

bei diesem Sturm wird auf alle Fälle schwer und benötigt volle Konzentration. Noch hatte ich die Kraft - würde ich sie jedoch in der nächsten Stunde bei diesem fortwährenden Kampf noch immer haben? Achteinhalb Stunden hatte ich schon hinter mir. Da entschloß ich mich zu landen, als ich einen dafür geeigneten Acker bei Apt, östlich von Avignon, erkannte. Ich landete heil, wenn auch erschöpft. Im Nu waren von überall her Kinder, Jugendliche und Erwachsene herangeeilt, die ich auf französisch bat, das Flugzeug doch nicht zu berühren. Ich würde ihnen alles erklären, müßte nur zunächst zur Ortspolizei, um mir die Landung, das Landefeld und die Uhrzeit genau bescheinigen zu lassen. Als ich gerade losmarschieren wollte, sah ich in der Ferne - in Fliegerkombination mit schweren langen Schritten - jemanden in meine Richtung wandern. Da erkannte ich plötzlich: das war ja Gorzelak! Und nun rannten wir aufeinander zu, so schnell wir nur konnten, und lagen uns dann in den Armen. Er, ein Pole - ich eine Schlesierin, deren Heimat von den Polen besetzt und weggenommen ist. Das war jetzt alles unbedeutend. Zwei Menschen lagen sich nach langem, härtestem gemeinsamen Kampf »auf Leben und Tod« in den Armen. Er konnte kein Wort Deutsch - ich konnte kein Wort Polnisch -, aber die Sprache der Herzen reichte völlig aus. Hand in Hand wie zwei Geschwister stapften wir zusammen über die Felder zur Gendarmerie, die uns unsere Flüge bescheinigen und die Verbindung zu unseren Mannschaften herstellen mußte. Gorzelak war kurz vor mir auf einem einen Kilometer entfernten Feld heil gelandet.
Wir gehörten zu den vier oder fünf weitesten an diesem Tage, hatten indessen beide verkannt, daß es ein Wellentag war und der »Mistral« es uns ermöglicht hätte, viele tausend Meter Höhe zu erreichen und dann in ruhigster Luft bis zum Strand des Mittelmeeres zu gelangen, so wie es dem Amerikaner Dr. Paul McCready gelang, der die Weltmeisterschaften gewonnen hat.

Eines der größten Erlebnisse solch einer Weltmeisterschaft ist es, daß man mal mit einem Engländer, mal mit einem Franzosen, dann wieder mit einem Argentinier oder Brasilianer - kurz während der Dauer des Wettbewerbs mit jedem Teilnehmer - ein Stück Weges gemeinsam kämpfte und zurücklegte und am Ende alle eine »große Gemeinschaft« bilden.

Am Anfang der fünfziger Jahre, kurz nach dem Ende meiner Gefangenschaft, entdeckte ich in Paris in der Église Militaire, beim Dôme des Invalides, ein Denkmal, das den toten Fliegern der zwei Weltkriege gewidmet ist. Ich erinnere mich noch an die zwei letzten Zeilen seiner Inschrift: »...Quand ils erraient dans la splendeur des cieux déserts, la solitude a fait leurs âmes fraternelles« (Während sie in der Weite der grenzenlosen Himmel flogen, hat die Einsamkeit ihre Seelen zu Brüdern gemacht).

Das ist das geheime Band, das uns Flieger auf der ganzen Welt so wundersam verbindet.

FÜNFZEHNTES KAPITEL

Begegnung mit Kardinal Wendel und Bischof Isidor Emanuel von Speyer

Es war ein Sonntagvormittag im Herbst 1952. Ich fuhr in meinem VW von Oberursel nach Köln. Vier Fliegerkameraden und ich waren vom Leiter der Segelflugkommission zu einer Besprechung gerufen worden. Auf meiner Fahrt drehte ich das Autoradio an. Es begann gerade die Predigt - mitten in einem Gottesdienst. Ich war mir nicht sicher, ob ich nicht lieber eine andere Station wählen sollte - mit Musik, die einen so hilfreich aus schweren Gedanken herausträgt. Aber die Worte des Geistlichen hielten mich spontan in Bann. Ich konnte nicht erkennen, ob es sich um einen katholischen oder evangelischen Pfarrer handelte. Er schien zu mir ganz persönlich zu sprechen und genau über das, was ich in diesem Augenblick wohl suchte, um mit geistigen Flügeln erhoben zu werden. Mir entging kein Satz seiner Predigt. Als er endete, war ich an meinem Ziel eingetroffen. Ich schaltete ab - hielt an - Fliegerkameraden empfingen mich, und bald saßen wir in einer fröhlich-ernsten Runde. Es ging um Vorgespräche, ob der Flugsport sich dem allgemeinen Sportbund anschließen solle, welche Vorteile, welche Nachteile, welche Pflichten und welche Rechte das mit sich brächte. Am Nachmittag trennten wir uns nach fruchtbaren harmonischen Gesprächen. Immer wieder erweist es

19. Pandit Nehru glücklich über unseren 1 1/4 Stunden dauernden Flug in 3000 m Höhe über New Delhi

20. Zusammen mit den Fliegerinnen des indischen National-Cadette-Corps

21. Mit den vom Auswärtigen Amt, Bonn, eingeladenen indischen Segelfliegern 1960 auf dem Hornberg

sich: Es ist mit nichts vergleichbar, wenn Fliegerkameraden beisammen sind. Das große Erlebnis, hoch über der Erde, läßt ein inneres Band entstehen, das, ohne uns Worte darüber verlieren zu lassen, etwas fast brüderlich Nahes erweckt und stets von neuem beglückt, wo auch auf der weiten Welt man mit Fliegerkameraden zusammentrifft.

Kaum aber saß ich allein im Auto, fiel mir die Predigt wieder ein, die mir soviel bedeutet hatte. Sie beschäftigte mich auf dem Rückweg ununterbrochen. Und als ich daheim eingetroffen war, setzte ich mich hin und schrieb spontan einen Dankesbrief an jenen mir unbekannten Pfarrer. Plötzlich stockte ich und fragte mich, ob ich mit meinem Namen, dem man seit dem Kriegsende soviel an Unwahrem in Zeitungen und Magazinen angedichtet hatte, nicht erschreckend auf den Empfänger wirken müßte. Ich überwand indessen diesen Gedanken, schickte den Brief an den Rundfunk und bat, ihn an jenen Pfarrer weiterzuleiten, der am letzten Sonntag um die und die bestimmte Uhrzeit im Rundfunk zu hören war. Nach wenigen Wochen erhielt ich aus Speyer einen Brief vom Domkapitular Dr. Isidor Emanuel. Er sei der Geistliche gewesen, der jene Radiopredigt gehalten hatte. Er habe sich über meinen Dankesbrief sehr gefreut. Mein Name habe ihn sogar neugierig gemacht, denn er hatte solch einen Brief von jener Fliegerin, deren Name ihm seit Jahren bekannt gewesen sei, niemals erwartet. Von einem seiner Kapläne habe er erfahren, daß ich ein Buch geschrieben hätte »Fliegen mein Leben«, das er sich sofort gekauft und gelesen habe. Dabei habe er beglückt entnommen, welch tiefen Kraftquell der Glaube für mein ganzes Fliegerleben bedeutet habe. Er habe das Buch all seinen Kaplänen und mit ihm arbeitenden Geistlichen und Laien zu lesen empfohlen. Ich las diesen Brief tiefbeglückt - hatte ich doch nicht im leisesten überhaupt mit einer Antwort gerechnet und noch dazu mit einer so warmherzigen und anerkennenden. Ich schrieb sofort zurück, und es entspann sich zwischen uns eine mich bereichernde Korrespondenz. Wenige Monate nach meinem ersten Brief an ihn - im Dezember 1952 - hörte ich im Rundfunk, daß Papst Pius XII. den Domkapitular Dr. Isidor Emanuel zum Bischof von Speyer ernannt habe. Ich nahm dies mit vor Freude klopfendem Herzen auf und schrieb umgehend meine Segenswünsche, wohl ahnend, welch schwere Aufgabe, welch großes Kreuz und noch größere Einsamkeit damit für ihn verbunden sein würde. Dafür wünschte ich ihm Kraft und Segen. Ich mußte an Verse meiner Mutter denken, die sie mir in ihren täglichen Briefen schrieb, um mir auf meinem Lebensweg zu helfen. Sie bangte vor allem um mich wegen der vielen Ehrungen, die mir durch fliegerische Erfolge zuteil wurden. Daß ich sie in Bescheidenheit und Demut verkraften möge, war ihr ein großes Anliegen.

»In den Tälern blühen Blumen,
kahl und einsam sind die Höh'n.
Wohin dich der Herrgott sendet,
wirst du froh und furchtlos gehn...«

Als Dank für meinen Brief kam von dem neuernannten Bischof eine Einladung, an der Inthronisationsfeier teilzunehmen und anschließend beim Mittagessen im Palais sein Gast zu sein. Ich hatte von anderen gehört, daß solch eine Inthronisationsfeier viele Stunden dauere. Da ich evangelisch erzogen war, so würde ich davon nicht einmal etwas verstehen. In meiner Offenheit schrieb ich ihm dies und bat ihn, meine Absage deshalb zu verzeihen. Er ging aber sehr freundlich darauf ein und entgegnete, er könne dem leicht abhelfen, wenn meine Absage nur mit fehlendem Verständnis begründet sei. Er schickte mir die Texte auf lateinisch und zugleich auf deutsch. Es war ein ganz beachtlich dickes Heftchen, vor dem ich zunächst erschrak. Doch ich vertiefte mich hinein, und je mehr ich darin studierte, um so mehr beeindruckte mich die tiefe Symbolik. Längst war ich entschlossen, die Einla-

162

dung dankend anzunehmen. Nur zum feierlichen Mittagessen mußte ich absagen, da ich für den frühen Nachmittag schon für eine Fliegerkonferenz mein Kommen zugesagt hatte.

Ich lernte aus jener Schrift, daß eine Inthronisation von drei Bischöfen vorgenommen wird. In diesem Fall waren es Kardinal Wendel, der Vorgänger des neu zu weihenden Bischofs, ferner der Bischof von Trier und der Bischof von Mainz.

Mit großer Spannung fuhr ich am festgesetzten Sonntag zu dieser Feier. Ein Sekretär des neuen Bischofs erwartete mich im Palais und geleitete mich durch einen Privateingang in den von Menschen bereits dichtgefüllten Dom. Zu meiner großen Freude war in der ersten Reihe ein Ehrenplatz für mich reserviert, zwischen hohen, offiziellen Würdenträgern. Ich konnte von dort aus dem ganzen Geschehen aus nächster Nähe mit Ehrfurcht folgen; es war wirklich sehr beeindruckend.

Anschließend wurde ich vom Sekretär - wieder durch einen Sonder-Ausgang - durch die am Vorplatz des Domes wartende riesige Menschenmenge geschoben. Ich solle im Palais auf den neugeweihten Bischof warten. Er segnete zuvor vom Balkon des Palais aus die vielen Menschen, die ihm am Domplatz zuwinkten. Dann trat er in sein Empfangszimmer, in dem ich wartete. Liebevoll kam er auf mich zu, nahm meine Wünsche entgegen und gab mir - wohl den ersten persönlichen Segen, den er als Bischof erteilte. Er sagte mir in dem anschließenden Gespräch, das wir in Anbetracht unserer Korrespondenz wie alte, einander längst kennende Freunde führten, daß er es sehr bedauere, nur kurze Zeit mit mir reden zu können, denn der Kardinal Wendel habe darum gebeten, mich kennenzulernen und zu sprechen. Da ich aber zum Mittagessen zeitlich nicht mehr bleiben könne, würde ich wohl gleich von dessen Sekretär geholt werden. Als kurz darauf die Tür aufging und jener Sekretär - natürlich auch ein Priester - erschien, konnte ich nur noch rasch Bischof Emanuel fragen, wie man denn einen Kardinal anzureden habe, und ich erfuhr, daß ich »Eminenz« zu sagen hätte. Zum ersten Mal in meinem Leben begegnete ich einem wirklichen Kardinal. Mit rotem Pileolus und einem scharlachroten Gewand wirkte er sehr fürstlich. Er reichte mir warmherzig, beinahe freundschaftlich entgegenkommend, die Hand. Wir nahmen in zwei Sesseln Platz, und der Kardinal drückte seine Freude aus, mir persönlich zu begegnen. Er habe während des Dritten Reiches und auch danach so viel über mich gelesen, daß es ihn interessiere, von mir selbst manches zu erfahren. Namentlich interessiere ihn, wie und warum ich in das bereits eingeschlossene Berlin zu Hitler geflogen sei und was ich dort wirklich erlebt hätte. Eine halbe Stunde hörte er mit Spannung diesem Bericht meiner Erlebnisse zu. Dann wurden wir leider unterbrochen, da der Sekretär zum Essen bat. Für mich drängte die Zeit auch, um rechtzeitig in Koblenz sein zu können. Beim Abschied sagte der Kardinal aber, daß er noch so vieles zu fragen hätte und so vieles noch hören wolle, daß er mich bäte, ihm zu versprechen, ihn zu besuchen, wann immer mein Weg mich durch München führe. Ich möchte mich bei ihm rechtzeitig anmelden und mindestens ein bis zwei Stunden für ihn reservieren.

Dieses Versprechen hielt ich, wann immer ich nach München kam. Ich war im Palais in der Kardinal-Faulhaber-Straße bald ein bekannter Gast. Bei einem dieser Besuche merkte ich im Gespräch, daß Kardinal Wendel mich für eine Katholikin hielt. Da erklärte ich ihm lachend, daß ich ihn jetzt enttäuschen müsse, ich sei evangelisch und für ihn gewiß ein »Ketzer«. Er war darüber sehr erstaunt, da er bei all unseren Gesprächen - zwischen meinen Worten - den geheimen Kraftquell meines Glaubens spürte, jedoch in einer für ihn katholisch klingenden Weise. Das mag wohl daher rühren, daß die Familie meiner Mutter, die aus Tirol stammt, katholisch war. Denn obwohl meine Mutter nach meiner

Geburt evangelisch wurde, um denselben Glauben zu vertreten
wie ihr geliebter Mann, und um ihre Kinder, die dem evangelischen Vater zuliebe protestantisch getauft wurden, auch evangelisch erziehen zu können, so blieb natürlich unbewußt viel katho-
lisches Denken und Fühlen in ihr lebendig, das sie uns ganz wie
von selbst vermittelte.

Dies muß dem Kardinal jenen Eindruck vermittelt haben. Da
hatte ich plötzlich das Gefühl, ich müsse ihm offen etwas gestehen, von dem ich glaubte, daß dies katholischerseits als Sakrileg
aufgefaßt würde. Ich sagte ihm also, er werde gewiß entsetzt sein
über das, was ich ihm jetzt anvertraute, denn ich würde in mir
fremden Orten immer wieder heimlich in katholische Kirchen gehen, um mir mit all den anderen vielen, mir unbekannten Gläubigen die Heilige Kommunion geben zu lassen. Sie bedeute mir
in meinem schweren Schicksal, das ich durchzukämpfen habe, einen großen stillen Kraftquell. Ich litte nur darunter, weil ich mir
wie ein »geistiger Dieb« vorkäme, der etwas ihm nicht Zukom-
mendes empfing.

Da schmunzelte der Kardinal und fragte: »Möchten Sie heute
-jetzt gleich - die Kommunion von mir empfangen?« »Wie«, fragte ich fassungslos, »Eminenz, das dürfen Sie?« Da nahm er mich
bei der Hand, stand auf und sagte dabei gütig: »Glauben Sie mir
-dies ist gewiß in Gottes Sinn.«

Er führte mich in seine Hauskapelle und, während ich mich vor
den Altar kniete, holte er die Hostienschale, sprach die Gebete
mit den Antworten, die eigentlich ich hätte sagen müssen, und
reichte mir die Hostie. Ich war tief ergriffen und dankbar.

Als wir in den Raum zurückgekehrt waren, in dem wir vorher gesessen hatten, fragte er mich, warum ich denn nicht katholisch
würde, wenn ich mich so oft an Wochentagen zum Gebet in katholische Kirchen setzte und an Sonntagen und bei Messen mir die
Heilige Kommunion geben ließe. Da antwortete ich, daß es leider

viele Gründe gebe, die mich davon abhielten. Dies interessierte ihn nun sehr, und er bat mich, ihm doch zu sagen, was für Gründe dies seien. »Viele«, entgegnete ich zunächst, um Zeit zu gewinnen, und ich wußte eigentlich gar nicht recht, wo ich beginnen sollte. »Ich möchte mein evangelisches Gewissen nicht verlieren«, sagte ich. »Bei uns in der Schule - in Hirschberg/Niederschlesien - gab es nur wenige Katholikinnen in meiner Klasse. Hirschberg, meine Heimatstadt, war vorwiegend evangelisch. Und jene Katholikinnen, vor allem in den unteren Klassen, empfanden wir anderen Kameradinnen oftmals als 'falsch'. Hatten wir alle zusammen zum Beispiel etwas verbrochen und wurden streng bestraft, dann litten wir Evangelischen noch lange an der Verfehlung, während die Katholikinnen rasch zum Beichten gingen und uns dann überheblich - so schien es uns wenigstens - erklärten, sie seien jetzt frei von Schuld. Um so leichter aber verfielen sie wieder in diese oder jene Sünde, während wir noch litten und den Herrgott von neuem zu bitten hatten, uns zu verzeihen und uns nicht mehr zu diesem oder jenem verführen zu lassen.«
Da - antwortete der Kardinal lächelnd - hätte ich den Kern des Beichtsakramentes aber völlig mißverstanden, und er erklärte es mir. Ich blieb indes dabei, daß die Gefahr der Auswirkung eben doch bliebe, sein Gewissen schön rasch zu erleichtern und es damit langsam einzuschläfern. Das Gewissen jedoch könne gar nicht wach genug sein und bleiben, das Leben lang.
Dann kamen wir auf den nächsten Punkt. Ich war so sehr gegen das Zölibat der Priester - vornehmlich in unserem Europa oder den westlichen Ländern. Mir sei kein evangelisches Pfarrhaus bekannt - das meist eine vielköpfige kinderreiche Familie aufweist -, wo es wochentags auch nur annähernd so gutes Essen gebe, wie ich es immer in katholischen Pfarrhäusern erlebte; vom vielen Wein, der dort getrunken würde, sei gar nicht zu reden. Wenn man aber - in der Tierwelt beispielsweise - einem Pferd immer

Hafer verabreiche, dann werde es vor Kraft überstrotzend und wild. Und so wären wohl die häufigen Verfehlungen katholischer Priester zu erklären. Es kämen so oft katholische junge Mädchen oder junge Frauen zu mir, um verzweifelt Rat und Hilfe zu suchen, wenn sie in so etwas verstrickt waren. In Ländern wie zum Beispiel Indien käme bei Gurus, Yogis oder Hindupriestern so etwas in der Regel nicht vor. Denn sie sind weise genug, ihren Körper in der Gewalt zu haben und ihm, um enthaltsam bleiben zu können, bestimmte Wurzelsäfte zuzuführen, in erster Linie aber asketisch einfach und wenig zu essen.

Da wurde das Gesicht des Kardinals betrübt und ernst, und er sagte: »Sie haben recht, daß vieles Traurige in dieser Richtung geschieht, aber auch hierin gehen Sie am Kern vorbei, denn eben gerade das Zölibat ermöglicht es dem Priester, mit ungeteiltem Herzen Christus und seiner Kirche zu dienen.«

Doch auch hiervon war ich nicht überzeugt. Da kam der nächste Punkt: die Unfehlbarkeit des Papstes, die ich niemals anerkennen könne. Auch in diesem Punkt suchte er vergeblich, mich zu überzeugen. Ich sagte zerknirscht und traurig: »Sie sehen, Eminenz, ich bin ein hoffnungsloser Ketzer.« Davon indessen war er wiederum gar nicht überzeugt und sagte beim Abschied: »Sie sind durch Ihre Mutter katholischer als Sie es wissen - ich wünschte, daß ein Bruchteil meiner Katholiken innerlich so echt fromm und katholisch wäre wie Sie.«

Ich hätte damals, als ich ihn verließ, nicht geglaubt, daß er mich ein Jahr später in seiner Hauskapelle firmen würde. Denn in der Zwischenzeit hat mich Friedel Volkmar, der nahe Freund meiner Tiroler Verwandten, in die katholische Kirche aufgenommen. Ich muß jedoch gestehen, daß sich in mir nichts geändert hat - ich bin wie eh und je eine »katholische Protestantin« oder eine »protestierende Katholikin« geblieben.

Einen - ich möchte sagen - ganz entscheidend vertiefenden Einfluß auf meinen Glauben hat mein Aufenthalt in Indien in mir bewirkt. Ich gehe auf meine Indienreise in späteren Kapiteln noch ein. Hier möchte ich nur vorwegnehmen, daß ich mich, angeregt durch den Yogi Ranganatananda, seit 1959 mit Yoga beschäftige, ein Jahr lang Unterricht genommen habe und seit 1959 kein einziger Tag bis heute vergangen ist, an dem ich nicht morgens mindestens eine halbe Stunde lang Yoga-Übungen durchführe, meditiere und bete. Ich habe vieles - für mich persönlich - aus diesen Lehren umgeformt, denn erstens bin ich Europäerin und nicht Asiatin, und zweitens bin ich eine Christin und nicht ein Hindu. Aber ganz zweifellos haben diese täglichen geistigen und körperlichen Übungen meinen christlichen Glauben und mich selbst - im ganzen gesehen - vertieft.

Mich traf es, wie alle Katholiken in der Bundesrepublik Deutschland, schwer, daß Kardinal Wendel kurz nach seiner Silvester-Predigt 1960 durch einen Herzschlag verstarb.

SECHZEHNTES KAPITEL

Begegnung mit der Résistance

Im Laufe des Jahres 1949 erhielt ich in Oberursel/Taunus einen Brief von Frau Dr. Lotte Schiffler, einer der führenden katholischen Frauen von Frankfurt. Sie gehörte während des Dritten Reiches zum Widerstand. Uns verbindet eine echte Freundschaft. Diese entstand 1947, als wir - nach meiner Entlassung aus amerikanischer Gefangenschaft (November 1946) - gemeinsam um die Freilassung der ungezählten Frauen und Mütter, die der NSDAP angehört hatten oder in der NS-Frauenschaft tätig waren, kämpften. Sowohl Lotte als auch ich waren davon überzeugt, daß deren Platz nirgends wichtiger war als daheim, bei ihren Kindern, die ohne sie in diesen furchtbaren Nachkriegsjahren in höchste Gefahr kommen konnten zu verwahrlosen.

Lotte und ich verstanden uns vom ersten Augenblick an, trotz vieler ideologischer Gegensätze. Sie ist mutig und bei allem, was sie tut, von tiefer religiöser Kraft getragen. Sie lud mich in jenem Brief ein, mit ihr zu einer Tagung nach Bendorf bei Koblenz ins Hedwig-Drahnsfeld-Haus zu fahren. Der Anlaß jener Tagung sollte der Vortrag einer ganz ungewöhnlichen und bedeutenden französischen Frau und Schriftstellerin sein: Yvonne Pagniez. Ihr ähnlich - schrieb mir Lotte Schiffler - stelle sie sich nach meinen Erzählungen meine geliebte Mutter vor. Deswegen sei es ihr großer Wunsch, Yvonne Pagniez und mich zusammenzuführen. Ich sagte - nach Überwindung einer gewissen Skepsis - zu.

Auf dem Weg nach Bendorf bereitete Lotte mich vorsichtig darauf vor, daß ich dort zwar einer Reihe hochgebildeter Menschen begegnen würde, die aber alle große Gegner des Dritten Reiches gewesen seien. Auch Madame Yvonne Pagniez habe zur Résistance, der französischen Widerstandsbewegung, gehört und werde von ihrem Schicksal berichten. Sie sei während des Krieges und der deutschen Besetzung in Frankreich von der SS verhaftet und in das deutsche KZ Ravensbrück gebracht worden. Von dort aus kam sie für einen Monat zum »Arbeitseinsatz« nach Torgau. Auf dem Rücktransport von Torgau nach Ravensbrück, zu dem man Güterwagen benutzte, glückte es ihr, kurz vor dem Bahnhof Jüterbog zu entfliehen. Sie war damals etwa 50 Jahre alt. Es begann für sie danach eine abenteuerliche Flucht, auf der sie nach sieben Monaten an der Schweizer Grenze verhaftet und nochmals fünf Monate eingesperrt wurde - zuerst in Konstanz, dann in Schwäbisch Gmünd. Nach insgesamt zwölf Monaten gelangte sie heil in ihr Heimatland Frankreich zurück (siehe Anhang 4).

Yvonne, erzählte Lotte Schiffler weiter, sei eine begnadete Schriftstellerin, die schon mehrere hohe Preise der Académie Française für ihre bereits erschienenen Bücher erhalten habe. Sie sei gerade dabei, über ihre Gefangenschaft in Deutschland und ihre Flucht aus dem deutschen KZ zu schreiben. Jenes Buch wurde 1950 von Lotte Schiffler und ihrem Mann ins Deutsche übersetzt und erhielt den Titel »Flucht« - im Verlag Josef Knecht erschienen.

Inzwischen waren wir in Bendorf angekommen, und der Vortrag von Yvonne Pagniez sollte eben beginnen. Lotte Schiffler, die ihrer Freundin Yvonne schon viel über mich und mein Leben erzählt hatte, konnte es gerade noch arrangieren, daß nach Beendigung des Vortrages Yvonne und ich in einem gesonderten Zimmer einander vorgestellt und allein gelassen werden sollten. Im Anschluß daran, das heißt nach einer halbstündigen Pause, sollte ein kleiner Imbiß eingenommen werden und dann eine Diskussion über verschiedene Themen erfolgen.

Während des Vortrages beobachtete ich diese grazile, sehr kultivierte, kluge Französin sehr genau und fand tatsächlich, daß sie eine ähnliche wundersame Ausstrahlung hatte wie meine Mutter. Aber nicht nur das: Frei redend, mit großem Temperament und einem seelenvollen, strahlenden Ausdruck in den Augen glich sie sogar auch äußerlich in ihrer zierlichen Gestalt, ihrem Wesen, ja selbst in ihren Bewegungen ein wenig meiner Mutter.

Was sie von den Leiden in unserem KZ und von ihrer schwierigen Flucht erzählte, ging mir sehr nahe, und ich bangte, fast beschämt, vor unserer Gegenüberstellung. Als ihr Vortrag endete, schlich ich mich während des anhaltenden starken Beifalls hinaus. Ich konnte nicht applaudieren. So begab ich mich schon in das für uns beide vorgesehene Zimmer, in dem wir uns treffen sollten, und wartete dort mit klopfendem Herzen, bis die Tür aufging und Lotte Schiffler Yvonne hineinführte und uns allein ließ. Wir reichten uns nicht die Hand, sondern fielen einander spontan um den Hals, denn auch sie wußte durch Lotte Schiffler von meinem Leben und Schicksal. Dann begann ich verlegen und sagte, wie schwer es mir sei, gerade heute gehört zu haben, daß sie in einem unserer KZ so Schweres durchgemacht habe, doch sie würde wohl ähnliche Gefühle haben wie ich, wenn sie wüßte, welch grausames Martyrium viele Deutsche, ob Frauen oder Männer, in französischen Gefängnissen und Gefangenenlagern nach dem Kriege durchlitten hätten. Da wurde ihr Gesicht blaß vor Entrüstung, und sie sagte geradezu empört, wie ich dies auch nur in einem Atem nennen könne. Ich fragte offen, ernst, aber traurig: »Ja, darf der Besiegte nicht die Wahrheit sagen?« Wenn sie Zeit habe, mich persönlich zu besuchen, dann würde ich ihr viele Beweise meiner Behauptungen geben, vielleicht sogar vorführen, an Entlassenen, die beinahe bis zum Irrsinn von Franzosen gefoltert und gequält worden waren. Ihr Gesicht wurde betrübt, und sie sagte: »Ich verspreche Ihnen zu kommen.«

Dann jedoch wollte sie wissen, was sich in den letzten Tagen in Berlin im Hitlerbunker abgespielt habe und was ich auf meinem Flug mit Generaloberst Ritter von Greim in das von Russen eingeschlossene Berlin hinein und wieder heraus erlebt hätte.

Ganz traurig waren wir beide, als die Zeit der festgelegten Pause verstrichen war und wir zum Imbiß und zu der darauffolgenden Diskussion geholt wurden. Für mich war die Vorstellung der übrigen Teilnehmer fast wie ein Spießrutenlaufen, denn die meisten grüßten mich eiskalt, als sie meinen Namen hörten, vermieden es sogar, mir die Hand zu geben, derart waren sie beeinflußt von den in den letzten Jahren erschienenen Lügen- und Verleumdungsberichten über mich.

Yvonne Pagniez und Lotte Schiffler zuliebe hielt ich eine Stunde durch, verabschiedete mich dann unter einem Vorwand und reiste allein ab. Yvonne lief hinter mir her, umarmte mich und sagte: »Bitte geben Sie mir Ihre Adresse in Oberursel! Ich komme gewiß zu Ihnen. Aber zunächst muß ich in Paris meinem Freund, dem früheren französischen Botschafter in Berlin, André François-Poncet, der als erster französischer diplomatischer Vertreter, als Hochkommissar, in vierzehn Tagen nach Bonn kommen wird, von Ihnen erzählen. Ich muß ihn bitten, Sie sofort zu sich zu einer ausführlichen Unterredung nach Bonn einzuladen.«

Nach Oberursel zurückgekehrt, wollte ich mich so rasch wie möglich über François-Poncet informieren, um mich auf diese Begegnung vorzubereiten. So kaufte ich mir gleich sein 1947 erschienenes Buch: »Als Botschafter in Berlin von 1931 bis 1938«. Bisher wußte ich nur aus meiner Gefangenschaft in Oberursel durch den damaligen Finanzminister des Dritten Reiches, Lutz

Graf Schwerin von Krosigk, daß sie in Berlin-Dahlem Nachbarn waren und sehr freundschaftliche Beziehungen von Haus zu Haus miteinander pflegten. Ich hörte durch Graf Schwerin von seinem geistreich-spritzigen Humor, seiner hohen Intelligenz und ausgezeichneten Bildung. Außerdem wußte ich das, was jeder Deutsche damals im Dritten Reich wußte, daß François-Poncet Hitlers Lieblingsbotschafter war und dies auch sehr genossen hatte.

Wie erschreckt aber war ich beim lesen von François-Poncets neuem Buch! Es schien im Kern nur eine »Selbstdarstellung« in dem Sinne zu sein, um für neue Aufgaben in der neu begonnenen Zeit auch »richtig zu liegen«. Ich war nicht nur traurig, sondern bestürzt! Wenn ich nur eine Begegnung mit ihm vermeiden könnte, dachte ich, allein, ich hatte es Yvonne Pagniez versprochen und mußte mein Wort halten. Sobald der französische Hochkommissar in Deutschland eingetroffen und noch ehe seine Familie ihm gefolgt war, lud er mich zu sich nach Godesberg ein.

Den Himmel um das rechte Wort bittend, fuhr ich mit meinem alten Volkswagen zu ihm in seine Residenz. Er empfing mich, fließend deutsch sprechend, charmant, gewandt, auf das herzlichste. Zunächst richtete er die besonderen Grüße von Yvonne Pagniez aus, mit der er seit Jahren in großer Hochachtung verbunden sei.

Er betonte, wie sehr er sich auf unsere Begegnung gefreut habe, da Yvonne Pagniez ihm so beeindruckt von mir erzählt habe. Seine Freude hätte aber noch einen anderen Grund: Er habe in dem »ausgezeichneten Buch« des Oxforder Historikers Trevor-Roper »The last days of Hitler« soviel über mich gelesen - er habe darum viele Fragen an mich. Er selbst habe für die französische Ausgabe dieses »vortrefflichen« Buches ein Vorwort geschrieben.

Mir stockte der Atem. Ausgerechnet mit diesem für mich »leidi-

gen Punkt« (siehe Kapitel 4 dieses Buches) und dem den schändlichen und unwahren Augenzeugenbericht enthaltenden, politisch tendenziösen Buch von Trevor-Roper begann unsere Unterhaltung. Dies schien kein gutes Omen. So erwiderte ich - gewiß
mit erschrecktem Ausdruck: »Aber Exzellenz, da bin ich sicher,
daß Sie Trevor-Ropers Buch nicht von Anfang bis Ende gelesen
haben.« »Oh«, widersprach er, »sogar mit allergrößter Sorgfalt.«
Da sagte ich schmunzelnd: »Aber Exzellenz, ist Ihnen dabei vielleicht entgangen, daß Trevor-Roper zum Beispiel Finanzminister
Graf Schwerin von Krosigk darin als 'Gimpel' oder 'Dummkopf'
bezeichnet und sich über ihn recht ironisch und negativ äußert?«
Darauf antwortete François-Poncet aalglatt und prompt: »Graf
Schwerin von Krosigk ist einer der charakterlosesten Menschen,
die mir begegnet sind.« Da versetzte ich sofort, zwar freundlich,
doch ernst: »Aber Exzellenz, warum haben Sie dann eine so enge
Freundschaft mit ihm und seiner Familie privat gepflegt? Graf
Schwerin hat mir in unserer gemeinsamen monatelangen Gefangenschaft in Oberursel eingehend und mit herzlicher Freude von
Ihnen erzählt.«
Da fiel mir auf, daß dieser kluge, selbstsichere und gewandte Diplomat sich augenblicklich im Gesicht verfärbte, etwas nervös
wurde, fast unsicher, und nach einer kleinen Pause, wie aus der
Pistole geschossen, völlig unmotiviert fragte: »Eh, eh - haben Sie
mein neues Buch gelesen?« (»Als Botschafter in Berlin von 1931
bis 1938«). Auch das noch, dachte ich mir, und entgegnete mit
etwas gesenktem Kopf laut, aber traurig: »Ja, Exzellenz, leider!«
Sein Gesicht wurde noch röter: »Was heißt hier 'leider'«, fuhr er
mich, ein wenig seine vornehme Haltung verlierend, an. Da
schaute ich ihm fest in die Augen und meinte: »Weil kein anständiger Deutscher Ihnen durch dieses Buch mehr glauben wird,
denn jeder hat in Deutschland damals gewußt, daß Sie Hitlers
Lieblings-Botschafter waren. Nur die Jugend, die das Dritte Reich

174

nicht erlebte und systematisch umerzogen wird, kann dies nicht wissen.« Auf seinem Gesicht war die Erregung in einer für einen Diplomaten erstaunlich auffallenden Weise zu lesen, und die Muskeln um seinen Mund spielten nervös. Jetzt wurde er scharf und ging in den Angriff als beste Verteidigung über. Er sagte ziemlich unvermittelt, jedoch auf sein Buch bezogen, die Deutschen wären in der Geschichte immer die Kriegstreiber gewesen -, und er nannte lauter Beispiele. Ich mußte zu meiner Schande gestehen, daß ich geschichtlich nicht genügend informiert wäre, um ihm dies jetzt klar widerlegen zu können, allein etwas hätte ich selbst erlebt, und zwar tief beglückt und für mich unvergeßlich: wie nämlich bei der Olympiade in Berlin 1936 beim Einmarsch der Nationalmannschaften ins riesige Olympia-Stadion von Berlin keine Nation der Welt mit solch echtem, von Herzen kommendem, anhaltendem Jubel und Applaus durch die Tausende anwesender Deutscher empfangen worden sei wie die französische Nationalmannschaft. »Das ist die 'typisch deutsche Haßliebe'«, war eiskalt seine Antwort.

Ich erhob mich bald darauf und sagte: »Exzellenz, es ist besser, ich gehe - guten Tag«, und verließ tief bedrückt seine Botschafter-Residenz.

Als ich nach Oberursel zurückgekehrt war, schrieb ich Yvonne Pagniez - zwar traurig, aber in aller Offenheit - genau das, was ich mit François-Poncet erlebt hatte. Als ich den Brief schweren Herzens in den Briefkasten steckte, dachte ich betrübt: Jetzt werde ich diese wunderbare Frau für immer verlieren. Aber es half nichts, ich mußte doch wahrhaftig sein. Zu meiner größten Überraschung kam nach wenigen Tagen von Yvonne ein Telegramm: »Dank für Vertrauen, habe völliges Verständnis, darf ich übermorgen auf ein paar Tage zu Ihnen kommen.« Ich drahtete umgehend zurück: »Mit größter Freude, bitte drahten Sie Zugankunft Frankfurt.«

Mit freudigem, doch klopfendem Herzen erwartete ich Yvonne am Bahnsteig in Frankfurt. Wir fielen uns in die Arme, und sie sagte: »Was habe ich Ihnen für neuen Kummer gebracht!« »Ach, so schlimm war das nicht - nur halt beschämend und enttäuschend«, antwortete ich lachend, »das Wichtigste aber ist, das dies uns beide nicht trennen konnte.«

Nun folgten drei oder vier herrliche, reiche, unvergeßlich schöne gemeinsame Tage in Oberursel. Wir berichteten uns gegenseitig Tag und Nacht und kamen uns innerlich sehr nahe. Sie las während einer ganzen Nacht mein Buch-Manuskript »Fliegen - mein Leben« und bat am nächsten Morgen ganz spontan, dieses Buch in die französische Sprache übersetzen zu dürfen. Sie fügte spitzbübisch lachend hinzu: »So wie Sie das Dritte Reich erlebten und beschrieben - wäre ich, wenn ich in Deutschland gelebt hätte, wahrscheinlich eine begeisterte Nationalsozialistin geworden.«

Zu ihrem und meinem Bedauern konnte ich ihr nicht genug vom Nationalsozialismus erzählen, da ich weder je in einer Parteiversammlung war noch je den Nürnberger Parteitagen beiwohnen konnte, weil zu der gleichen Zeit der jährliche Rhön-Segelflug-Wettbewerb stattfand, an dem ich - seit 1933 - immer als einzige Frau regelmäßig und fast stets in der Spitzengruppe bis zum Ausbruch des Krieges teilgenommen hatte.

Ich lud ihr zum Abschied eine Reihe wertvoller Menschen ein: einen Professor und Flieger (dessen Namen ich vergessen habe), die Landgräfin von Hessen (die jüngste Schwester Kaiser Wilhelms II.) und den hessischen Ministerpräsidenten Professor Geiler, des weiteren von Oberursel Kaplan Friedel Volkmar. Es waren hochinteressante und sehr offene Gespräche über die Vergangenheit, über Politik, Philosophie und Religion - über Fragen der Gegenwart und der Zukunft. Den tiefsten Eindruck hatten auf Yvonne der geistvolle Kaplan Volkmar und die würdige, mutige und weise Landgräfin von Hessen gemacht, deren drei Söhne Prinz Phi-

22. Ich begleite das indische Team von Segelfluglehrern durch Deutschland (1960)

23. Nach einer Fahrt zusammen mit den indischen Segelfliegern auf einem deutschen Schnellboot

24. Als Segelfluglehrerin 1959 in Oerlinghausen

lipp, Prinz Wolfgang und Prinz Richard nach 1945 von den Amerikanern lange eingesperrt wurden.

Der Abschied fiel uns beiden schwer. Aber Yvonne nahm mein deutsches Buchmanuskript mit und machte sich sofort an die Arbeit der Übersetzung. In wunderbarem Französisch erschien 1952 die französische Ausgabe mit dem Titel: »Aventure en plein ciel« im Verlag La Palatine. Zur Buchpräsentation wurde ich zu einer würdigen Feier 1952 nach Paris eingeladen. Sowohl Yvonne wie auch der Verlagsdirektor und ich hielten Reden in französischer Sprache. Das Buch war leider bald vergriffen und wurde - da der Verlag La Palatine aufgegeben wurde - auch nicht mehr von einem anderen Verlag erneut in Frankreich aufgelegt.

Im Herbst 1950 wurde ich von Yvonne auf ein paar Wochen in die Bretagne eingeladen. In Paris teilte sie eine kleine, sehr kultivierte Wohnung mit ihrer Schwester Quite, mit der mich ebenfalls eine tiefe Freundschaft verbindet. Quite arbeitet als weltliche Nonne in der Führung des Roten Kreuzes in Paris. Yvonne hatte 1947 ihren Mann, einen bekannten Arzt verloren, und ihr Sohn, das einzige Kind aus dieser Ehe, war verheiratet und wohnt als Diplomat einmal in dem, einmal in jenem Land der Welt. So hatte Yvonne ihre eigene Wohnung aufgegeben. Ihr jetziges Domizil paßt so richtig zu ihr; sie lebt seit fast dreißig Jahren wie ein Eremit das ganze Jahr über allein in drei oder vier Zimmern eines romantischen Schlosses ihrer Freunde in der Bretagne. Diese benutzen das Schloß nur als Sommerresidenz oder in den Ferienzeiten. Dorthin lud mich Yvonne ein, und dort verbrachten wir zwei Wochen zusammen. Eine Allee von hohen, rosa und bläulich schimmernden Hortensienbüschen führte zum Eingang des Landsitzes. Der Park endete direkt am Strand des Atlantiks. Zum Teil ragten große und kleine Felsen aus dem Wasser des Ozeans - herrliche Schlupfwinkel der Crevettes, die wir, die langen Hosen bis hoch über die Knie gekrempelt, leidenschaftlich gerne fingen und zum Abendbrot als Delikatesse verspeisten. Vom Schloß - ja von meinem Bett aus - sah ich weit über den oft wild tobenden Atlantik hinaus. Man hörte häufig im Einschlafen von verschiedenen Leuchttürmen und aus einem alten früheren Fort die langgezogenen Töne der Nebelsignale für die Schiffahrt.

Der kleine Ort, in dem dieses verwunschene Schloß liegt, heißt Tréz-Hir, etwa siebzehn Kilometer von Brest entfernt.

An schönen, warmen, windstillen Tagen wanderten Yvonne und ich stundenlang den Strand entlang und redeten miteinander über Gott und die Welt. An stürmischen Tagen gingen wir dort ebenso gerne, nur dann ausschließlich schweigend und schauend. Da war das Toben der heranrollenden, sich wild brechenden Wellen so laut, daß man das eigene Wort nicht hätte verstehen können. Es war ein herrliches Schauspiel, das die Natur in ihrer elementaren Kraft bot. Man spürte die eigene menschliche Winzigkeit in ihrer Fragwürdigkeit und Beschränkung und schien Gott zu begegnen in der Weite der grenzenlosen Kraft der Natur und der Gewaltigkeit seiner Schöpfung. Ohne daß wir ein Wort darüber sprachen, wußten wir beide, daß wir Ähnliches empfanden und in Gedanken die Hände falteten und beteten.

Eines Tages, als wir einmal wieder bei herrlichem Sonnenschein und Windstille loswanderten, fragte mich Yvonne vorwurfsvoll: »Warum trägst du niemals deine Kriegsauszeichnungen, das EK 1 und EK 2? Das EK 1 hat doch sogar noch nie eine Frau in der deutschen Geschichte erhalten?« Da antwortete ich, daß dies uns bisher verboten gewesen sei. Wir hätten ja den Krieg verloren und noch keinen Friedensvertrag; und unsere Führenden fügten sich in vielem den Wünschen der Gegner. Auch bis zu diesem Tag noch werde es ungern gesehen, wenn wir diese Auszeichnungen tragen. Aber ich habe sie bei jedem Vortrag und bei feierlichen Zeremonien angesteckt, indes nur als Ordensspange. Uns Deutschen habe man verboten, die Auszeichnung in der Originalform, wie sie im Krieg verliehen wurde, zu verwenden. Die Orden wurden nachträglich geändert - das Hakenkreuz daraus entfernt, eine vom Gegner vorgenommene Änderung!

Yvonne wurde traurig und konnte das gar nicht glauben: »Wie würdelos«, klagte sie leise. Sie zeigte auf ihr Kleid und sagte voll Stolz: »Sieh her, Hanna, ich trage gar jeden Tag die mir verliehenen Auszeichnungen der Ehrenlegion und des französischen Widerstandes.« Nun wollte ich natürlich wissen, für was sie diese hohen Auszeichnungen erhalten hatte. Da erfuhr ich, daß sie unter anderem während der Besetzung Frankreichs durch Deutsche, wo immer sie war, vor allem in der Bretagne, alle ihre Beobachtungen über Deutsche an eine bestimmte Stelle nach Paris gab und somit als Mitglied des französischen Widerstandes als Agentin mitarbeitete. Auch half sie abgeschossenen englischen Fliegern, die sich mit Fallschirmabsprung hatten retten können. Sie versteckte sie und verhalf ihnen zur Flucht zurück nach England.

Da blieb ich stehen und sagte: »Yvonne, daß du dies aus Liebe zu deinem Vaterland tatest und wagtest, ist prachtvoll und mutig und anerkennenswert. Aber daß du erstaunt bist, daß dich die deutsche SS, die davon erfahren hatte, verhaftete und sofort einsperren ließ, das heißt in ein deutsches Arbeitslager, später KZ genannt, steckte, ist doch wohl nicht zu verwundern. Du müßtest jeden Tag Gott auf Knien danken, daß die Deutschen dich nicht erschossen haben. Sie hätten dich vor ein Kriegsgericht stellen und dich zum Tode verurteilen können. Dies haben sie nicht getan, sondern sie haben dir durch das Einsperren in ein Lager nur dieses für Deutschland gefährliche Handwerk unmöglich gemacht. Was solche Camps sind, das haben auch wir Deutschen besonders nach dem Krieg aufs furchtbarste erlebt. Leider ist es oft auf der Welt so, daß, wenn kleine Leute zuviel Macht erhalten, sie diese an Menschen, die ihnen anvertraut sind, auslassen - mehr oder weniger brutal.

Yvonne - du weißt, wie lieb ich dich habe und wie glücklich ich bin zu erleben, wie sehr auch du mich liebst. Ich bitte dich aber, gefährde unsere Freundschaft nicht. Sie kann nur bestehen bleiben, wenn du offen und freimütig zu allen, vor denen du Vorträge hältst oder für die du Berichte schreibst, erklärst, was du für dein eigenes Land als Agentin wagtest und daß du vom deutschen Sicherheitsdienst deshalb verhaftet worden bist. Alle, vor denen du sprichst und für die du schreibst, werden vor dir dadurch größte Hochachtung haben - doch alle werden gleichzeitig verstehen, daß es großmütig von Deutschland war, daß sie dich nicht vor ein Kriegsgericht gestellt und dich nicht erschossen haben. Es wäre ihr Recht gewesen. So hohe Strafen riskiert man im Krieg mit solch einem tapferen Einsatz. Du bist für deine Taten durch dein eigenes Land entsprechend hoch geehrt worden. Darüber aber ein die Deutschen belastendes Buch zu schreiben, das den Leser glauben läßt, die Deutschen hätten dich unschuldig bestraft - ja, sogar den Eindruck vermittelt, daß du ein Martyrium unschuldig zu erleiden gehabt hättest, das ist deiner nicht würdig, und es entspricht nicht der Wahrheit.«

Wir haben dieses Thema nie mehr berührt; ich bin indessen überzeugt, daß Yvonne unser Gespräch nie vergaß und danach handelte.

Leider fand ich bisher infolge ständig zunehmender Arbeit, wegen fliegerischer Tätigkeit im In- und Ausland, wegen Reisen, Vorträgen und Pflichten, die jedes Jahr bisher nur größer wurden, nicht mehr die Zeit, ihren jährlichen Einladungen zu folgen. Wir stehen jedoch immer in brieflicher freundschaftlicher Verbindung, und ich hoffe sehr, sie in diesem Jahr wiederzusehen, entweder bei mir in Frankfurt oder bei ihr in der Bretagne. Sie widmet sich jetzt vorwiegend einem philosophischen Werk, das sie in früheren Jahren schon begonnen hatte, für das sie aber jetzt Zeit, die Weisheit und Reife hat, es fortzuführen. Es soll den Titel er-

halten: »Ressemblance et effort« (Gleichnisse und Bemühungen).
Möge der Himmel diese ungewöhnlich tapfere, hochbegabte Frau
und Schriftstellerin ihrem Land und ihren vielen Freunden noch
lange erhalten!

SIEBZEHNTES KAPITEL

Deutscher Frauen-Höhensegelflug-Rekord 1957

Obwohl ich 1956 als Beste des deutschen National-Teams bei den Segelflug-Weltmeisterschaften in St. Yan in Frankreich abgeschnitten hatte und unter den 74 besten Segelfliegern der Welt als einzig teilnehmende Frau den 8. oder 9. Platz belegte, war es mir doch sehr klar geworden, was mir alles an Segelflug-Erfahrungen noch fehlte. Zum Beispiel hatte ich keinerlei Wellenflüge je gemacht. Daher entschloß ich mich Anfang Januar 1957, zusammen mit meinem Fliegerkameraden Dr. Ernst Frowein nach St. Auban zu fahren. Dieser Ort liegt in Südost-Frankreich, an der Durance, die nach Westen fließend einige Kilometer südwestlich von Avignon in die Rhône mündet. St. Auban liegt am Fuße des ca. 2000 m hohen Montagne de Lure. Es ist uns Segelfliegern bekannt, daß bei Mistral - einem Nord- bis Nordweststurm, der durch die Düsenwirkung des Rhônetales in seiner Geschwindigkeit noch verstärkt wird - sich hinter dem Montagne de Lure wellenförmige Luftströmungen bilden, die einen in sehr große Höhen tragen können. Sie werden durch eine lanzettförmige Wolkenbildung (Lenticulares) sichtbar. Wir nennen sie »Wellen-Wolken«. Man sagte uns, daß in dieser Jahreszeit am häufigsten mit Mistral zu rechnen sei. Aber dies bleibt doch immer eine Glückssache. Uns standen nur vierzehn Tage, die wir

Urlaub nehmen konnten, zur Verfügung. Es war damals für die Gegend ganz ungewöhnlich kalt. Im Tal lag zwar kein Schnee, doch war der Boden steinhart gefroren. Nur auf den Kämmen, den Spitzen und Graten der Berge leuchtete um uns herum der Schnee. Wir nutzten die ersten zehn windstillen Tage aus, um die verschiedenen französischen Segelflugzeugtypen kennenzulernen und uns in Doppelsitzerflügen von den französischen Fluglehrern die Stellen zeigen zu lassen, wo man sich bei Mistral aufhalten und wie man sich verhalten müsse. Als wir die Hoffnung auf den ersehnten Mistral schon fast aufgegeben hatten, wurden wir am vorletzten Morgen vor unserer Abreise durch heftigen Sturm geweckt.

Wir waren in Baracken untergebracht, deren Schlafräume meist zwei Betten hatten und nicht geheizt werden konnten. Ich teilte mit einer netten Lübecker Segelfliegerin ein Zimmer, und jede von uns schlief in der Nacht, um nicht zu erfrieren, unter einem Riesenberg von Decken, der aber wie Blei auf einem lag. Das störte indessen unseren Schlaf nicht. Wir zogen uns in Anbetracht des so sehnlichst erhofften Höhenfluges alles übereinander an, was wir nur an warmen Bekleidungsstücken mitgenommen hatten. Darüber trug ich dann noch eine alte Pelzkombination, die ich aus meiner Zeit als Testpilotin noch hatte - dazu hohe Pelzstiefel und etliche seidene und darüber wollene Fingerhandschuhe. Ernst Frowein hatte von seinem Forschungsinstitut aus Freiburg einen »Kranich III« mitgebracht, den er für sich startklar machte. Ich war mit einem französischen Flieger auf eine der einsitzigen »Brequets« eingeteilt, die wir abwechselnd benutzen sollten. Wir losten - er gewann und konnte somit als erster von uns beiden zum Wellenflug starten. Er hatte aber leider Pech. Kaum hatte er sich unter dem Rotor, der sich unter der Wellenwolke bildet, ausgeklinkt, geriet er in Abwind und ließ sich vom Wind rasch rückwärts in immer stärkeren Abwind treiben, so daß er

- tiefer und tiefer sinkend - unseren Blicken entschwand. Bis die für ihn abgeteilte Rückholmannschaft und ich die telefonische Nachricht über seine Landung und den Ort, in dem er sich befand, erhielten, bis wir ihn fanden, die Maschine abmontiert und auf den Transportwagen verladen hatten, dann nach St. Auban zurückgekommen waren und den Vogel wieder aufmontiert hatten, war es bereits fünfzehn Uhr dreißig geworden. Da unsicher war, ob am nächsten (unserem letzten) Tag der »Mistral« noch anhalten würde, entschloß ich mich, lieber gleich noch zu starten, obwohl zu dieser Jahreszeit um siebzehn Uhr ja schon die Dämmerung einsetzte.

Ernst Frowein meldete sich im Funk gerade mit seinem »Kranich III« aus 7000-8000 m Höhe beim Abstieg. Nach raschem, etwas gehetztem Einsteigen in die »Brequet«, schnellem Anschnallen, Fallschirm einklinken, Barograph einschalten, Sauerstoffmaske befestigen, setzte sich unser Schleppzug in Bewegung. Ich spürte mein Herz vor Spannung deutlich klopfen. Zunächst verlief der Schlepp hinter einem »Fieseler Storch« ganz normal. Kaum aber näherten wir uns in 800 m Höhe einem der Rotoren, fing eine Böigkeit an, wie ich sie in meinem ganzen Leben noch nie erlebte. Vor mir stieg die Schleppmaschine fast senkrecht in die Höhe, und als ich mit Mühe ihr nachzuziehen versuchte, wurde sie im nächsten Augenblick nach unten gerissen und verschwand unter mir. Kaum waren wir wieder in gleicher Höhe, wurde mal sie, mal ich nahezu in einer halben Rolle mal nach links, mal nach rechts um unsere Längsachsen gedreht. Meine »Brequet« ächzte und stöhnte, und ich konnte es nicht fassen, daß die Flügel nicht brachen. Die Angst würgte mich, und ich hätte mich am liebsten ausgeklinkt und wäre zum Flugplatz zurückgeflogen. Da mir jedoch der sehr erfahrene französische Schlepp-Pilot noch kein Zeichen zum Ausklinken gab, schien er diese wilde Böigkeit wohl gewohnt zu sein. So versuchte ich meine wachsende Angst zu überwinden und dem Seilzug der vor mir hertanzenden Schleppmaschine zu folgen. Wie erlöst aber war ich, als sein Flächenwackeln mir endlich erlaubte, auszuklinken. Allein - ohne dem Seil folgen zu müssen - war die furchtbare Böigkeit doch eher zu schaffen. Trotzdem warf es mich in härtesten Schlägen mal hinauf, mal hinunter, mal nach rechts, mal nach links, bis es mir glückte, im Aufwind des Rotors doch kreisend Höhe zu gewinnen. Schon lag der schneebedeckte Kamm des Montagne de Lure unter mir, und ganz plötzlich wurde es so ruhig um mich her, daß ich erst glaubte, meine Geschwindigkeit vernachlässigt zu haben. Doch die Anzeige war normal, und ich entdeckte beglückt, daß das Variometer auf 3 - 4 m/sec. »Steigen« kletterte. Das also mußte nach der Beschreibung des französischen Fluglehrers die Welle sein, in die ich nun eingestiegen war. Ich versuchte an alles zu denken, was er mir gesagt hatte: Rumpfschnauze gegen den Wind gerichtet, immer den schneebedeckten Grat des Montagne de Lure unter sich zu behalten. Man stand über Grund auf der Stelle und wurde wie im Fahrstuhl wundersam und weich nach oben getragen. Noch gar nie habe ich ein so herrlich ruhiges Fliegen erlebt wie in dieser Welle. Je höher ich stieg, um so mehr mußte ich die Rumpfspitze nach unten drücken, um durch größere Fahrt über dem Grat des Montagne de Lure zu bleiben. Das hieß also, daß die Windgeschwindigkeit mit der Höhe rasch zunahm. Hätte ich dies nicht beachtet, so hätte mich der starke Wind rückwärts in den Abwind der Welle getrieben, der so stark sein kann, daß es oft nicht mehr gelingt, wieder gegen den Wind vorzustoßen. Damit kann ein solcher Flug durch den mächtigen Sturm ein rasches und unglimpfliches Ende nehmen. Wie vereinbart, gab ich alle fünf Minuten durch Funk meine Höhe, meinen Standort, die Steiggeschwindigkeit und die Außentemperatur durch.

Im Südosten leuchteten in der Ferne, im ewigen Schnee und Eis, die Giganten der Schweizer und Italiens Bergwelt. Höher und hö-

her stieg ich. Bald hatte ich schon 4000 m Höhe erreicht, und immer stieg ich ruhig weiter. Nun lag bereits die ganze Bergwelt unter mir. Sie schien wie für einen ewigen Feiertag in Licht und Glanz gehüllt, diese glitzernde, schweigende, schneebedeckte Pracht. Ich stieg und stieg: 5300... 5500,.. 6000... 6500 m Höhe. Im Süden weitete sich vor mir das Mittelmeer, das durch die Strahlen der untergehenden Sonne wie in Gold getaucht schien. Es war ein so klarer, eisiger Tag, daß man sogar ganz in der Ferne die Insel Korsika erkennen konnte. Worte reichen für die Schönheit dieses Panoramas nicht aus. Hier müßte man Dichter sein. Inzwischen aber war es schon siebzehn Uhr. Bläuliche Schatten der Dämmerung legten sich über die Erde. Man schien sich innerlich fast von der Erde zu lösen. Wie winzig ist man als Mensch dort oben - kaum ein Stäubchen mehr -, und wie entsetzlich wichtig kommt man sich am Boden vor, mit allem, was man sagt und denkt und tut. Es schien alles von mir abzufallen, was auf der Erde so bedeutungsvoll war. Ich glaube, als Flieger ist man in einsamer Höhe Gott so nah, wie es der Mensch auf Erden ist, wenn er vom Leben abberufen wird und mit Bewußtsein vor dem Sterben steht. Da gilt nichts Kleines mehr und Kleinliches - alles Menschliche verblaßt -, da gilt kein Name, keine Stellung, kein Beruf, da steht der Mensch vor Gott. Dort oben gibt es keine Grenzen, keine Völker, keine Sprachen, dort bildet alles eine Einheit. Dort oben wird der Stolz zur Demut und das Glück zur Dankbarkeit. Dort oben wird man fromm und weiß selber nicht, daß man es geworden ist.
Nun lag die Erde tief, tief unter mir und bereits im Dunkel. Licht an Licht schien sich aneinander entzündet zu haben - unzählige Lichter funkelten zu mir herauf. Doch die Flügel meines Vogels leuchteten noch in den Strahlen der untergehenden Sonne. Bald verschwand auch für mich der große rote Sonnenball hinter dem Horizont. Aber hoch über mir in etwa 11000 m Höhe färbte sich

plötzlich die linsenförmige Wellenwolke glühend rot - Minuten -
Sekunden. Dann wurden die Farben immer blasser, und es wurde
auch über mir dunkler und dunkler. Ein Stern nach dem anderen
tauchte auf, und bald leuchteten die Sterne so hell, daß man
glaubte, ihnen viel näher zu sein als den immer winziger werdenden Lichtern am Boden.

6600, 6800, 7000, 7300 m - noch für zwei Stunden hatte ich Sauerstoff und wollte es nutzen, so große Höhe zu gewinnen, wie es
nur möglich war. Da aber erreichte mich ein Funkspruch vom Boden: Ich müsse meinen Flug sofort abbrechen und herunterkommen. Um diese Zeit flog damals die viermotorige »Super-
Constellation« der Lufthansa von Südamerika kommend in ungefähr 8000 m Höhe über dieses Gebiet. Die dürfte ich nicht gefährden. Da hat man natürlich sofort zu gehorchen. In steilem
Bahnneigungsflug und mit ausgefahrenen Bremsklappen ging es
in die Tiefe. Aber wo würde ich den Vogel im Dunkeln landen?
Der Flugplatz war damals eine große Wiese mit ein paar Baracken
und Hangars. Natürlich gab es keine Landebeleuchtungen. Ich
hatte mir während meines ganzen Fluges, seit es zu dämmern begann, einen sicheren Rückweg ausgedacht. Ich wußte, daß der
Flugplatz etliche Kilometer vom Lichtermeer des Ortes St. Auban
entfernt lag - ganz nahe am Flußbett der Durance. Aber zwischen
dem Flugplatz und dem Fluß befand sich damals eine Fabrik, die
Tag und Nacht in Betrieb war. Diesen kleinen Lichterkranz der
Fabrik behielt ich ständig während des Fluges im Auge. Nun flog
ich hinüber und kreiste in steilen Spiralen über diesen Fabriklich-
tern in die Tiefe. In 1000 m Höhe über dem Boden meldete ich
mich noch einmal im Funk und kündete an, in zirka drei Minuten zu landen. Da leuchteten zu meiner ganz großen Überraschung dort, wo ich den Flugplatz vermutet hatte, viele Scheinwerfer auf. Die französischen und deutschen Fliegerkameraden
hatten lauter Autos bereitgestellt, um mit hellerleuchteten

Scheinwerfern mir die Landestrecke zu beleuchten, so daß ich weich und sicher landen konnte.

Diese Heimkehr aus Dunkelheit und Verlorenheit in die Geborgenheit der Erde ist vom Erleben her das gleiche Gefühl und die gleiche Erkenntnis, wie sie der Astronaut Frank Borman Weihnachten 1968 bei der ersten Umrundung des Mondes der ganzen lauschenden Menschheit verkündete: das Heimweh, die Sehnsucht und die Liebe zur schönen Erde. Darin berührt sich das Erleben eines Segelfliegers mit dem Erleben der Astronauten und läßt einen ehrfürchtig, ja fromm zum Boden, zur Erde zurückkehren. So wie wir uns erst in der Fremde nach der Heimat sehnen, wie wir erst in der Fremde wissen, was Liebe zur Heimat heißt - so strebt der Flieger nach langen, einsamen Flügen nach der Erde als seiner Heimat zurück. Er sucht den Menschen, und er liebt ihn, weil er ihn findet.

ACHTZEHNTES KAPITEL

Polens Visumverweigerung 1958

Da ich beim Deutschen Segelflugwettbewerb 1957 - als einzige
Frau unter den zwanzig Teilnehmern der »offenen Klasse« - an
dritter Stelle lag, gehörte ich zu den fünf nominierten Teilnehmern für die Segelflugweltmeisterschaft 1958.
Bei der FAI-Tagung in Paris im Winter 1956/57, bei der es vor allem um das Austragungsland und den Austragungsort der nächsten Weltmeisterschaften ging, stellte Polen als erstes Land des
Ostblocks den Antrag, die Weltmeisterschaften in seinem Lande,
und zwar in Leszno, unserem alten Lissa in der Provinz Posen,
auszutragen. Es wurde nach geheimer Beratung entschieden, daß
Polen nur dann das Austragungsland werden könne, wenn die
polnische Regierung schriftlich versichern würde, jedem dafür nominierten Piloten westlicher Länder auch das Einreise-Visum zu
garantieren. Erst nach Einholung dieser Garantie durch die polnische Regierung wurde als Austragungsort Leszno festgelegt. Der
damalige Leiter der deutschen Segelflugkommission berichtete
mir von dieser FAI-Tagung persönlich und wiederholte wörtlich
die Forderungen an Polen, welche die Voraussetzung dazu wären.
Meine Frage an ihn, ob ich als »Schlesierin« besser von einer Teilnahme zurücktreten solle, um etwaige Schwierigkeiten zu vermeiden, beantwortete er: »Keinesfalls - im Gegenteil, du hilfst uns,

wie wir es bisher erlebten, die Herzen härtester Gegner Deutschlands zu gewinnen.« Auch auf meine Anfrage bei der Führung der Schlesierverbände in der Bundesrepublik erhielt ich Antwort im gleichen Sinn.

So also trafen sich die anderen vier nominierten deutschen Piloten und ich mit unserem Equipe-Chef und unseren je drei Mannschaftsmitgliedern pro Pilot sowie unseren Segelflugzeugen zum festgesetzten Termin in Braunschweig. Dort sollten wir die polnischen Einreisevisa erhalten und eine Genehmigung, binnen zweier festgelegter Tage die Ostzone Deutschlands zu durchfahren. Zu unser aller Erstaunen und Entsetzen wurde mir, als einzigem aller teilnehmenden Piloten der Welt, das Einreisevisum nach Polen ohne Angabe eines Grundes verweigert.

Nach eingehender Beratung entschied der Leiter der Segelflugkommission des Aero-Clubs: Ein Protest gegen diese Visumverweigerung von Westdeutschland aus würde nicht mehr rechtzeitig zum Erfolg führen. Vor allem würden auch die festgelegten Tage für die Ostzonen-Durchquerung verstrichen sein. Die deutsche Equipe werde folglich mit meiner Mannschaft und meinem Segelflugzeug »Zugvogel III« nach Leszno vorausfahren und dort protestieren. Ich solle mich nach Berlin in eine vereinbarte Pension begeben und dort auf telegrafische oder telefonische Nachricht über das Ergebnis des Protestes warten.

Da Polen sich schriftlich verpflichtet hatte, jedem nominierten Teilnehmer das Einreisevisum zu erteilen, sei zweifellos mit einem positiven Entscheid zu rechnen. Ich müsse dann unverzüglich nach Warschau fliegen, würde dort das Visum erhalten und nach Leszno gebracht werden, so daß die deutschen Segelflieger in der festgelegten Zusammenstellung vollzählig an den Weltmeisterschaften teilnehmen könnten.

Ich saß in Berlin und wartete, wartete - ohne eine Nachricht zu erhalten. Mit jedem Tag wurde ich unruhiger. Schließlich am Tage

190

des Beginns der Weltmeisterschaften erreichte mich ein Telegramm meines eigenen Mannschaftsführers mit der Nachricht, daß meine Mannschaft auf der Heimreise sei und er um ein Treffen in Braunschweig zur Berichterstattung bäte. Was ich dort erfuhr, war mir völlig unfaßlich. Einer der vier deutschen Piloten hatte sich während der Fahrt nach Polen in den Wagen des deutschen Equipe-Chefs gesetzt und wohl erreicht, die deutsche Equipe nicht den Schwierigkeiten eines Protestes auszusetzen, sondern einfach ohne mich teilzunehmen. Jedenfalls packten - zum größten Entsetzen meiner eigenen Mannschaft - die übrigen vier deutschen Segelflieger mit ihren Mannschaften ihre Maschinen aus und begannen, ohne sich auch nur im leisesten um meine Visumverweigerung zu kümmern, zu fliegen und zu trainieren. Bei der empörten Vorstellung meines Mannschaftsführeres erhielt er vom Equipe-Chef nur die spöttische Antwort: Er könne ja selber nach Warschau fahren und bei Gomulka (dem damaligen polnischen Ministerpräsidenten) wegen meiner Visumverweigerung protestieren. Da die Wettbewerbsleitung nur mit den Equipe-Chefs verhandelte - nicht mit einzelnen Wettbewerbsteilnehmern und deren Mannschaft -, blieb meiner Mannschaft nur noch übrig, nach Warschau zu fahren, in der Hoffnung, dort die Erteilung des Visums für mich durchzusetzen. Sie wurden überall, wo sie vorsprachen, abgewiesen und mußten unverrichteter Dinge heimreisen.

Die Nachricht, daß die deutsche Segelflug-Equipe die Verweigerung des Visums für mich ohne Protest hingenommen und mich in unkameradschaftlicher Weise fallengelassen hatte, verbreitete sich wie ein Lauffeuer unter allen deutschen Segelfliegern. Noch heute bewahre ich mehrere Leitz-Ordner voller Protestbriefe der Mehrzahl der damaligen deutschen Segelflug-Clubs auf. Nur fünf Clubs erklärten sich mit dem Verhalten der deutschen Equipe einverstanden.

Ich zog mich, zutiefst erschüttert über das unkameradschaftliche Verhalten der vier deutschen Segelflieger und des Aero-Clubs, für Wochen in eine einsame Waldhütte zurück. Sie alle ahnten ja gar nicht, welche Folgen dieses würdelose Fallenlassen für mich haben würde - abgesehen von dem mir schmerzlichen Mangel an Kameradschaft. Jetzt würden alle seit Jahren über mich verbreiteten Lügen als bestätigt erscheinen, denn sonst hätte die deutsche Equipe Hanna Reitsch nicht so im Stich gelassen.

Es wurden von den empörten deutschen Segelfliegern harte Maßnahmen gegen den Leiter der Segelflugkommission, gegen das Aero-Club-Präsidium und die vier nach Polen entsandten Segelflieger geplant. Die Angelegenheit wurde kompliziert, da gerade der Segelflieger, der wohl vom geplanten Protest der deutschen Equipe abgeraten hatte, die Weltmeisterschaft, gewann. Zurückkehrende ausländische Mannschaften, wie die Engländer, Spanier, Argentinier, Franzosen und noch etliche andere, die mich größtenteils seit Jahren kannten, brachten mir mündlich oder schriftlich ihr Befremden zum Ausdruck. Sie alle fügten hinzu: »Ein solches Verhalten der Equipe wäre in unserem Lande unmöglich gewesen.« Selbst die polnischen Spitzenflieger, die 1960 an den in Köln ausgetragenen Weltmeisterschaften teilnahmen, drückten mir ihr Bedauern über die damalige Haltung ihrer Regierung aus. Sie fügten allerdings hinzu: »Für uns Polen war das Verhalten der deutschen Equipe natürlich sehr bequem, aber eine polnische Mannschaft hätte in entsprechender Lage hart protestiert und wäre bei Ablehnung ihres Protestes sofort geschlossen abgereist.«

Ich schämte mich für unsere deutschen Flieger. Mein eigener Entschluß war: Nach Rückkehr der deutschen Equipe aus Polen aus der Nationalmannschaft auszutreten und bis zur Bereinigung der Angelegenheit nicht mehr in Deutschland segelzufliegen. Das bedeutete: Mit meinem Segelflugzeug nicht mehr an deutschen

25. Wir führen
1934 den Se-
gelflug in
Finnland ein,
hier Jämijärvi

26. Feierabend
in Jämijärvi
1934 (Jochen
Kuettner spielt
Ziehharmoni-
ka)

27. Mit Jim
Meckoll vor
seiner »Leister-
Kaufman«

28. Vor mei-
nem Start zum
Wellensegel-
flug über der
Sierra Nevada,
April 1961

wie auch an Weltmeisterschaften teilzunehmen. Ich wollte dadurch für den Sportgeist in unserem Segelflug ein Zeichen setzen. So etwas durfte nie wieder geschehen! Die Flieger sollten sich darüber klarwerden, daß selbst höchste Leistung ihren Wert verliert, wenn sie auf Kosten der Kameradschaft, der nationalen Würde und der Loyalität errungen wird.

Den Sieg jenes Segelfliegers nutzte der Leiter der Segelflugkommission ungeheuer geschickt aus. Er verschwieg Herrn Daume, dem damaligen Vorsitzenden des deutschen Sportbundes, beim Bericht vom erstmaligen deutschen Segelflugweltmeister nach dem Kriege den Visum-Skandal und schlug ihm vor, den neuen Weltmeister vom Bundespräsidenten Heuss, im Beisein der Spitzenfunktionäre des Segelflugsportes und der Journalisten, mit Direktübertragung durch Funk und Fernsehen, das Silberne Lorbeerblatt überreichen zu lassen. Der greise Bundespräsident und Präsident Daume wußten nicht, daß sie eine Ehrung vergaben, die unkameradschaftliches Verhalten der Equipe mit legalisierte. Denn das »Silberne Lorbeerblatt« wird nicht nur für beste sportliche Leistung, sondern zugleich für das vorbildliche sportliche Verhalten dabei verliehen.

Die deutschen Segelflieger, die Einblick in den wahren Sachverhalt hatten, sahen jetzt - nachdem das Präsidium des Aero-Clubs diese Aktion inszeniert und damit das Verhalten der deutschen Equipe gedeckt hatte - keine Möglichkeit mehr zu intervenieren.

In dieser Situation bildeten die »Alten Adler« (die Organisation der Flugpioniere im Aero-Club, die vor 1912 ihren Pilotenschein gemacht hatten und deren einzige Ehrenmitglieder Wolfgang von Gronau und ich waren) eine »Hanna-Reitsch-Kommission«. Diese wollte erreichen, daß sich der Aero-Club beim nächsten Luftfahrertag in aller Form bei mir - ihrem Ehrenmitglied - entschuldigte. Zu dieser Kommission, geführt von Ministerialdirektor Mühlig-Hofmann, gehörten namhafte Persönlichkeiten, unter anderem Gerhard Fieseler, der vielfache deutsche Kunstflugmeister und Konstrukteur. Da das Präsidium des Aero-Clubs und sein damaliger Präsident nicht bereit waren, das Fehlverhalten der deutschen Equipe zu bereinigen, war der Kampf der »Alten Adler« äußerst schwierig, zumal er von seiten des Aero-Clubs in einer Form geführt wurde, der die alten Herren nicht gewachsen waren. Wenn sie zum Beispiel zu einer zeitlich festgelegten Besprechung kamen, ließ man sie stundenlang warten. Nach einjährigen unerfreulichen und vergeblichen Auseinandersetzungen erhielt die Kommission der »Alten Adler« 1959 unerwartet Verstärkung durch einen Holländer, Louis de Lange, der zum härtesten Kämpfer für mich wurde, nachdem wir zusammen folgende Tragikomödie erlebten:

Im Sommer 1959 war ich aus Indien zurückgekehrt. Kurz danach stürzte mein Fliegervater Wolf Hirth mit seiner Lo-100 in den Tod. Ich eilte sofort zu seiner Frau Lala, mit der ich eng verbunden bin. Unmittelbar nach meinem Eintreffen erschien Louis de Lange im Trauerhaus. Er war ein längjähriger Freund von Wolf Hirth und - als Nachfolger von Professor Georgii - Präsident der OSTIV (Organisation Scientifique et Technique Internationale de Vole à Voile.). Lala bat, mich um ihren Gast - Louis de Lange - zu kümmern.

Was Louis de Lange - mich betreffend - bei den Weltmeisterschaften in Leszno 1958, denen er in seiner Eigenschaft als Präsident der OSTIV beiwohnte, erlebt hatte, konnte ich nicht wissen. Ihm war sofort aufgefallen, daß ich bei den Weltmeisterschaften fehlte. Auf jede Frage nach mir hatten der Leiter der deutschen Segelflugkommission, der Generalsekretär und der Presse-Chef des Aero-Clubs nur ausweichend die Schultern gezuckt. Louis de Lange mußte daraus schließen, daß ich nicht mehr fliege und wohl gar nervenkrank sei, denn bei jeder anderen Krankheit hätte

194

man doch offen darüber gesprochen. Er glaubte mich fast in einer Nervenheilanstalt.

Wie ich ihm ahnungslos im Hause Hirth entgegenkam, drückte er meine Hand, streichelte sie voller Mitleid und sagte teilnehmend: »Hanna - es wird gewiß alles wieder gut werden.« Ich war zunächst nur erstaunt über die zum Tode meines Fliegervaters nicht ganz passende Teilnahme. Darum sagte ich, daß unser Wolf leider nie mehr lebendig würde. Louis lenkte aber auf mich ab und fragte: »Wie geht es denn dir?« »Oh«, sagte ich, »mir persönlich, außer diesem tragischen Todesfall, sehr gut, ich komme gerade aus Indien zurück.« Da die Zeitungen über meine großen Erfolge für Deutschland in Indien nicht berichtet hatten, glaubte Louis mir kein Wort und dachte, es sei mit mir ja weit schlimmer als er vermutete - ich simuliere jetzt wohl eine Indienreise. Also strich er mir leise über die Schulter und sagte mit bedauerndem Ausdruck wiederholt, es würde ganz gewiß alles wieder gut. Für einen Moment dachte ich: Der arme Louis - der ist wie bekloppt. Ich war froh, in meiner Handtasche zufällig ein paar Fotos zu haben, wie ich mit Pandit Nehru in New Delhi gerade mit einer Ka-7 startete - wie Nehru mir hinterher beglückt dankte und wie ich dann nacheinander mit dem indischen Oberbefehlshaber der Luftwaffe und einem indischen Guru (Swami Ranganatananda) in der Ka-7 flog.

Als Louis die Fotos sah, wurde er verwirrt und sagte erschrocken: »Also du warst wirklich in Indien, und du fliegst auch noch?« »Natürlich«, betonte ich strahlend, »nur Segelflug vorläufig nicht mehr in Deutschland wegen des Verhaltens meiner Kameraden in Polen.« Louis ließ sich nun alle Einzelheiten von mir berichten; er freute sich, mich gesund angetroffen zu haben, und gratulierte zu meinen Erfolgen in Indien.

Von nun an stellte sich Louis de Lange der »Hanna-Reitsch-Kommission« der »Alten Adler« als begeisterter Mitkämpfer zur

Verfügung. Der Kampf zog sich durch die Hinhaltetaktik des Aero-Club-Präsidiums, gegen die die »Alte-Adler-Kommission« vergeblich ankämpfte, nun schon beinahe zwei Jahre hin. Zwei Kommissions-Mitglieder hatten sich bei einer Aussprache, bei der es äußerst lautstark zuging, fast einen Nervenschock zugezogen. Daraufhin taten sich die Frauen jener Kommissionsmitglieder zusammen und schrieben mir heimlich einen flehentlichen Brief, ich solle bitte ihre Männer bewegen, mit diesem Kampf für mich aufzuhören. Diesen unerfreulichen Methoden der Gegenseite seien die alten Herren nicht gewachsen, und sie befürchteten ernste gesundheitliche Folgen.

Natürlich bat ich sofort alle Mitglieder und Louis de Lange, ihren Kampf einzustellen. Die Mitglieder der Kommission der »Alten Adler« fügten sich, erschöpft, weil sie einsahen, daß sie ihren Kontrahenten nicht gewachsen waren. Louis de Lange aber bedauerte es sehr, weil er die Klärung und Bereinigung dieses skandalösen Verhaltens für notwendig hielt.

Ich persönlich litt sehr unter der ungeklärten Situation und lud deshalb sowohl den Leiter der Segelflugkommission als auch den betreffenden Kameraden einzeln zu mir ein. Ich schlug ihnen vor, auf dem nächsten Luftfahrertag zu erklären, daß sie ihr Verhalten in Leszno bedauerten. Es gehe ja nicht um mich persönlich, sondern es sei ein Präzedenzfall. Ich würde diese Worte sofort aufgreifen und erklären: »Wie viele Fehler habe ich selbst schon in meinem Leben gemacht! Es gehört Größe dazu, Fehler einzugestehen. Diese Größe habt ihr hier bewiesen!« Ich würde dann versuchen aufzuzeigen, wie notwendig Kameradschaft, Loyalität und auch nationale Würde sind, ohne die kein Land der Welt erfolgreich Segelflugsport betreiben kann.

Damit sollte die Angelegenheit abgeschlossen und erledigt sein. Nach dieser Rehabilitierung durch den Aero-Club würde ich wieder für die Nationalmannschaft und zur Teilnahme an Meisterschaften und Weltmeisterschaften im Segelflug zur Verfügung stehen.

Der Leiter der Segelflugkommission war vor seiner Begegnung mit mir schon von Lutz Graf Schwerin von Krosigk, dem früheren Finanzminister, meinem väterlichen Freund, gestellt worden, und er hatte ihm fest versprochen, die Angelegenheit ganz offiziell durch Verlesen eines von Krosigk festgelegten Textes in Ordnung zu bringen. Aber - er tat es nicht.

Der Segelflieger den es besonders betraf, antwortete mir ganz offen: »Das tue ich nicht! Die Firma hat so hohe Summen in die Entwicklung meines Segelflugzeuges gesteckt, daß ich unter allen Umständen versuchen mußte, es zum Siege zu führen.« Für ihn zählte also die Firmen-Geld-Angelegenheit, nicht olympischer Sportgeist! Wir trennten uns. Es blieb alles beim alten.

Der Aero-Club schwieg meine Erfolge in Indien, in Ghana, in Österreich und den USA tot. Ja, er unterschlug sogar die Nachricht, daß ich im Jahre 1970 Siegerin des Dezentralen Wettbewerbes wurde und veröffentlichte stattdessen noch einmal die Namen der Vorjahres-Siegerinnen, also von 1969. Trotz meines Einspruchs wurde dies nicht richtiggestellt. Kein Wunder, daß die heutigen Segelflieger, die ja schon die nächste und übernächste Fliegergeneration darstellen, kaum noch wissen, daß ich bis 1957 an den Segelflugmeisterschaften und Weltmeisterschaften teilgenommen habe - immer auf den vordersten Plätzen und als einzige Frau, und 1955 sogar als Siegerin, und daß ich bis heute erfolgreich fliege: Segelflugzeuge, Hubschrauber, Motorflugzeuge und Motorsegler. Nur flog ich seit jener Angelegenheit nicht mehr in Deutschland Segelflug, sondern meistens in Österreich über den Alpen, zu meiner eigenen Freude und um des herrlichen Erlebens willen. Denn Alpensegelflug gehört zu einem der letzten großen menschlichen Abenteuer unserer Zeit. Mir gelang 1970 ein deutscher Zielrückkehr-Frauenrekord von 520 km, den ich am 28. Mai

1977 selbst überbot und auf 638,8 km steigerte. Und 1973 erflog ich einen 300-km-Dreieck-Geschwindigkeitsrekord, der erfreulicherweise von einer jüngeren Fliegerin inzwischen überboten wurde.

Es gab während der Polen-Affäre leider auch Flieger und Fliegerinnen, die um eigener Vorteile willen sich hinter den Aero-Club stellten und sich eine aus der Luft gegriffene, unwahre Behauptung zu eigen machten: Ich hätte die Visumverweigerung selbst verschuldet, da ich bei Vorträgen vor Heimatvertriebenen über Polen geschimpft hätte. Dies konnte durch Tonbänder eindeutig widerlegt werden. Der Erfinder dieser Lüge mußte sich bei mir entschuldigen.

Es wird viele geben, die mein Verhalten, das ja nur mir selbst schwerste Opfer auferlegte, ohne das gesteckte Ziel zu erreichen, verlachen oder falsch finden. Auch ein sehr bekannter Sportler und Reiter hielt mein Verhalten für falsch: Ich hätte nur mich selbst ausgeschaltet und an die Wand manövriert. Dem aber kann ich nicht zustimmen: Ein für eine Weltmeisterschaft aufgestellter und nominierter Segelflieger muß sich darauf verlassen können, daß seine Kameraden und der Aero-Club sich für ihn einsetzen und zu ihm stehen, wenn ihm wie in meinem Falle, entgegen den Vereinbarungen, grundlos das Visum verweigert wird. Es gibt viele Beispiele, daß deutsche Sportler lieber auf eine Teilnahme an Wettkämpfen verzichteten, als einen Kameraden im Stich zu lassen. So sagten seinerzeit die deutschen Hochsee-Segler geschlossen die Beteiligung an Regatten vor Oslo ab, als die Norweger eine Teilnahme ihres Kameraden Krupp von Bohlen und Halbach als unerwünscht bezeichneten; eine deutsche Fußball-Mannschaft drohte vor Jahren, ein Länderspiel mit Jugoslawien abzusagen, falls einem sie begleitenden Journalisten nicht unverzüglich das verweigerte Visum erteilt würde. Ich dagegen wurde im Jahre 1958 wortlos und ohne Rehabilitierung von den vier

Segelfliegern der deutschen Equipe und vom Aero-Club fallengelassen.

Ich würde - noch einmal vor eine solche Lage gestellt - zur Erhal-
tung eines vorbildlichen Sportgeistes wieder die gleichen Konsequenzen ziehen, selbst wenn es mir noch so schwer würde! (siehe
Anhang 2 und 3)

NEUNZEHNTES KAPITEL

Das Erlebnis Indien

In Indien war 1958 auf einem der Flughäfen von New Delhi (in Safdarjung) ein Düsenjäger in einen Hangar gestürzt, und dabei wurden die darin befindlichen Segelflugzeuge des Delhi Gliding Club zerstört. Die Deutsche Botschaft in Indien wollte der Gruppe ein doppelsitziges Hochleistungssegelflugzeug als Geschenk und kleinen Trost übergeben. Das Auswärtige Amt fragte darum im Herbst 1958 bei mir an, ob ich bereit sei, ein mir geeignet erscheinendes Segelflugzeug auszusuchen und zu instrumentieren, für den Transport zu sorgen und es drüben in New Delhi bei der offiziellen Übergabe-Zeremonie vorzufliegen. Ich solle ferner indische Piloten darauf einweisen und auf englisch Vorträge halten. Vorgesehen waren vierzehn Tage - aber mehr als zwei Monate wurden daraus, weil die indische Regierung mich bat, alle Regierungs-Segelflugzentren aufzusuchen und dem indischen Leistungssegelflug, der in eine Sackgasse geraten war, herauszuhelfen. Ein herrlicher Auftrag! Wie ein Geschenk des Himmels erhielt ich ihn genau zum rechten Zeitpunkt, um mich aus der tiefen Bedrückung - verursacht durch das Verhalten jener deutschen Fliegerkameraden - herauszureißen. Jetzt mußte ich mich voll und ganz auf diese neue Aufgabe konzentrieren. Es war gut, daß sie mich für einige Zeit aus Deutschland hinausführte, um

200

Abstand zu diesen Erlebnissen zu finden. Viele Länder und Erdteile durfte ich bisher auf meinen Reisen und Flügen sehen, doch
nie zuvor erlebte ich ein Land von solch atemberaubender Bunt-
heit und Vielseitigkeit wie Indien. Was sonst kaum die Grenzen
eines Kontinents zu umfassen vermögen, ist hier vereint: alle nur
denkbaren Variationen von Klima und Landschaften, von Pflan-
zen und Tieren. Menschen aller Hautfarben begegneten mir, von
weiß bis schwarz - von gelb bis tiefbraun. Menschen verschieden-
ster Rassen und Kulturstufen findet man in diesem weiten Land,
das nach China das volkreichste der Erde ist. Ein Siebentel der
Weltbevölkerung lebt in diesem gewaltigen Raum. Aber auch alle führenden Religionen sind hier vertreten, und eine Vielfalt von
indischen Sprachen bietet sich dar - weit über hundert -, die sich
untereinander meist weniger ähneln als Deutsch und Japanisch.
Neben den mannigfaltigsten Sitten und Bräuchen, neben den
modernsten Formen gesellschaftlichen, politischen und wirt-
schaftlichen Lebens findet man geradezu vorgeschichtliche Ent-
wicklungsstufen. Neben höchster Vollendung in Kunst, Philosophie und Geistesleben behaupten sich urwüchsige Volkskunst
und primitivster Aberglaube. Neben Reichtum und Wohlstand
sieht man unvorstellbares Elend, Armut und Hunger; also eine
für uns fast unbegreifliche Kette von Gegensätzen. Doch trotz aller Kontraste gibt es etwas, was allen Indern gemeinsam ist: das
starke unauschlöschliche Bewußtsein ihrer Zusammengehörigkeit
und der Einheit ihres Landes.
Nachdem das von mir ausgewählte Segelflugzeug »Ka-7« sich
längst auf dem Seewege nach Indien befand, startete ich Anfang
April 1959 gegen Mittag mit der AIR INDIA von Frankfurt, um
über Genf-Beirut-Bombay nach New Delhi zu gelangen. Etwa
10° C wies das Thermometer beim Abflug in Frankfurt auf, bei
der Landung am nächsten Morgen in Bombay hingegen das Vier-
fache. Ich hatte das Gefühl, vor Hitze kaum atmen zu können,

als ich in Bombay aus dem Flugzeug stieg. Erst am Abend sollte der Flug weitergehen nach New Delhi. Bis ich mit meinem Handgepäck das Empfangsgebäude erreichte, fühlte ich mich völlig erschöpft von dieser ungewohnten, feuchten Hitze. Ich freute mich deshalb auf ein kühles Bad in dem Appartement, in das ich im Flughafengebäude geführt wurde und das im Flugpreis eingeschlossen war. Verärgert aber stellte ich fest, daß, bedingt durch die Hitze, aus dem kalten Wasserhahn auch nur warmes Wasser floß. Als ich enttäuscht aus dem Bad ins Zimmer zurückkehrte, kam die nächste Überraschung: Ich hatte leichtsinnig alle Koffer offen stehen lassen und hatte das dünnste an Wäsche und Kleidungsstücken bereitgelegt. Inzwischen jedoch hatte einer der Angestellten, der es gut mit mir meinte, vom Flur her durch einen elektrischen Knopf zwei Riesen-Ventilatoren an der Decke meines Zimmers in Bewegung gesetzt, so daß Wäsche, Strümpfe, sogar Briefpapier und ähnliche leichte Dinge im Zimmer herumwirbelten. In meiner Aufmachung konnte ich nicht um Hilfe rufen, daß diese unmöglichen Propeller abgestellt werden, und so sauste ich jedem Gegenstand nach, um ihn wieder einzufangen. Nach dieser unerwarteten, aber erfolgreichen Jagd zog ich mich an. Ungeachtet der Hitze traute ich mich aus Neugierde hinaus auf den Balkon. Diesen ersten Eindruck, den ich von dort erhielt, werde ich nie vergessen. Es war ein Sonntag, und in großer Zahl strömten Inder und Inderinnen hinaus auf den Flugplatz, um voller Stolz die riesigen Vögel, die weither aus allen Ländern der Welt kamen, landen und wieder starten zu sehen. Alle Frauen - ob jung oder alt, ob arm oder reich - trugen die schönen bunten Saris. Würdig und bezaubernd wirkten diese Frauen mit den schwarzen Augen und den schwarzen glatten Haaren. Um sie näher betrachten zu können, ging ich hinunter, trotz der mir ungewohnten Hitze. Neben ihrer äußeren Schönheit und der Schönheit der bunten Saris beeindruckte mich etwas, das ich während meines ganzen Aufenthaltes in Indien bestätigt fand: ein Friede strahlte aus ihnen, der etwas Wundersames war. Man spürte, sie ruhten in sich selber. Sie schienen sanft und erfüllt, von stiller Heiterkeit und Gelassenheit. Später erst begriff ich, wodurch sie so geworden sind. Am Abend flog ich weiter nach New Delhi. Diese Stadt wurde 1930 ganz planmäßig gebaut. Sie liegt am Jumna, einem Nebenfluß des Ganga, dessen wohlklingenden Namen Europa und der Westen zum großen Kummer von Pandit Nehru in »Ganges« umgewandelt haben.

New Delhi liegt auf mohammedanischem Kulturboden, und die von den Engländern errichteten Regierungsgebäude lehnen sich stark an den mohammedanischen Baustil an. Sie geben den riesigen Moscheen eine moderne, aber sehr wirkungsvolle Fortsetzung. Da ist in der Mitte, erhöht über der Stadt, das Palais des früheren englischen Gouverneurs, später des indischen Staatspräsidenten (zu der Zeit meines Besuches war dies Dr. Rajendra Prasad). Zu diesem Palais führt eine breite Prunkallee, die in einem wundervollen, schmiedeeisernen Gittertor endet, ähnlich wie man sie vor den Schlössern und Parks in England findet. Nicht weit entfernt steht der Rundbau des Parlamentes. Und rechts und links davon sieht man die stattlichen Gebäude der Ministerien. Von mächtigen Verkehrs-Rondells gehen strahlenförmig Straßen ab, an denen auf beiden Seiten, in weiten Parks verborgen, die bungalowartigen Häuser der Minister und hohen Regierungsbeamten liegen. Daran schließt sich die Diplomaten-Enklave, die alle Botschaften der dort vertretenen Länder umfaßt. 800 m weiter lag damals die Residenz von Pandit Nehru, die heute Museum ist. New Delhi ist eine moderne Großstadt mit Wohnblöcken, Kaufhäusern und Restaurants. Ganz im Norden New Delhis liegt die eigentliche Altstadt. Dort in den engen Bazar-Gäßchen fließt, wie in allen indischen Städten, das private und geschäftliche Leben ineinander über. Zwischen den ebenerdigen kleinen Häusern findet man Tempel und Moscheen, vor denen von früh bis in die Nacht ein buntes Treiben herrscht. Die gläubigen Moslems müssen ihre Waschungen vornehmen, bevor sie barfuß ihre Heiligtümer betreten. Da die Vorderfronten der kleinen Bazarhäuser alle offenstehen, sieht man nicht nur in die Räume hinein, sondern sieht gleichsam auch das Leben, das in ihnen herrscht. Auf dem Fußboden tummeln sich oder schlafen nackte Kinder. Auf dem Boden spielt sich im Sitzen ein Teil des Lebens der Erwachsenen ab - ob Unterhaltung, ob Arbeit, ob Handwerk, ob Verkauf. Nie aber erlebte ich, daß einer zu feilschen versuchte oder die Käufer anzulocken trachtete. Mit großer Gelassenheit beschäftigen sie sich mit ihren eigenen Dingen. Und wenn man sie fragte, dann zeigten sie einem bereitwillig alles. Ob man kaufte oder nicht, sie waren gleichmäßig freundlich. Ja, selbst in den indischen Kaufhäusern, wenn ich lange nach Saris suchte und nicht das Geeignete fand, wurde ich höflichst bis an den Ausgang begleitet, und sie bedankten sich, daß ich so lange Interesse gezeigt hatte. Welch ein Unterschied zu dem, was wir in unserem Lande oder im Westen überhaupt heute erleben!

In den etwas breiteren Straßen der Altstadt flutete ein bunter Verkehr. Da sah man uralte Modelle von drei- und vierrädrigen Taxen und von zweisitzigen Rikschas, die teils von keuchenden, laufenden Indern gezogen, teils fahrradähnlich, mit Pedalen bewegt wurden. Man fand überall die zweispännigen Ochsenkarren mit zwei großen Rädern, wie sie schon 3000 Jahre zuvor benutzt wurden. Und dann ziehen durch die Straßen, scheinbar besitzerlos, die heiligen Kühe. Sie sind die erbarmungswürdigsten Geschöpfe. Obwohl sie heilig sind, geht es ihnen entsetzlich schlecht, denn die meisten bekommen ja nicht genug zu fressen. Schlachten darf man sie nicht; meist zum Skelett abgemagert ziehen oder liegen sie herum. Selbst auf der Straße darf man sie nicht wegscheuchen, jedes Auto muß respektvoll um sie herumfahren.

Als ich am 12. April in der Nacht in New Delhi eintraf, erwarteten mich viele Mitglieder des Delhi-Gliding-Club, des indischen Aero-Clubs, der indischen Luftwaffe und des indischen Luftfahrtministeriums und hängten mir nach Landessitte als Willkommensgruß berauschend duftende Blumengirlanden um den Hals. Von deutscher Seite war zum Empfang nur ein Assistent des Wirtschaftsattachés erschienen. Er sagte mir leise, ich möge mich unauffällig und von Journalisten unbemerkt an eine bestimmte Stelle begeben, wo sein Auto warte. Er würde für meine Koffer und den Zoll sorgen.

Vor meinem Abflug aus Deutschland hatte ich vertraulich von einem Freund im Auswärtigen Amt erfahren, daß - von einer ihm unbekannten Seite gesteuert - Schwierigkeiten wegen meiner Entsendung nach Indien aufgetreten seien. Als Grund wäre meine »belastende politische Vergangenheit« genannt worden. Er wisse indessen gar nicht, was damit gemeint sein könne, denn ich sei doch niemals in der Partei gewesen, von der Denazifizierung überhaupt nicht betroffen und hätte nur wie jeder Soldat im Krieg meine Pflicht getan und sei dafür ausgezeichnet worden. Man habe vom Auswärtigen Amt aus jedoch daraufhin sogar in Indien angefragt, ob mein Kommen etwa ein Ärgernis erregen würde und ob sie besser jemand anderen schicken sollten. Die Antwort aus Indien aber sei gewesen: »Wir sind begeistert und geehrt, daß Ihr uns H. R. schickt, wir wünschen uns niemand anderen.« Damals hatte ich Gänsehaut bekommen, als ich dies hörte; denn ich dachte an Oberursel und ahnte, wer dahintersteckte. Das System schien glänzend zu funktionieren, und die Deutschen gingen bereitwillig und verängstigt darauf ein.

Der Sekretär der Botschaft fuhr mich in mein Quartier, in das seinerzeit größte Hotel Asiens, das Ashoka-Hotel. In meinem wunderschönen Zimmer stand ein riesengroßer Blumenstrauß, mit sehr lieben persönlichen Zeilen des deutschen Botschafters.

Die erste Woche war für mich keineswegs erfreulich, denn ich war wie in eine Fessel von Cocktail-Partys eingespannt, bis das Segelflugzeug eingetroffen war. Diese Form von Geselligkeit war mir von jeher ein Graus. Sie erscheint mir wie eine Massenabfertigung gesellschaftlicher Verpflichtungen, bei der Hunderte von Menschen kommen und gehen und nicht ein einziges richtiges Gespräch zustande kommt. Kaum trifft man einen Menschen, der einen interessiert, so wird man getrennt und mit dem nächsten bekanntgemacht.

Nach dem dritten Tag war ich verzweifelt und dachte nur: Wie gut, daß ich kein Diplomat bin, der dies jeden Tag, oft sogar zwei- bis dreimal hintereinander, über sich ergehen lassen muß. Meine eigenen persönlichen Wünsche schienen sich nicht zu erfüllen. Ich fragte nämlich den deutschen Botschafter, ob eine Möglichkeit bestünde, Pandit Nehru und seine Tochter Indira Gandhi kennenzulernen. Aber das wurde sofort als indiskutabel, ja vermessen abgelehnt.

Endlich war unser Segelflugzeug eingetroffen und aufmontiert. Bei glühender Hitze von 49° C flog ich es ein. Mir wurde fast schlecht und schwindlig von dieser brütenden Temperatur.

Meine erste wirkliche Freude in New Delhi waren die Stunden über Mittag im Clubhaus der indischen Flieger am Flugplatz. Das Haus war den englischen Clubhäusern sehr ähnlich. Hier suchten auch die indischen Piloten mittags Schutz vor der unbarmherzig heißen Sonne. Unter den indischen Segelfliegern, die hier mit mir zusammensaßen, waren viele Berufe vertreten, auch einige Offiziere der indischen Luftwaffe gehörten dazu. An ihren weißen Uniformen sah ich eine Reihe von Orden und Ordensbändern. Als ich sie fragte, wofür sie diese erhalten hätten, antworteten sie etwas verlegen auf englisch: »Wir möchten Ihnen nicht wehtun, aber wir erhielten sie für unseren Einsatz gegen Deutschland.« Ich sagte darauf lachend: »Da brauchen Sie sich doch nicht zu schämen. Erstens waren Sie damals nicht frei, denn Ihr Land hat seine Freiheit erst 1947 errungen, und zweitens wäre es Ihre Pflicht gewesen, gegen uns zu kämpfen, wenn Indien von sich aus im Kampf gegen uns gestanden hätte - so wie es die unsere gewesen wäre, gegen Sie zu kämpfen. Denn jeder hat sein Land zu verteidigen.« Sie atmeten erleichtert auf, und ich merkte, wie taktvoll und feinfühlend sie waren. Da ich überall, wenn wir auf den Krieg zu sprechen kamen, die Wahrheit suchte und diese auch ganz offen erbat, so fragte ich auch hier, was für Eindrücke sie im Kampf gegen die Deutschen empfangen hätten. »Wir haben allergrößte Hochachtung«, sagten sie, »vor dem deutschen Soldaten, vor seinem Mut, seiner Tapferkeit und seiner Disziplin.« Einer von ihnen berichtete über seinen Freund, einen englischen Jagdflieger, der über England von einem deutschen Jäger abgeschossen worden sei und sich mit dem Fallschirm habe retten können. Plötzlich habe er, am Fallschirm hängend, beinahe gelähmt vor Schrecken, gesehen, wie die deutsche Maschine auf ihn zugebraust kam. Jetzt gibt er mir die tödliche Garbe, habe er geglaubt. Doch während er der Maschine entgegenstarrte, sah er, wie die Landeklappen ausgefahren wurden, um so langsam wie möglich fliegen zu können. Dann sei das Jagdflugzeug ganz dicht an ihm vorbeigeflogen, und der deutsche Pilot habe ritterlich vor ihm salutiert. Wie anders klang das und vieles andere, das sie mit Deutschen erlebt hatten, als das, was man in Deutschland nach dem Kriege der deutschen Jugend so oft vorerzählte oder gar in Filmen unwahr darstellte!

Aber noch etwas anderes berührte mich stark in diesem Fliegerkreis. Das war die seltsam rasche innere Verbundenheit, die wir gegenseitig empfanden. Wir hatten bald erkannt, daß unser Kraftquell für Leben und Fliegen *über* der Erde lag. Dabei schien es ganz unwesentlich zu sein, von welcher Konfession und aus welcher religiösen Anschauung heraus wir lebten. So kam es dazu, daß unsere Gespräche ins Metaphysische führten. Von dieser Stunde an spürten wir beglückt, daß wir zusammengehörten.

Nachdem ich am Nachmittag die Clubmitglieder in die »Ka-7« eingeführt hatte, begleitete mich ein Hauptmann der indischen Luftwaffe, Pali Soni, in mein Hotel zurück. Auf dem Weg erfuhr ich, daß er zu einem Ashram - einer Art Klostergemeinschaft - gehörte, und zwar nach Pondicherry. Ich bat ihn, mir Näheres darüber zu erzählen. So setzten wir uns in die kühle Halle des schönen Ashoka-Hotels, und durch Pali Soni öffnete sich für mich eine neue Welt, die Welt des geistigen Indien, in die ich nun behutsam mit jedem Tag tiefer hineingeführt wurde.

Pondicherry, so erfuhr ich, war bis Mitte der fünfziger Jahre noch französischer Kolonialbesitz - ein kleiner Landstrich am Bengalischen Meerbusen, etwa 150 km entfernt südlich von Madras. Dort befände sich ein Ashram von beachtlicher Größe und Bedeutung, der von Sri Aurobindo Rose gegründet wurde (achtzigjährig 1950 gestorben). Aurobindo war ein großer Philosoph und Freiheitskämpfer. Er wurde mehrfach von den Engländern ins Gefängnis gesperrt und flüchtete schließlich auf das damals den Engländern nicht zugängliche französische Territorium Pondicherry. Seitdem hatte er diesen Ort nicht mehr verlassen. Einige seiner Schüler waren ihm ins Exil gefolgt. Die Zahl wuchs ständig an. Bei seinem Tode 1950 waren es bereits 1500, die ihr Leben mit dem seinen verbanden. Aurobindo war sich bewußt, erzählte mir Pali Soni, daß eine neue Zeit angebrochen war, nicht nur im äußeren Leben, sondern auch in der Erkenntnis der letzten Zusammenhänge. Er wollte, daß Indien auch geistig den Anschluß an die neue Zeit fände. Für ihn bedeutete die Erlösung, welche ja das Grundmotiv aller asiatischen Religionen ist, nicht mehr das endgültige »Hinweg« von Welt und Leben, sondern gerade umgekehrt die »Hinwendung« dazu. Für ihn war das Erreichen der höchsten Bewußtseinsstufe nur die Vorbereitung, um von ihr aus die Kräfte

208

29. Mit den ersten 10 Hubschrauber-Pilotinnen der Welt bei Präsident
Kennedy im Weißen Haus in Washington, Mai 1961

30. Bei Igor Sikorsky (Mai 1961 in Connecticut)

31. Ich fliege die Sikorski »S-62«

zur Vergeistigung von Welt und Erde zu gewinnen. Die Wandlung der Erde zum Geist hin war seine neue Botschaft für das neue Indien. Von Weltflucht zur Weltwandlung - damit gab er Indien einen Auftrag »an die Welt«. In seinem geistigen Range stünde Aurobindo für Indien mit Rabindranath Tagore und Mahatma Gandhi auf einer Stufe.

Als seine Nachfolgerin hatte er eine Französin eingesetzt, die seit ihrer Jugend dort lebte und mit ihm gemeinsam den Ashram leitete. Sie sei ganz Inderin geworden und spreche außer Französisch und Englisch auch Hindi. Sie sei eine ganz ungewöhnliche starke Persönlichkeit. Trotz ihres hohen Alters - sie war 1959 bereits 80 Jahre - war sie noch in der Lage, dem Ashram vorzustehen. Sie wurde fast als Heilige verehrt und sei in ganz Indien als »The Mother von Pondicherry« (»Die Mutter von Pondicherry«) bekannt. Sie besitze über die Angehörigen des Ashrams große Macht und trage dafür auch alle Verantwortung. Sie müßten sich aus Familienbindungen lösen und auch ihr Vermögen dem Ashram übereignen. Sie aber sorge für sie alle. Gottesdienst wurde durch tägliche, morgendliche Empfänge ersetzt. Sie gebe ihnen die Kraft für die Meditation und für die Tagesarbeit. Probleme aller Art der Ashram-Angehörigen schienen sich in ihrer und durch ihre Gegenwart zu lösen. Sie lehrte sie das Meditieren; auch verstünde sie es, durch ihre Ausstrahlung die örtlich so verstreuten Ashram-Mitglieder zu einer geistigen Einheit zusammenzuhalten. Das ganze Leben des Ashrams, auch das Arbeits- und Alltagsleben, sei von einer tiefen Ehrfurcht, Liebe und Bewunderung vor der »Mother« durchzogen. Sie galt als eine in höheres Yogawissen »Eingeweihte«.

Ich hörte an diesem Nachmittag noch vieles von der »Mother« und von anderen Yogis und deren Lehren. Ich ahnte, daß sich mir hier in Indien eine ganz neue innere Welt auftat. Vielleicht würde sie mir helfen, durch Meditation meinen Glauben zu vertiefen

und größere Kraft zu gewinnen, um das Kreuz der Verleumdungen, das mir seit Oberursel auferlegt ist, besser tragen zu können.
Am Sonntag, dem 19. April, fand die feierliche Übergabe-Zeremonie des deutschen Segelflugzeugs am Flughafen Safdarjang durch den deutschen Botschafter statt. Es waren 800 prominente Inder geladen, unter ihnen der Verkehrsminister S. K. Patil und Minister Mohiuddin. Leider war Pandit Nehru nicht anwesend, der immer starkes Interesse am Segelflug gezeigt hatte. Er war nach Mussoorie gereist, um den Dalai-Lama offiziell zu begrüßen, der dort indisches Asyl gefunden hat.
Nachdem ich das Segelflugzeug im Motor- sowie im Windenschlepp vorgeflogen und durch Loopings, Turns, Trudeln und durch andere Flugfiguren die Eigenschaften der »Ka-7« gezeigt hatte, wurde ich mit begeistertem Applaus empfangen.
Am gleichen Abend mußte ich, mit klopfendem Herzen, meinen ersten öffentlichen englischen Vortrag halten. Die Veranstaltung stand unter der Schirmherrschaft des indischen Ministers für Zivil-Luftfahrt, Mohiuddin, der selbst anwesend war. Viele hohe Persönlichkeiten des indischen Parlaments, Minister und Botschafter anderer Länder waren erschienen, aber von deutscher Seite als einziger wiederum jener Botschaftssekretär.
Frei sprechend gelang es mir, die ungewöhnlich schöne Welt des Segelfluges so überzeugend aufzuweisen und meine Hörer wie im Flug hoch hinauf zu nehmen, daß ich hinterher begeistert umringt wurde und einer der Parlamentarier, Mr. J. Alba, sagte: »Sie müssen morgen im Parlament darüber sprechen. Alle müssen dort von Ihnen hören, was Sie uns vom Erlebnis des Segelfliegens und seinem erzieherischen und ethischen Wert heute erzählten.«
»Das ist doch nicht möglich mit meinem schlechten Englisch«, wandte ich ein. »Doch«, erklärte er, »Ihr Englisch kann jeder verstehen, sie müssen kommen.« Nun, dachte ich, sei nicht feig, versuche es!

Am nächsten Morgen wurde ich von dem Parlamentarier, der diesen Vorschlag gemacht hatte, abgeholt. Auf dem Weg zum Parlament erfuhr ich, daß er in der Nacht nach meinem Vortrag meinen Lebenslauf und einen Bericht über mein Fliegerleben hatte vervielfältigen und allen Parlamentariern vor der Sitzung auf ihre Plätze hatte legen lassen, mit dem Vermerk: »H. R. wird im Anschluß an die offizielle Sitzung bereit sein, Fragen über den Segelflug zu beantworten und über dessen erzieherischen und ethischen Wert zu sprechen. Alle, die daran interessiert sind, werden gebeten, die Plätze einzubehalten.«

Ich verfolgte die Sitzung von der Empore aus, beeindruckt von der großen Zahl der anwesenden Parlamentarier, etwa 600.

Als ich nach dem offiziellen Teil hinunter geholt wurde, war ich erstaunt, daß nahezu alle sitzengeblieben waren, um mir zuzuhören. Mr. J. Alba führte mich sehr gütig ein und berichtete, welchen Eindruck mein Vortrag über Segelflug bei allen Hörern am Tage zuvor hinterlassen hatte. Darum wolle er den Anwesenden Gelegenheit geben, sich durch mich über den Wert des Segelfluges informieren zu lassen. Als mir unter starkem Beifall das Wort erteilt wurde, fragte ich, ob ich erzählen soll oder sie lieber Fragen stellen wollten.

Da rief einer von ihnen: »Können Sie darüber reden, welchen Einfluß der Segelflug auf die Charakterbildung junger Menschen haben kann?« Diese Frage war bezeichnend für Menschen dieses Landes. So sprach ich über dieses Thema mit besonders großer Freude.

Am Ende meiner Ausführungen erhob sich eine Ministerin, um mir zu danken. Es war eine ältere, würdige Dame in einem schlichten Baumwoll-Sari. Sie schien einen Augenblick in sich hineinzuhorchen, und ohne jegliche Pose dankte sie mir sehr warmherzig für alles, was ihr selbst besonders nahegegangen war. Dann umarmte sie mich, küßte mich und sagte laut: »Sie müssen uns versprechen, alles, was Sie uns erzählt haben, auch Pandit Nehru zu sagen.« Ich entgegnete beglückt: »Ja, gerne, aber das hängt doch nicht von mir ab.« »Dafür werden wir sorgen«, versicherte sie. Nun wußte ich, hier hat der Himmel geholfen, daß sich mein großer Wunsch nun doch erfüllen würde.

Während der darauffolgenden Tage wurde von der indischen Regierung in Zusammenarbeit mit der deutschen Botschaft ein Programm für mich vorbereitet. Ich sollte drei bis vier Wochen um ganz Indien fliegen, sollte alle Regierungs-Segelflug-Zentren aufsuchen und herausfinden, wodurch der indische Leistungssegelflug in eine Sackgasse geraten war und wie ihm herausgeholfen werden könnte. Wo es gewünscht würde, sollte ich Vorträge über den Segelflug halten. Diese Reise würde teils mit Flugzeugen der Indian-Airlines durchgeführt werden, teils mit der Bahn oder im Auto. Sie führte mich nach Bombay, Poona, Bangalore, Madras, Pondicherry, Kalkutta, Patna, Katmandu (Nepal), Benares, Allahabad und zurück nach New Delhi. In Poona, in Bangalore und Allahabad befanden sich die drei staatlichen Segelflug-Zentren. Dort erwarteten mich vor allem fliegerische Aufgaben. An den anderen Orten sollte ich Vorträge halten.

Ich war voller Freude und Spannung, betete aber in der Stille, daß Gott mir helfen möge, das zu erfüllen, was man von mir durch diese Reise erhoffte.

Der Flug um Indien

Am 24. April startete ich nach Bombay. Während der ersten Woche dieser Reise begleitete mich Mr. Irani, der Berater des indischen Segelfluges. (Er war etwa fünfundfünfzig Jahre alt, acht Jah-

212

re älter als ich damals). Dieser, eine starke Persönlichkeit, hatte sich größte Verdienste um den Aufbau des indischen Segelfluges erworben und vor dem Zweiten Weltkrieg das Segelfliegen in Deutschland gelernt.

Kaum hatten wir, in einer DAKOTA fliegend, New Delhi verlassen, stellte ich mit Erstaunen fest, daß Mr. Irani ein Gebetbuch hervorzog, in dem er dann während des ganzen Fluges las. Auch fast alle anderen Passagiere - es waren ausschließlich Inder - beteten oder meditierten. Wenn Mr. Irani besonders beeindruckt von einer Stelle in seinem Gebetbuch war, strich er die Zeilen rot an und reichte mir das Buch herüber. Auch erinnere ich mich, daß sein erster Weg in Bombay dem Aufsuchen eines seiner Tempel galt. Er war Parse, und die Parsen verehren Gott im Feuer.

Die Frömmigkeit, die mir schon beim ersten Zusammensein mit den indischen Segelfliegern aufgefallen war, begegnete mir während meiner ganzen Reise durch dieses weite Land. Gebet und Meditation spielen eine tiefe und selbstverständliche Rolle. Dabei sind die Inder, vielleicht mit Ausnahme der Islamiten, für alle Geistesrichtungen aufgeschlossen und tolerant. Mit Ehrfurcht, ja mit Bewunderung, lauschen sie anderen religiösen Auffassungen und sagen voll Achtung: »Viele Wege führen zu Gott.« In Gesprächen mit Menschen aller Gesellschaftsschichten konnte ich diese tiefe religiöse Bindung als Ausrichtung ihres Lebens feststellen.

In Bombay hatte ich am ersten Tag zwei Vorträge zu halten. Den einen vor dem Fliegerclub auf dem Flughafen vor etwa fünfhundert Menschen. Sie saßen im Freien, wo es sich ohne Mikrophon gar nicht so leicht reden ließ. Anschließend mußte ich in der Stadt vor den indischen Verkehrspiloten sprechen. Es waren die ersten von siebzehn weiteren Vorträgen auf dieser Rundreise. Nur ein Bruchteil davon war im Programm vorgesehen - und es war gut, dies vorher nicht zu wissen. Ich hätte niemals geglaubt, neben dem Fliegen, neben den tiefen Eindrücken, aber auch großen Strapazen dieser Reise - noch dazu immer bei irrsinniger Hitze - diese vielfältigen Anforderungen bewältigen zu können. Meist erfuhr ich erst kurz vor Beginn eines Vortrages, wen ich als Hörer vor mir hatte - ob Segelflieger, ob Verkehrspiloten oder Luftwaffenoffiziere - ob völlige Laien, ob Professoren und Studenten, ob Frauen oder Männer. Allen gerecht zu werden, war gar nicht einfach für mich, um so mehr, als ich immer englisch sprechen mußte. Englisch ist die ganz Indien verbindende Umgangssprache, infolge der zweihundertjährigen englischen Kolonialzeit.

Als ein Captain der Indian Airlines mich im Anschluß an meinen zweiten Vortrag in Bombay in mein Hotel zurückbrachte, war ich entsetzt, weil ich auf der Straße ungezählte Menschen schlafend am Boden liegen sah. Wie ich später erfuhr, sind es Nacht für Nacht in Bombay und auch in Kalkutta fast zwei Millionen Menschen, die auf der Straße schlafen. Damals war ich erschüttert. Doch je länger ich in Indien war, desto mehr empfand ich, daß man dieses Land und seine Einwohner nicht nach europäischen Maßstäben beurteilen darf. Aufschlußreich war für mich ein Gespräch zwischen einer Amerikanerin und einem indischen Yogi, einem Heiligen. Sie war entsetzt über die unzähligen auf der Straße schlafenden Menschen. Der Yogi hörte ihr ruhig zu. Dann sagte er: »Sie haben ganz recht, die Amerikaner haben wunderbare Betten, aber sie finden darin keinen Schlaf. Wir haben zwar keine Betten, aber wir schlafen, ohne Schlaftabletten, glücklich, erquickend und zufrieden. Wir merken nicht einmal, daß wir auf dem Boden liegen.«

Auch fiel mir auf, daß junge Mädchen und Frauen jeden Alters friedlich allein am Boden lagen und schliefen. Es wäre in Indien undenkbar, sie zu berühren oder gar zu vergewaltigen. Welch ein Unterschied in der Moral zu unserem Land und zu anderen Ländern!

214

Am folgenden Tag ging es mit dem Zug nach Poona. Ich war sehr froh, einmal eine Bahnfahrt zu erleben. Auch wenn man im Flugzeug viel Zeit spart und bequemer reist und dadurch Staub, Hitze, Schmutz wie auch das Geschrei und Gedränge auf den Bahnhöfen meidet, so entgeht einem dabei doch der Kontakt mit den Menschen und ihrer Landschaft. Drei Stunden dauerte unsere Fahrt mit der elektrischen Bahn. Sie führte uns auf eine Höhe von etwa 550 m. Durch dschungelartige Wälder, durch Bergtäler und Tunnels schlängelte sich unser Zug. Auf beiden Seiten, dicht neben den Bahngleisen, sah man in den Bäumen Hunderte von Affen. Ich erfuhr von meinem Begleiter, daß es dort im Dschungel Tiger, Panther und Schakale gibt. Kein schöner Gedanke für Überlandflüge mit dem Segelflugzeug!

Eine unbeschreibliche Fülle von Eindrücken erhielt ich auf dieser Rundreise. Die verschiedenen Segelflug-Zentren ähnelten einander. Jedes der Zentren bestand aus einem Clubhaus, einem Office, einer Werkstatt und einem Segelflug-Hangar. Geschleppt wurde mit Winden. Der Flugzeugpark bestand aus sechs bis sieben Segelflugzeugen: Einem deutschen Doppelsitzer Ka-7, einem offenen Doppelsitzer T-21 (der englischen Firma SLINGS-BY, mit zwei Sitzen nebeneinander). Weiter gab es einen oder zwei einsitzige deutsche Ka-6, eine Olympia-Meise und ein deutsches Grunau-Baby. Schulleiter und Lehrer waren Regierungsangestellte. Ich flog jeweils ihre Maschinen im Windenschlepp und segelte mit ihnen bei herrlichster Thermik. Ich hörte mir ihre Probleme und Sorgen an und konnte mir bald ein Bild machen, woran der Segelflug in Indien krankte. Auch suchte ich die technischen Institute auf und flog mit den jungen Inderinnen des National-Cadet-Corps. Das ist eine Vereinigung, von der Regierung gegründet, um Studentinnen für das Fliegen zu gewinnen. Jede erhält fünfzehn Freiflüge und entscheidet danach, ob sie weiterschulen will. Pandit Nehru hatte erkannt, welchen Einfluß der Segelflug auf junge Menschen ausüben kann. Er sah die erzieherischen Möglichkeiten und spürte, gerade aus indischem Wesen heraus, das sich allem Überirdischen verbunden fühlt, welche Kraft das Erleben hoch über der Erde zu geben vermag.

Für den Abend waren fast immer Vorträge von mir angesetzt, in der verbleibenden Zeit Stadt- oder Ortsbesichtigungen vorgesehen. In den größeren Städten, wie Bombay, Madras und Kalkutta, die deutsche Konsulate hatten, wurde ich mit viel Güte, Herzlichkeit und Gastfreundschaft von den deutschen Diplomaten betreut. In Bangalore war ich als Gast bei Professor Tank, dem bekannten deutschen Konstrukteur und Flieger. Ich erlebte dort den ersten Start seines Überschallflugzeuges, das er für Indien, in der »Hindustan Aircraft Ltd. factory of Bangalor«, entwickelt hat. Dieser erste Start fand ohne Triebwerk im Schlepp einer DAKOTA statt.

Die Frau in Indien

Auf meiner Reise durch Indien war ich immer von neuem erstaunt über die Stellung der indischen Frau. Sie ist völlig anders als ich sie mir vorstellte. Vor 1947, also vor der von Gandhi erklärten Gleichberechtigung der Frau, wirkte sie nur im Haus, aber galt auch dort von jeher als die »Goddess« (Göttin), während für die Frau auch der Mann wie ein Gott erscheint. Im indischen Haus herrscht ein matriarchalisches Verhältnis. Es ist die Mutter, auf die alles blickt und die als die Überlegene angesehen wird. Dies ist aus der indischen Mentalität zu verstehen. Jeder indische Gott hat seine Gemahlin, »seine bessere göttliche Hälfte«, wie das Volk sagt, ohne die er nichts vermag. Söhne und Enkel beugen

216

sich ihr selbstverständlich, und sie herrscht in der »joint family« (im Familienkreis). Seit 1947 jedoch tritt die indische Frau in allen Berufszweigen führend auf und wird hochgeschätzt und geachtet. Sie hat die europäische Frau weit überflügelt. Nehrus Schwester war wohl die erste Botschafterin der Welt, Nehrus Tochter war zu seinen Lebzeiten Präsidentin der führenden Kongreßpartei - später nach seinem Tode Ministerpräsidentin des Landes. Man steht in Indien staunend vor der ungeheuren Polarität, die das soziale Leben der indischen Frau kennzeichnet. Auf der einen Seite die Mutter, die Göttin, die tief im indischen Wesen begründet ist, auf der anderen Seite die moderne berufstätige Frau, die sich mit Würde, ohne falsche Emanzipation, in allen Sätteln zurechtfindet. Ich erlebte in Allahabad ein Krankenhaus, in dem ausschließlich Ärztinnen tätig waren, von der Chefärztin, Chirurgin, Gynäkologin, Internistin bis zur jüngsten Assistenzärztin. Aber das soll in Indien längst keine Ausnahme mehr sein.

Von der indischen Regierung wird die Berufsausbildung der Frau sehr gefördert, und dies, obwohl in Indien ein starker Männerüberschuß von fast 10 Millionen vorhanden ist. Es gibt in Indien deshalb zwischen 20 und 65 Jahren kaum Frauen, die unverheiratet sind. Die Verantwortung für das Anknüpfen von Beziehungen übernehmen auf dem Lande in Indien die Eltern. Man sieht dort keinen »Flirt«, keinen »Bummel«, nicht junge Männer zusammen mit Mädchen. Es ist darin vorläufig noch der äußerste Gegensatz zu Europa. Ehepartner, die nicht durch Studien oder geschäftliche Verbindungen mit Europa zusammenkommen, sondern von den Eltern zusammengeführt wurden, sind fast immer glücklich und zufrieden. Sie suchen nicht nach eigenem Glück, sie versuchen vielmehr, den anderen glücklich zu machen, ihn zu verstehen und zu ertragen. Vorläufig, also in der Zeit meines Dortseins, hatte ich nicht den Eindruck, daß das teuflische Gift des Tempos, der Hetze und der Ruhelosigkeit Europas, den indischen Frauen den Frieden des Herzens rauben konnte. Werden sie sich indessen davor bewahren können? Einstweilen rettet sie - ihnen selbst vielleicht unbewußt - das ihnen so selbstverständliche tägliche Meditieren. Aber letzteres gilt nicht nur für die Frauen, sondern ebenso stark für die Männer Indiens. Die Gleichberechtigung und Ehrfurcht vor dem anderen Geschlecht scheint mir aus ihrem Glauben zu resultieren, da jeder von ihnen (ihrer Überzeugung nach) einmal ein Mann, einmal eine Frau in früheren Leben gewesen sein kann und sich dies in späteren Leben wiederholen wird.

Pondicherry

Bei meiner Ankunft in Madras überraschte mich Hauptmann Pali Soni. Er hatte beim deutschen Konsul eine Abänderung meines vorgesehenen Programms erwirkt, um mit mir einen Abstecher in den Ashram von Pondicherry zu unternehmen.
Pali Soni hatte der »Mother von Pondicherry« (»Mutter von Pondicherry«), die wegen ihres hohen Alters nur noch in ganz seltenen Fällen jemanden empfing, mein Foto geschickt. Sie ließ ihn wissen, sie sei mir in einem früheren Leben begegnet und wolle mich sehen und empfangen. Pali erhielt von der Luftwaffe Sonderurlaub, um meinen Besuch in Pondicherry vorzubereiten. Ich war sehr erfreut über diese Überraschung und äußerst neugierig auf das, was mir an Erlebnissen zuteil werden sollte.
Erst aber stand uns noch die Autofahrt von etwa 150 km auf Indiens Landstraßen bevor. Um Indien zu kennen, muß man diese befahren haben. Indien ist mit einem dichten Netz staubiger, sandiger Landstraßen überzogen. Auf denen ziehen Tag und Nacht Tausende von zweirädrigen Ochsenkarren dahin. Meist

sind es ganze Karawanen solcher Wagen. Sie sind mit Bergen von Lasten beladen und haben ein völlig anderes Zeitmaß als wir. Es ist dem Tempo der Ochsen angepaßt. Bemerkenswert sind auch auf den Landstraßen die zwei- oder vierrädrigen Wagen mit buntem Zeltdach als Sonnenschutz, von kleinen, zähen Pferden gezogen. Sie dienen als Transportmittel für Menschen. Alles ist bunt an diesem »Gefährt« - das Pferdegeschirr, die Plane, die Bemalung des Wagens und die darin hockenden, immer fröhlichen Menschen. Im allgemeinen sind es ganze Familien mit Anhang, die darin und darauf sitzen. Wenn der Wagen für drei Personen bestimmt ist, dann sitzen gewiß zehn darin. Nie habe ich ein ungeduldiges, unfreundliches Wort gehört, immer nur größte Heiterkeit. Man schaut diesen Wagen fasziniert nach und erfreut sich nicht nur an diesen fröhlichen bunten Gefährten, sondern auch an der ungewöhnlichen Schönheit der indischen Mädchen und Frauen, die darin sitzen.

Da der Leihwagen, den Pali Soni für uns gemietet hatte, uns vor Klapprigkeit und Alter verschiedentlich im Stich ließ, so mußten wir öfters in Ortschaften anhalten und reparieren. Wenn wir hielten, waren wir sofort von freundlichen Männern, Frauen und meist nackten Kindern umringt. Die Frauen, auch die ärmsten, trugen alle diese würdigen, schönen Saris. Die Armut schien unvorstellbar, aber auch die Anspruchslosigkeit. Sie begnügen sich mit dem, was sie haben oder was sie nicht haben. Ihr Los sehen sie als Strafe oder Schicksal an und ertragen es selbstverständlich und geduldig, um im nächsten Leben in bessere Verhältnisse und »höhere Stufen« zu wachsen. Ich habe alle während meiner Reise nur heiter, freundlich und zufrieden erlebt.

Rechts und links der Straße standen uralte Banyan-Bäume, deren Luftwurzeln oft über die Straße hingen. Und darauf tummelten sich immer noch wie früher Scharen von Affen. Als wir schließlich durch häufiges unfreiwilliges Anhalten in die Nacht hineinkamen, empfand ich, im Auto sitzend - ich muß es gestehen - ein Gefühl von Scham. Denn mir kam es vor, als bräche man mit dem Auto wie ein Dämon in die Idylle ein. Auf den Landstraßen mußten die Ochsenkarren, die natürlich niemals auf der richtigen Seite fuhren, unsertwegen hinübergerissen werden, um unserem mit großer Lautstärke heranbrausendem Auto Platz zu machen. Mir schien, als ob sich zwei Welten dort begegneten. Nie vergesse ich die weitaufgerissenen Ochsenaugen, in denen sich Angst und Entsetzen widerspiegelten, wenn die grellen Autoscheinwerfer, die nie abgeblendet wurden, sie in der Dunkelheit trafen. Aber das Auto setzt sich mehr und mehr durch. Omnibusse verbinden schon vielfach entlegenste Ortschaften miteinander. Übrigens lieben es die indischen Transportfirmen, ihren Bussen Namen und Aufschriften zu geben, die sie der Götterwelt entnehmen, wie zum Beispiel Shakti, Krishna, Brahma oder Lakshmi.

Mit vielen Stunden Verspätung trafen wir gegen zwei Uhr nachts im Ashram ein. Ein Pförtner führte mich in ein wunderschönes Zimmer im Gästepavillon, doch um fünf Uhr fünfzehn war bereits allgemeines Wecken. Um sechs Uhr holte mich Pali Soni zum Haus der »Mother« ab. Auf dem Balkon dieses Hauses erschien sie täglich um sechs Uhr fünfzehn, um von da aus zehn Minuten lang mit den Ashram-Angehörigen zu meditieren. Als wir dort eingetroffen waren, bot sich mir ein überraschendes, ungewöhnliches Bild: Unter dem Balkon saßen bereits auf der Straße ungezählte Menschen. Es war schon taghell und sehr warm. Meist saßen diese Menschen im Lotossitz und waren in Vorbereitung auf die »Mother« völlig in Meditationen versunken. Sie waren für mich gänzlich abwesend, in einer anderen Welt. Und als ein Gong ertönte, erschien die »Mother« - in weißem Sari, den Kopf halb verhüllt. Ganz schmächtig, fast ätherisch. Nur große, blaue, gütige, strahlende Augen waren zu erkennen. Wir hatten ganz in der Nähe des Balkons Platz gefunden. Alle schauten gebannt und lautlos zu ihr hin. Es war, als könne sie mit ihren Augen jeden einzelnen berühren. Eine faszinierende, mich sehr bewegende Atmosphäre! Dabei völlig untheatralisch - schwer für Europäer wiederzugeben. Nicht nur Inder waren hier versammelt, sondern Menschen aus der ganzen Welt.

Als die »Mother« sich nach zehn Minuten wieder zurückgezogen hatte, verteilte sich die Menge bald und verschwand. Nach einem gemeinsamen Frühstück war für mich eine Besichtigung des Ashrams vorgesehen, der sich über die ganze Stadt verteilt hat und zu dem damals zirka zweitausend Mitglieder gehörten. Wir besuchten den ashrameigenen Kindergarten, eigene Schulen bis zur Universität, Laboratorien, Werkstätten, die eigene Handweberei, den riesigen Sportplatz, das Schwimmbad und Tennisplätze. Überall verbreiteten die Menschen eine einzigartige Atmosphäre von Glück und gelöster Heiterkeit.

Um zwölf Uhr war der Empfang bei der »Mother« für mich angesetzt. Beinahe beschämt empfand ich, daß ich wie eine Auserwählte von den anderen betrachtet wurde, und ich kam mir selbst so unwürdig und geistig ganz unvorbereitet für diesen Empfang vor. Man durfte ihr Haus nur mit bloßen Füßen betreten. Ich wurde von einem ihrer Betreuer in den ersten Stock geleitet und wartete dort in einem Raum voller mir unbekannter heiliger Symbole. Und dann erschien die »Mother«. Ich wollte ihr in Ehrfurcht die Hand küssen, aber dazu ließ sie es gar nicht kommen, sondern umarmte mich. Wir setzten uns einander gegenüber und schauten uns wortlos in die Augen, ich weiß nicht, wie lange. Ich hätte noch lange weiterhin schweigend in ihre Augen schauen können. Doch plötzlich sagte sie: »Ich kenne Sie jetzt ganz genau - ich habe Sie schon wiedererkannt, als ich Ihr Bild sah, Sie fliegen nicht nur mit Flugzeugen, Ihre Seele fliegt höher als Flugzeuge je gelangten. Wir werden uns wiedersehen und wieder treffen in einer anderen Welt.« Sie sagte nicht mehr viel, aber sie segnete mich, schenkte mir ein Büchlein mit Widmung und zwei Blumen. Dann nahm sie mich in die Arme, küßte mich, und wir trennten uns. Danach wollte ich für mich allein bleiben.

Um achtzehn Uhr besuchten wir noch Aurobindos Gedenkstätte und traten dann die Rückfahrt an. Nach diesem Erlebnis fühlten Pali Soni und ich uns noch näher verbunden als vorher schon. Er betrachtete mich wie seine ältere Schwester, die gleich ihm zum Ashram gehörte. Auf der Fahrt erfuhr ich von Pali noch viel Interessantes über das Leben der indischen Menschen. Sie teilen ihr Leben in vier Abschnitte ein: Der *erste* - Bramacharya - ist die Zeit der Erziehung und Bildung. Der *zweite* - Grihastha - gilt der Ehe und Liebe, den Kindern, der Familie. Der *dritte* - Vanaspratha - dient dem Sichlösen aus dem ehelichen Leben - die Kinder sind erwachsen und selbständig geworden - und dem gemeinsamen Wachsen in eine höhere geistige Stufe, in eine geistige Welt. Und der *letzte Abschnitt* - Pravrajya - gehört dann dem höchsten Geistigen, das in seiner Entpersönlichung dem Göttlichen nahekommt: Es ist das Erwarten der Freiheit durch den Tod.

Am 3. Mai ging es weiter nach Kalkutta, wo ich zwei Vorträge zu halten hatte, einen vor der Deutsch-Indischen Kulturgesellschaft, den anderen vor dem Bengale-Flying Club, der mich zum Ehrenmitglied ernannte. Nach einer großen Pressekonferenz, die in meinem Hotel angesetzt war, flog ich am 6. Mai weiter nach Patna, wo ich vor dem Rotary-Club sprechen mußte, nachdem wieder vorher eine sehr gut vorbereitete Pressekonferenz stattfand. Vom 7. bis 14. Mai wurde mir - offiziell im Programm vorgesehen - ein herrliches Erlebnis und Geschenk zuteil: Ich durfte zur Erholung eine Ruhepause von einer Woche einlegen und nach Katmandu/Nepal fliegen. Die Erlebnisse dieser Woche könnten allein schon ein Büchlein füllen.

Auf 48 Stunden in Benares

Benares ist, wie wohl keine Stadt der Erde, in den letzten fünftausend Jahren völlig gleichgeblieben. Obzwar jetzt eine große Hindu-Universität vorhanden ist mit etwa zehntausend indischen Studenten, so ist Benares nach wie vor doch eine Kultstätte größten Ausmaßes. Es liegt am Ganga, und dort herrscht jeden Morgen bei Sonnenaufgang regstes Leben. Tausende von Indern drängen zum Ufer des Ganga, wo kilometerlang breite Stufen in den Fluß führen. All die Menschen wollen in dieser heiligen Stunde die Gnade einer kultischen Waschung an sich erfahren. Für den Hindu ist der Ganga ein Strom ohnegleichen. Seine Quelle liegt bei den Göttersitzen im Himalaja. Seit Jahrtausenden werden am Ganga die kultischen Waschungen vorgenommen. Für uns Europäer ist es schwer, sich in diese Gefühlslage zu versetzen. Auch stößt uns schon rein physisch das unsaubere Wasser ab, das besonders für uns anfällige Europäer den Herd vieler Krankheiten bedeutet. Trotz des Gewimmels von Menschen, das jeden Morgen sich am Ufer sammelt, schien mir jeder einzelne bei den kultischen Waschungen ganz einsam und für sich allein zu sein. Fast war es, als ob jeder eine Art »Aura« um sich verbreite. Die Beter und Beterinnen schritten - der Sonne zugewandt, angezogen -, die Frauen in ihren Saris und die Männer mit Dhotis, in den Fluß, bis das Wasser etwa ihre Knie umspülte. Nach ihrem Gebet verbeugten sie sich mehrfach vor dem roten Sonnenball. Darauf schöpften sie mit beiden hohlen Händen Wasser aus dem Fluß, hielten es einige Zeit und schienen es als Opfer wieder herzugeben. Dies wiederholte sich mehrfach. Die Einfachheit dieser Handlung, verbunden mit innerster Sammlung, wirkte ergreifend. Der Mensch bringt der Gottheit dar, was ihm die Gottheit geschenkt hat. Liegt nicht darin der Sinn wahren Opfers?

Am Ufer entlang liegen die Verbrennungsstätten. Es ist für jeden Hindu eine besonders hohe Schicksalsgunst, am Ganga zu sterben und am Ganga verbrannt zu werden. Dieser Wunsch ist tief eingewurzelt und kennt keine Unterschiede - vom Maharadscha bis zum ärmsten Inder. Der Maharadscha von Bengalen zum Beispiel, der in einem Palast außerhalb der Stadt wohnt, hat sich in unmittelbarer Nähe des Ganga einen anderen Palast gebaut, in den er übersiedelt, wenn er den Tod herannahen fühlt. Nach hinduistischer Auffassung sind damit wesentliche Voraussetzungen erfüllt, um die Erlösung zu erreichen. An anderen Stellen liegen die »Wartehäuser des Todes« für das Volk.

Aber wenn man Benares allein erlebt, ohne Begleitung indischer Freunde, die einem die Symbolik erklären, hinterläßt es beinahe einen unheimlichen Eindruck. Das Gewirr von Götterfiguren nimmt einen nahezu spukhaften Charakter an. Ich war zu kurz da, vor allem aber allein, und weiß darum nicht, ob das religiöse Geschehen auch in lebendigem Zusammenhang steht mit dem sonstigen Kreislauf des Lebens, mit der modernen Stadt, der Universität und der Industrie. Um dies beurteilen und um tieferen Einblick gewinnen zu können, reichte mein Aufenthalt nicht aus.

Die letzte Etappe meiner Reise war Allahabad. Dort liegt nicht nur eines der staatlichen Segelflug-Zentren, sondern in erster Linie das »Center of Civil Aviation« als Ausbildungsstätte der indischen Verkehrspiloten. Der Chef von beiden war Mr. Santokh Singh, sowohl ein besonderer Flieger als auch ein weiser Philosoph und ein Freund Nehrus. Zusammen mit den Schülern der Verkehrsfliegerschule und dem Stab der Segelflugschule empfing er mich herzlich am Flugplatz. Zwei Vorträge hatte ich in Allahabad zu halten; vor der Verkehrsfliegerschule über Motor-, Raketenflug- und Hubschraubererlebnisse und vor der Segelflugschule über rein segelfliegerische Erlebnisse.

Am folgenden Morgen machte ich im Windenschlepp einige Flü-

224

ge mit ihren Segelflugzeugen, auch mit einem »Grunau-Baby«, das meinen Namen trug. Nach einer interessanten Stadtrundfahrt, mit Besichtigung von Nehrus Geburtshaus, war ich privat bei Mr. Santokh Singh eingeladen, und die Gespräche mit ihm waren für mich das Wertvollste dieses Aufenthaltes. Durch ihn bekam ich den tiefsten Einblick in die Mißstände im Segelflug, und wir erörterten die Vorschläge, die Pandit Nehru zu machen wären, um dem Segelflug aus den Schwierigkeiten herauszuhelfen. Der indische Segelflug wurde durch Bürokratismus abgewürgt. Die Segelflugschulen wurden vom Civil-Air-Ministerium bezahlt und von dort aus durch Menschen dirigiert, die kaum etwas vom Segelflug wußten. So wurden auch die Angestellten der Segelflugschulen, vor allem ihre Leiter und die Fluglehrer, derart niedrig bezahlt, daß sie eine eigene Familie damit nicht ernähren konnten. Dadurch mußten fähigste Segelflieger in andere Berufe abwandern. Aber über all das hinaus hörte und lernte ich viel in philosophischen Gesprächen mit diesem weisen, sehr gebildeten und tiefreligiösen Prinzipal. In seinem Wohnhaus war ein eigenes »Meditationszimmer«, das man nur barfuß betreten durfte. Neben Göttern der Hindus, neben Abbildungen großer Yogis, die für das Leben Santokh Singhs eine bedeutende Rolle spielten, war in diesem Gebetsraum auch ein Bild von Christus. Manchmal - man möge mir verzeihen - hatte ich in Indien den Eindruck, daß Christus bei den Hindus eine lebendigere Rolle spielte und ein tieferes Verständnis fand, als ich das unter Christen vielfach bei uns erlebe. Die Gespräche mit Santokh Singh und die mit ihm verbrachten Stunden werden mir unvergeßlich bleiben.

ZWANZIGSTES KAPITEL

Begegnung mit Pandit Nehru

Überreich an Eindrücken kehrte ich von diesem Flug um Indien, der mich die Vielfalt des Landes und der Menschen erleben ließ, nach New Delhi zurück. Die Zeitungen hatten, wo immer ich mich aufhielt, von meinen Vorträgen und meinem Wirken berichtet, im Bemühen, dem indischen Segelflug zu helfen.

Ich ahnte nicht, daß sich die Segelflieger inzwischen von allen Teilen Indiens nach New Delhi gewandt hatten mit der Bitte, Pandit Nehru möge mich empfangen. Sofort am Tage nach meiner Rückkehr war für neun Uhr früh dieser Empfang angesetzt. Zahlreiche Telegramme erreichten mich am Morgen dieses Tages in meinem Hotel, und fast alle hatten den gleichen Inhalt: »Hanna, our prayers are with you today - unsere Gebete sind heute bei dir!«

Getragen von den Gebeten der indischen Segelflieger, ging ich zu Pandit Nehru. Der indische Premierminister empfing mich in seinem Dienstzimmer. Ganz schlicht war er gekleidet, nicht anders als der einfachste Inder. Barfuß in Sandalen, enge röhrenartige, verknitterte weiße Hosen, ein dreiviertellanges, weißes darüberflatterndes Hemd und eine weiße kragenlose Jacke, immer, seit dem Tode seiner Frau, mit einer roten Rose im Knopfloch. Er kam mir nicht unfreundlich, eher abwartend und etwas reserviert entgegen. Als ich ihm gegenüber am Schreibtisch Platz genommen hatte, erkundigte er sich nach meinen Eindrücken, besonders von den Segelflugschulen seines Landes. Ich fragte ihn freimütig, ob ich ganz offen sein dürfe und gab ihm dann einen umfassenden Bericht.

Nach eineinviertel Stunden stand er auf, trat auf mich zu, umarmte und küßte mich. Dann faßte er meine beiden Hände und sagte: »Ich danke Ihnen - ich danke Ihnen für diese Offenheit«. Er lud mich ein, als sein persönlicher Gast doch im Lande zu bleiben, solange ich Lust und Zeit hätte. Er bat mich, mit den ihm dafür wichtig erscheinenden Persönlichkeiten ebenso offen zu konferieren, um auf diese Weise so rasch wie möglich dem Segelflug zu helfen. Noch in meiner Gegenwart meldete er mich telefonisch bei Air-Marshall Mukerjee, dem Chef der indischen Luftwaffe, an, bei Minister Mohiuddin, dem Minister für Zivilluftfahrt, Mr. Patil, dem Minister für Verkehr, und anderen. Er beauftragte per Telefon den Chef des indischen Protokolls, sich ganz besonders von nun an meiner anzunehmen und mir in jeder Beziehung zu helfen. Ein Wagen solle mir, wann immer ich ihn benötige, zur Verfügung stehen, und jeder Wunsch solle erfüllt werden. Er wußte nach dem, was er von meiner Reise erfahren hatte, daß ich dies nicht mißbrauchen würde.

Bevor ich ging, äußerte er den Wunsch, mit mir in dem neuen Segelflugzeug, das ich als Geschenk unserer Regierung gebracht hatte, zu fliegen. Wir setzten sofort Tag und Stunde fest, und zwar für Samstag, den 23. Mai, um elf Uhr.

Bevor ich hinausging, erlebte ich eine kleine Episode, die bezeichnend für Nehrus Menschlichkeit war. Vor der Tür wartete mein indischer Begleiter, der Geschäftsführer des Delhi Gliding Club, Vish Gupta, mit einem Fotografen. Als Pandit Nehru beide sah, sagte er lachend: »Sie wollen gewiß ein Bild von uns machen? Kommen Sie herein!« Beide betraten strahlend den Raum.

227

Vish Gupta stellte sich auf die eine Seite, Pandit Nehru auf meine andere. Und der Fotograf, wahnsinnig aufgeregt, versuchte wieder und wieder zu knipsen - doch das Blitzlicht tat es nicht. Nehru lächelte gütig: »Wissen Sie was, wir gehen hinaus auf die Terrasse, da geht's mit Tageslicht?« Und dann zogen wir gemeinsam ins Freie. Das war in der Tat bezeichnend für seine Natürlichkeit und Güte.

Ich fliege mit Pandit Nehru

Tag und Nacht ließ ich von nun an die neue »Ka-7« bewachen. Zuverlässige Sicherheitsbeamte wurden dafür eingesetzt. Am Morgen jenes festgesetzten Tages machte ich in der Frühe mit der »Ka-7« einen Probestart. Ich kontrollierte selber noch einmal sämtliche Anschlüsse und wich keinen Augenblick mehr bis zu Pandit Nehrus Eintreffen vom Flugzeug. Ich hatte gegen den Willen vieler anderer bei der Luftwaffe um zwei ihrer besten und neuesten Fallschirme gebeten. Langsam traf die ganze Prominenz ein: der Chef der Luftwaffe, Air-Marshall Mukerjee mit seinem Stab, verschiedene indische Minister, der deutsche Botschafter mit fast allen Botschaftsmitgliedern und viele andere. Der Flugplatz war für jegliche andere Starts und Landungen gesperrt. Dann traf Pandit Nehru ein. Er kam in einem kleinen Auto quer über den Platz gefahren, und ein einziger Polizist auf einem Motorrad fuhr vor ihm her. Mit Schmunzeln ließ er sich den Fallschirmgurt umschnallen, nahm im vorderen Sitz der Ka-7 Platz, und ich erklärte ihm die Instrumente.
Inzwischen war es glühend heiß geworden, als das Segelflugzeug, im Schlepp einer Motormaschine, startete. In 700 m Höhe löste

ich mich vom Schleppseil, fand einen herrlichen Aufwind und kreiste, vorsichtig ohne zu große Beschleunigungen, da das Aufwindfeld groß genug war, in die Höhe. Bis 3000 m trug uns der Aufwind hinauf. Pandit Nehru, der von seinem Volk beinahe wie ein Heiliger verehrt und geliebt wurde, schaute entspannt und glücklich hinunter auf sein Land, dessen Schicksal und Glück sein Leben galt. Nach eineinviertel Stunden blickte er erschrocken auf die Uhr und sagte: »Ich habe ja völlig die Zeit vergessen, weil es so schön ist! Aber meine Minister und alle Anwesenden unten warten doch in der brütenden Hitze. Das können wir Ihnen nicht länger antun. Wäre es möglich, in fünfzehn Minuten zu landen?« Auf die Minute pünktlich setzte ich mit einer Ziellandung neben den Gästen auf. Pandit Nehru stieg strahlend aus, dankte voller Herzlichkeit und lud mich für den übernächsten Tag zum Lunch (Mittagessen) in sein Haus ein.

Nach kurzer Pause, nachdem Pandit Nehru sich von allen verabschiedet hatte und weggefahren war, machte ich einen zweiten Flug. Diesmal mit Swami Ranganathananda, einem in ganz Indien berühmten Yogi, einem geistlichen Gelehrten und Priester der hinduistischen Ramakrishna-Mission. Er war ein besonderer Freund des Premierminister und hatte ihn um diesen Flug gebeten. Er war der erste Yogi Indiens, der im Segelflugzeug lautlos über Indiens Erde flog. Nach unserer Landung lud er mich ein, an dem nächsten Tag, einem Sonntag, die Ramakrishna-Mission zu besuchen. Dort bat er mich, in einer tempelartigen Gebetshalle vor Hunderten von Frauen dieses Ashramas zu sprechen. »Alle dort müssen hören«, wünschte er, »was für schöne, tiefe, erfüllte und fromme Wege andere Menschen in anderen Ländern gehen.« Ich sprach damals - barfuß, auf dem teppichbelegten Boden dieser Gebetshalle sitzend - über »meine Mutter und ihren Einfluß auf mein Fliegen und Leben«. Das war das, was sie hören wollten und was sie mit Verständnis und Dankbarkeit in sich aufnahmen.

Ich ahnte nicht, welcher Reichtum mir durch die Begegnung mit diesem großen Yogi für mein Leben erwachsen würde. Er war es, der mich in die Yogalehre einweihte. Aber darüber an anderer Stelle. Zweimal besuchte er mich seitdem in Frankfurt auf seinen Vortragsreisen, die ihn durch die Welt führten. Bis zum heutigen Tag verbindet uns eine herzliche Freundschaft.

Den Abschluß dieses unvergeßlichen Tages bildete ein Segelflug mit Air-Marshall Mukerjee. Auch mit ihm und seiner Familie wuchs während meines Dortseins eine nahe Verbundenheit. Ihn ereilte jedoch, kurz nachdem ich Indien verlassen hatte, ein tragisches Schicksal. Nach dem Eröffnungsflug der Air-India Fluglinie nach Tokio erstickte er grausam an einem Stückchen Fleisch während des Festessens in Tokio. Indien hat mit seinem frühen Tod einen der fähigsten, weitestblickenden, wertvollsten Offiziere, Flieger und Menschen verloren.

Diese Flüge, die durch Wochenschauen, in Kinos und durch die gesamte Presse Indiens bekannt wurden, gaben dem indischen Segelflug einen großen Auftrieb. Jetzt galt es zu versuchen, ihm ein festes Fundament, Rechte und Möglichkeiten der Ausübung zu sichern, damit die Begeisterung nicht in einem Strohfeuer verpuffte.

Ich wußte nicht, daß der Höhepunkt meiner Reise noch längst nicht gekommen war. Am nächsten Tag wurde ich im Wagen vom Hotel abgeholt und zum Haus des Premierministers gebracht. An diesem Morgen war seine Tochter, Indira Gandhi, die damals die Präsidentin der Kongreßpartei war, von einer Dienstreise zurückgekehrt. Sie lebte mit ihrem schwer herzkranken Mann, der wenige Jahre nach meinem Dortsein verstarb, und mit ihren zwei Söhnen, dem damals fünfzehnjährigen Rajiv und dem dreizehnjährigen Sanjay, im Hause ihres Vaters. Ich sah, welch ungewöhnlich tiefes Band zwischen Vater und Tochter bestand, in der sich Klugheit und viele andere Gaben von Vater und Mutter

230

vereinigten. Sie erfüllte damals an seiner Seite die Pflichten der »First Lady« des Landes, und er hielt viel auf ihr politisches und frauliches Urteil.

Indira Gandhi empfing mich herzlich im ersten Stock des Hauses, in dem die Privaträume lagen. Ihr Vater war noch nicht vom Büro zurückgekehrt. Wir setzten uns in einen kleinen Salon und waren schnell in ein gutes Gespräch eingetreten. Es galt unseren Müttern, denen wir beide so unendlich viel zu verdanken hatten.

Es war, als hätten wir uns seit Jahren schon gekannt. Nach fünfzehn Minuten erschien Panditji, wie Jawaharlal Nehru liebevoll vom Volk genannt wurde. Im Hinblick auf unseren schönen Segelflug und unser vorheriges langes Gespräch behandelte er mich wie einen Vertrauten. Zu dritt nahmen wir das Essen im Speisezimmer ein - ich an der rechten Seite von Pandit Nehru, Indira Gandhi uns gegenüber. Vor jeden Platz setzte ein Diener ein schönes großes, silbernes Tablett. Um dessen Rand standen jeweils vier oder fünf weiße Porzellanschälchen mit indischem Joghurt und mit verschiedenen, äußerst scharf und schmackhaft zubereiteten Gemüsen. Ein Diener reichte eine Schüssel heißen Reis, den man auf das Silbertablett gab. Ich beobachtete nun gespannt, was Nehru tat - denn Bestecke zum Essen lagen nicht daneben. Mit der rechten Hand nahm er Reis in seine Finger, tauchte ihn abwechselnd mal in Joghurt, mal in die anderen Schüsseln und aß mit sichtlicher Freude. Ich versuchte dasselbe, aber stellte fest, daß meine europäischen Finger ganz steif und unschön gegen seine und Indiras Finger wirkten, die sich dabei durchbogen, als wären sie elastisch wie Gummi. Wir plauderten ganz ungezwungen. Zunächst berichtete Mrs. Gandhi von ihrer Dienstreise, dann beschrieb Pandit Nehru mir die Gemüse, die ich serviert bekam, hauptsächlich das nun folgende Obst. Nachdem ein Diener eine Waschschüssel und Seife und ein zweiter ein Handtuch reichten, folgte der Obstgang. Ganz väterlich zerteilte Pandit

231

Nehru jede der Früchte, um mir nur die schönsten und süßesten zu geben. Man spürte seinen Stolz auf diese Früchte, die sein Land hervorbrachte und die mir zum größten Teil unbekannt waren. Nach dem Essen bat er mich, ihnen von meinem letzten Flug nach Berlin in die Reichskanzlei und von den letzten Tagen von Hitler zu erzählen. Nicht nur bei ihm, sondern in ganz Indien erlebte ich großes, waches Interesse an Hitler und Bewunderung für vieles, was er geschaffen hat. Allein, auch zu Pandit Nehru war das Gerücht gedrungen, daß ich Hitlers Geliebte gewesen sei. Ich war nun schon gewohnt, wo immer ich hinkam, auf dieses Lügenmärchen erklärend hinzuweisen, das in Deutschland, aber auch in der übrigen Welt nach 1945 verbreitet wurde. Vor allem war es immer wieder jener gefälschte »Augenzeugenbericht von Hanna Reitsch über die letzten Tage im Hitlerbunker«, der nicht von mir stammte. Stundenlang mußte ich über jene Erlebnisse Pandit Nehru erzählen. Die Wahrheit wollte er wissen. Gegen fünfzehn Uhr zog er sich zum Ruhen zurück.

Ich blieb mit Indira noch allein, und wir beschlossen, daß ich zugunsten ihres Wohlfahrtsfonds einen Vortrag halten solle. Sie selbst wollte ihn vorbereiten, während ich für die drei folgenden Tage in Begleitung von dreizehn Fliegerkameraden nach Agra reiste. Bei Vollmond um Mitternacht zeigten mir diese Freunde den Taj-Mahal, und am zweiten Tag dieser Unternehmung kamen wir nach Fatephur Sikri, einer im sechzehnten Jahrhundert wegen Wassermangels von Menschen verlassenen Stadt mit großartigen, beeindruckenden Bauten. Anschließend fuhren wir in Kolonne von drei Wagen zum berühmten, schönen Tombe Itimaduddaula. Diese drei gemeinsamen Tage haben das Band zwischen uns Fliegerkameraden noch vertieft.

Zurückgekehrt, erhielt ich die Nachricht von Pandit Nehru, daß ich meine Koffer im Hotel packen solle, um in sein Haus überzusiedeln. Der Wagen würde mich am Morgen des nächsten Tages abholen. Seine Enkel, die Söhne von Indira, seien während ihrer Schulferien aus ihrem Internat zurückgekehrt, und sie sollten mich näher kennenlernen. Ich konnte mein Glück kaum fassen und mußte an die Worte des deutschen Botschafters denken, als ich ihn am Anfang dieses Aufenthalts nach der Möglichkeit einer Begegnung mit Pandit Nehru gefragt hatte.

Im Hause Nehrus bewohnte ich ein schönes Gastzimmer mit eigenem Bad und Telefon. Tagsüber beschäftigte ich mich mit den Enkelsöhnen, nahm sie zu gemeinsamen Segelflügen auf den Flugplatz mit, erzählte ihnen vom Fliegen, schaute mir ihre selbstgebastelten Modelle an oder ließ mir von ihnen Schmalfilme über ihr Land vorführen. Begeistert zeigten sie mir, begleitet von einem Adjutanten Nehrus, die Sehenswürdigkeiten ihrer schönen Stadt. Aber wann immer sich Pandit Nehru und Indira Gandhi freimachen konnten, verbrachten wir die Stunden, vornehmlich die Abende, gemeinsam - immer in angeregtesten Gesprächen, die häufig die deutsche Vergangenheit und das Hitlerregime bis 1945 betrafen. In Anbetracht meines großen Interesses an der indischen Geschichte, der uralten Kultur und Kunst, an Indiens Weisheit, Indiens Philosophie und Yogalehren gab mir Panditji, über unsere Gespräche hinaus, in diesen Tagen viel über sein Land und auch über sein eigenes Denken zu lesen.

»*Was ist Indien?*« Darüber las ich von ihm selber. »*Diese Frage ist mir immer wieder durch den Kopf gegangen. Auf meine eigene, laienhafte Art suchte ich eine Antwort in der Vergangenheit und Gegenwart. Die ersten Anfänge in der Geschichte erfüllten mich wie ein Wunder. Es war die Vergangenheit einer tapferen und lebhaften Rasse mit einem suchenden Geist, einem Drang nach freier Forschung, die schon in sehr früher Zeit eine reife und tolerante Kultur besaß. Dieses Volk suchte stets nach dem Letzten und Universalen. Es entwickelte eine hervorragende Sprache, Sanskrit, und durch diese Sprache, die Kunst und Architektur sandte es lebendige Botschaften in ferne Länder. Nach und nach setzte ein Verfall ein, das Denken verlor seine Ursprünglichkeit. An die Stelle des Abenteuergeistes trat leblose Routine, und das weite und erregende Bild der Welt wurde eingeengt durch Kasteneinteilungen, soziale Bräuche und Zeremonien. Auch so war Indien noch vital genug, die Menschenströme, die in seinen mächtigen Menschen-Ozean einflossen, zu absorbieren. Der Islam und muselmanische Einwanderer beeinflußten das Land. Dann folgten die westlichen Kolonialmächte und brachten einen neuen Herrschertyp, einen neuen Kolonialismus und gleichzeitig den Zusammenstoß mit neuen Ideen und mit der industriellen Zivilisation, die in Europa entstand. Diese Periode gipfelte schließlich nach langem Kampf in der Unabhängigkeit, und nun stehen wir vor der Zukunft mit allen diesen Bürden der Vergangenheit und mit den verwirrten Träumen und Aufregungen über die Zukunft, die wir aufzubauen suchen. Alle diese Jahrhunderte sind in uns und unserem Lande heute vertreten.«*

In unseren Gesprächen berührten wir auch den gewaltigen Umbruch, der sich in Indien vollzieht. Viele Menschen betrachten Indien als ein armes und rückständiges Land, in dem Hunger und Krankheiten überwiegen. Gewiß, auch diese Bilder stimmen. Aber daneben zeigt sich eine in der Umwandlung befindliche Gesellschaft. So entwickelt sich ein riesiges Agrarland erstaunlich rasch zu einem modernen Industriestaat. Pandit Nehru umriß diese Gegensätze in seiner knappen, plastischen Sprache: »*Organisierte Kraft und Energie sind die Symbole des modernen Zeitalters. Wir haben die ständig wachsende Atomwissenschaft und Atomenergie in Indien, und wir haben auch das Zeitalter des Kuhdungs. So ist jedes Jahrhundert in diesem Lande vertreten, und es kommt noch eine ungeheure Vielfalt hinzu. Hinter dieser Vielfalt steht die Einheit, die unser Volk durch die Jahrhunderte zusammengehalten hat, trotz Ungemachs und Mißgeschicks. Wir*

234

stürzen uns in die Welt der Wissenschaft und Technik und versuchen die Naturkräfte mehr und mehr zu beherrschen, und wir werden nicht nur durch unsere Armut und Unterentwicklung zurückgehalten, sondern auch durch ererbte Ideen und Sitten.«
Die Zukunft eines jeden Volkes ist undenkbar ohne Wissenschaft und Technik. Doch sie dürfen nicht so beherrschend werden, daß die Vergangenheit, die ursprünglichen und wesentlichen Kräfte des Volkes darüber in Vergessenheit geraten. Auf diese Gefahr, die besonders die westliche Welt bedroht, ging Pandit Nehru in unseren Gesprächen ein: *»Wir stehen in dem Durcheinander unserer Zeit vor zwei Wegen - vorwärts in die Zukunft und rückwärts in die Vergangenheit, und wir werden in beide Richtungen gedrängt. Wie können wir diesen Zwiespalt lösen und eine Lebensform entwickeln, die unseren materiellen Bedürfnissen entspricht und gleichzeitig unsere Seele und unseren Geist aufrechterhält? Welche neuen oder alten Ideale, die der neuen Welt angepaßt sind, können wir aufstellen, und wie können wir das Volk zu neuen Taten erwecken? Wir haben unsere besonderen Probleme in Indien. Wir teilen aber auch die meisten Probleme mit einer Welt, die trotz all ihrer ungeheuren Fortschritte den Glauben an sich selbst zu verlieren scheint.«*
Dienstag, den 9. April, fand mein Vortrag in dem »Sapru-house« statt - dem größten Saal, den New Delhi damals hatte. Ich fuhr mit Indira Gandhi und ihren zwei Söhnen dorthin. Vor dem Eingang zur Halle erwarteten uns der deutsche Botschafter und Mitglieder unserer Botschaft. Gleichzeitig mit uns traf Pandit Nehru, von seinem Office kommend, ein. Die Halle war voller Menschen. Die gesamte Prominenz von New Delhi war anwesend - die Botschafter fast aller vertretenen Länder, die indischen Minister, das Offizierskorps der Luftwaffe und der Armee, Professoren, Studenten, und an den Wänden entlang standen Abordnungen von verschiedenen Jugendverbänden, Mädchen und Buben.

Der ganze Saal erhob sich schweigend und ehrfurchtsvoll, als Pandit Nehru den Saal betrat. Wir gingen hinter ihm zur vordersten Reihe, wo ich zwischen ihm und Indira meinen Platz bekam. Ein Oberst der Luftwaffe trat auf die Bühne vors Mikrofon zu meiner Begrüßung und Einführung. Er wußte über mein Leben schier alles und beschrieb nun das, was ihm von meinem Tun und Wirken als Testpilotin während des Krieges besonders großen Eindruck gemacht hatte. Er betonte, daß ich als einzige Frau in der deutschen Geschichte das Eiserne Kreuz 1. Klasse erhalten hätte und erwähnte in höchster Bewunderung meinen letzten Flug in das von Russen eingeschlossene Berlin. Mit meiner Fassung war es bald aus. Alles, für was ich nach dem Krieg im eigenen Land wie eine Verbrecherin behandelt wurde, hatte er in höchster Form und Bewunderung gepriesen. Ich kämpfte vergeblich gegen meine Tränen an. Ich konnte noch nicht den nötigen Abstand haben, mit dem man darüberstehend lächeln kann. Ich litt ja auf Schritt und Tritt im eigenen Land noch immer darunter. So passierte das Peinliche, daß ich mit kaum weggewischten Tränen die Bühne betrat. Der nicht enden wollende Applaus, bevor ich überhaupt begann, gab mir die Fassung zurück. Und nun versuchte ich alles, um meine Hörer in die Welt des Segelfluges ein- und wie im Flug in Himmelshöhen hinaufzuführen. Sie schienen wirklich, bis in den hintersten Winkel des Saales, mir zu folgen. Denn als ich nach einer knappen Stunde endete, sah es so aus, als könnten sie aus »der Höhe« gar nicht so rasch auf die Erde hinuntergelangen. Es blieb zunächst völlig still. Aber dann erhob sich ein so brausender Beifall, daß Indira bei dieser Begeisterung der vielen Menschen um ihren Vater bangte. Sie sprang klug und geschickt auf die Bühne und ergriff spontan das Wort. Sie dankte mir in warmherzigster Weise, bat aber alle, ihre Plätze einzubehalten, bis wir den Saal verlassen hätten. Und jeder, der sich Unterschriften und Signierungen von mir erbitten wolle, könne dies im Kuvert mit

Namen und Adresse bei der Wache ihres Hauses abgeben. Während sie sprach, führten Sicherheitsoffiziere Pandit Nehru und seine zwei Enkelsöhne durch einen Seiteneingang heimlich hinaus und geleiteten sie zum Wagen. Nun hatte es Indira erreicht, daß alle vor ihren Plätzen stehenblieben, bis wir beide die Halle verlassen hatten. Wir fuhren allein zurück, und Indira drückte mir sehr herzlich ihren ganz persönlichen Dank aus. Im »Prime Minister's house« angelangt, stürzte ich die mit einem großen, blauen Teppich belegten Stufen in den ersten Stock hinauf, denn oben auf der Treppe wartete mit ausgebreiteten Armen Pandit Nehru auf meine Rückkehr. Ich flog ihm entgegen. Seine glücklichen dankbaren Worte waren für mich das schönste Geschenk. Während die Jungen zu Bett gegangen waren, saßen wir zu dritt noch beisammen. Es war unser Abschiedsabend. Denn am nächsten Morgen, nach einem gemeinsamen Frühstück um sieben Uhr früh, reiste Pandit Nehru in Begleitung seiner Enkelsöhne zu einem Staatsbesuch nach Nepal.

Da ich am übernächsten Tag Indien verlassen mußte, weil festgelegte Termine mich in Deutschland erwarteten, beschlossen wir, daß ich besser ins Ashoka-Hotel zurückginge, um für die vielen, die sich von mir noch verabschieden wollten, wieder erreichbar zu sein. Indira Gandhi selbst aber brachte mich zum Flughafen, wo zum Abschied diesmal auch der deutsche Botschafter und die leitenden Herren der Deutschen Botschaft vertreten waren, neben Air-Marshall Mukerjee und viel Prominenz auch alle meine Segelfliegerfreunde. Es war ein tränenreicher Abschied, denn wohl noch selten hatte ich ein fremdes Land und seine Menschen bisher so liebgewonnen wie Indien.

Die Krone dessen, was ich in Indien erlebte, war die Begegnung mit Pandit Nehru, mit dem mich seit dieser Zeit, bis zu seinem Tode, eine herzliche Freundschaft verband. Er war zweifellos einer der bedeutendsten Menschen, denen ich je begegnen durfte.

Jawaharlal Nehru, der Sohn einer vornehmen Brahmanen-Familie, hatte seine Studienjahre in England verbracht. Er besaß eine ungewöhnlich starke Ausstrahlung, die wohl jeder empfand, der ihm begegnete. Er liebte sein Land aufs tiefste und hing an alten indischen Sitten. Für sein Volk verkörperte er gleichzeitig das alte wie das neue Indien, zugleich aber blieb auch vieles von dem englisch-europäischen Einfluß seiner Studienjahre in ihm lebendig. Für ihn selbst war dies geradezu tragisch, weil er dadurch nirgends »ganz daheim« war.

Wie anders war in Wirklichkeit das Bild seiner Persönlichkeit als jenes, das mir in Europa ansichtig wurde: als elegante, sehr selbstbewußte, sehr englisch wirkende, kalte, ablehnende, wortkarge Erscheinung. Ich dagegen begegnete ihm als einem Mann, der ganz nach innen lebt, jeden lauten Prunk ablehnt, zwar ungewöhnlich gut ausschaut, aber selbst wenig Wert auf sein Aussehen und seine Kleidung legt. Hochgebildet, sehr klug, insbesondere aber sehr menschlich und warmherzig, Ich erlebte ihn als äußerst liebevollen Familienvater und als bezaubernd gütigen Gastgeber. Zweifellos konnte er wortkarg und reserviert abwartend sein, so wie ich es selbst anläßlich meines ersten Empfangs bei ihm anfangs sah. Das konnte sich jedoch spontan ändern. Er war ein Mensch, der die Wahrheit liebte und die Wahrheit vertrug, und dies öffnete mir sein Herz. Er war allem Echten aufgeschlossen und interessierte sich für all das, was seinem Volke helfen konnte. Er ging einer von ihm als wertvoll erkannten Sache mit glühendem Interesse nach, wie zum Beispiel dem Segelflug als Erziehungsmittel zur Charakterformung und sportlichen Ausbildung seiner Jugend.

Für sich selbst kannte er keine Gefahren, zum ständigen Entsetzen der für seine Sicherheit verantwortlichen Begleitung. Er verabscheute diplomatische Phrasen und gesellschaftliche Schmeicheleien. Dann konnte er in seiner Ablehnung eisig wirken. Er schien mir das Gute von Europa angenommen, ohne das Wertvollste an Indischem aufgegeben zu haben. Er war tolerant und erwartete zunächst stets das Gute vom anderen Menschen und vom anderen Land. Er versuchte ganz nüchtern, Ideelles-Altindisches mit sachlich Notwendigem der Neuzeit zu vereinen. Er empfand größte Hochachtung vor den neuesten wissenschaftlichen Erkenntnissen. Er traute seinem Volk die ungeheure Kraft zu, der Gefahr des Westens, der des Kommunismus und der des Materialismus zu trotzen. Man sagte mir von ihm, daß er kein religiöser Mensch sei, und doch hatte ich den Eindruck, daß er, zwar nicht konfessionell gebunden, tief an den Schöpfer der Welt glaubte.

Ich neige mich in Ehrfurcht vor Pandit Nehru, meinem großen Freund im Fernen Osten, der all das vorlebte, was ich jedem Flieger wünsche: ein Mensch zu werden voll Weisheit und Bescheidenheit, voll Mut, Wahrhaftigkeit und echter Würde.

Als ich von Indien zurückgekehrt war, zeigte sich die deutsche Regierung sehr dankbar für die ungewöhnlich großen Erfolge dieser Reise. Der Bericht des damaligen Schweizer Botschafters in Indien ans deutsche Auswärtige Amt trug wohl wesentlich zu dieser Anerkennung bei. Ich las diesen Bericht, in dem jener Botschafter betonte, daß nach dem Krieg noch nie ein westlicher Mensch in Indien derartige Erfolge gehabt habe wie ich. Damit hätte ich nicht nur dem deutschen Namen, sondern dem ganzen Westen geholfen. Spontan schrieb mir daraufhin Bundeskanzler Erhard einen Dankesbrief der deutschen Regierung, und Außenminister von Brentano lud mich zum Mittagessen ein, damit ich ihm im einzelnen von Indien berichte. Minister von Brentano deutete mir an, daß eine Auszeichnung für mich vorgesehen sei, die mir in nächster Zeit überreicht werden sollte. Das machte mir einiges Kopfzerbrechen, denn immer habe ich Orden - mit Ausnahme der Kriegsorden und der sportlichen Auszeichnungen - abgelehnt und statt dessen gebeten, fliegerische Weiterbildung zu erhalten.

Wie sollte ich mich hierbei verhalten? Ich wollte mir treu bleiben. Es hätte aber dieser Bedenken nicht bedurft, denn es schaltete sich wieder - keiner konnte sagen woher - jene geheimnisvolle Stelle ein, und ich hörte von Freunden im Auswärtigen Amt, daß diese Auszeichnung abgeblasen sei wegen »politischer Gründe«. Da waren »sie« wieder am Werk, und die Verantwortlichen fügten sich willig und verängstigt.

Um dem indischen Segelflug zu helfen und um das, was ich drüben für die Inder erarbeitet hatte, zu festigen, lud Außenminister von Brentano auf meine Bitte im Namen der deutschen Regierung sechs indische Segelflieger auf einige Wochen nach Deutschland ein. Ich wurde beauftragt, sie während der ganzen Zeit zu betreuen und zu begleiten. Es waren außer Hauptmann Pali Soni und Hauptmann Puggi die Leiter der drei Segelflugzentren und ein Chairman eines Gliding Clubs. Wir besuchten einige deutsche Segelflugschulen, darunter den Hornberg, Unterwössen, und die Segelflugweltmeisterschaften, die damals gerade in Köln ausgetragen wurden. Eine Rundreise durch Deutschland, um den Indern die Schönheiten unseres Landes nahezubringen, beendete diesen Besuch. Und als besondere Krönung wurden sie alle mit mir zum Abschluß durch Vermittlung meines Bruders, der Marineoffizier ist, von der Marine zu einer fünfstündigen Fahrt mit einem Schnellboot in die Nordsee hinaus eingeladen.

240

32. Das letzte Zu-
sammensein mit
dem schon fast
erblindeten Igor
Sikorski

33. Mit Dr. Jo-
chen Kuettner vor
der Saturn-Test-
Rampe in
Huntsville / Ala-
bama, 1961

34. Bei Wernher v. Braun in Huntsville / Alabama, 1961

EINUNDZWANZIGSTES KAPITEL

Jubiläums-Einladung nach Finnland 1960

Auf Einladung des Finnischen Luftsport-Verbandes (Ilma puelo-
stalittu) flog ich am 15. August 1961 nach Helsinki in Finnland.
1934 und 1935 war ich Mitglied einer deutschen Segelflug-Expedition, die erstmals den Segelflug nach Finnland brachte. Wir
machten Vorführungen und schulten systematisch.
Nach fünfundzwanig Jahren wurde ich zur Jubiläumsfeier eingeladen, die aber um ein Jahr auf 1961 verschoben werden mußte.
Der damaligen Expedition, die zweimal je zwei Monate in Finnland Segelflug lehrte (1934 und 1935), gehörte unter anderen Dr.
Joachim Kuettner an, der später nach dem Krieg lange Zeit als
rechte Hand Wernher von Brauns in Huntsville/Alabama das
Mercury-Redstone-Projekt leitete. Auf Grund dieser Forschungsarbeit startete der erste amerikanische Astronaut, Alan Shephard,
1961 in den Raum hinauf. Später hatte Joachim Kuettner die Leitung des »Integration-system office« von »Saturn-Apollo«. Als er
die NASA verließ, um selbständiger zu arbeiten, übernahm er die
Leitung des wohl größten Forschungsprojektes, das es je gab: des
»Gate-projekt«, an dem siebzig Nationen der Welt sich beteiligten - von Amerika, Kanada, allen Ländern Europas bis Rußland,
und etliche Länder Afrikas. Die Aufgabe war, vom Bereich des
Indischen bis zum Pazifischen Ozean, von der untersten Meeres-

tiefe bis zum obersten Rand der Stratosphäre, die Rolle der Tropen als Wärme-Maschine der Atmosphäre zu erforschen. Dazu stellten die siebzig beteiligten Länder der Welt eine internationale Flotte von Forschungsschiffen und Forschungsflugzeugen zusammen. Einmalig und das Großartigste an dieser Expedition und diesem Projekt war - wie mir Jochen Kuettner zum Abschluß des Projektes erzählte -, daß die Vertreter der ganzen Welt aufs einträchtigste miteinander arbeiteten und sich verstanden. Der Vizeleiter war in Kuettners Vertretung ein Russe.

Weitere deutsche Teilnehmer an der Finnlandexpedition 1934/35 waren: Diplomingenieur Fritz Utech aus Darmstadt, der jetzt als Wissenschaftler in den USA arbeitet, Ernst Philipp, der zu Beginn der dreißiger Jahre auf der Wasserkuppe seinen selbstkonstruierten und gebauten »Marabu« flog. 1934 wurde die Expedition von Graf Ysenburg geführt. Dabei war es vornehmlich unsere Aufgabe, den Segelflug mit Winden- und Flugzeugschlepp vorzuführen, und zwar in den verschiedensten Teilen Finnlands. 1935 stand die Leitung der Expedition unter dem kürzlich verstorbenen Professor Kurt Rheindorf (genannt »Rheintje«, wobei wir ein Segelflugtrainingszentrum in Jämijärvi - etwa 230 km nordnordwestlich von Helsinki - aufbauten. Die Finnen hatten uns damals unsere Aufgabe wirklich leicht gemacht. Wir lernten in diesem Land eine ungewöhnliche Begeisterung und Aufgeschlossenheit für diesen Sport kennen, da den Finnen Geist und Wesen des Segelfluges irgendwie im Volkscharakter eingegeben sind. Hilfen waren ihnen beim Erlernen ihr ihnen so selbstverständliches sportliches Training, ihre Abhärtung, ihr diszipliniertes Denken und Tun. Sie begriffen schnell, daß der Segelflug mehr ist als ein »Sport« - nämlich eine »Bewegung«, die aus Herz und Geist des Menschen kommt. Eine Erfüllung des uralten Menschheitstraumes, sich lautlos über die Erde zu erheben und nach eigenem Willen - die Kräfte der Natur nutzend - sich frei zu bewegen. Dieses Verstehen der Finnen ging weit über den Kreis unserer Flugschüler hinaus. Sogar die finnische Regierung zeigte lebhaftes Interesse daran und erkannte, welchen wertvollen Einfluß der Segelflug auf Erziehung und Charakterbildung auszuüben vermag. Selbst der ehrwürdige, von den Finnen tief verehrte damalige Staatspräsident Svinhufoud, der im Volksmund liebevoll »Uko-Pekka« (»Alter Peter«) genannt wurde, kam nach Jämijärvi, um unserem Fliegen und Schulen zuzuschauen. Ich erinnere mich noch, wie ich ihm eines Tages den Vorschlag machte, ihn in einem Doppelsitzer über die Erde hinauf zu nehmen. Ich schilderte ihm dabei begeistert die unvergleichbare Schönheit des lautlosen Segelfluges und wartete dann gespannt auf seine Antwort. Nach einigem Überlegen sagte er lächelnd: »Da muß ich erst meine Frau fragen.« Und das war die Antwort, welche die Finnen von ihm hören wollten, die ihn in dieser seiner Art so sehr liebten.

Alle diese Erinnerungen zogen durch mein Gedächtnis, als ich an jenem 15. August 1961 diesem Land in einer CARAVELL der »FINNAIR« entgegenflog, einem Land, dem seit jener Zeit in so besonderer Weise mein Herz und meine Bewunderung gehören. Damals hatten wir den Heideboden des von uns gewählten Schulungsgebietes selbst von Birkenbüschen und Heidekraut gerodet. Es lag inmitten dieses herrlichen Landes mit seinen 60.000 Seen. In der Mitte jenes Geländes lag damals ein sandiger Hügel, von dem aus wir bei jeder Windrichtung mit Gummiseilstarts unsere A- und B-Prüfungen erfliegen lassen konnten. Trotz des welligen, unebenen Bodens führten wir mit unseren Schülern anschließend Winden- und Flugzeugschlepps durch. Wir waren damals stolz und glücklich, daß unsere Schulung ohne jeden Unfall verlief und wir später erfuhren, daß unsere Schüler in hohe Posten der Zivil- und Militärfliegerei Finnlands kamen. Gewiß würden mich einige von ihnen bei meiner jetzt »offiziellen Ankunft« be-

grüßen. Und so war es auch, als unsere CARAVELL um einund-
zwanzig Uhr dreißig in Helsinki eintraf. Es waren deutscherseits
vier Vertreter der Handelsgesellschaft mit Presseattaché und Kul-
turreferent erschienen, dann der Generalsekretär des finnischen
Aero-Clubs, Major Pesola - einst ein sehr erfolgreicher Bomberpi-
lot -, dann der Direktor der »FINNAIR«, der Direktor des Flugha-
fens, ferner einige unserer alten Schüler, die jetzt in Ministerien
und der Luftwaffe hohe Posten bekleideten. Die Begrüßung war
so herzlich, als lägen nicht fünfundzwanzig bis sechsundzwanzig
Jahre dazwischen, sondern als hätte ich gestern erst das Land verlassen. »Neiti die Hanna« (»Fräulein die Hanna«) hieß ich fünfundzwanzig Jahre zuvor in ganz Finnland, wo immer ich hinkam. Und »Neiti die Hanna« riefen sie zu meiner Begrüßung
auch jetzt, als ich eintraf. Es schien sich in ihren Herzen nichts geändert zu haben, obwohl über ihr und unser Land in den Jahren
dazwischen so Furchtbares hereingebrochen war. Wir saßen nach
dem Empfang noch lange mit interessanten, teils heiteren, teils
ersten Gesprächen in der Halle meines Hotels Torni in Helsinki
zusammen. Dann wurde mir, bevor wir uns trennten, das Programm für meinen für fünf bis sieben Tage vorgesehenen Besuch
überreicht und mir zu meiner Riesenfreude erklärt, es stehe mir
während meines Aufenthaltes eine viersitzige PIPER PA-20 zur
Verfügung. Ein Pilot war beauftragt, mich zu begleiten und die
PIPER, wenn unser Programm uns in der Nacht per Auto an verschiedene Orte bringen sollte, am nächsten Morgen jeweils hinterher zu bringen. Außer ihm waren meine zwei Begleiter im
Flugzeug: Major Pesola und der Chefredakteur des »Ilma puelo-
stalittu«.
Der erste Tag sah im Programm einen Besuch des von uns sechsundzwanzig Jahre vorher gegründeten Segelfluggeländes vor, das
inzwischen zum finnischen Ausbildungszentrum geworden ist.
Wie glücklich steuerte ich die Maschine über das flache Land

mit seinen unzähligen Seen und weiten, dunklen Wäldern. Jetzt aber war die Orientierung wesentlich leichter als in den dreißiger Jahren, als ich damals die kleine Schleppmaschine »Klemm« hinüberfliegen durfte. Jetzt war ein Netz herrlichster Autostraßen und Autobahnen gebaut, die das Land von Nord nach Süd und von Ost nach West durchziehen. Als wir »Jämijärvi« erreichten, traute ich meinen Augen nicht. Statt der primitiven, scheunenartigen Hallen und großen Zelte, die wir damals für unsere Flugzeuge benutzten, gewahrte ich jetzt einen großen, stattlichen Hangar und eine Reihe mehrstöckiger, heller Gebäude unter mir. Ich umkreiste erst mehrfach andächtig und bewundernd diese Stätte, an der ich einst - fast noch ein junges Mädchen - mit meinen Kameraden so glücklich tätig war. Sogar eine Zementlandebahn für Motor- und Schleppflugzeuge war angelegt. Sehr vornehm alles im Vergleich zu allem, was wir früher so urwüchsig dort erlebten. Die ganze Schule mit Schulleitung, Lehrern und Schülern war zur Begrüßung angetreten, und die Fahnen von Finnland und Deutschland flatterten zum Gruß an den Masten. Nur eines mußte ich traurig als Folge des Krieges feststellen: Während in den dreißiger Jahren alle Finnen Deutsch sprachen und neben Schwedisch die deutsche Sprache auf allen Schulen mit Selbstverständlichkeit gelehrt wurde, verstand jetzt von den mich Begrüßenden in Jämijärvi kaum einer mehr deutsch. Ich mußte englisch als Verbindungssprache mit ihnen benutzen; für diejenigen, die auch dies nicht verstanden, war ständig ein Dolmetscher zur Hand, der alles, was ich sagte, auf finnisch wiederholte. Zum Empfang war per Auto aus Helsinki auch der Leiter der zivilen finnischen Luftfahrt, Mr. Koskenkyla, nach Jämijärvi gekommen. Dort lief gerade ein Kurs für fünfzehn Fluglehrer-Anwärter.
Nach dem Mittagessen mit vielen gegenseitigen Reden fand die Besichtigung aller Gebäude statt. Anschließend gab es ein Saunabad - zuerst für alle weiblichen Wesen, mit nachfolgendem nack-

tem Sprung in die köstlich erfrischenden, kalten Fluten des Sees, der neben der Sauna lag; danach kamen die Männer an die Reihe. Diesem seit Urzeiten selbstverständlichen Saunabaden verdanken die Finnen einen wesentlichen Teil ihrer Gesundheit an Körper und Seele. Die bei uns eingeführten elektrischen Saunabäder können nur einen kleinen Ersatz dafür bieten. Hier kommt in Finnland - wo auch jeder in der Stadt Lebende nebenbei sein Saunahäuschen oder noch eine Villa mit Sauna zusätzlich an einem See gelegen besitzt - als selbstverständlich hinzu, daß er für das Saunabad arbeitet. Man hackt Holz, man trocknet es, schichtet es auf, man heizt selber ein, man schneidet und trocknet die Birkenzweige, mit denen man sich gegenseitig den Körper abschlägt, nachdem man sie ins Wasser getaucht und dann sie auf die erhitzten Steine gelegt hat. Der ausströmende köstliche Duft des brennenden Holzes und der Birkenzweige gehört zum echten Saunabad. Und anschließend - auch im Winter - das Springen in die eiskalten Fluten oder die aufgehackten Eislöcher, in die man im Winter hineintaucht. Es ist einfach unvergleichbar schön. Sehr beeindruckt war ich von den vielen Gebäuden, die achtzig Schülern in Zwei- bis Vierbettzimmern Unterkunft boten. In allen Gebäuden waren herrliche Waschräume und beste sanitäre Anlagen. Ein Riesen-Restaurant und zwei große Unterrichtsräume waren vorhanden, in denen ich mit Hilfe des Dolmetschers zu allen sprechen mußte. Neben jenen Gebäuden lagen ein riesiger Hangar und zwei mehrstöckige Werkstätten, in denen außer laufenden Reparaturen die Entwicklung und Serienherstellung der damaligen finnischen Segelflugzeuge erfolgte. Dort sind bis zu diesem Zeitpunkt meines Besuches folgende Typen entwickelt und gebaut worden:
Harakka I, II, III (unseren alten Schulgleitern ähnlich, aber kaum mehr im Gebrauch)
Pik-5 (konstruiert von Ingenieur Temmes) als Übungsflugzeug

Pik-3a, der Vorgänger von

Pik-3c (genannt »KAJAVA«)

Pik-13 (ein Leistungssegelflugzeug)

Pik-16 (VASAMA) Leistungsflugzeug

Inzwischen aber sind die Finnen auf Lizenzbau unserer Glasfaser-Flugzeuge übergegangen, denn zwischen meinem Besuch 1961 und heute liegt auch im finnischen Segelflug ein ungeheurer Leistungssprung, für den bezeichnend ist, daß die Segelflugweltmeisterschaften 1976 erstmalig in Finnland ausgetragen wurden und zwar in Räyskälä, etwa 80 km NW von Helsinki, mit einer Beteiligung von 85 Piloten aus 26 Staaten.

Leider war ich zu dieser Zeit erkrankt und konnte einer Einladung nach Finnland nicht nachkommen, während der Weltmeisterschaften vor der OSTIV (Organisation Scientifique et Technique Internationale de Vole à Voile) über »Alpensegelflug« einen Vortrag zu halten.

Wie hatten sich seit unserem dortigen Wirken die Sitten und Gebräuche bei der Ausbildung verfeinert! Ich erinnere mich noch, wie wir damaligen Teilnehmer jener fröhlichen ersten und zweiten Segelflug-Expedition uns überlegten, welchen »Ruf« wir bei gelungenen Prüfungen einführen sollten. Zu der damaligen Zeit hatte in Deutschland jede Segelflugschule ihren speziellen »Ruf« - rauh »Schlachtruf« genannt. So ahmte man in Ostpreußen an der Segelflugschule Rossitten den Kranichschrei nach und beglückte jeden ersten Alleinflieger als Anerkennung damit. In Grunau, meiner ehemaligen Schulungsstätte, sieben Kilometer entfernt von meiner Heimatstadt Hirschberg in Schlesien, riefen wir dreimal: Huah - huah - huah! In Württemberg, am Hornberg, hieß der Ruf: Hauboi - hauboi! Was aber konnten wir in Jämijärvi rufen, ohne die finnische Sprache zu verstehen? So achteten wir genau darauf, welche finnischen Wörter unsere Flugschüler untereinander am meisten benutzen oder bei anstrengenden harten Arbeiten riefen. Und dies war: »Satani« und »Perkele«. (Wie wir später erfuhren, recht zünftige Flüche oder Schimpfworte, die sich für ein weibliches Wesen gar nicht schickten.) Aber wir waren ahnungslos und nur glücklich - denn plötzlich hatten wir unseren eigenen Schlachtruf für Finnland: »Satani - Satani - Perkele -hu!!!« Es wurde mit Riesenfreude und größter Heiterkeit aufgenommen, und die Schüler freuten sich auf jede Gelegenheit, um den Schlachtruf zur Ehre des Gefeierten und zur Freude aller in die weite Landschaft erschallen zu lassen. Eine Begebenheit möchte ich noch erwähnen, die mich sehr bewegte. In Jämijärvi wurde ich gebeten, das Segelflugzeug »VASAMA«, im Motorschlepp gestartet, zu fliegen. Es machte mir große Freude und war das Beste, was es damals in Finnland an Segelflugzeugen gab. Kaum war ich gelandet, umringten mich Schüler und Lehrer. Sie hatten, während ich flog, eine Schablone angefertigt, die sie schräg vorne über die Rumpfschnauze am Segelflugzeug befestigten. Mir wurde ein Pinsel in die Hand gedrückt, den ich in knallrote Farbe tauchen mußte, und nun sollte ich fest damit über die Schablone pinseln. Als der Werkstattleiter vorsichtig die Schablone entfernte, stand über dem Rumpfvorderteil in roten Buchstaben gemalt »DIE HANNA«. Nachdem ich auf englisch rasch eine kurze Rede mit meinen Segenswünschen für das Flugzeug und für alle, die es fliegen würden, zum Ausdruck brachte, trugen die Schüler die Maschine auf den Schultern stolz in die Halle.

Bevor wir an diesem ersten Abend zu Bett gingen, bat ich, vor unserem Abflug am nächsten Morgen jene Bauern besuchen zu dürfen, bei denen unsere Expedition 1934/35 - drei Kilomter vom Platz entfernt, an einem See gelegen - untergebracht war. Wir liebten sie alle sehr und sie uns auch. An Hand von mir mitgebrachter Fotos fanden wir am nächsten Tag tatsächlich das Haus und die noch vollständig am Leben befindliche Familie Soini. Nach einem Augenblick des Zögerns sagte ich: »Kennt ihr mich

nicht mehr? Ich bin »*die Hanna.*« Da fielen sie mir jubelnd vor
Freude um den Hals. Die Eltern der Familie waren aus einem
kleinen Nebenbau - dem Altenteil - herbeigeeilt. Die 1935 noch
jungen, bildhübschen Töchter - Karin, damals siebzehn Jahre alt,
Maja, fünfzehn, und Lissa zwölf -, mit denen ich immer zusammen in der Sauna saß, waren jetzt schöne, stattliche verheiratete
Frauen und Mütter geworden. Die Älteste, Karin, hatte mit ihrem Mann den Hof übernommen und nun selbst schon fünf Kinder, die unserer ergreifenden Wiedersehensfreude etwas erstaunt
und verlegen zuschauten. Karins und Majas Familien waren zufällig vollzählig dort. Lissa kam, von den Kindern geholt, mit
Mann und ihren Kindern aus der Nachbarschaft herbei. Obwohl
wir damals 1935 doch noch ganz jung und trotz unserer fliegerischen Aufgaben und Verantwortung voll Übermut und Ausgelassenheit waren, erkannten sie alle die jetzt durch viel Leid verwan-
delte »Die Hanna« sofort wieder. Wir suchten nun gemeinsam alle die Plätze auf, die wir damals liebten: das alte Saunahaus, unsere Badestelle am See, unsere Bootsverankerungsstelle, an der
wir mit unserem Paddelboot zuweilen umkippten und ins Wasser
fielen. Die Zeit schien um sechsundzwanzig Jahre zurückgedreht.
Die jetzt zweiundachtzigjährige Mutter und deren noch ältere
Schwester, die uns damals abends und morgens beköstigten, und
die erwachsenen Töchter konnten noch deutsch, so daß eine Ver-
ständigung recht gut möglich war. Für Stunden schien für mich
vergessen, was an erschütterndem Erleben dazwischenlag - an
Blut und Tränen, an Vertreibung aus der Heimat, an Tod der Familie und Tod derer, die man am tiefsten liebte, an politischem
Geschehen und Umwälzungen. Es wurde mir schwer, mich von
diesen treuen Menschen und diesem Platz, der so viele teure Erinnerungen barg, zu trennen.
Leider führte uns unser offizielles Programm am zweiten Tag unseres Jämijärvi-Aufenthaltes weiter. Zunächst nach Hämeenlinna,

zum Besuch des dortigen Aero-Clubs, von wo wir in der Nacht im Auto nach Helsinki zurückfuhren. Tags darauf, am 18. August, war in Helsinki eine große Pressekonferenz angesetzt, und in allen finnischen Zeitungen sah man nun Bilder mit der Überschrift »'Die Hanna' ist wieder da!« und lange Berichte über all das, was ich in der Zwischenzeit, zwischen diesem Besuch und dem letzten vor sechsundzwanzig Jahren, fliegerisch erlebt und erreicht hatte. Ich hatte noch etliche Vorträge während dieser Reise an verschiedenen Orten zu halten: Vor dem finnischen Flugsportverband in Helsinki, vor dem Flugsportzentrum in Numela und in Hämeenlinna. Nur die deutsche Handelsvertretung sagte meinen vorgesehenen Vortrag aus lauter Angst und Vorsicht ab.

Mir selbst erschienen jene deutschen Vertreter wie die mir einzigen »Fremden« in diesem Land. Das für mich vorgesehene Programm wurde von finnischer Seite um zwei Tage verlängert. Dann sagten meine finnischen Freunde: »'Neiti die Hanna', das nächste Mal werden wir dir unsere Einladung unmittelbar übersenden. Das wird einfacher sein.« Nun freue ich mich auf meinen nächsten Besuch in Finnland.

Zu meiner übergroßen Freude konnte ich von drüben ein echtes finnisches Saunabad mit zwei kleinen Räumen und kleiner, überdachter Sitzterrasse mit nach Deutschland nehmen. Ich konnte dieses Saunabad auf dem Grundstück lieber Freunde in der einsamen Umgebung Frankfurts aufstellen lassen - neben einem 4 x 12 m großen Schwimmbad -, in dem ich seitdem jede Woche, auch den Winter hindurch, von mir selbst eingeheizt, mit selbstgeschlagenem, gehacktem und getrocknetem Holz, mein Saunabad genieße. Wahrlich, ein Jungbrunnen!

1961 *Einladung in die USA*

Ende März 1961 luden mich deutsch-amerikanische Segelflieger zu Wellensegelflügen nach Kalifornien ein. Das war eine riesengroße Überraschung und Freude für mich. Ich hatte durch meinen langjährigen Fliegerkameraden, Dr. Joachim Kuettner, viel über dessen 1955 von Bishop (Sierra Nevada) durchgeführte Wellen-Forschungs-Expedition gehört und gelesen. Dr. Kuettner stellte dabei einen neuen Segelflug-Weltrekord von 13 105 m auf, der im Februar 1961 durch den Amerikaner Paul Bickle überboten wurde, mit einer absoluten Höhe von 14 102 m und einem Höhengewinn von 13 489 m, der heute noch besteht. 1955 hatte bei Kuettners Expedition seine damalige Mitarbeiterin, Betsy Woodwards, einen Frauen-Segelflug-Höhenweltrekord aufgestellt, mit einer absoluten Höhe von 12 190 m und 10 809 m Höhengewinn, der bisher nicht überboten wurde. Ich konnte mein Glück kaum fassen, daß ich nun jene berühmten Sierra-Nevada-Wellen würde erleben dürfen. Segelfliegerisch stand diese Reise unter keinem glücklichen Stern. Sie beschenkte mich aber mit unerwartet herrlichen menschlichen Begegnungen. Nach einem besonders herzlichen Empfang durch die kalifornischen Gastgeber erfuhr ich bei meiner Ankunft, daß das Segelflugzeug, das mir zur Verfügung gestellt werden sollte, eine doppelsitzige

»Leister-Kaufmann«, zwei Tage vor meinem Eintreffen offiziell gesperrt werden mußte, um die Ursache eines tödlichen Unfalles mit einem Flugzeug dieses Typs zu prüfen. Die Untersuchungen aber zogen sich derart lange hin, daß die Saison, in der die Wellen am häufigsten auftreten, verstrichen war.

Die Kameraden hatten mir die Wartezeit in interessanter Weise ausgefüllt. Sie zeigten mir bei Autofahrten wunderbare Teile ihres riesigen Landes und verschafften mir durch Paul Bickle eine dreitägige Einladung nach »Edwards«, einer der größten Flugerprobungsstellen der Welt. Paul Bickle war damals Chef des F.R.C. (Flug-Forschungs-Zentrum) von »Edwards«. Den Kameraden kam dabei der Wunsch der amerikanischen Testpiloten-Asse entgegen, mich kennenzulernen und viel über meine Testflüge zu erfahren, deren Ergebnisse zum Teil noch heute in »Edwards« Verwendung finden, zum Beispiel der Schlepp eines Flugkörpers unter der Fläche eines Bombers hängend. In meinem Fall war es 1944 der Schlepp der bemannten V-1, die unter der Fläche des Bombers He-111 hing. In »Edwards« war es 1961 die berühmte X-15, die, unter der Fläche des Bombers B-52 hängend, gestartet wurde. Auf dieselbe Weise wurde während meines Dortseins die X-15 zu neuen Weltrekorden in Geschwindigkeit und Höhe geschleppt.

Ich mußte im Kreis der berühmten Testpiloten - wie Joe Walker, Major Bob White, Jack McKay, Scott Crossfield und anderen - erzählen und wurde viele Stunden lang von ihnen über Erfahrungen im Huckepack-Schlepp (ich startete 1944 eine fliegende Bombe Me-328 auf der Fläche des Bombers Do-217) sowie über Sperrballonseil-Kappversuche mit Bombern, über Raketen-Flugversuche mit der Me-163 befragt. Ich ahnte damals nicht, daß einer der ganz jungen Testpiloten von »Edwards«, der meinen Erzählungen bescheiden im Hintergrund lauschte, Neil Armstrong war, der später als erster Mensch den Mond betrat. Die

Testpiloten gaben mir in kameradschaftlicher Weise Einblick in viele Versuche, an denen in »Edwards« gearbeitet wurde.

Am 20. April 1961 wurde die Benutzung der vorübergehend gesperrten »Leister-Kaufmann« offiziell wieder erlaubt mit der Erklärung, daß der Todesfall auf menschliches Versagen zurückgeführt werden müsse. Ich persönlich finde diese Feststellung oft unbefriedigend. Wenn die Untersuchungskommission die Ursache eines Absturzes nicht finden kann, bleibt die Schuld allzuleicht am toten Piloten hängen, der sich nicht mehr zu verteidigen vermag.

Gemeinsam mit drei Fliegerkameraden fuhr ich mit dem Segelflugzeug »Leister-Kaufmann« im Schlepp nach Foxfield bei Lancaster, wo ich versuchen sollte, Wellenflüge durchzuführen. Ich hatte mich, nach einem Einweisungsflug, durch stundenlange Thermik-Soloflüge auf diesen Typ eingeflogen. Zu unserer großen Überraschung und Freude erhielten wir plötzlich die Nachricht einer herannahenden Wellen-Wetterlage. Zwei Tage später war es wirklich soweit. Mit 60 Stunden-Kilometer-Geschwindigkeit brauste am Boden der Wind eiskalt über den sonst glühend heißen Wüstensand des Flugplatzes Foxfield. Am 23. April saß ich in dicker Pelzkombination mit Pelzstiefeln, Pelzkappe und Sauerstoffmaske startfertig in der »Leister-Kaufmann« und wartete mit Herzklopfen auf den Start, während das Segelflugzeug von sechs starken Fliegerkameraden bei dem mächtigen Sturm am Boden festgehalten werden mußte. Vor dem Einsteigen hatte ich mich persönlich überzeugt, daß im hinteren Sitz der Barograph gut verzurrt war und auch tickte - daß kein Fremdkörper im Sitz vorhanden und die Gurte festgebunden waren. Ich hatte eigenhändig die von dem Vorderteil getrennte Cockpithaube verschlossen und gesichert. Startfertig wartete ich. In dem durch Kissen und dicke Bekleidung eng gewordenen Cockpit konnte ich mich kaum bewegen. Der Sturm brauste derart laut, daß man sich nur durch Zeichen verständigen konnte. Kein Wort war zu verstehen. Aus diesem Grunde bemerkte ich auch nicht, daß einer der Kameraden - ganz gewiß in bester Absicht - den hinteren Haubenteil noch einmal geöffnet hatte, um sich zu vergewissern, daß der Barograph (der Höhenschreiber) auch wirklich lief.

Das ist eine streng verbotene Handlung, denn der Pilot allein kann und muß für die Sicherheit verantwortlich sein. Dieser Eingriff hätte mein Leben kosten können. Nichts davon ahnend, war ich im Schlepp einer T-6, fast wie ein Luftballon mich sofort vom Boden erhebend, gestartet. Wir flogen in sehr turbulentem Schleppflug den Bergen der Sierra Nevada entgegen, in Richtung Tehachapi. Schon sah man hohe Lenticularis in 11 000 - 13 000 m Höhe sich bilden, und so schien ein gewaltiges Erlebnis vor mir zu liegen. Aber kaum hatte ich mich in 1 200 m Höhe ausgeklinkt, kämpfte ich steigend in einer ungeheuren Turbulenz eines Rotors. Da gab es plötzlich einen fürchterlichen Knall, beinahe wie den einer Explosion. Ich glaubte erst, der Rumpf müsse hinter mir auseinandergesprengt sein. Aber das Flugzeug flog und alle Ruder ließen sich noch betätigen, nur ein ungeheures Vibrieren durch Luftverwirbelung war an den Steuerteilen zu spüren. Außerdem hörte man ein dumpfes Dröhnen. Ich war innerlich zum etwaigen Absprung bereit, wollte jedoch versuchen, erst die Ursache zu ergründen. Vielleicht wäre eine Rückkehr zum Flugplatz noch zu verantworten. Beim mühsamen Drehen meines Kopfes sah ich entsetzt die Ursache des Geschehenen: Der hintere Teil der Haube, die jener Kamerad wieder zu sichern vergessen hatte, war durch die harten Schläge der Turbulenz aufgesprungen und auf die linke Tragfläche geknallt. Die Scharniere hatten bisher noch gehalten, allein, wie lange würden sie dies tun? Dieser große Haubenteil könnte mir beim Brechen der Scharniere ins Leitwert fliegen und Höhen- und Seitenruder zerschmettern.

Ich flog so vorsichtig wie möglich eine saubere Kurve von 180°

und sauste mit Rückenwind - jeglichen Schiebewinkel vermeidend - zum Flugplatz Foxfield zurück. Ich landete, ohne daß sich der Haubenteil gelöst hatte. Es war Gnade des Glücks, daß es noch einmal gut gegangen war.

Die über meine rasche Rückkehr sehr erstaunten Kameraden sahen nun voller Schrecken, was geschehen war. Anständigerweise bekannte sich jener betreffende Kamerad gleich dazu, den hinteren Haubenteil nochmals geöffnet und wohl versehentlich nicht korrekt geschlossen zu haben. Ich werde ihm sein freimütiges Eingeständnis nie vergessen. Sonst wäre das Verschulden an mir hängengeblieben.

Die Beschädigung des linken Flügels und jenes Haubenteiles, das ersetzt werden mußte, war schuld, daß die Wellenwetterlage ungenützt verstrich; als die Maschine wieder startklar war, da war es zu spät. Es sollte wohl nicht sein!

Für den 30. April war mein Abflug von Los Angeles nach Washington festgelegt, und ich ahnte damals nicht, was alles an unvergeßlich tiefen Eindrücken mich noch erwartete.

In Washington eingetroffen, wurde ich von der damaligen Präsidentin der »Whirly Girls« (der Hubschrauber-Pilotinnen der westlichen Welt), Jean Ross-Howard, abgeholt und wohnte während meines Aufenthaltes in Washington in ihrem geschmackvollen Appartement.

Vom 1. bis 7. Mai war in und von Washington aus ein atemberaubendes Programm für mich vorgesehen. Jean - die eine starke, liebenswerte, gütige und große Persönlichkeit ist und dadurch Verbindungen in Luftfahrtkreisen der ganzen Welt besitzt - gelang es, für die ersten Hubschrauberpilotinnen der Welt, zu denen ich als erste Hubschrauber-Fliegerin gehöre, einen Empfang im Weißen Haus bei Präsident John F. Kennedy zu erreichen. Kennedy war damals der junge, neue, hoffnungsvolle amerikanische Präsident, der zu jener Zeit gerade erfolgreich die große Kuba-Krise

(1961) überwunden hatte. Er schien offensichtlich Freude daran zu haben, uns erste zehn Hubschrauber-Pilotinnen im Weißen Haus zu empfangen. Es war für uns alle ein großer Augenblick, als jede von uns ihm persönlich vorgestellt wurde. Von mir wollte der Präsident höchst interessiert etwas über den letzten Flug in das von Russen eingeschlossene Berlin und über die Tage in der Reichskanzlei erfahren. Aber man hatte trotz seiner Freude über unseren Besuch den Eindruck, daß er vor soviel Weiblichkeit als einziger Mann eine fast jünglingshafte Scheu empfand. Nach einem gemeinsamen Foto mit dem Präsidenten im Garten des Weißen Hauses war dieser Empfang vorüber.

Am folgenden Tag ging es mit der Privatmaschine eines der Senatoren (Phil. Hart), dessen Frau ein »Whirly Girl« war, mit einer »Aero Commander« über Philadelphia nach Bridgeport zu der riesengroßen Sikorsky-Hubschrauber-Firma. Ich durfte die Maschine dabei selber fliegen.

Der würdige, weltberühmte alte Konstrukteur und Chef seiner Firma, Igor Sikorsky, ließ es sich nicht nehmen, uns persönlich zu empfangen. Als seine Gäste wurden wir von ihm zum Lunch in einen Sondersaal geladen. Ich mußte an seiner rechten Seite sitzen und wurde als besonderer Ehrengast behandelt. In einer ergreifenden Tischrede brachte er zum Ausdruck, daß es ihm nahezu wie ein geschichtliches Ereignis vorkomme, mich an seiner Seite sitzen zu sehen. Ich hätte 1937 den ersten vollsteuerbaren Hubschrauber der Welt des von ihm tiefverehrten Konstrukteurs und Wissenschaftlers Professor Henrich Focke geflogen. Ich hätte damit im Februar 1938 die auf der Welt bekannten erstmaligen Flüge mit jenem Hubschrauber in der Deutschlandhalle Berlins, über den Köpfen Zigtausender von Menschen, vierzehn Tage lang durchgeführt. Seit dem 15. Jahrhundert hätten viele Konstrukteure der Welt sich vergeblich bemüht, einen Flugkörper zu erfinden, der ähnlich einer Libelle senkrecht starten, steigen und

35. In Ghana: Von links nach rechts: Sonderbotschafter Dr. Sattler aus Deutschland, Fathia Nkrumah, Präsident Dr. Kwame Nkrumah und ich

36. 1964 mit meinen zwei deutschen Assistenten. Links Hauptfluglehrer Täve Löhr, rechts Werkstattleiter Fritz Wieser in Afienya/Ghana

37. Als Prinzipal und Fluglehrer mit unseren afrikanischen Flugschülern in der »T-21« (Slingsby)

38. Präsident Dr. Kwame Nkrumah mit unseren Modellbau-Schülern

sinken, sich beliebig hoch über dem Boden in der Luft stehend
halten konnte, sich um 360° ohne Vorwärtsbewegung zu drehen
sowie sich vorwärts, seitwärts und rückwärts im Flug zu bewegen
vermochte. Auch er selber sei dabei gescheitert und habe eine
Weiterführung der Versuche aufgegeben. Seit aber Professor
Focke dies erstmalig auf der Welt erreichte, habe er den Mut gefaßt, seine eigenen Hubschrauberversuche wieder aufzunehmen,
jetzt aber mit der Gewißheit, dies auch zu schaffen.
So gelang ihm 1946 sein erster erfolgreicher Hubschrauber, der
sogar als erster Hubschrauber in Serie gebaut wurde. Es ist allgemein bekannt, wie viele und erfolgreiche Konstruktionen von Sikorsky überall in der Welt geflogen werden.
Mich persönlich lud Igor Sikorsky an jenem Abend zu seiner Frau
in sein Haus ein, und diese Stunden zu dritt sind mir unvergeßlich. Er wurde mir ein tief verehrter väterlicher Freund. Obwohl
ich ihm seit jener Zeit nur zweimal persönlich begegnen durfte,
hatte die Größe dieses ungewöhnlichen Genies einen unauslösch-
lichen Eindruck in mir hinterlassen. Ich hatte das Glück, nicht
nur den genialen Konstrukteur gewaltiger, erfolgreicher Hubschrauber zu erleben, sondern Igor Sikorsky auch als einmaligen
Menschen. Er war ein großer Religionsphilosoph, war ein musi-
scher, hochmusikalischer Künstler und Verehrer klassischer Musik. Es war bezeichnend, daß er und Rachmaninoff engste Freunde waren, die als sensibelste Künstler einander so nahe verbunden waren, daß man glauben konnte, der eine würde des anderen
Gedanken erfassen, ohne ihnen Ausdruck verleihen zu müssen.
Igor war auch ein ernster Astronom. Charakteristisch für ihn ist
eine kleine Begebenheit, die ein Kollege Sikorskys schilderte. Igor
war einst, wie so häufig, nachdem alle anderen Mitarbeiter den
Flugplatz verlassen hatten, allein bis spät in die Nacht im Hangar
zurückgeblieben, mit seinen Forschungsarbeiten beschäftigt. Jener Kollege sei eines Nachts zum Hangar zurückgekehrt und habe

voller Erstaunen Igor entdeckt, wie er langsam in der Nacht über das Flugfeld wanderte und dabei ständig zu den Sternen hinaufschaute und sie betrachtete.

»Ich wußte gar nicht«, sagte der Freund zu Sikorsky, »daß Sie nicht nur ein brillanter Luftfahrt-Pionier und Konstrukteur sind, sondern sich auch für Astronomie interessieren.« Da wies Sikorsky lächelnd nach oben und sagte: »Es ist sehr einfach, Flugzeuge zu konstruieren - aber stellen Sie sich vor, was für eines Geistes es bedarf, der Schöpfer dessen zu sein, was wir hoch über uns am Himmel sehen.« Igor Sikorsky war davon überzeugt, daß es Tausende, ja vielleicht sogar Millionen anderer Zivilisationen im Universum gibt, mit viel höher entwickelten Lebewesen, als wir Menschen auf unserer Erde es sind. Er hielt es dagegen nicht für möglich, mit diesen Zivilisationen durch Raumflüge oder durch andere technische Mittel Verbindung aufzunehmen.

Sikorsky glaubte an ein Leben nach dem Tode.

Wohl die größte Genugtuung seines Lebens bedeutete ihm sein Erfolg mit Hubschraubern. Er erblickte darin den verwirklichten alten Menschheitstraum - zu fliegen. Vor allem aber war er stolz, daß seine Hubschrauber in so hohem Maße dazu beigetragen haben, ungezählte Menschenleben zu retten.

Sein Leben war von einfacher Würde. Nie soll er je die Zügel seines Temperamentes verloren haben. Und so fand seine Frau ihn, den dreiundachtzigjährigen, der fast schon erblindet war, am 26. Oktober 1972 morgens tot im Bett, mit einem ahnungsvollen Lächeln auf dem Antlitz. Es schien, als habe sich ein Vorhang für ihn aufgetan, und er sehe in ein neues, höchst interessantes Leben hinein, das keines Menschen Geist erahnen kann.

Bevor ich einer Einladung ins Raketenzentrum nach Huntsville/ Alabama folgte, besuchte ich für 3 Tage einen lieben, väterlichen Freund in Milvale bei Pittsburgh, Edwin Flaig. Mir ist selten ein Ausländer begegnet, der Deutschland so tief liebt wie er.

Das nächste große und bleibende Erlebnis jener Amerikareise war eine Einladung nach Huntsville/Alabama in das Raketenforschungszentrum. Ich wohnte als Gast bei der Familie des langjährigen Fliegerkameraden Dr. Jochen Kuettner. Er war damals die rechte Hand Wernher von Brauns. Ich sollte vor Wernher und seinen Raketen-Wissenschaftlern in Huntsville einen Vortrag in englischer Sprache über meine Erlebnisse in Indien halten. Für mich war nicht nur das Wiedersehen mit Wernher von Braun und vielen seiner mir bekannten Peenemünder Mitarbeiter eine wahre Freude, sondern ich durfte auch einem Standversuch einer SATURN-Rakete am 11. Mai 1961 in Huntsville beiwohnen. Niemals hatte ich Gelegenheit gehabt, einen Start der V-2-Rakete in Peenemünde zu sehen. Deshalb war ich doppelt stark beeindruckt von dem gewaltigen Standversuch jener Saturn-Rakete, bei dem 13 Millionen PS sich entluden. Nur, wer so etwas an der Seite Wernher von Brauns und seiner Mitarbeiter im »Commanding-House« miterleben durfte, vermag die Atmosphäre zu schildern die Wernher um sich verbreitete. Obwohl jener Versuch die USA 250.000 Dollar kostete und es sonach entscheidend wichtig war, daß er gelang, schienen Wernher und durch ihn auch seine Mitarbeiter von einer für einen Fremden unfaßlichen Ruhe zu sein, wenngleich der ganze Raum spannungsgeladen schien und auf mich wie elektrisierend wirkte. Kaum aber war der Versuch glücklich und erfolgreich beendet, lagen sich die im Raum Anwesenden jubelnd in den Armen. Ihre Hände zitterten nach der ungeheuren Spannung und Konzentration. In Wernhers Augen standen Freudentränen.

Am Abend jenes Tages war ich mit Dr. Kuettner und seiner Frau Monika bei Wernher von Braun und seiner Frau zum Abendbrot geladen. Ich sah seine drei Kinder (zwei Mädchen und einen damals einjährigen Buben), die das Glück ihrer Eltern bedeuteten. Man spürte die glückliche, fröhliche und gesunde Atmosphäre in dieser Familie. Wenn Wernher durch meine Fragen über seine Pläne auf Zukunftsprojekte zu sprechen kam, so schien mir alles, was er mit so schlichter, natürlicher Selbstverständlichkeit sagte, ganz unwirklich. Mir war ähnlich zumute wie 1932, als Wernher und ich einen Segelflugkurs in Grunau bei Hirschberg in Schlesien (unser beider Heimat) absolvierten. Oft hatten wir damals zusammen am Südhang von Grunau gesessen, und Wernher hatte mir von seinen Raketenplänen erzählt, die einen Flug von Menschen auf den Mond schon einschlossen.

Am nächsten Tag fand mein Vortrag über Indien in einem Saal des Raketenzentrums von Huntsville statt, bei dem außer Wernher von Braun und seiner Familie, außer Kuettners, Professor Stuhlinger, Dr. Rees auch noch viele seiner Mitarbeiter mit ihren Familien anwesend waren. Ich fühlte mich von der wundersamen Atmosphäre im Raum getragen und versuchte, den Anwesenden das geistige Indien, das ich hatte erleben dürfen, zu vermitteln. Sie folgten mir derart gespannt, als hätten sie damals schon geahnt, daß einer ihrer Satelliten einst für Indien mehrere Jahre lang ein auf viele Lebensbereiche bezogenes Erziehungsprogramm ausstrahlen sollte.

Es würde zu weit führen, wollte ich von all dem schreiben, was ich auf dieser Amerikareise 1961 in mir aufnehmen durfte.

In Erinnerung an Wernher von Braun fällt mir ein Gespräch ein, das ein Kamerad mit ihm einst führte. Darin wurde Dr. von Braun gefragt, was er wählen würde, wenn ihm eine gütige Fee einen Wunsch gewähren würde. »Das Leben ist so schön«, antwortete Wernher damals, »daß, wenn meine Reise zu Ende geht, ich wünschen würde, meinen klaren Verstand zu behalten und nicht nur jene wertvollen letzten Momente meines Lebens wahrzunehmen, sondern auch den Übergang zu dem, was danach kommen mag. Ein menschliches Wesen ist vielmehr als ein physischer Körper, der stirbt und verschwindet, nachdem er eine Reihe von Jahren dagewesen ist. Es wäre mir unbegreiflich, wenn unser Schöpfer nicht noch etwas anderes für uns bereithielte. Ich würde wünschen, daß ich beobachten, erfahren und schließlich wissen könnte, was nach all diesen schönen Dingen, die wir während unseres Lebens auf Erden erfahren haben, kommt.«

Am 16. Juni 1977 ist Wernher von Braun fünfundsechzigjährig infolge einer unheilbaren, grausamen Krankheit von uns gegangen. Jener - für eine Fee geäußerte - Wunsch blieb unerfüllt, da er gegen die ungeheuren Schmerzen zum Schluß so starke Medikamente bekommen mußte, daß er in Bewußtlosigkeit hinüberschlummerte.

Erschüttert über den Tod von Wernher von Braun schrieb mir einer seiner nächsten Freunde, Dr. Joachim Kuettner, der viele Jahre sein enger Mitarbeiter war, einen bewegenden Brief. Er hatte Wernher - außer dessen Familie - wohl als letzter am Sterbebett besucht. Mit seiner Erlaubnis gebe ich Teile von Joachims Brief wieder, den er mir kurz nach Wernhers Tod auf einem dienstlichen Flug nach Indien - in 11.000 m Höhe - geschrieben hat:

»...Ein späteres Jahrhundert wird vielleicht die nötige Perspektive besitzen, die Bedeutung des Werkes Wernher von Brauns für die Menschheit voll zu erfassen. Das Doppel-Ereignis dieses Jahrhunderts, nämlich der Weltraumfahrt auf der einen Seite und die Drohung der Kernwaffe, unter der wir leben - und die vielleicht den Weltfrieden erzwingen wird -, auf der anderen Seite, ist zum Teil sein Werk. In der Geschichte der Wissenschaft gibt es kein Beispiel, in dem ein zwölfjähriger Junge sich ein derart utopisches Ziel setzte und es dann im eigenen Leben verwirklichte. Hierzu mußte er früh anfangen. Nicht viele haben ein Team von Zehntausenden geführt, bevor sie dreißig Jahre alt wurden... In unserem letzten Gespräch, kurz vor seinem Tode, sagte er: 'Aber wir haben es doch erreicht.' Er sagte nicht, 'ich habe es doch erreicht', *denn er war sich immer seiner treuen Mitarbeiter bewußt, die ihn auf dem ganzen langen Weg begleitet haben.*

Eine unwahrscheinliche Kette von politisch-technischen Ereignissen, in Kombination mit seiner einzigartigen Persönlichkeit, führte ihn zum Erfolg: Wäre die Raketen-Technologie nicht im Zweiten Weltkrieg entwickelt worden und die Kern-Spaltung und -Fusion nicht zur gleichen Zeit erreicht worden, so wäre es gewiß nicht zu der schnellen Schaffung der interkontinentalen Raketen gekommen. Diese wiederum mußten in Rußland viel größer sein, da die Technologie für die 'Miniaturisierung' der Atombomben nicht so weit entwickelt war wie in Amerika. Dieser Umstand erlaubte es Rußland, mit seinen großen »boosters« den ersten Mann in den Raum zu schießen. Während wir, die am bemannten Raumflug in Amerika arbeiteten, dies bedauerten, erkannte Wernher von Braun sofort, daß politisches Prestige und der technische Stolz der Amerikaner diesen russischen Vorsprung nicht zulassen würden und damit die ungeheuren Mittel zur Entwicklung der Mondrakete bereitgestellt würden. Wie der gewaltige Saturn-5 dann schließlich abschußbereit auf dem 'launch-pad' stand, sah er fast genau wie Wernhers ursprüngliche Konstruktion aus. Es besteht kaum ein Zweifel, daß es nur seiner Persönlichkeit zu verdanken war, daß die endlos sich auftürmenden Schwierigkeiten stets überwunden werden konnten. Niemals sah man ihn über Hindernisse oder Rückschläge klagen. Dazu hatte er keine Zeit. Statt dessen erfand er sogleich eine Umgehungsroute und gab damit seinen Mitarbeitern eine neue Richtung. Wernhers Anwesenheit hatte überall eine elektrisierende Wirkung. Die langweiligste Konferenz wurde interessant, wenn er den Raum betrat und teilnahm. Er, mit seinen ruhigen, blauen Augen, hörte eine Weile zu, um dann eine meist humorvoll gewürzte Frage zu stellen, und schon war das Problem in scharfem Fokus und meistens auch eine neuartige Lösung gefunden.

Durch seinen Humor konnte er fast jedes Mißverständnis lösen und gute Stimmung wieder herstellen. Zur Zeit der ersten bemannten Flüge waren wir besorgt, wie der Astronaut im Falle einer Katastrophe gerettet werden konnte. Wenn der Flug aufgegeben (aborted) werden mußte, so müßte der Astronaut automatisch abgeschossen und aus dem Explosionsbereich herausgebracht werden. Das Problem war, daß man das Sicherheitssystem (automatic-abort-system) sicherer als das Raumfahrzeug selbst machen mußte. Eines Tages fand ich auf meinem Schreibtisch ein Paket mit einer Notiz von Wernher: 'Enclosed an abort-system that works' (Beiliegend ein Rettungssystem, das funktioniert). Es war der Schwimmer einer Toiletten-Anlage.

Nach einem Fehlschuß, dessen Ursache nicht klar war, meldete sich ein Mechaniker, der eine Änderung in guter Absicht, aber ohne Genehmigung vorgenommen hatte, ohne die Konsequenzen übersehen zu können. Statt ihn zu bestrafen, sandte ihm Wernher eine Flasche Sekt dafür, daß er sich freiwillig gemeldet hatte. Er hat bestimmt seinen Fehler nicht wiederholt. Dies entsprach dem intensiven Interesse von Wernher an den Problemen aller, auch der einfachsten seiner Mitarbeiter.

Er konnte eine unglaubliche Geduld aufbringen, um seine führenden Mitarbeiter von einer besseren Lösung zu überzeugen. Meistens gelang es ihm. Wenn er sie aber nicht überzeugen konnte, tat er nicht, was er hätte tun können, nämlich die Entscheidung selbst festzulegen, sondern gab nach. Auf diese Weise schaffte er das Gefühl wirklicher Verantwortung bei jedem Mitglied seines Teams.

'Von Braun führt sein Team wie ein General', konnte man in amerikanischen Zeitungen über ihn lesen. Das Gegenteil aber war der Fall. Wer ihn nicht kannte, suchte nach anderen Erklärungen für die Loyalität seiner Mitarbeiter.

Ein nie endender Strom von Ideen erreichte ihn aus allen Schich-

ten seines NASA-Centers in Huntsville, wo Ingenieure und Wissenschaftler hoher Begabung zusammen arbeiteten. Sie fanden immer sein Ohr und seine Ermutigung.

Seine Fähigkeit, die schwierigsten Probleme auf ihre einfachsten Elemente zurückzuführen und damit für jeden klar verständlich zu machen, verbunden mit seinem ausgezeichneten Englisch, machten ihn zu einem vielgesuchten, mitreißenden Sprecher, der auch den größten Skeptiker auf seine Seite hinübergewinnen konnte.

Wernhers universelles Wissen und seine weite Belesenheit, verbunden mit seiner visionsartigen Phantasie, zog einen Strom künstlerischer und wissenschaftlicher Besucher nach Huntsville, die er stets mit einigen seiner Mitarbeiter zusammenbrachte. Der große, alte Filmregisseur Fritz Lang, dessen berühmter, historischer Mondfilm eine dem Saturn-5 überraschend ähnelnde Riesen-Rakete zeigte, und der raum-interessierte Walt Disney waren unter den vielen Besuchern, die wir dort kennenlernten.

Wernhers Leidenschaft fürs Fliegen, das Dir in ausreichendem Maß ja bekannt ist, ließ ihn jede Gelegenheit wahrnehmen, das Steuer selbst in die Hand zu nehmen. Auf den vielen Flügen mit NASA's 'Executive'-Flugzeugen saß er vom Start bis zur Instrumentenlandung auf Washingtons verkehrsreichstem Flughafen sicher am Steuer. In der kurzen Gnadenfrist zwischen Operationen in seinem letzten Lebensjahre machte er seinen ersten Wellenflug und seine 'Silber-C' im Segelflug und schilderte auf seinem Sterbebett begeistert den Flug über den Wolken, von dem er durch Radio zur Landung heruntergeleitet wurde. Es war sein letztes großes fliegerisches Erlebnis.

Die fesselnde Zeit der bemannten Raumflüge und der Mondlandungen selbst, überstrahlt von Wernhers heiterer Persönlichkeit, wird allen, die daran teilnahmen, bis zum Lebensende unvergeßlich bleiben. Als habe er, der Lebensfrohe, gewußt, daß ihm die

264

Ruhe des Alters nicht vergönnt sein würde, hat er sein Leben bis zum Bersten gefüllt, um seinen Kindertraum in der ihm gewährten Zeitspanne zu verwirklichen...«

Dieser Brief bedeutet eine bewegende, tiefe Ergänung zu all dem, was wir über Wernher von Braun während seines Lebens, vor allem aber nach seinem Tod, lesen konnten. Ich selbst bin davon überzeugt, daß es Wernher von Brauns hervorragendes Genie war, das den Weltraumflug zu einem festen Bestandteil unseres Lebens und unserer Bestimmung machte.

Ich bin dem Schicksal unendlich dankbar für meine Begegnungen mit Wernher von Braun.

Einladung vom ghanaischen Staatspräsidenten Dr. Kwame Nkrumah

Zu meiner großen Verwunderung erhielt ich am 8. Januar 1962 ein Schreiben aus Accra/Ghana mit Briefkopf »Der Präsident der Republik von Ghana«. Der Brief lautete wie folgt:

»Lieber Flugkapitän Hanna Reitsch!
Seit einiger Zeit beabsichtige ich, in Ghana eine Segelflugschule zu errichten. Es wurden in dieser Richtung schon einige Ansätze gemacht, die aber nicht von Dauer waren.
Ich habe von Ihren ungewöhnlichen Leistungen als Segelflugpilot gehört und möchte die Frage an Sie richten, ob Sie noch in diesem Jahr nach Ghana kommen könnten, um uns durch Ihre Erfahrungen zu helfen, eine Segelflugschule aufzubauen. Ihr Kommen würde dankbar begrüßt.
Ich wäre glücklich, möglichst bald von Ihnen zu hören.

Ihr ergebener
KWAME NKRUMAH«

Ich muß gestehen, ich wußte damals nicht mehr über das Land Ghana, als daß es 1957 durch Dr. Kwame Nkrumah seine Unabhängigkeit von der englischen Kolonialherrschaft erkämpft hatte und vorher »Goldküste« hieß.

Mein erster Gedanke, nachdem ich erstaunt jenen Brief wieder und wieder gelesen hatte, war: Warum sollte man Segelflug in einem so jungen afrikanischen Staat einführen? Wären andere Vorhaben für Ghana nicht viel wichtiger und wesentlicher? Da ich es selbst nicht beurteilen konnte, fuhr ich nach Bonn, ins Auswärtige Amt, zu dem damaligen Leiter der Kulturabteilung, dem leider 1969 als Botschafter am Vatikan in Rom verstorbenen Dr. Sattler, einer genialen, musischen, tief religiösen Persönlichkeit. Dr. Sattler las den Brief von Staatspräsident Nkrumah und sagte spontan: »Dies sollten Sie auf alle Fälle tun - Sie haben unsere volle Unterstützung, um die Brücken von Land zu Land festigen zu helfen. Wollen Sie als Geschenk von uns ein Segelflugzeug mitnehmen?« Zunächst lehnte ich ab und bat, damit noch zu warten. Ich wollte die Einladung Dr. Nkrumahs vorerst für eine Woche annehmen und nach Ghana fliegen, um die Lage an Ort und Stelle zu prüfen. Für Sensationen würde ich meine Kraft und Zeit nicht hergeben.

Während meiner Vorbereitung für dieses tropisch heiße Land fiel mir eine deutsche Illustrierte in die Hände. Sie brachte unter anderem eine Serie über die unabhängig gewordenen Staaten Afrikas, einer davon war Ghana. Da sah man viele bunte Bilder und erfuhr durch aufreizende Texte unter den Bildern, daß dort ein Diktator namens Kwame Nkrumah herrsche, der in »Saus und Braus«, in Schlössern und Palästen lebe, während sein Volk in Lehmhütten und in Armut schwitze, litte und schmachte.

Ich fühlte mich abgestoßen und war so gut wie entschlossen, die Anfrage abzulehnen. Auf alle Fälle wollte ich jedoch für eine Woche hinüberfliegen, um eigene Eindrücke zu sammeln und so ein eigenes Urteil zu gewinnen. Ich war noch nie in Westafrika gewesen. Als Teilnehmer einer Forschungs-Segelflug-Expedition flog ich 1939 in Lybien, hatte aber dort nur wenig von Land und Leuten kennengelernt.

Ich flog zum festgelegten Termin als Gast von Dr. Kwame Nkrumah zum ersten Mal nach »Schwarz-Afrika« - voll größter Spannung, was mich wohl dort erwarten würde.

Nur einmal war ich bisher mit Menschen tiefschwarzer Hautfarbe persönlich zusammengekommen: 1959 im Haus von Ministerpräsident Pandit Nehru in New Delhi, während ich als Gast in seinem Heim wohnte. Er lud, um mich zu erfreuen, ihm freundschaftlich verbundene Persönlichkeiten ein. Einer meiner Tischherren war ein tiefschwarzer indischer Minister - Nehrus besonderer Freund, hochgebildet und welterfahren. Er war philosophisch veranlagt und verinnerlicht, sein Wesen geistvoll und sein Humor köstlich.

Auf meinem herrlichen Flug von Frankfurt nach Accra, der Hauptstadt von Ghana, gingen mir die Gedanken an jene Eindrücke bei Nehru mit seinem schwarzen Freunde nicht aus dem Sinn. Jetzt würde ich eine Woche lang ja wohl nahezu ausschließlich mit Menschen schwarzer Hautfarbe - den Ghanaern - zusammen sein. Damals, 1959, nach jenem Dinner bei Pandit Nehru, hatte mich fast Scham gepackt. Ich kam mir unschuldig-schuldig geworden vor. Unbewußt hatte ich an »Schwarze« eigentlich nur mit »Mitleid« gedacht, aber doch niemals an sie etwa als Partner. In unserem evangelischen Kindergottesdienst daheim in Hirschberg in Schlesien, bei Fräulein von Haugwitz, wurde uns oft von den armen, kranken, hungernden, schwarzen afrikanischen Kindern erzählt. Wir sollten damals sammeln, um ihnen für Weihnachten eine wirkliche Freude zu machen. Dies sollte indessen mit einem eigenen Opfer verbunden sein, das wir bringen müßten. Ich dachte seinerzeit lange im stillen darüber nach - ich war wohl acht Jahre alt -, was für mich denn ein Opfer wäre? Süßigkeiten! Aber die hatte ich ja gar nicht. Die bekamen wir von den Eltern doch nur »alle heiligen Zeiten«, und dann nur mal eine Praline. Das war also zu wenig. Opfer hieße vielleicht: hergeben und sich trennen von dem, was man liebte? Und schon - fiel mir meine geliebte Puppe ein. Gleichzeitig rollten mir bei diesem Gedanken die Tränen herunter. Niemand sah es - ich war ja allein. Glücklicherweise hatten wir damals noch eine ganze Woche Zeit bis zum nächsten Kindergottesdienst, bis wir unsere Gaben mitbringen sollten. Jeden Tag stürzte ich mich nach der Schule mit noch innigerer Freude auf das Spiel mit meinem Puppenkind. Ich schlief seitdem allabendlich nur ein, wenn die Puppe fest an mein Herz gedrückt war und wachte mit der geliebten Puppe im Arm wieder auf. Ich erklärte ihr täglich insgeheim von nun an leise, daß sie bald in die weite Welt, ins ferne Afrika reisen würde und eine große Aufgabe habe: nämlich ein schwarzes armes Kind glücklich zu machen. Dann kam der Sonntag heran, und mit nach außen freudigem Lachen, aber vielen ungesehenen Tränen nahm ich Abschied von der geliebten Puppe und brachte sie Fräulein von Haugwitz, die unsere Gaben nach Afrika weiterleitete.

Die Eltern hatten heimlich meinen inneren Kampf und die Vorbereitung zur Trennung von der Puppe beobachtet. Zu meiner unaussprechlichen Freude bekam ich am folgenden Weihnachtsabend eine neue Puppe - eine echte »Käthe-Kruse«-Puppe, die ich innig liebte, jedoch immer in der leisen Angst, ob ich die wohl wieder opfern müßte.

Als ich aus diesen Erinnerungen erwachte, war es inzwischen achtzehn Uhr ghanaischer Zeit und somit völlig dunkel. Unter uns lagen schon die Lichter von Accra, der Hauptstadt von Ghana. Wir befanden uns im Anflug auf den Accra-Airport.

Am Flugplatz erwarteten mich zu meiner Begrüßung der Sekretär des Kabinetts als Vertreter des Präsidenten, der Chef der »Ghana-Air-Force«, der Führer der Jugendbewegung »Young Pioneers«, zwei Sicherheits-Offiziere und der Presse-Attaché der deutschen Botschaft. Ich wurde in ein Gästehaus der Regierung geleitet, das neben dem schönen Schloß Christiansburg direkt am

Meer lag. Die fröhliche, unkomplizierte Herzlichkeit der Begrüßung und die Natürlichkeit dieser mir doch noch fremden Ghanaer waren vom ersten Augenblick an gewinnend. Wir trennten uns nach einem »Drink« in meinem Gästequartier, bei dem wir das Programm der nächsten Tage besprachen. Der Auftakt sollte am folgenden Morgen um zehn Uhr ein Empfang beim Präsidenten Dr. Nkrumah sein.

Als ich allein war, sah ich erst, wie viele Personen mich in diesem Gästehaus betreuen sollten. Da wartete »Dora«, eine kohlschwarze, zierliche Stewardeß, mit Zähnen weiß wie Perlen, die bei ihrem ständigen Lachen leuchtend zu sehen waren. Sie wollte mir beim Auspacken meiner Koffer und beim Auskleiden helfen, waschen und plätten und die Garderobe für den nächsten Tag herrichten. Dann war da ein freundlicher Koch, der ein duftendes Diner bereitet hatte, das ich nur leider nach dem Genuß der vielen Mahlzeiten im Flugzeug kaum berühren konnte. Die traurigen Augen des Dieners, der servierte, erschienen mir wie ein Vorwurf. Für die Zeit meines Aufenthaltes stand mir noch ständig ein Chevrolet der Regierung mit einem Fahrer zur Verfügung.

Am Morgen, nach köstlich erquickendem Schlaf, lief ich gegen dreiviertel sechs Uhr hinunter zum Strand, der von meinem Gästehaus nur durch eine Reihe von Palmen getrennt war. Es begann gerade zu dämmern. Welch unerwartetes Bild bot sich mir dar! Etwa zwanzig schöne, edle Rennpferde trabten über die im Sand verlaufenden Wellen am Strand entlang. Gegen den heller werdenden Himmel waren sie zunächst nur als Silhouetten erkennbar. Auf einigen saßen, angeschmiegt und wie ein festverbundener Teil, grazile, dunkle, halbnackte Männergestalten. Andere Pferde liefen frei, begleitet von nebenher laufenden jungen Burschen. Diese Szene wiederholte sich jeden Morgen. Die Ghanaer haben ebenso wie die Engländer eine Passion für Pferde. An jedem Samstag wurde ein feuriges Pferderennen auf einem noch von den Engländern großzügig angelegten Rennplatz inmitten der Stadt veranstaltet. Die Pferde schienen ungewöhnlich zäh zu sein. Ich freute mich jeden Morgen von neuem an dem herrlichen Anblick der Pferde und Reiter.

Um zehn Uhr war der Empfang beim Präsidenten im »Flagstaff House«.

Ich hatte auf dem Flug als Vorbereitung Nkrumahs Autobiographie, »Die schwarze Fanfare« (Fischer Verlag), gelesen und erfuhr daraus seinen ungewöhnlichen Werdegang: Ein Sohn des Busches, der unter ungeheuren Entbehrungen und Demütigungen zehn Jahre in den USA und vier Jahre in England studiert hatte. Er erwarb in den USA den Bakkalaureus der Theologie und den Doktor der Philosophie und Sozialphilosophie und studierte in London Rechtswissenschaften. Ursprünglich wollte er Jesuitenpater werden, aber infolge der in den USA erlebten Demütigungen von Menschen seiner Hautfarbe stieß er seine beruflichen Pläne um. Beten konnte er in der Stille. Er blieb ein tief frommer Mensch und nannte sich einen konfessionellen Christen.

Ich wußte aus dem Buch, daß ich einer hochgebildeten, geistvollen Persönlichkeit gegenübertreten würde, doch war ich voller Skepsis durch die Bildserie, die ich in der deutschen Illustrierten vor meiner Abreise über ihn und sein Land gelesen hatte.

Der Weg zum »Flagstaff House«, in dem das Büro und die Residenz des Präsidenten lagen, führte quer durch die Stadt. Welch ein buntes, fröhliches Bild bot sich mir auf den Straßen! Alle Frauen trugen ihre Nationalkleidung aus buntbedruckten Baumwollstoffen, die bis zu den Fußknöcheln reichten. Um den Kopf hatte jede ein farbiges Tuch, und auf den Rücken gebunden schleppten sie ihr Baby. Die Männer - meist schlanke, schön gewachsene Gestalten - zeigten sich in den verschiedenartigsten Kleidungen. Die Mehrzahl von ihnen hatte die Nationaltracht an, einen buntbedruckten Baumwollstoff, der wie eine Toga übergeworfen wird und sehr würdig, ja majestätisch wirkt. Die Moslems unter ihnen trugen weite, bunte, meist ärmellose Hemden, die bis zum Boden hintergingen, und dazu auf dem Kopf kleine bestickte Kappen. Sehr bequem schien die Kleidung, die aus Nordghana stammt und viel in den Straßen zu sehen war: der Smock - ein weites, dreiviertellanges, kimonoartiges Woll- oder Baumwollhemd, oft reich bestickt. Die Frauen balancierten auf dem Kopf die verschiedensten Lasten: entweder auf großen, flachen, runden Tellern aufgestapelte Waren zum Verkauf, oder Eimer mit Wasser; kurz alles, was zu befördern war. Die Hände hielten sie sich frei. Ich sah nur lachende, fröhliche Gesichter, winkende Kinder, regen Handel, einen disziplinierten, durch schwarze Polizei geregelten Autoverkehr, und es schien überall friedvolle, glückliche Atmosphäre zu herrschen.

Das Gebiet des »Flagstaff House« bestand aus drei Bereichen. Zuerst kam man durch die Toreinfahrt in den äußeren Teil, in dem das Posthaus und die vielen bungalowartigen Baracken mit den Büros der Angestellten des Präsidenten-Office lagen. Im zweiten Bereich befanden sich das Office des Präsidenten und seine Fahrbereitschaft. Den dritten Bereich bildeten ein Garten und ein schlichtes Haus, das als Residenz des Präsidenten und seiner Familie diente. Zum Office des Präsidenten mußte man ein Tor passieren, das von Soldaten der farbenprächtigen Leibgarde bewacht war. Sie trugen leuchtend rote Jacketts, schwarze Hosen, rote, goldeingefaßte Kappen und weiße Handschuhe. Die schmalen, langen, schwarzhäutigen Gestalten wirkten prächtig, und man sah ihnen den Stolz auf ihre Erscheinung an. Das gesamte Office war ein einstöckiger, pavillonartiger, bescheidener Bau, in dem eine kleine Eingangshalle als Warteraum diente. Durch einen schmalen Gang wurde ich zum Präsidenten geführt. Als sich die Tür auftat, überflogen meine Augen den Raum, bevor sie sich auf die dunkle Gestalt konzentrierten, die sich am gegenüberliegenden

39. Afrikanische Stammeskönige während der Einweihungsfeier unserer Segelflugschule in Afienya/Ghana

40. Ich erkläre den Stammeskönigen den Segelflug

41. Ich zeige den Stammeskönigen Cockpit und Instrumente

42. Einer der Stammeskönige in der deutschen »Ka-7«

Ende des Zimmers hinter dem Schreibtisch erhob und mir entgegenkam. Es war ein selten kleiner Raum, der als Arbeits- und Empfangszimmer eines Staatspräsidenten diente, doch der Raum strahlte Geschmack, Geist und Wärme aus. Der rote VeloursTeppichboden und die leicht bläulichen, bis zum Boden reichenden Vorhänge vor den Fenstern ergaben eine wunderschöne Farbschattierung. Drei Wände waren von oben bis unten mit Regalen voller Bücher bedeckt, die den Raum beherrschten und mit denen Nkrumah, wie ich später erfuhr, wirklich »lebte«. Auf der obersten Reihe der Regale standen große gerahmte Bilder und Fotos von Persönlichkeiten, die dem Präsidenten begegnet waren oder die ihm geistig oder menschlich nahestanden. Da standen die Köpfe von Kennedy und Lenin, da gab es Bilder von Chruschtschow und Jawaharlal Nehru, da sah man Königin Elizabeth und Prinz Philipp von England während ihres Besuches 1961 in Ghana. Ferner fielen mir Fotos von Tschou-En-lai und Nasser, Sékou Touré und etlichen anderen afrikanischen Staatsoberhäuptern auf. Aus den Bildern hätte man nicht ersehen können, wo Dr. Nkrumah geistig und politisch hingehörte. West und Ost schienen friedlich vereint. Eine Seite des Raumes bestand fast nur aus Glas, mit einer weit offenen Tür, die in einen von einer Mauer umschlossenen kleinen Vorgarten führte. Von da ertönte ein fröhliches lautes Gezwitscher. Hinter hohem Drahtgeflecht tummelten sich Hunderte bunter Wellensittiche.

Nahe dem Schreibtisch stand ein beleuchtetes Aquarium mit einer Menge verschiedenartiger Fische. All das schien für den Menschen Kwame Nkrumah sehr bezeichnend: Hier war er zu Hause. Mit großer Natürlichkeit und Herzlichkeit war mir Dr. Nkrumah inzwischen entgegengekommen. Von mittelgroßer Gestalt, wirkte er asketisch, schlank und jugendlich und war schlicht, aber elegant gekleidet. Er trug keine Nationaltracht. Seine Kleidung schien allerdings auch nicht europäisch. Es war ein tadellos ge-

schnittener Anzug, dessen Jackett halb indisch, halb chinesisch wirkte. (Wir würden heute dazu sagen »Mao-Look«.) Er hatte sich diese Kleidung selbst ausgedacht. Sie stand ihm ausgezeichnet. Wir hatten in zwei Sesseln vor dem Schreibtisch Platz genommen und waren rasch in ein ungezwungenes, teils fröhliches, teils ernstes Gespräch gekommen, während dessen wir einander gegenseitig wohl neugierig betrachteten. Es wurde englisch gesprochen. Auch nach Beendigung der Kolonialherrschaft blieb in Ghana die Landessprache Englisch, neben unzähligen Stammessprachen.
Kennzeichnend für Nkrumah waren Charme und Güte, die aus seinen dunklen Augen strahlten. Er hatte die Fähigkeit, sich sofort ganz auf einen Menschen und ein Problem zu konzentrieren, als gäbe es auf der Welt für ihn im Augenblick nichts Wichtigeres. Professor Rolf Italiaander schrieb einmal über Dr. Kwame Nkrumah, er habe selten soviel Bildung mit soviel Klugheit und Charme vereint gesehen wie bei ihm. Er hatte recht.
Als ich den Präsidenten fragte, wie er darauf gekommen sei, an mich zu schreiben und eine Segelflugschule in seinem Lande errichten zu wollen, erzählte er mir von einem Gespräch mit seinem Freunde Pandit Nehru, bei dem es um die Charakterformung der afrikanischen Jugend gegangen sei, um sie zu selbständig denkenden, zuverlässigen, disziplinierten und opferbereiten Menschen zu erziehen. Bisher seien sie durch ihre Abhängigkeit gewohnt gewesen, »Yes, Sir« und »Yes, Madame« zu sagen und lediglich die Gedanken anderer auszuführen. Pandit Nehru habe ihm geraten, mich zu bitten, in sein Land zu kommen. Ich würde ihm mit meiner reichen Erfahrung helfen, eine Segelflugschule aufzubauen. Als ich dies hörte, stand in mir fest, das Angebot anzunehmen und mich dieser Aufgabe zu widmen. Präsident Nkrumah stellte nun seinerseits die Frage an mich, wodurch denn der Segelflug - wie Pandit Nehru meine - einen derartig großen erzieherischen Einfluß ausüben könne und wodurch das motorlose

Fliegen überhaupt möglich sei. In meinen Erklärungen versuchte ich, ihn hinauf in »Himmelshöhen« zu führen und das Erleben des Segelfluges vom Ethischen und Erzieherischen her zu beleuchten. Er folgte mir »wie im Fluge«, und rasch war ein guter menschlicher Kontakt zwischen uns entstanden.

Nach vierzig Minuten stand er auf und sagte: »Kommen Sie mit mir ins Konferenzzimmer des Kabinetts, dort wartet auf uns ein Komitee, das ich für Sie zusammenstellte und das Ihre Vorschläge jetzt entgegennehmen und ausführen soll.«

Ich war fast erschrocken - zumindest erstaunt. Hier schien man »Nägel mit Köpfen« zu machen.

Im Konferenzzimmer warteten der Oberbefehlshaber der ghanaischen Luftwaffe, ein Parlamentsmitglied und früherer ghanaischer Minister, der Leiter der Jugendbewegung »Young Pioneers« sowie der persönliche Sekretär des Präsidenten, der alles mitstenographieren mußte. Als einziger Weißer außer mir war ein Engländer dabei, der seit vier bis fünf Jahren Leiter eines bestehenden Accra-Segelflug-Clubs war. Nach kurzer Vorstellung und Begrüßung bat ich den Präsidenten und das Komitee, die Besprechung auf den folgenden Tag zu verschieben, da ich meine Vorschläge erst machen wolle, wenn ich von dem Engländer erfahren hätte, was bereits durch den Accra-Gliding-Club im Segelflug aufgebaut und vorhanden sei. Alle stimmten zu, und der Engländer übernahm es hocherfreut, seine Clubmitglieder für den Nachmittag zum Flugfeld hinaus zu bestellen. Es lag etwa 35 km ost/nordöstlich von Accra, neben dem kleinen Eingeborenendorf Afienya, das aus Lehmhütten bestand, die teils mit Strohdächern, teils mit Wellblech gedeckt sind. Die Lehmhütten hatten den großen Vorteil, daß es in ihnen immer kühl blieb, so unbarmherzig heiß die Sonne auch scheinen mochte.

Neben jenem Dorf lag ein zum Teil mit Büschen und Bäumen bestandenes Gras-Gelände. Es lag unmittelbar an der asphaltierten Hauptstraße von Accra nach Akkosombo und schien mir für die Anfänger-Schulung gut geeignet. Das Gelände war, wenigstens für die damaligen Luftfahrt-Vorschriften, weit genug vom »Accra-Airport« entfernt und würde den internationalen Flugverkehr nicht stören. Nach den heutigen Luftfahrtregeln würde es in der Kontrollzone liegen und wäre strengen Bestimmungen unterworfen oder müßte zum Sperrgebiet erklärt werden. Nun war ich gespannt, wie und womit auf diesem mit Büschen und Bäumen bedeckten Gelände, auf dem auch noch Hunderte von Kühen grasten, gestartet und gelandet werden konnte. Mein englischer Begleiter lachte über meine Frage und meinte, daß in Afrika vieles möglich sei, was wir uns in Europa nicht träumen ließen. Wir waren an einem recht baufälligen kleinen Holzhangar angelangt, aus dem ein englisches SLINGSBY-Segelflugzeug und ein deutscher SPATZ herausgeschoben wurden. Es waren etwa fünfzehn Mitglieder des Clubs erschienen: Amerikaner, Engländer, Holländer, zwei Deutsche und Kanadier; seltsamerweise aber alles weiße Menschen. Als ich erstaunt fragte, warum sie keine schwarzen Mitglieder hätten, sie seien doch in Ghana jetzt Gäste - da sagten sie: »Das ist es ja - wir fliegen als Hobby, nur an Wochenenden, und müssen dafür große Opfer an Freizeit und Geld bringen. Die Ghanaer, die wir dazu aufgefordert haben, wollen aber für das Fliegen nicht ihre Freizeit opfern, sie wollen an Arbeitstagen in Form von Dienstleistungen fliegen lernen und wollen sogar dafür bezahlt werden.«

Diese Antwort war mit das Aufschlußreichste unseres Nachmittags. Die Ghanaer konnten ja noch keinen Enthusiasmus für etwas aufbringen, das ihnen so völlig unbekannt war wie der Segelflug. Es wurde mir klar, daß in Ghana nur in einer staatlichen Internatsschule eine erfolgreiche Segelflugschulung möglich wäre. Der Accra-Gliding-Club war offensichtlich knapp an Geldmitteln - er schien zuwenig zum Leben und zuviel zum Sterben zu haben.

Doch seine Mitglieder waren alles prächtige Idealisten, so wie sie der Segelflug braucht. Sie starteten im Autoschlepp, in der zwar billigsten Schleppmethode also, die aber in Deutschland und im übrigen Europa seit 1933 durch Winde und Flugzeugschlepp abgelöst worden ist. Als Schleppstrecke benutzten sie einen einigermaßen ebenen Weg auf dem Gelände. Als Schleppauto diente ein alter Chevrolet, der nach zwei bis drei Starts keuchte und dampfte und sich eine Stunde lang erholen mußte. Ich machte, um die Kameraden zu erfreuen, mit klopfendem Herzen einen Start auf einem uralten »Spatz«. Man hing dabei im Schlepp an einem Stahldraht, erreichte hinter dem Auto nur etwa 250 m Höhe und war froh, wenn man nicht auf dem Rücken einer der vielen Kühe landen mußte.

Alles, was ich dort erlebte, war mir für die Konferenz des nächsten Tages äußerst wichtig. In der folgenden Nacht formten sich meine Vorschläge, die ich gleich zu Papier brachte: Wenn eine wirksame Ausbildung der Ghana-Jugend durchgeführt werden sollte, war eine Schule nötig, die zunächst bis zu vierzig (anfänglich nur zwanzig) Schülern Unterkunft gewähren mußte. Dazu müßten Räume geschaffen werden für einen Stab von drei Fluglehrer-Assistenten, für vier bis sechs Mechaniker, für eine Verwaltung, dann eine Kantine mit Küche zur Verpflegung, ein Hangar mit Werkstatt für Tischlerei und Schlosserei und ein Unterrichtsraum für theoretischen Unterricht. Für den Anfang waren mindestens vier Segelflugzeuge nötig: zwei Doppelsitzer zur Schulung - sehr geeignet dafür erschien mir die SLINGSBY T-21, die einen offenen Führersitz und zwei Sitze nebeneinander hatte. Ich lernte diesen Typ bei der Schulung in Indien kennen. Für Alleinflüge dachte ich an ein offenes »Grunau-Baby« und eine Ka-6 - also zwei Einsitzer. Zum Schleppen schlug ich vor eine Doppel-Tost-Winde mit Tropenkühler und unter Umständen - falls vorhanden - eine gebrauchte PIPER zum Motorschlepp.

Bei der am nächsten Tag folgenden Konferenz, die ohne den Präsidenten stattfand, wurden diese Vorschläge von mir alle zu Protokoll gegeben. Außerdem riet ich, ein Team von sieben ausgewählten Ghanaern auf ein Jahr nach Deutschland zu schicken, für deren Ausbildung ich die Betreuung und Verantwortung übernehmen würde. Drei davon sollten möglichst Offiziere und reifere Persönlichkeiten sein, die zu Segel- und Motorfluglehrern in Deutschland ausgebildet werden sollten; vier oder fünf sollten bereits vorgebildete qualifizierte Mechaniker sein, die in Deutschland nur zusätzlich die Reparatur und den Bau von Segelflugzeugen erlernen sollten.

Nach der Sitzung ging ich zur Berichterstattung zum Präsidenten. Er schien mit den Vorschlägen sehr einverstanden. Das Komitee sollte Sorge dafür tragen, daß die sieben oder acht Geeigneten ausgewählt wurden, um am 1. Mai 1962 nach Deutschland geschickt zu werden. Mit deren Assistenz beabsichtige ich, im Januar 1963 mit der Ausbildung der jungen Segelflieger in Ghana zu beginnen. Die Regierung Ghanas - vertreten durch jenes Komitee - sollte dafür sorgen, daß bis Ende Dezember 1962 alle vorgeschlagenen Baulichkeiten auf dem Platz in Afienya errichtet und die Segelflugzeuge nicht nur bestellt, sondern eingetroffen seien, damit wir Anfang 1963 auch wirklich mit der Schulung anfangen könnten.

Ich war überzeugt, daß der Engländer im Komitee der beste Berater für die Errichtung der Baulichkeiten sein würde.

Die Tage meines Aufenthaltes waren mit Sitzungen, Konferenzen, mit Einzelbesprechungen mit dem ghanaischen Oberbefehlshaber der Luftwaffe und dem ghanaischen Oberbefehlshaber der Armee und mit Vorträgen ausgefüllt, die ich vor hohen Gremien, vor Ministern und dem Präsidenten über Segelflug halten mußte.

Den Höhepunkt dieser Tage und gleichzeitig ihren Abschluß bildete eine Privateinladung des Präsidenten und seiner Frau Fathia - einer weißen Ägypterin - zum Diner in deren Residenz.

Pünktlich zur festgesetzten Stunde fuhr ich durch das Tor, das den Weg in den Garten und zur Residenz freigab. Nein - dieses Haus konnte man wirklich nicht als Palast bezeichnen. Es diente früher, während der Kolonialherrschaft, als Büro des englischen Gouverneurs. Ich war beschämt im Gedanken an unsere deutschen Berichterstatter, die mit der »Wahrheit« so großzügig umgingen.

Ich las einmal ein Wort von Amanda Schäfer, an das ich in diesem Augenblick denken mußte: »Wo ist die Zeitung, die von den Guttaten der Menschen kündet? Sie könnte den dämonischen Gewalten den Raum kürzen.«

Ein roter Veloursläufer führte an einer Treppe vorbei in einen geschmackvoll eingerichteten runden Raum mit Sesseln an den Wänden und in der Mitte mit einem Tisch für drei Personen, der zum Essen gedeckt war. Durch eine breite offene Tür gelangte man in den Garten. Freundlich kam mir die junge, schöne Frau des Präsidenten entgegen, der man die Ägypterin ansah, mit ihren glatten, üppigen, schwarzen Haaren und großen dunklen Augen. Sie war mehr als zwanzig Jahre jünger als ihr Mann und mochte damals etwa dreißig Jahre alt gewesen sein. Sie erzählte mir von ihren zwei Kindern, dem damals dreijährigen Gamel und der eineinhalbjährigen Jabah, die beide der Stolz und das Glück des Vaters waren. Im Dezember 1963 schenkte sie Nkrumah einen zweiten Sohn, den kleinen Sekouh.

Nach Erscheinen des Präsidenten begann das Diner. Es wurde ein schöner, ganz persönlicher Abend. Wir sprachen über viele Dinge - ernste und fröhliche -, und wir hatten alle drei das Gefühl, uns seit Jahren zu kennen und herzlich miteinander verbunden zu sein. Nach dem Diner zeigten sie mir einen zwei bis drei Stunden laufenden Farbfilm vom Abschied des englischen Gouverneurs mit allen Riten und Feierlichkeiten, mit allen Reden, die gehalten wurden, bis zur überschäumenden Freude des Volkes, als der englische Gouverneur abgereist war. Dann sah man die feierliche Einsetzung von Kwame Nkrumah in sein Amt, wieder mit allen Reden, mit allem Jubel, mit allen Volksfesten, bis zum Staatsbesuch der Königin Elizabeth, der zu einem Höhepunkt der Feierlichkeiten wurde. Es war bekannt, daß Königin Elizabeth sich besonders zu Präsident Nkrumah hingezogen fühlt und diese ganz ungewöhnliche Persönlichkeit sehr schätzt.

Dieser Film war ein eindrucksvolles Dokument. In echter Bewegung erlebte ich durch den Film die Befreiung dieses Landes und Volkes, bestaunte seine Menschen, seine Führer, seine Stammeskönige, seine Sitten und Gebräuche in Wort und Bild. Dr. Nkrumah und seine Frau hätten mir keine größere Freude machen können. Um Mitternacht begleiteten sie mich zu meinem Wagen, umarmten mich und winkten wie liebe alte Freunde, bis der Wagen entschwunden war. Für Anfang 1963 erwarteten sie mich zurück. Und ihre Freude darauf schien nicht geringer als die meinige. Ich war von dieser schlichten Herzlichkeit sehr bewegt. Am nächsten Morgen reiste ich ab - blieb aber innerlich noch lange in diesem schönen Lande, mit seinen mir so rasch ans Herz gewachsenen Menschen.

Meine brasilianischen Freunde

Auf der Rückreise von Ghana nach Deutschland machte ich von Dakar (in Senegal) einen Abstecher und flog mit der Lufthansa nach Sao Paulo. Ich folgte einer Einladung deutsch-brasilianischer Freunde.

Mit dieser Freundschaft hat es eine besondere Bewandtnis. Als etwa zehnjähriger Junge spielte mein Vater besonders gern mit einer kleinen, fast gleichaltrigen Alice von guten Nachbarn. Da Alice stets weinte, wenn sie verlor, mogelte mein Vater so geschickt, daß Alice beim Spielen immer gewann. Zum Kummer der Kinder wurde der Vater von Alice eines Tages an einen anderen Ort versetzt. Ihre Lebenswege trennten sich. Sie vergaß meinem Vater aber niemals seine ritterliche Hilfe. Mein Vater ist seit 1945 nicht mehr am Leben - aber Tante Alices »Dank« wirkte sich - bis an ihr Lebensende, 1968 - in liebevoller Weise für mich aus. Es waren nicht nur die beglückenden Einladungen nach dem Zweiten Weltkrieg zu Flug und Aufenthalt in Brasilien. Sie bewies ihre Güte und Liebe immer wieder durch viele ergreifende Überraschungen und Freuden.

Unvergeßlich bleibt mir: Als Tante Alice, zusammen mit ihrem Sohn Hasso und dessen Frau Dora, 1950 zum ersten Mal nach dem Krieg nach Europa flog, ließ sie von ihrem Gärtner Clemente eine Ente schlachten und nahm sie im Gefrierschrank des Verkehrsflugzeuges mit nach Deutschland, um mich mit dieser - in damaliger Zeit für einen Deutschen seltenen - »Delikatesse« zu überraschen.

Tante Alice war einst als bildschöne junge Frau im Jahre 1900 nach Sao Paulo ausgewandert, um dort Alfried Weiszflog, einen deutschen Kaufmann, zu heiraten. Alfried Weiszflog kam 1896 mit seinen zwei Brüdern, Otto und Walter, dorthin. Jene Geschwister Weiszflog übernahmen drüben zunächst eine Druckerei. In Verbindung mit der Druckerei entstand 1915 ein Verlag. Die ersten Bücher, die sie verlegten, waren Kinderbücher (portugiesische Übersetzungen von Andersens Märchen, brasilianische Märchen, des weiteren Kinder- und Jugendbücher usw.). Ihr leitender Gedanke für den Verlag war es, seit er ihnen gehörte, vorwiegend Kinderbücher zu verlegen, da in Brasilien sehr wenig auf diesem Gebiet getan worden war. Der Weg dieser Familie ist so ungewöhnlich, daß ich darüber eingehender berichten möchte.

1920 wurde die Papierfabrik CAIEIRAS in den Familienbesitz eingegliedert, der große Ländereien zugehörten, auf denen von Anfang an Aufforstung in großem Stil betrieben wurde. In jener Zeit wurden, trotz beachtlicher wirtschaftlicher Schwierigkeiten, viele soziale Hilfen für ihre Arbeiter in Caieiras geschaffen. Weiszflogs bauten ihnen eigene Schulen, eine katholische Kirche - obwohl sie selbst evangelisch waren -, Gesundheitsdienste, Sportplätze. Gleichzeitig wurden um das Fabrikgelände herum Häuser mit kleinen Gärten für Arbeiter und Angestellte in Caieiras errichtet und ihnen zu derart geringen Mietpreisen überlassen, wie dies sonst nirgends möglich war. Sie erhielten also echte »Heime« von der Firma Weiszflog zur Verfügung gestellt. In derselben Weise verfuhr man in der später gekauften Fazenda Levantina, im Staate Minas Gerais. Während des Zweiten Weltkrieges wurde 1942 zusätzlich eine Zellulose-Fabrik gebaut.

Die Familie Weiszflog mit ihren Kindern und Schwiegerkindern (Reimann und Plöger) hatte es geschafft, vom Samen über Baum, Holzschliff, Zellulose-Fabrik, Papierfabrik, Druckerei, Buchverlag alle Produktionsetappen zu vereinen - eine vertikale Organisation, die selbst in Deutschland ihresgleichen sucht. Damit wurde das Ziel der Familie erreicht: »Von der Pinie bis zum Buch«.

Ihr Verlag druckt heute noch vorwiegend Kinder- und Jugendbücher, Unterhaltungsliteratur für Kinder, pädagogische und didaktische Bücher, und neuerdings werden auch auf Hochschulebene Bücher verlegt. Außerdem ist der Verlag spezialisiert im Druck von Atlanten und Wörterbüchern.

Die idealistischen Ziele des inzwischen sehr großen Familienunternehmens haben sich in diesen siebenundachtzig Jahren nicht geändert - nämlich: an der Entwicklung des jungen Staates Brasilien mitzuhelfen, indem der Jugend positive, geistige Werkzeuge in Form von Büchern zur Hand gegeben werden. Allen, die an dieser Arbeit mitwirkten, Arbeitern und Angestellten, wurde und wird eine beispielhafte Hilfestellung geboten, um ihre sozialen Verhältnisse zu verbessern.

1962 wurde ich von Tante Alice zum zweitenmal nach dem Krieg eingeladen. Von ihren verheirateten Kindern steht mir die jüngste Tochter Adolfa Plöger am nächsten. Auch mit Adolfas bereits verheirateten Kindern verbindet mich eine enge Freundschaft.

Das, was mich bei diesen Besuchen in Brasilien immer von neuem tief beeindruckte, war und ist die feine innere Bescheidenheit, die fröhliche, schlichte Natürlichkeit und die religiöse ebenso wie die menschliche und soziale Einstellung dieser Familie. Kinder und Kindeskinder fassen ihren Erfolg und Besitz als »Verpflichtung« für die anderen auf. Ich kenne viele wohlhabende Familien, denen ich während meines Lebens begegnete, selten aber erlebte ich eine große Familie, deren Lebensführung derart schlicht und bescheiden und so vorbildlich ist. Was für diese Familie bezeichnend ist: Ich erlebte während meiner Besuche, daß jeweils die sechzehn- bis zweiundzwanzigjährigen Enkeltöchter nach dem Abitur zunächst karitativ tätig waren, etwa als Krankenschwestern oder als Lehrerin für Taubstumme und in ähnlichen Berufen, also auf solchen Gebieten, die Nächstenliebe, Geduld und Opfer erfordern. Die Enkel wurden und werden beinahe alle zum Hochschulstudium nach Deutschland geschickt, um die Wurzeln, aus denen sie stammen, nicht verkümmern zu lassen und Erfahrungen und Kenntnisse zu sammeln, damit sie ihrer jungen, neuen Heimat, Brasilien, nach besten Kräften dienen können. Ihre vielseitigen Studien in Deutschland schließen sie in Berufen ab, mit denen sie dem Familienbetrieb am meisten helfen können, somit als: Diplomingenieure, Papierfachleute, Forstfachleute, Wirtschaftler und Diplomkaufleute.

Wie oft geschieht es in unserem Land und auch in anderen Ländern der Welt, daß - nachdem Großeltern durch härteste Arbeit, durch größte Opfer und Fleiß und auch durch die Gnade des Erfolges zu großem Besitz gelangten - die Enkel als »Play-Boys« oder »Girls« das Geld verprassen und verjubeln, anstatt den ererbten Besitz und Reichtum als höchste Verpflichtung dem Nächsten gegenüber zu betrachten. Diese großartige »Stamm-Mutter«, »Tante Alice«, hat diese Verpflichtung ihren Kindern und Enkeln vorgelebt und ins Herz gelegt.

Der Eindruck, den die Familien Weiszflog, Reimann und Plöger immer von neuem auf mich machten, war beglückender als alles, was an Interessantem und Schönem in Brasilien zu erleben mir vergönnt war.

Vier Jahre in Ghana

Nach zwei Wochen bei meinen Freunden in Brasilien eilte ich nach Deutschland, um Dr. Sattler, dem Leiter der Kulturabteilung des Auswärtigen Amtes, Bericht zu erstatten. Unser Auswärtiges Amt hatte sich großzügig entschlossen, das ghanaische Sieben-Mann-Team für die Zeit seines Aufenthaltes und seiner Ausbildung in Deutschland einzuladen. Die ghanaische Regierung sollte die Kosten für Hin- und Rückflug übernehmen. Das Auswärtige Amt beauftragte den Präsidenten des Clubs der Luftfahrt von Deutschland in Bonn mit der Betreuung des Teams. Dieser übertrug mir die Verantwortung für die Programmgestaltung für Schulung und Ausbildung der Ghanaer während ihres Aufenthaltes.

Am ersten Mai trafen wie geplant die sieben Ghanaer ein. Doch zu meiner großen Enttäuschung war die Auswahl der Mitglieder nicht, wie mit mir in Accra vereinbart, getroffen worden. Um Geld zu sparen, hatte die ghanaische Regierung anstelle von beruflich Vorgebildeten sieben junge Führer der Jugendbewegung »Young Pioneers« geschickt, die gerade eine Ausbildung als Fallschirmspringer in der CSSR absolviert hatten und darum schon in Europa waren. Alle waren prächtige Burschen, aber sie hatten weder das Alter noch die Vorbildung, noch die Reife, die ich für die

Aufgabe verlangen mußte. Zurückschicken konnten wir sie nicht, das hätte zu politischen Schwierigkeiten geführt. Ich konnte nur versuchen, das Beste daraus zu machen und brachte sie zunächst zu einer Grundausbildung zur Segelflugschule auf der Nordseeinsel Juist. Dem Leiter der Schule, Hans Kolde, gelang es gut, Begeisterung und Interesse für den Segelflug in die Herzen unserer sieben schwarzen jungen Freunde zu legen. Die drei fliegerisch Geeignetsten unter ihnen überstellte ich nach vier Wochen von Juist nach Freiburg/Breisgau, wo sie an dem Institut für Segelflugforschung unter Leitung von Dr. Ernst Frowein zu Fluglehrern ausgebildet wurden. In diese Schulung schaltete ich mich von Zeit zu Zeit ein. Die vier übrigen Ghanaer gab ich zur Ausbildung als Mechaniker an Martin Schempp ab, den damaligen Leiter des »Schempp-Hirth-Flugzeugbaues« in Kirchheim an der Teck. Um das Reparieren von Sport- und Segelflugzeugen zu lernen, kamen sie zusätzlich einige Zeit nach Nabern/Teck zum »Wolf-Hirth-Reparaturbau«. Ich selbst aber mußte meine Pläne für den Aufbau in Ghana völlig ändern. Mit diesen viel zu jungen und viel zu unerfahrenen Menschen konnte ich unmöglich den Aufbau einer Segelflugschule und die Schulung beginnen. Ich beabsichtigte daher, zwei besonders zuverlässige, erfahrene deutsche Kameraden mit hinüber zu nehmen. Den einen als Werkstattleiter, der die wichtigste Aufgabe hatte, die Maschinen, denen wir unser Leben anvertrauten, täglich zu prüfen, anfallende Reparaturen auszuführen und die ghanaischen Mechaniker weiterzubilden. Den zweiten Helfer benötigte ich als erfahrenen Fluglehrer. Denn ich selbst mußte mich als Prinzipal der Schule um alles damit Zusammenhängende kümmern. Für letztere Aufgabe hätte ich in ganz Deutschland keinen Geeigneteren finden können, als »Täve« Löhr, den damaligen Flugsicherheitsinspektor für Niedersachsen. Als Werkstattleiter wählte ich Fritz Wieser. Unsere Zusammenarbeit führte nicht nur zu großem Erfolg, sondern uns drei verbindet auch heute noch eine beglückende Kameradschaft und Freundschaft, obwohl unsere Aufgabe in Ghana 1966 ein tragisches Ende fand.

Wir hatten mit dem ghanaischen Team in Deutschland bis Ende des Jahres 1962 das gesteckte und mögliche Ziel erreicht. Drei Ghanaer bestanden das Segelfluglehrerexamen in Freiburg, und einer von ihnen erfüllte sogar die Bedingung für das Silber-C-Abzeichen. Auch erwarben sie die Windenfahrerbescheinigung. Die Mechaniker erlernten die Grundbegriffe der Werkstattpraxis, doch alle waren noch weit davon entfernt, selbständige Arbeit leisten zu können.

Ich fragte von Zeit zu Zeit beim Präsidenten in Ghana an, ob die Regierung ihr Wort auch einhalten würde, die vorgesehenen Bauten bis Ende des Jahres fertigzustellen und die Segelflugzeuge und eine Winde bereit zu haben. Stets erhielt ich die Antwort: Es sei alles im Bau und würde zeitgerecht fertig sein. Ich ahnte damals weder, wie der Präsident belogen wurde, noch was für eine Situation uns drüben erwartete, noch wer die Schuld dafür trug.

Im Dezember 1962 flog das ghanaische Team nach beendeter Ausbildung und mit reichen Eindrücken, die sie in Deutschland gewonnen hatten, nach Ghana zurück. Im Januar 1963 wollten wir drei Deutsche mit der Segelflugschulung in Ghana beginnen. Die deutsche Regierung stiftete zur Einweihung ein doppelsitziges Leistungsflugzeug vom Typ Ka-7, darüber hinaus Werkzeugschränke mit Werkzeugen, die ermöglichen sollten, kleinere Reparaturen in der Werkstatt sofort auszuführen, und eine große Anzahl von Modellbaukästen.

Inzwischen war es Januar 1963 geworden. Meine zwei Kameraden und ich warteten startbereit auf unseren Abruf nach Ghana. Der Januar verging - der Februar verging. Immer von neuem wurden wir von Ghana gebeten, unser Kommen zu verschieben. Dies schien mir langsam verdächtig. Ich machte mich kurz entschlossen allein auf den Weg, aber nicht ohne vorher Dr. Sattler vom Auswärtigen Amt zu bitten, die Verträge, welche die Ghana-Regierung mit meinen Mitarbeitern und mir abzuschließen beabsichtigte, von Deutschland aus zu übernehmen. Ich wollte uns unbedingt unsere Handlungsfreiheit sichern, um fortgehen zu können, wenn wir gezwungen würden, gegen unser Gewissen zu handeln. Trotz der freundschaftlichen, guten Zusammenarbeit mit Dr. Kwame Nkrumah erwies sich diese Entscheidung als besonders wichtig.

Meine plötzliche Anmeldung und mein Kommen schienen vornehmlich die Mitglieder des verantwortlichen Komitees äußerst zu erschrecken. Um so größer war der »Bahnhof« zu meinem Empfang. Mir wurde gleich ein endloses Programm von »Parties« übergeben, das während der nächsten zwei Wochen nicht eine Stunde Zeit ließ, nach Afienya zu fahren, wo Schule und Gebäude zum Einzug fertig sein sollten. Ich wartete gar nicht den Beginn dieses Programms ab, sondern bestellte den mir zur Verfügung stehenden Fahrer um sechs Uhr früh des folgenden Tages zu einer »Stadtrundfahrt«. Noch in der Dämmerung fuhren wir los. Ich bat ihn, mich nach Afienya zu fahren. Atemlos sah ich, dort eingetroffen, den Grund des »Hinhaltemanövers«, bei dem leider der Engländer, auf den ich so große Stücke gehalten hatte, eine von mir unerwartete, unfaßliche Rolle spielte. Es war nichts fertig: Kein Schulgebäude, keine Kantine, keine Werkstatt. Statt dessen stand auf dem Flugfeld als Hindernis zum Fliegen zumindest beim Abwerfen des Windenschleppseiles ein noch im Bau befindliches englisches Clubhaus mit vielen Duschen und einer Bar. An der Seite des Platzes befand sich ein langgestreckter Hangar mit sechzig Toren, die mit der Hand ausgehoben werden mußten. Allein zum Öffnen der Halle und zum Ausheben dieser Tore würde man Stunden benötigen. Ich war wie gelähmt vor Schreck.

43. Präsident Dr. Kwame Nkrumah trifft in Afienya ein zur Feier des ersten Jubiläums der Segelflugschule. Rechts von ihm der Verteidigungsminister Kofi Bakoo

44. Vor unserer Schleppmaschine

45. *Während der morgendlichen Fahnenhissung in Afienya. Vordere Reihe von links nach rechts: Hauptfluglehrer Täve Löhr, ich (als Prinzipal der Schule), unser ghanaischer Verwalter Gray-Mills, unser Werkstattleiter Fritz Wieser*

Wer steckte hier dahinter? Wer belog den Präsidenten und sabotierte die Ausführung meiner Vorschläge? Es gab nur zwei Möglichkeiten. Entweder ich flog sofort zurück und gab den ganzen Plan auf, oder: Der Bau der Gebäude, so wie sie von mir vorgeschlagen waren, mußte sofort beginnen. Das aber bedeutete Kampf. Noch wußte ich nicht, wer die Gegner waren. Ich war bereit, den Kampf aufzunehmen. Ich sagte das vorgesehene Programm ab, meldete mich statt dessen telefonisch umgehend zur Rücksprache beim Präsidenten an und bat den Sekretär um einen Termin noch am gleichen Tage, ich müßte sonst abreisen. Der Präsident empfing mich sofort, ahnungslos und mit der gleichen Herzlichkeit, mit der wir uns ein Jahr vorher getrennt hatten. Er fragte, ob wir schon mit der Schulung begännen. Entsetzt hörte er meinen Bericht und meine Überlegung, notfalls meine Bereitschaft zur Mitarbeit an seinen Plänen zurückzuziehen und sein Land zu verlassen. Der Präsident bestellte umgehend den Vorsitzenden des Komitees, den Chef der Ghana-Airforce, und bat mich, zu warten und dabeizubleiben. Dieser kam blitzschnell (er hatte eine englische Frau), und gestand stotternd die Richtigkeit meiner Angaben. Zur Entschuldigung legte er einen Brief vor, den ihm der Engländer des Komitees, der gleichzeitig Chairman des Accra-Gliding-Club war, unmittelbar nach meiner Abreise, vor einem Jahr, geschrieben hatte. In diesem Brief riet er dringend, nur ja meinen Vorschlägen nicht zu folgen. Sie seien viel zu kostspielig. Den Schulbetrieb mache man am besten nur an den Wochenenden. Dann würde man wie in England nur ein Clubhaus mit Duschen und Bar benötigen. Daran lag es also, daß weder Schule und Internat noch Kantine und Werkstatt gebaut worden waren und man den Präsidenten ein Jahr lang belogen hatte. Nun fügte der Präsident dem Bericht seines Luftwaffenchefs spöttisch hinzu: »Und der Accra-Gliding-Club würde auf billigste Weise das von unserem Geld er-

baute Clubhaus, die gekauften Einrichtungen und Segelflugzeuge benutzen.« Er schickte den Luftwaffenchef höchst ärgerlich hinaus und fügte hinzu, er wolle ihn am folgenden Tag noch einmal unter vier Augen sprechen. Als wir allein waren, sagte der Präsident traurig und niedergeschlagen: »Verstehen Sie jetzt, worunter wir hier im Lande zu leiden haben? Meine Mitarbeiter lassen sich leichtgläubig verführen und belügen mich dann.« Er beschwor mich, nur ja nicht abzureisen, ihm vielmehr in seinem Kampf zu helfen. Er löste das bisherige Komitee auf, bildete ein neues und berief den damaligen Verteidigungsminister, Kofi Baako, zu dessen Chairman. Dieser schlug vor, mit Hilfe der Armee umgehend ein von Afienya vier Kilometer entfernt gelegenes »Buschcamp«, das leer stand und früher einmal von den Engländern benutzt worden war, neu herrichten zu lassen, um mit der Einberufung der Schüler und dem Flugunterricht beginnen zu können. Ich ließ umgehend meine zwei Mitarbeiter aus Deutschland kommen, denen ich inzwischen mit Hilfe der Regierung einen Bungalow in Accra beschaffte. Ich selbst war im üppigen »Asanthe-House« untergebracht, das sich ein ghanaischer Minister mit Bestechungsgeldern hatte bauen lassen, dessen Frau sich dafür die »berühmt gewordenen goldenen Betten« hatte in London kaufen wollen. Durch Zeitungsmeldungen informiert, hatte der Präsident den Minister entlassen und ihm sein unredlich erworbenes »Palais« weggenommen, das er seither als Gästehaus der Regierung benutzte. Die europäischen Zeitungen aber lasteten Dr. Nkrumah Korruption und Verschwendungssucht an.
Hier noch ein anderes Beispiel für das unheilvolle Wirken verantwortungsloser, schlecht informierter Journalisten: Dr. Nkrumah lasse sich von seinem Volk »Messias«, »Erlöser« oder »Heiland« nennen. Auch alle ihm fälschlich angedichteten Mißbräuche biblischer Worte gehören in dieses bedauerliche und für die Schreiber beschämende Kapitel. Hier wird afrikanische Denkungsweise

mit europäischen Maßstäben gemessen und - ohne ihrer Wurzel nachzugehen - verurteilt. Als Dr. Kwame Nkrumah, 1960 der erste Staatspräsident von Ghana wurde, hat sein Volk ihm den Titel »Osagyefo« verliehen. Es ist dies ein Titel, der seit ältester Zeit dem Asantehene, dem obersten aller Stammeskönige der Ashantis, zuteil wird. Das Wort »Osagyefo« ist ein Twi-Wort und hat eine dreifache Bedeutung: Kämpfer, Führer und Befreier (Erlöser). Das Wort selbst setzt sich aus zwei Worten zusammen »Osa«, das in der Twi-Sprache »Krieg«, und »Gyefo«, das »Befreier, Erlöser von der Knechtschaft« bedeutet. Der Titel »Osagyefo« stammt aus einer Zeit, bevor je Missionare nach Afrika kamen, also bevor es je dort Christen gab. Weder die Verleiher noch die Träger dieses Titels wußten etwas von der Existenz Christi, noch viel weniger also, daß dieses Wort ebenso wie das Wort »Messias« für Christen nur auf »Jesus« bezogen wird. Kein Afrikaner, nicht einmal einer, der wie Dr. Nkrumah, Theologie studiert hat, würde bis zum heutigen Tag auch nur auf die Idee kommen, daß dieser Titel »Osagyefo« in einen Vergleich oder Zusammenhang mit Christus gebracht werden könnte. Hier zeigt sich leider wieder deutlich, wie europäisch-christliches Denken einfach auf afrikanische Ausdrucksformen gedankenlos übertragen und selbst in ernstzunehmenden Zeitungen und Zeitschriften mißbraucht wird, eben, weil es in ein politisches Konzept paßt. Um als Europäer die religiöse Situation objektiv erforschen zu können, ist es wohl nötig, viele Jahre in Afrika und dort ganz unter Afrikanern zu leben. Erst dann wird man erkennen und verstehen, wo die religiöse Wurzel liegt und wie anders - eben »afrikanisch« - ihr religiöses Empfinden und damit ihre entsprechende Ausdrucksweise sind. Ich habe noch keine Schrift gefunden, die über die wahren religiösen Verhältnisse in Ghana klaren Aufschluß gibt.* Es sind noch

---

* Interessant ist in diesem Zusammenhang Band 5 des von Professor Dr. Karl Heinz Pfeffer erschienenen Zyklus der Länder Afrikas (Ghana).

dazu in diesem Lande derart große Wandlungen und Umschichtungen im Gange, daß die Abgrenzungen der einzelnen Religionen und Übergänge in andere Religionen zur Zeit völlig unklar sind. Nur eines steht für mich fest, was immer Ghanaer auch glauben mögen, so haben sie - verglichen mit Europäern - eine viel stärkere, emotionale religiöse Erlebnisfähigkeit und beziehen Glauben und Religion viel mehr als wir in das tägliche Leben ein. Ich kann gut verstehen, daß Ghanaer nicht nur verletzt sind, sondern empört über europäische Verurteilung von religiösen Ausdrucksformen in ihrem Land. Ich kann aber auch verstehen, aus welcher Wurzel und Denkweise die diesbezüglichen harten Angriffe in Europa entstanden sind, die manches als Sakrileg verwerfen, eben weil entsprechende Anwendungen bei uns als Sakrileg gelten müssen. Völlig unsinnigerweise hat man Dr. Kwame Nkrumah persönlich damit belastet. Die Schuld trifft hier eindeutig uns Europäer, wer immer die Schreiber solcher Angriffe sein mochten, und zwar weil wir uns nicht die Mühe machen, voll Ehrfurcht und aus dem Wunsche, Ghana zu verstehen, den Wurzeln in diesem Lande nachzuspüren.

Inzwischen waren meine zwei Kameraden aus Deutschland eingetroffen. Bis das Buschcamp zum Einzug fertig war, konnten wir die Zeit wertvoll nutzen. Es war mir gelungen, eine alte Motormaschine zum Schleppen für die Schule zu bekommen, eine »Piper Cup«, die Ben Gurion aus Israel vor Jahren Präsident Nkrumah geschenkt hatte. Wir waren glücklich über diese Errungenschaft, und ich begann sogleich, geschleppt von Täve Löhr, die neuen Segelflugzeuge einzufliegen: Das waren die zwei T-21 Doppelsitzer mit offenem Cockpit, zwei Einsitzer »Slingsby Swallow« und unser zur Einweihung der Schule gestifteter Doppelsitzer Ka-7. Die Regierung hatte uns als Schüler zwanzig Jugendführer der Jugendorganisation »Young Pioneers« geschickt, die bis zur Renovierung des Camps in ihrem Jugendzentrum in

Accra untergebracht und täglich in einem Bus hin- und zurückgefahren wurden. Die jungen Burschen mußten zunächst helfen,
das hohe Gras mit riesigen Buschmessern zu schneiden, um genügend Fläche für Start- und Landebahn zu haben. Dann holten wir
die von uns bestellte und mittlerweile eingetroffene erste Tost-
Doppelseilwinde vom Hafen Tema ab, und Herr Wieser machte
sie mit Hilfe der ghanaischen Mechaniker startklar. Nach zwei
Wochen war das Camp für uns alle zum Einzug fertiggestellt. Es
bestand aus vielen kleinen Bungalows, zu denen ausreichend viele WCs und Duschen gehörten, hinzu kamen eine Küche und
Kantine, in der wir gemeinsam unsere ghanaische Kost einnahmen. Sie war für uns Deutsche schwer bekömmlich. Natürlich
wohnten auch wir drei Deutsche in solchen Bungalows, die primi-
tivst eingerichtet waren: jeder hatte ein eisernes Bett mit Matrat-
ze, einen Stuhl, ein kleines Tischchen und Haken an der Wand,
um seine Kleidungsstücke daranzuhängen. Wir wollten nicht ab-
warten, bis die von uns geforderten und nötigen Bauten erstellt
worden waren, sondern bereiteten eine große Einweihungsfeier
der Schule vor. Zu dieser traf, vom Präsidenten eingeladen, als
Ehrengast Herr Dr. Sattler vom Auswärtigen Amt aus Deutschland ein. Er kam als »Außerordentlicher Botschafter«.
Auf Grund vieler Vorträge, die ich in der Zwischenzeit vor dem
Parlament, vor der Militärakademie, in der Universität Accra, im
Jugendzentrum, in Schulen usw. über Segelflug gehalten hatte,
strömten zu dieser Einweihungsfeier außer den tausend von der
Regierung geladenen Gästen und deren Familien auch ungezählte »Schaulustige«. Zu den Geladenen gehörten alle in Ghana ak-
kreditierten Botschafter und »High Commissioners«, alle Minister, die Oberbefehlshaber der Wehrmachtsteile, das Offizierskorps, hohe Staatsbeamte, hohe Parteiführer der Einheitspartei
CPP (Conventions People Party) und Jugendführer. Vor allem
aber galten außer dem Präsidenten und seiner Familie als höchste

Gäste die »Paramount-Chiefs« (die afrikanischen Stammeskönige), die mit goldenen Kronen und leuchtenden, wertvollen
Gewändern, unter einem großen bunten Schirm, dahergeschrit-
ten kamen, umgeben von ihren Räten.
Unter einem Baldachin saßen auf thronartigen Sesseln der Präsident und seine Frau Fathia, hinter ihnen Dr. Sattler als Ehrengast und ich als Principal der Schule. Ein Wald von bunten Fahnen schmückte den Weg zu den Tribünen, und ein roter Teppich
führte bis zu den Sesseln des Präsidentenehepaares. Etwas seitlich
vor der Flugzeughalle leuchteten im Sonnenschein unsere silber-
grauen aufgereihten Segelflugzeuge und unsere Schleppmaschine. Davor hatten der Stab und die Schüler unserer Schule Auf-
stellung genommen.
Vor dem Präsidentenbaldachin, quasi als Mittelpunkt, um den alles ging, stand das Segelflugzeug Ka-7. Beim Eintreffen des Präsidentenehepaares ertönte die ghanaische Nationalhymne, und alles erhob sich. Dann lief reibungslos unser gut vorbereitetes Programm ab. Zunächst taufte Madame Fathia unsere neue Ka-7, die
Dr. Sattler als Geschenk der deutschen Regierung überbrachte,
auf den Namen »Akroma« (das ist der Name eines afrikanischen
Vogels). Dann dankte Osagyefo vor dem Mikrophon fröhlich,
verbindlich, humorvoll und ernst und erklärte dabei die Schule
als eröffnet, unter großem Jubel und Klatschen aller Anwesenden. Danach sprach Dr. Sattler, und zum Abschluß ließ ich mich
von Täve Löhr im Segelflugzeug »Akroma« auf 800 Meter Höhe
schleppen und führte Kunstflugfiguren damit vor. Das hatten sie
noch nie erlebt. Ein Sturm von Begeisterung empfing mich, als
ich direkt vor dem Präsidentenbaldachin landete.
Seit dieser Einweihungsfeier war unsere Segelflugschule in Afienya, deren Gebäude ja noch gar nicht fertiggestellt waren, im
ganzen Lande Ghana bekannt. Wochenschauen zeigten in allen
Kinos des Landes die Feierlichkeiten in sämtlichen Details, und

294

die Zeitungen waren voll von begeisterten Berichten und von Bildern. Das ganze Land war stolz auf »seine Segelflugschule Afienya«. Wir drei Deutschen freilich wußten, was für eine Riesenarbeit vor uns lag. Hätten wir das Ausmaß der noch zu überwindenden Schwierigkeiten gewußt, dann hätten wir drei wohl den Mut verloren, zu beginnen. Zunächst aber zeigte sich, daß die Auswahl der Schüler, die man uns geschickt hatte, denkbar ungeeignet war. Wir erkannten bald, daß man in Ghana eine ganz andere Vorbildung fordern mußte, als dies in Europa zum Erlernen des Segelfliegens nötig ist. In Ghana - das darf man nicht vergessen - war es ja die erste Generation, die sich mit Technik und mit Fliegerei befaßte. Der zweiten und dritten Generation würde es bei entsprechender technischer Weiterbildung im Lande nicht mehr so schwer fallen.

So kamen wir nach dem ersten Halbjahr trotz größter Mühe, die wir aufwandten, zu keinem einzigen Alleinflug unserer Schüler. Ich bat Osagyefo, die Auswahl der Schüler selber übernehmen zu dürfen und uns als Hilfe zur Beurteilung der Schüler ein Komitee hoher ghanaischer Luftwaffenoffiziere zur Seite zu geben. Osagyefo war mit dem Vorschlag einverstanden, bat mich jedoch, die zwanzig bisherigen Schüler an der Schule zu behalten und zu anderem zu verwenden. Ich schlug vor, sie im Modellbau auszubilden und sie als Modellbaulehrer später einzusetzen. Nun kam zusätzlich eine große Arbeit auf uns zu, die aber zu einem schönen Erfolg führte. Herr Wieser, unser Werkstattleiter, war ein vortrefflicher Modellbaulehrer. Da inzwischen - nach unseren Angaben - ein beachtlich großer neuer Hangar mit Schiebetoren errichtet worden war, konnte Herr Wieser in diesem Hangar durch provisorisch errichtete Wände zwei Modellbauklassenräume einrichten, den einen für Modellbau-Anfänger, den anderen für Fortgeschrittene. Gleichzeitig inserierten wir in großer Aufmachung in allen ghanaischen Zeitungen und warben um Abiturienten, die

Interesse hätten, Segelfluglehrer zu werden. Ich flog in der Zwischenzeit mit Genehmigung des Präsidenten auf ein paar Tage nach Deutschland, um in Kirchheim an der Teck die Firma Graupner aufzusuchen. Dort bat ich Herrn Graupner, mir unentgeltlich die Nachbaulizenz für drei oder vier Modellflugzeugtypen zu überlassen und einen ghanaischen Tischler in seinem Werk ein halbes Jahr zu unterrichten, damit dieser dann selbst Modellbauteile für Modellkästen anfertigen könne. Alles wurde von Herrn Graupner großzügig und gütigerweise zugesagt.

Auf unsere Anzeige in den ghanaischen Zeitungen gingen hundertsiebzig Bewerbungen ein. Wir ließen uns von allen Bewerbern Abschlußzeugnisse mit »Secondary School«-Reife schicken. Um als Landesfremde aber richtig auswählen zu können, riefen wir einen Stab zusammen, der aus hohen Offizieren der Ghanaer Luftwaffe bestand. Neunzig Bewerber wurden daraufhin einberufen, um sich zunächst dieser Prüfungskommission, zu der auch ich gehörte, zu stellen. Dreißig fielen bei der Prüfung durch. Von den sechzig übrigen mußten vierzig ausscheiden, da sich bei der medizinischen Untersuchung zeigte, daß sie »Circle Celles« hatten und damit fluguntauglich waren. »Circle Celles« nennt man ellipsenförmige Blutkörperchen, die sich bei den Afrikanern oft bilden, um ihren Körper gegen Malaria immun zu machen. Sie vererben sich nicht. Hat man sie aber, so wird man sie nicht mehr los und bleibt fluguntauglich, da man schon in geringer Höhe von zirka zweitausend Metern einen schwarzen Schleier vor den Augen bekommt.

Die erste Gruppe der Flugschüler, die nicht zu Soloflügen gelangten, wurde von Herrn Wieser im Modellbau unterrichtet und zeigten weit größere Freude als am Fliegen. Hierbei wurden sie nicht überfordert und wurden alle Modellbaulehrer, die zunächst in Elementarschulen eingesetzt werden konnten. Gleichzeitig jedoch mußte Herr Wieser seine Mechaniker in der Werkstatt mit sinnvollen Aufgaben beschäftigen.

Täve Löhr und ich begannen nun voller Zuversicht mit den zwanzig neuen Schülern (alles Abiturienten), die wir zu Segelfluglehrern machen wollten. Wir wechselten uns beim Schulen mit unseren ghanaischen Fluglehrer-Aspiranten, die ja Schulungserfahrungen sammeln sollten, ab. Die neuen Schüler lernten alle das Alleinfliegen, benötigten hingegen - verglichen mit Europa - dreimal so viele Doppelsteuerflüge als wir.

Sehr schwierig war es, die Schüler bei der Stange zu halten, nachdem das »Strohfeuer« der ersten Begeisterung zum Segelfliegenlernen verpufft war. Sie begannen sich täglich Ausreden auszudenken, um dem Flugunterricht fernbleiben zu können: Kopfweh, Magenschmerzen, Unwohlsein usw. Wehe, wenn ich als Prinzipal ihnen nicht erlaubte, liegenbleiben zu dürfen; dann nannten sie uns verständnislos und unmenschlich. So erfand ich einen Trick, der uns zur täglichen vollen Schülerzahl verhalf: beim morgendlichen Frühappell erklärte ich, daß jeder von ihnen, der während der Woche auch nur eine Stunde dem Flugunterricht aus Gesundheitsgründen fernbliebe, den Samstag und Sonntag, anstatt nach Hause zu fahren, liegenbleiben müsse. Ich sei für ihre Gesundheit verantwortlich, und die könne ich nur durch diese Maßnahme bei ihnen erhalten.

Außerdem erbat ich vom Präsidenten die Erlaubnis, eine »Diätköchin« einzustellen, damit die Flugschüler die bestmögliche und gesündeste Kost erhielten. Zusätzlich wollte ich vom Präsidenten die Erlaubnis, die gesamte Schule in Uniform einkleiden zu dürfen, die ich mir ausdachte und für die der Präsident eigene Änderungsvorschläge machte. Ich besorgte einen grau-blauen Baumwollstoff, der schwer, aber porös war. Die Flieger bekamen gelbe Schulterstücke, die Mechaniker rote, die Verwaltungsleute grüne und die Modellbauer grau-blaue, jedoch gelb eingefaßt. Dazu

»Dschungel-Boots« (Stiefel) und grau-blaue Schiffchen als Kappen. Sie sahen blendend aus, waren stolz darauf und bewegten sich seit ihrer Einkleidung diszipliniert und schnell. Zum Startplatz hin und her wurde nicht mehr langsam geschlendert, sondern marschiert. Ich brachte ihnen dazu, auf deutsch gesungen, das Lied bei: »Schwarz-braun ist die Haselnuß, schwarz-braun bin auch ich, schwarz-braun muß mein Mädel sein, gerade so wie ich.« Als ich es ihnen übersetzte, waren sie vom Text begeistert; sie waren ja stolz auf ihre Hautfarbe, und der Text war wie für sie geschaffen. Als der Präsident uns eines Tages überraschend besuchte, hatte er seine helle Freude, wie die Flugschüler deutsch singend marschierten, vor allem als er die Übersetzung des Liedes erfuhr. Noch größer indessen war seine Freude an den Alleinflügen und Fortschritten seiner Ghanaer und den Arbeiten der Modellbauer, die ihm die selbstgearbeiteten Modelle vorflogen. Er beteiligte sich gern an den Modellstarts und lief dabei so schnell er nur laufen konnte.

Wir übernahmen im zweiten Jahr noch eine zusätzliche Aufgabe: Auf halbem Weg zwischen Accra und unserem Flugplatz Afienya lag die ghanaische Militärakademie, an der die Offiziersanwärter von Heer, Luftwaffe und Marine ihre militärische Grundausbildung absolvieren mußten. Da bei der Ghanaischen Luftwaffe, deren Ausbildung durch englische Offiziere durchgeführt wurde, pro Jahr nur drei Ghanaer das Piloten-Examen bestanden, wollte ich Osagyefo zu einer größeren Pilotenzahl verhelfen. Ich schlug ihm vor, sämtliche Offiziersanwärter der Luftwaffe jede Woche von Mittwoch abend bis Donnerstag abend an unsere Schule zur Erlangung des Segelflug-C-Scheines zu schicken. Wir hatten inzwischen genügend Unterkunftsmöglichkeiten und auch Platz genug im neuen Kantinensaal, um sie mit den anderen zu beköstigen. Aus freier Wahl könnten sich Heeres- und Marine-Offiziersanwärter auch beteiligen. So erwarben sie im Laufe eines

Jahres, während ihrer Grundausbildung an der Akademie, bei uns ihren Segelflug-C-Schein und erlernten dadurch schneller das Motorfliegen bei der Luftwaffe. Wir erzielten gute Erfolge.

Mein Tag begann um vier Uhr, der meiner zwei deutschen Assistenten um sechs Uhr, und endete gegen 22.30 Uhr. Wir taten alles, um ein gutes Ziel zu erreichen, aber es gelang uns auch. Bald war unsere Schule als »Perle Ghanas« bekannt, und jedem Staatsbesucher wurde sie gezeigt. Die Ghanaer flogen ihnen allein vor. Auch deutsche Minister besuchten uns, unter anderen der inzwischen verstorbene deutsche Bauminister Lücke, der in Begleitung des Legationsrates Claus von Amsberg zu uns nach Afienya kam. Mit ihnen führte ich je einen Flug im Doppelsitzer Ka-7 durch. (Noch im gleichen Jahr verlobte sich Claus von Amsberg mit der Thronfolgerin von Holland, Kronprinzessin Beatrix.)

Über unsere dreijährige Tätigkeit in Ghana, die zu so stattlichen Erfolgen führte, ließe sich noch viel berichten. Ich schrieb darüber ein Buch und nannte es: »Ich flog für Kwame Nkrumah«, um gegen die Lügen anzugehen, die in unserem Land und in der westlichen Welt über ihn verbreitet wurden. Zur Zeit ist das Buch vergriffen. Der Staatsstreich im Februar 1966, bei dem Dr. Nkrumah gestürzt wurde, setzte unserer Aufgabe ein Ende. Wir hatten 20 Ghanaer zu Segelfluglehrern ausgebildet und erreicht, daß der Modellbau in allen Secondary Schools sowohl in Quarta wie in Untertertia obligatorisch war. Die dafür benötigten Modellbaulehrer wurden an unserer Schule fortlaufend ausgebildet, Tausende von Modellbaukästen dafür bereits an unserer Schule hergestellt.

Nach dem Staatsstreich wurde ich sofort verhaftet und mit meinen deutschen Assistenten nach Deutschland ausgewiesen. Dr. Nkrumah fand bei seinem Freunde Sékou Touré in Konakri/ Guinea ein Exil. Er starb tragischerweise 1972 an Krebs.

Die Afrikaner sagen: Er starb an »Cancer of betrayal« (Krebs des Verrates).

Schon kurz nach dem Staatsstreich in Ghana und dem Sturz Kwame Nkrumahs erfuhr ich, daß der »Accra Gliding-Club« (also Engländer, Deutsche, Schweizer, Holländer und andere Weiße) unsere Segelflugzeuge, Schleppwinden und Motormaschinen benutzten - kurz alles, was für die ghanaische Jugend angeschafft worden war. Es wurde nur noch von den »Weißen« geflogen. Das war wahrlich nicht das Ziel unseres aufopferungsvollen Einsatzes gewesen.

Abschließend möchte ich von einer für Dr. Kwame Nkrumah charakteristischen Haltung berichten: Als ich Osagyefo nach dem Staatsstreich erstmals in Konakri besuchte, um ihm zu erzählen, was sich während des Staatsstreichs bis zu unserer Ausweisung in Ghana zugetragen hatte, standen mir Tränen in den Augen. Da sagte er erstaunt: »Hanna, was gibt's? Hat Gott Sie nicht durch tiefstes Leid in Ihrem Leben geführt? Sie müßten wissen, wie nahe 'Hosianna' und 'Kreuzige' beieinander liegen. Warum sollten die Ghanaer besser, charaktervoller und größer sein als eure Menschen in Europa nach Kriegen und Revolutionen? Denke an euer eigenes Land! Gott wird wissen, warum er dies in Ghana zuließ. Gott hat seinen Plan. Es wird selbst aus dieser teuflischen Tat Segen für mein Land erwachsen.«

Wenn ich an Ghana denke, so wie ich es unter Kwame Nkrumah erlebte, so habe ich dort bei den Afrikanern Werte erlebt, die es bei uns derart verbreitet gar nicht mehr gibt: Ehrfurcht, namentlich vor der Frau und Mutter, Güte, Menschlichkeit und echte Brüderlichkeit; religiöse Erlebnisfähigkeit und tiefe Gläubigkeit. Hatte man die Möglichkeit, dies selbst drei bis vier Jahre hindurch zu erleben (ich kann hier nur von Ghana sprechen, während der Regierung Dr. Kwame Nkrumahs), dann öffnen sich die Augen in Erschütterung und Beschämung.

Ich fliege wieder Hubschrauber.
Zielrückkehrrekord über den Alpen

Nach dem Staatsstreich in Ghana 1966, bei dem ich mit meinen
zwei Mitarbeitern, Täve Löhr und Fritz Wieser, von der neuen
ghanaischen Regierung des Landes verwiesen wurde, hatte ich
Zeit, mich wieder um mein eigenes Fliegen zu kümmern. Bevor
ich mich dem Aufbau und der Leitung einer Segelflugschule in
Ghana/Westafrika widmete, hatte mir Herr Merckle, der Chef
und Besitzer der Firma MERAVO, gütigerweise die Gelegenheit
gegeben, unentgeltlich bei ihm den Hubschrauberschein wieder
zu erwerben. Ich war zwar die erste Frau der Welt, die bereits
1937 das Glück und die Chance hatte, den ersten, vollsteuerbaren
Hubschrauber, den es je gab - die FW-61 von Professor Focke - zu
fliegen. Nach dem verlorenen Krieg aber wurden alle deutschen
Fluglizenzen für ungültig erklärt. Eine Hubschrauberlizenz zu erwerben war für mich finanziell völlig unmöglich. So nahm ich das
großzügige Angebot von Herrn Merckle dankbar an.
Durch meine vierjährige Tätigkeit für Ghana war dieser Schein
verfallen. Nun bot mir Otto Rietdorf, Chef der Firma Clever &
Rietdorf, an, den Hubschrauberschein bei ihm erneut zu erwerben; diesmal in Saffig in der Eifel. Nachdem die schriftlichen,
mündlichen und fliegerischen Prüfungen abgeschlossen waren,

beteiligte ich mich 1969 an der 3. deutschen Hubschraubermeisterschaft, die in Offenburg/Baden ausgetragen wurde, mit dem kleinen HUGHES-269. Ich war glücklich, nicht den letzten Platz zu belegen, wie ich angesichts meiner wenigen Stunden Hubschrauber-Erfahrung erwartet hatte, sondern die Beste unter den Inhabern eines Privat-Pilotenscheines zu werden und als einzige Frau im Felde der Männer an 13. Stelle zu liegen.

1971 wurden in Bückeburg die ersten Hubschrauber-Weltmeisterschaften ausgetragen, an denen sich 15 Länder beteiligten und 6 Pilotinnen. Es gelang mir, als Beste der Pilotinnen abzuschneiden und in der Gesamtwertung aller Teilnehmer an 6. Stelle zu liegen - dank meiner tüchtigen Copilotin Dörli Schrimpff, die ihre Aufgaben ausgezeichnet löste und die so jung war, daß ich leicht ihre Mutter hätte sein können. Die Firma Clever & Rietdorf K.G. aber hatte sich aufgelöst, und damit schien mein Hubschrauberfliegen beendet, denn selbst bezahlen konnte ich es nicht.

Da bot sich mir, wie ein Himmelsgeschenk, ein neuer Weg. Ich lernte Franz Hartmannsberger in Frankfurt kennen, einen großen Idealisten. Er war eigentlich von Beruf Zahnarzt, gab aber seine Praxis auf, wurde Autofahrlehrer und gründete eine sehr erfolgreiche Fahrschule. Nun machte er zusätzlich auch seinen Pilotenschein, erwarb die Fluglehrergenehmigung und die gewerbliche Pilotenlizenz. Er gründete neben seiner Fahrschule noch eine Flugschule in Reichelsheim bei Bad Nauheim, der er sich nur an Wochenenden persönlich widmen kann. Während der Woche müssen die bei ihm angestellten Fluglehrer die Schule führen. Zu seinem Inventar gehören auch drei BRANDLY-Hubschrauber, die ich nun bei ihm seit 1974 fliegen darf. So sammle ich meine Hubschrauberstunden und bin Franz Hartmannsberger tief dankbar, daß ich durch seine großzügige Hilfe meine Hubschrauberlizenz noch besitze und weiterhin selbst Hubschrauber fliegen kann.

302

Alpen-Segelflüge

1969 folgte ich zum ersten Mal den wiederholten Einladungen von Pit van Husen, doch einmal an seine Segelflugschule nach Aigen/Ennstal in die Steiermark zu kommen. Nachdem mein eigener »Zugvogel« heil von Ghana per Schiff wieder zurückgekehrt war, fuhr ich mit meinem Segelflugzeug nach Aigen. 1937 hatte ich als erste Frau der Welt im Segelflugzeug von Salzburg aus die Alpen überquert und war in Pieve di Cadore gelandet. Es waren also mehr als dreißig Jahre verstrichen, bevor ich wieder Gelegenheit hatte, in den Alpen zu segeln. Als ich mich nun im Frühjahr 1969 mit meinem »Zugvogel« von Aigen aus an die Berge herantastete, gelangen mir zwei Zielrückkehrflüge, von Aigen zum Gerlos beziehungsweise zum Zillertal (300 - 320 km), doch ich mußte dabei erkennen, wieviel mir zu Alpensegelflügen fehlte. Um nur einiges zu nennen: Ich flog viel zu langsam, dann wagte ich nicht, nahe genug an die Felswände heranzufliegen, ferner kannte ich mich in den Bergen nicht genug aus. Ich hatte zwar etliche der überflogenen Berge durch Wanderungen und Fahrten erlebt, doch das »Gesicht der Berge« ist für den Bergsteiger völlig anders. Für ihn bilden die Berge ein festgefügtes Panorama. Für uns Flieger hingegen scheinen sie in ständiger Bewegung zu sein und den Standort untereinander zu wechseln. Sinkt man an die Waldgrenze hinunter und sieht die Wände, die Bergspitzen und Grate hoch über sich, so wirken sie drohend und unheimlich; fliegt man hoch über ihnen, dann erscheinen sie in einzigartiger Pracht. Ich erlebte die Schönheit und Größe dieser Bergwelt so intensiv, daß ich vorübergehend oft mein vorgenommenes Ziel vergaß oder nicht mehr als wichtig empfand; kurzum: Ich flog ohne Systematik und ohne jegliche Flugtaktik. Gewiß ist das Erlebnis, über den Alpen zu segeln, für jeden Flieger einzigartig und unvergleichbar schön, aber weite Flüge über den Bergen sind ohne klare Taktik nicht zu schaffen. So nutzte ich im Winter 1969/70 jede freie Stunde, um mich systematisch auf einen 500-km-Zielrückkehrflug vorzubereiten, und zwar nicht nur auf direktem Kurs, sondern auch auf durch Wetterlagen bedingten Umwegen. Ich besorgte mir Karten der Österreichischen, Italienischen und Schweizer Alpen in verschiedenen Maßstäben. Ich prägte mir die Hauptbergspitzen und auch die Haupttäler ein, lernte die Namen und Höhen der Pässe und Berge auf der geplanten Strecke. Ich befragte die alpensegelflugkundigen Kameraden über etwaige Landemöglichkeiten und zeichnete sie in meine Karten ein. Da mir ein gütiges Geschick im Frühjahr 1970 einen »STAN-DARD-CIRRUS« statt meines »ZUGVOGELS« bescherte, richtete ich meine theoretischen Vorbereitungen auf Leistung und Gleitwinkel eines »STANDARD-CIRRUS« aus. Die Flugeigenschaften dieses Typs hatte ich im Oktober 1969 über der Hahnenweide kennenlernen können. Um mir die Berge besser einzuprägen, legte ich Pauspapier über die Karte in den Richtungen, in denen ich zu fliegen gedachte, und zeichnete Berge und Täler auf dem Pauspapier nach (eine Methode, die ich mir von Jochen von Kalckreuth abgeschaut hatte). Ferner teilte ich mir das Gebiet in Kreise von 50 km ein, die ich mit dem Zirkel um Standort, Umrundungspunkte und um die auf der Strecke liegenden sicheren Landemöglichkeiten schlug. Diese Kreise erleichterten mir - bezogen auf den Gleitwinkel des »Standard-Cirrus« -, rasch zu erkennen, wohin mich mein »Cirrus« im Notfall gleitend noch trug. Außerdem teilte ich mir die Strecke, beispielsweise Aigen bis Imst am Tschirgant, in 50- und 100-km-Abschnitte ein, um zeitlich kontrollieren zu können, mit welcher Durchschnittsgeschwindigkeit ich flog, um diese möglicherweise zu steigern. Ich hatte aus den Erfahrungen Jochen von Kalckreuths gelernt, daß beim Ziel-Rückkehrflug das Umrundungsziel bis spätestens vierzehn Uhr umflogen sein muß. Das ist eine wichtige Voraussetzung, um den Startort wieder erreichen zu können. Zusätzlich studierte ich die hochinteressanten Broschüren »Alpensegelflug« von Horst Stertz und »Grundtheorie des modernen Streckensegelfluges« von Fred Weinholtz.

Im Frühjahr 1970 mußte ich mich erst einmal auf dem schnellen Glasfaservogel »Standard Cirrus« einfliegen. Aber der Winter in Österreich ist lang. Darum folgte ich dankbar der Einladung von Jochen von Kalckreuth nach Varese. Glücklich zog ich meinen neuen »Standard Cirrus« mit meinem VW über den Bernardino-Paß, begleitet von Jochen, nach Italien. An meinem Geburtstag Ende März weihte ich ihn von Varese aus mit einem siebenstündigen Flug über der märchenhaften italienischen und Schweizer Bergwelt ein. Das war ein herrlicher Beginn des neuen Lebensjahres und der Flugsaison 1970.

Den meisten deutschen Segelfliegern ist Varese, zumindest dem Namen nach, bekannt. Es ist ein Privatflugplatz, der etwa 1967 von dem Segelflieger-Ehepaar Giorgio und Adele Orsi angelegt wurde, am Ufer des Vareser Sees und am Fuße des nördlich vom See gelegenen 1200 m hohen Bergrückens »Campo de Fiori«, des südlichsten Ausläufers der Tessiner Alpen. Bald standen auf diesem Privatflugplatz etliche Hangars, eine Werkstatt, ein behagliches Clubhaus nach englischer Art und ein daran anschließendes Restaurant für Gäste und Zuschauer. Der Platz erhielt eine Asphalt-Startbahn für Flugzeugschlepp und hatte somit alles, was ein Fliegerherz erfreut. In einem der Hangars entdeckte ich die größte Zahl an Glasfaser-Flugzeugen, die ich damals je zusammen gesehen hatte: »Cirrus« - den großen sowie den kleinen-, »Kestrels«, »Libellen«, »ASW-15«, »Phoebusse«, dazu »SHKs«. Der Anblick dieser schnittigen Vögel war wirklich beeindruckend. Übrigens war ich noch niemals einer so hervorragenden Segelfliegerin wie Adele Orsi, der Hausherrin dieses Flugplatzes, begegnet. Sie hält sämtliche italienischen Frauensegelflugrekorde und ist mit weit über 2000 Segelflugstunden eine bedeutende Wettbewerbsfliegerin, die auch im Sommer 1970 an den italienischen Nationalmeisterschaften in Rieti als einzige Frau teilnahm und dabei wiederum unter den besten aller Teilnehmer war. Adele hat in späteren Jahren mehrmals diese Meisterschaften gewonnen, Weltrekorde erflogen und zudem erfolgreich an Segelflugweltmeisterschaften teilgenommen. Adele aber ist nicht nur eine glänzende Segelfliegerin, sondern auch eine große Persönlichkeit: bescheiden, sehr gebildet, welterfahren, gütig und ich möchte sagen weise (sie ist übrigens Mutter von drei erwachsenen Kindern). Sie zu treffen gehörte zu einer der schönsten menschlichen Begegnungen meines Vareser Aufenthaltes.

In dreiundsechzig Flugstunden hatte ich mich während vierzehn Tagen von Varese aus über die italienischen und Schweizer Berge vorsichtig vorgetastet. Teilweise in gemeinsamen Flügen mit Jochen von Kalckreuth versuchte ich, von seiner großen Alpenerfahrung und seiner Alpenflugtaktik zu lernen. Wir flogen - er in seiner damaligen »SHK« und ich im »Standard Cirrus«, die sich leistungsmäßig sehr ähneln - über den Lago Maggiore, über den Luganer und Comer See, über die schneebedeckten Tessiner Alpen und nach Westen in Richtung Domodossola.

Ich könnte vieles und schönes schreiben von Varese und seiner kameradschaftlichen und liebenswerten Besatzung, von den italienischen Segelfliegern, der italienischen Nationalmannschaft, die während dieser Zeit von dort aus für Marfa trainierte, und von meinen Erlebnissen. Es würde zu weit führen. Die Flüge von Varese aus bedeuteten für mich eine wesentliche Vorbereitung und machten mich mit meinem »Standard Cirrus« vertraut. Ich muß hier noch etwas einfügen - manchem zur Warnung.

Ich habe zwar viele Gefahren in meinem Fliegerleben hinter mir, aber so nahe wie am 12. April 1970 in Varese war ich dem »Ende«

306

lange nicht mehr. An jenem Tag - einem Sonntag - schleppte mich ein sehr guter italienischer Pilot, ein früherer Jagdflieger. Er sollte mir in bestimmter Höhe durch Wackeln seiner Flächen das Zeichen zum Ausklinken geben. Allein, bevor ich noch ausklinken konnte, machte er einen steilen Abschwung nach rechts und zerrte mich hinter sich her in die Tiefe. Die Seilspannung machte es mir unmöglich auszuklinken, soviel ich auch zerrte. Jetzt spielte sich alles in Sekundenschnelle ab: Während der »Cirrus« durch die wachsende Geschwindigkeit aufheulte, versuchte ich verzweifelt, dem Seilzug der für mich im Blickfeld verschwundenen Motormaschine zu folgen. Der Fahrtmesser war längst am Anschlag. Die Schleppmaschine - durch meinen Vogel abgebremst - begann zu trudeln. Das Seil aber riß noch immer nicht (da die Italiener ohne Soll-Bruchstelle im Seil fliegen). An Aussteigen war nicht zu denken, denn der Höhenunterschied zum Hang des Campo de Fiori war viel zu gering. Da gelang es dem Schlepp-Piloten dicht über den Bäumen, das Seil auszuklinken und somit sich und mich zu retten. Jedes andere Segelflugzeug außer den Glasfaservögeln hätte wohl die Flächen verloren. Für solch einen neuen »Geburtstag« bleibt man aus tiefem Herzens dankbar. Ich bin überzeugt, daß mein Schlepp-Pilot nie mehr in seinem Leben in die Tiefe brausen wird, bevor nicht der Segelflieger sich eindeutig vom Seil gelöst hat.

Im Juni 1970 kam ich mit meinem »Standard Cirrus« nach Aigen, das mir seitdem beinahe zu einer zweiten Heimat geworden ist. Es hat den idealsten Flugplatz, den sich ein Fliegerherz überhaupt erträumen kann.

Die ersten vier Tage in Aigen regnete es ununterbrochen. Kaum kündete der Wetterdienst ein herannahendes verlockendes »Hoch« an, erreichte mich ein Telegramm eines ausländischen Freundes, der mich dringend um Hilfe bat. Ich muß gestehen, daß ich blutenden Herzens nach Frankfurt abreiste, als sich am nächsten Morgen, wie angekündigt, das Wetter besserte. Der darauffolgende Tag, der 5. Juni, brachte dann auch die beste Streckenwetterlage des ganzen Jahres. An jenem Tag erreichte Jochen von Kalckreuth von Aigen aus den neuen Ziel-Rückkehr-Rekord von fast 700 km, und fünf andere Segelflieger schafften weit über 500-km-Ziel-Rückkehrflüge.

Als ich nach Aigen zurückeilte, war das prachtvolle Wetter vorbei. Von dieser Zeit an hielt keine Wetterlage mehr, was sie am Morgen versprach. Natürlich versuchte ich, in den mir verbleibenden vierzehn Tagen jede Chance zu nutzen. Es gab einige Tage mit herrlichen Wellen. Endlich schien ein guter Streckentag gekommen. Das Verlassen des Flugplatzes, kurz nach neun Uhr in niederer Höhe, fiel mir schwer. Mich bedrückte es, die Hänge und Berge hoch über mir zu sehen. Mit jeder Stunde aber stieg die Wolkenbasis und somit auch die Durchschnittshöhe, in der ich mich bewegen konnte. Ich horchte gespannt im Funk, was die Segelflieger, die über Zell am See oder über Kufstein, Innsbruck oder Unterwössen flogen, von den örtlichen Wetterbedingungen meldeten. Danach richtete ich meinen Kurs zum Wendepunkt Imst. Doch hörte ich im Funk auch bald Meldungen der Segelflieger über erste auftretende Gewitter. Zwar konnte ich den gewählten Umrundungspunkt Imst noch in günstiger Zeit erreichen, beim Rückflug jedoch zwangen mich sich örtlich rasch bildende Gewitter, einmal nach Norden, einmal nach Süden auszuweichen. Nach mühsamem Ringen, verbunden mit viel Herzklopfen, war ich schließlich nach siebeneinhalbstündigem Flug bis 60 km vor Aigen gekommen. Da versperrte ein gewaltiges Wärmegewitter zwischen Radstadt und Aigen mir endgültig den Rückweg.

In dem Wunsch, heil auf einem Flugplatz zu landen und nicht auf einer mir unbekannten Wiese unter mir, kämpfte ich mich nach Zell am See zurück. Das Gewitter aber kam hinter mir her, so daß ich bereits bei strömendem Regen auf dem Zeller Flugplatz aufsetzte.

Wenige Tage später startete ich ebenfalls nach Imst. Wieder ging es über den Grimming, die Kammspitze, den Dachstein, über Zell, dann die Kitzbühler Alpen entlang hinüber über das Zillertal, über das Inntal zu den Ausläufern des Karwendels. Dann stieß ich vor zur Nordkette, an der ich mich weit unterhalb des Hafelekars, mühsam an den Felsen kreisend, wieder hinaufarbeitete. Über dem Grat angelangt, flog ich weiter über die Mieminger Kette bis zu den östlichen Ausläufern der Lechtaler Alpen. Am westlichen Fuß des Tschirgant liegt der Ort Imst, den ich wenige Tage vorher schon umrundet hatte. Er war auch diesmal mein Umrundungsziel, das ich gegen dreizehn Uhr fünfzehn fotografierte und umflog. Beim Rückflug wandte ich mich nach Süden über die Stubaier und Tuxer Alpen. Mit jeder Stunde wurde es thermisch schlechter. Hohe Bewölkung breitete sich aus, und ich hörte im Funk von den Außenlandungen etlicher Kameraden, die zum gleichen Ziel wie ich gestartet waren. So blieb mir nur übrig, weit nach Süden in die Zillertaler Alpen auszuweichen. Dort standen über den schneebedeckten Gipfeln noch kleine Kumuluswolken. Jetzt hieß es, so hoch wie möglich zu bleiben. Geriet man durch zu schnelles Fliegen erst einmal weit hinunter, so war es schwer, bei der geringen Thermik wieder die Höhe zu erklimmen. Ich flog am Großvenediger und am Großglockner vorbei. Beide Bergriesen waren in Wolkenhauben gehüllt. Die Wolkenbasis dieses Tages lag nicht hoch genug. Zwischen dem Großglockner und den Radstädter Tauern fand ich unter keiner Wolke mehr Aufwind - ich sank und sank. Als die Berge ständig zu mir heraufwuchsen und schließlich über mich hinausragten, spürte ich, wie die Angst nach mir griff. Sobald man aber die Ruhe verliert, ist man in Gefahr, verkrampft zu fliegen und die möglichen Chancen nicht zu nutzen. So zwang ich mich zur Ruhe. Ein Adler, den ich seitlich von meinem Kurs in gleicher Höhe entdeckte, in wolkenlosem Gebiet vor einer Felswand kreisend, war meine Rettung. Ich flog nach Süden auf ihn zu. Er ließ sich nicht stören. Dicht beieinander fliegend, kreisten wir gemeinsam in die Höhe. So herrlich der Anblick dieses majestätischen stolzen Vogels mit den gespreizten, schön gezeichneten Flügeln auch war, so ließ mich die Unruhe nicht los im Gedanken daran, was wohl das Höhenleitwerk zu einer Berührung mit ihm sagen würde. Doch diese vielleicht letzte Chance zum Höhengewinn mußte ich nutzen, um Aigen, den Startort, wieder zu erreichen. Als die letzte Höhe ausgekurbelt war, erkannte ich im Nordosten in der Ferne den Dachstein und konnte auf der Karte ausmachen, wo ich mich über den Radstädter Tauern genau befand. Dank meiner Vorbereitungen ersah ich aus Karte und Gleitwinkel-Tabelle, die ich mir vom STANDARD-CIRRUS gemacht hatte, daß ich Aigen im Gleitflug erreichen würde. Jetzt galt es nur, an den Gleitwinkel auch zu glauben.

Ich muß gestehen: Als der Flugplatz Aigen in Sichtweite lag und es ganz sicher war, daß ich es schaffen würde, rollten mir vor Freude und Dankbarkeit die Tränen über die Wangen.

Auch wenn dieser Flug ein deutscher Frauenrekord war, der erst 1977 von mir selbst überboten wurde, weiß ich, daß man mit mehr Alpensegelflug-Erfahrung und besserer Taktik auch bei diesem nicht idealen Flugwetter weit mehr hätte erreichen können.

50jähriges Jubiläum der Wasserkuppe mit Neil Armstrong

1970 feierte die Wasserkuppe in der Rhön ihr 50jähriges Jubiläum als historischer Segelflug-Berg. Aus diesem Anlaß strömten Segelflieger der ganzen Welt zu dieser für uns fast heiligen Stätte. Helmut Dette, ein begeisterter Motor- und Segelflieger und Anhänger der Wasserkuppe, hatte zum Jubiläum Neil Armstrong, den ersten Menschen, der den Mond betrat, aus den USA eingeladen. Er wußte, daß Neil Armstrong nicht nur weltberühmter Astronaut, sondern auch ein passionierter Segelflieger ist. Dette schrieb ihm, daß Flug und Aufenthalt von der Bremer Flugzeugfirma VFW übernommen würden, wenn er bei seinem Deutschlandbesuch diese Firma in Bremen aufsuchte. Während seines Aufenthaltes würden Flugkapitän Hanna Reitsch, Dr. Kuettner und er ihn begleiten.
Neil Armstrong nahm diese Einladung freudig an.
Nun erwarteten wir in Frankfurt mit vielen hohen Vertretern aus Politik und Wirtschaft, mit Delegierten vom Aero-Club, der Lufthansa und der Sportfliegerei und zahlreichen Journalisten das Eintreffen seiner Maschine. Unter den Wartenden befanden sich auch der hessische Ministerpräsident, einige Staatssekretäre und mehrere andere Prominente. Mit großem Jubel und rotem Tep-

pich wurde Neil empfangen, gefilmt, fotografiert, interviewt und durch einen am Flughafen nur für geladene Gäste veranstalteten Empfang geehrt. Neil wirkte wie ein großer, fast scheuer Junge. Er hatte keinerlei Star-Allüren. Im Gegenteil, man sah ihm an, daß er diesen Rummel um sich nicht liebte. In jeder Antwort auf ihm gestellte Fragen kam seine große Bescheidenheit zum Ausdruck. Nach vielen Reden, die gehalten, und Geschenken, die ihm überreicht wurden, dankte er schlicht, sehr natürlich und klug.

Anschließend bestiegen er, Herr Dette, Dr. Kuettner und ich das Flugzeug, das VFW speziell von Bremen nach Frankfurt geschickt hatte, um ihn abzuholen. Es war eine Versuchsmaschine voller Instrumente, in die provisorisch vier Sessel für uns eingebaut waren. Sonst war alles im Versuchsstadium, und dieser Flug nach Frankfurt und zurück nach Bremen war als Versuchsflug mit vielen Meßaufgaben verbunden. Das Flugzeug war in diesem Stadium so laut, daß eine Unterhaltung während des Fluges nur möglich war, wenn wir uns abwechselnd zu den Kameraden ins Cockpit setzten.

In Bremen eingetroffen, hatte man den Eindruck, daß die Bevölkerung der ganzen Stadt auf den Beinen war, um Neil Armstrong zu sehen und zu grüßen. In einem Konvoi von Autos fuhren wir vom Flugplatz zum Rathaus, in dem die Senatoren der Stadt und viele offiziell geladene Gäste auf den berühmten Besucher warteten. Vor dem Rathaus wimmelte es von Menschen. Sie standen Kopf an Kopf und grüßten Neil beim Eintreffen des Wagen-Konvois mit begeisterten Sprechchören. Im schönen Prunksaal des Rathauses überreichte während einer Begrüßungsfeier einer der Senatoren dem großen Astronauten als Symbol der Hansestadt Bremen eine bronzene Statue, die die »Bremer Stadtmusikanten« darstellte. Neil war das Märchen von den »Bremer Stadtmusikanten« unbekannt, und er drehte etwas verlegen die Statue in der Hand: Ein Esel, auf dessen Rücken ein Hund stand - auf dem Rücken des Hundes eine Katze - und auf der Katze ein Hahn. Nun war die Reihe an Neil, zu danken und zu antworten. Fast scheu sagte er lächelnd auf englisch: »Auch wenn ich nicht weiß, was diese Statue bedeuten soll, so werde ich bei ihrem Anblick an unsere erste Landung auf dem Mond erinnert, die nur möglich war durch Zusammenarbeit Tausender von Wissenschaftlern, Technikern und Helfern, die sich aufeinander sützten«.

Diese Antwort war typisch für Neil. Er stellte niemals sich selbst heraus, sondern sah dankbar die große Chance, die ihm das Schicksal geschenkt hatte.

Nach der Besichtigung der Firma VFW waren wir zu einem festlichen Diner geladen, und nachdem wir anschließend ins Parkhotel gefahren wurden, waren Neil, Kuettner, Dette und ich zum ersten Mal »privat«, allein. Wir planten einen nächtlichen Stadtbummel zu einer Zeit, in der kein Mensch uns auf der Straße mehr vermutete. Wir liefen durch die berühmte Böttchergasse, besuchten den Rathausplatz mit dem »Schütting« und dem »Roland« und anderes. Dabei erzählte mir Neil, daß er mir schon zehn Jahre zuvor erstmals begegnet sei - ich hätte dies nur nicht wahrgenommen, da er damals noch völlig unbekannt war. Es war 1961, als ich für drei Tage als Gast der großen amerikanischen Erprobungsstelle »Edwards« nach Kalifornien eingeladen war. Er sei mir seinerzeit dort als ganz junger Testpilot kurz vorgestellt worden, aber ich sei von den amerikanischen Flieger-Assen der Erprobungsstelle so umringt und beansprucht gewesen, daß er nur glücklich im Hintergrund den Berichten von mir gelauscht habe. Ich sei damals über mein Fliegen und meine Erfahrungen mit der V-1 befragt worden wie auch über den Start mit der V-1, die unter der Fläche der He-111 aufgehängt war; ferner über meine Starterfahrung im Huckepackschlepp mit der Me-328 auf der Fläche der

Do-217, außerdem über meine Erfahrung mit Starr-Schlepp und mit Auftanken in der Luft, für das ich Vorversuche mit der zweimotorigen Focke-Wulf »Weihe« in den dreißiger Jahren gemacht hatte. Vorne am Bug der Kanzel war ein langes Rohr angebracht, das ich in einen Trichter einführen mußte, der hinter einer He-46 geschleppt wurde. Nun hatte sich inzwischen das Blatt gewendet, und ich war es, die voll Erstaunen und tiefer Hochachtung Neils großartigen Berichten lauschte, wie er unseren Erdplaneten verließ und zum Mond raste, ihn umrundete und als erster Mensch auf ihm landete. Es schien mir unfaßlich, mit einem Menschen, der das erlebt hatte und dessen Augen vom Mond aus unsere Erde als bläulich-leuchtende Kugel im All erblickt hatten, zusammen zu sein, und der mit seinen Kameraden Edwin Aldrin und Mike Collins in größter Präzision auf der Erde im Süd-Pazifik auf die Minute pünktlich wieder landete. Bis in die Morgenstunden saßen wir vier beisammen und ließen uns von Neil erzählen, von den jahrelangen Vorbereitungsarbeiten, von der Ausführung, von den Schwierigkeiten und dem Erlebnis selbst.

Mir stellte sich immer wieder die Frage: Wie können Astronauten dies seelisch verkraften? Die Frage und die Antwort darauf könnten allein ein Buch füllen. Auch Neils Leben wurde schwierig, und er suchte einen Ausweg in einem neuen Beginn. Er wurde Professor an der Universität in Cincinnatti. Es war dies ein Versuch, wieder als Mensch wie alle anderen leben zu können und aus seinem Erleben und seinen Erkenntnissen den Jüngeren - den Studenten - seine Erfahrungen hoch über der Erde sowie sein Wissen weitergeben zu können. Ihm selbst aber bleibt das »Kreuz« des Ruhmes, wo immer er geht und steht auf unserer Erde: der erste Mensch gewesen zu sein, der den Mond - einen fremden Himmelskörper - betreten hat. Am folgenden Tag trennten sich unsere Wege für einige Stunden. Ich flog ganz früh am Morgen mit der Lufthansa nach Frankfurt, um mir dort am

Flughafen mein Auto abzuholen und damit auf die Wasserkuppe zu eilen, wo wir uns treffen wollten. Neil flog mit Jochen Kuettner und Helmut Dette, von einem Sportflugzeug abgeholt, nach Fulda zu einem kurzen Empfang beim dortigen Bürgermeister. Daraufhin kamen sie mit einem Wagen, leider bei dichtestem Nebel, hinauf auf die Wasserkuppe. Tausende von Fliegern waren dorthin gekommen, und es war wegen des Nebels und der Riesenmenschenmenge schwierig, das große geplante Programm zeitlich einzuhalten. Die Hauptfeier fand am folgenden Tag in der großen Turnhalle in Gersfeld statt. Natürlich war der gefeierte Mittelpunkt: Neil Armstrong. In der Halle saßen als Gäste der frühere Bundeskanzler Kiesinger, der hessische Ministerpräsident, mehrere Staatssekretäre, natürlich der Präsident des Aero-Clubs, namhafteste Flieger aus aller Welt, auch aus Amerika, Professor Alexander Lippisch, ohne den die Wasserkuppe als Fliegerberg nicht denkbar war. Professor Lippisch gab einen hervorragenden geschichtlichen Überblick über die Wasserkuppe vom Anfang der zwanziger Jahre bis zum Zeitpunkt jener Feier 1970. Dann wurde Neil in einer wunderbaren Rede geehrt, und er antwortete in ergreifend bescheidenen, die Segelflug-Pioniere Deutschlands ehrenden Worten. Nun folgte durch den Leiter der deutschen Segelflugkommission die Ehrung jener deutschen Segelflieger, die in diesem Jahr 1970 neue Rekorde aufgestellt hatten. Dies wurde in der Stille für mich interessant. Ich hatte nämlich über den Alpen segelnd mit meinem eigenen »Standard-Cirrus« einen neuen deutschen Frauensegelflugrekord aufgestellt von über 500 km Ziel-Rückkehr. Wie würde er sich aus der Affäre ziehen, wo man doch versucht hatte, mich seit dem beschämenden Geschehen im Zusammenhang mit der Visumverweigerung Polens 1958 totzuschweigen? Ich hatte damals meinen sofortigen Austritt aus der deutschen Nationalmannschaft erklärt mit dem Zusatz, in Deutschland nicht mehr mit dem Aero-Club offiziell als Segelfliegerin zu starten, bevor dies nicht bereinigt wäre. Als ich während der Feier in Gersfeld aufgerufen wurde, überreichte mir jener Leiter der Segelflugkommission - da dies nicht zu vermeiden war - einen Siegespokal, der für neue Rekorde üblicherweise überreicht wurde. Er gratulierte mir vor der Festversammlung, ohne zu sagen wozu, und händigte mir ein Dokument aus, auf dem der anerkannte neue deutsche Frauensegelflugrekord im Zielflug mit Rückkehr bescheinigt und besiegelt war. Aber - was sagte er dazu? Ich traute meinen Ohren kaum: »Wir gratulieren Hanna, die schon in den dreißiger Jahren so großartige Erfolge errungen hatte.« Kein Wort fiel von der Gegenwart. Niemand der Anwesenden merkte es - sie klatschten liebevoll, und ich sprang auf, trat an seine Stelle und tat, als ob er überhaupt nicht geredet hätte. Ich sprach im Namen aller Segelflieger ein begeistertes Grußwort in Verehrung für Neil Armstrong. Der Leiter der Segelflug-Kommission hatte diese kleine Hürde wieder nach seiner Weise genommen.

Ich lächelte wieder einmal still in mich hinein. Nicht, weil ich auf Ehrungen Wert legte, sondern wegen der bedauerlichen Einstellung. Vielen Männern meiner Generation fiel es so schwer, eine Frau, die das gleiche leistete wie sie oder die sie sogar besiegte, anzuerkennen.

Ich bin sehr glücklich, daß für die heutige Generation der Segelfliegerinnen und auch der Motorfliegerinnen alle Türen geöffnet werden und sie es soviel leichter haben. Und dies wohl ganz besonders dadurch, daß sie als »Paare« fliegen, sich mit ihrem Mann oder ihrem Freund abwechseln, einmal selber fliegen, einmal für den Partner Rückholer sind. Dadurch ergibt sich ganz von selbst Partnerschaft und Gleichberechtigung.

Ich bin »als Frau« sehr stolz auf diese junge Generation von Segelfliegerinnen, die in den drei Damen-Segelflugwettbewerben, die 1975, 1976 und 1977 erstmals in Deutschland ausgetragen wurden, nicht nur ein gutes fliegerisches Können zeigten, sondern vor allem eine beispielhafte Kameradschaft und Fairneß.

Am nächsten Tag, als die Menschenmenge von der Wasserkuppe zum größten Teil abgereist war, flog Neil mit einem amerikanischen Begleiter auf Umwegen zurück in die USA. Dr. Kuettner kam in meinem Wagen noch mit zu mir nach Frankfurt. Von ihm, der so viele Jahre als rechte Hand Wernher von Brauns in Huntsville/Alabama gearbeitet hatte, konnte ich noch Hochinteressantes erfahren. Er war einst Leiter der Entwicklung der Saturn-Rakete, kannte die Astronauten durch Zusammenarbeit natürlich persönlich und konnte das beglückende Bild, das ich voll Hochachtung von Neil Armstrong hatte, in hervorragender Weise noch ergänzen.

Das lukrative Geschäft mit der Lüge geht weiter

Nun sind schon über dreißig Jahre nach dem Zweiten Weltkrieg vergangen, und die Lügen, die über unser Land verbreitet wurden, scheinen als Geschichte »Realität« geworden zu sein. Ich las einmal einen Ausspruch eines verbitterten Gegners unseres Landes: »Man muß nur oft genug und lang genug die auch noch so schändlichen oder perversen Lügen dem deutschen Volke einhämmern. Die Deutschen, wie kein anderes Volk dieser Erde, glauben schließlich diese Lügen über sich selbst und bekennen geradezu versessen, 'die Schlechtesten' gewesen zu sein, die es je gab.« Ausländische, aber zunehmend auch deutsche Historiker haben bereits einen Teil der Lügen über Deutschland in Büchern und Dokumenten widerlegt. Sie forschen weiter. Kein aufrechter Deutscher wird verleugnen wollen, daß auch auf unserer Seite schwere Untaten begangen worden sind. Zu allen Verbrechen aber, die in und nach dem Zweiten Weltkrieg unseren Soldaten und unserer Zivilbevölkerung zugefügt wurden und die dokumentarisch belegt sind, schweigt unser Volk. Über die nach dem Krieg in den Lagern an Deutschen begangenen Folterungen und Tötungen, ja Tötungen von Frauen und Kindern, schweigt unser Volk.

Über das, was in den vielen tragischen Kriegen nach 1945 geschah

- die ohne Deutschlands Beteiligung ausgetragen wurden und noch werden, wobei Massaker begangen wurden-, darüber wird in unseren Zeitungen höchstens am Rande berichtet. Aber viele Deutsche weisen heute noch bei jeder ihnen geeignet erscheinenden Gelegenheit lang und ausführlich auf die »eigene deutsche Schuld« hin, selbst da, wo sie keinesfalls bewiesen ist. Ja, man jammert dies oft in würdeloser Weise Ausländern vor. Dies teilten mir mit Verachtung und größter Verwunderung sowohl englische wie auch amerikanische Offiziere mit, denen ich bei einem internationalen Symposium voriges Jahr in den USA begegnete. Bei uns und in anderen Ländern werden auch heute noch falsche Darstellungen über uns weiterhin verbreitet. So erschien zum Beispiel 1973 von einer namhaften englischen Filmgesellschaft ein »Dokumentarfilm«: »Hitler - die letzten 10 Tage«.

In vielen Kinos der Welt war dieses Machwerk zu sehen. Ich war fassungslos, als ich diesen Film sah. Nicht ein einziges Wort, das man mir in den Mund legte, entsprach der Wahrheit. Nicht eine einzige Szene hatte sich in Wirklichkeit abgespielt. Es war übel erfunden. Völlig unverständlich aber war mir, daß ein derart großer, berühmter Schauspieler wie Alec Guinness, dessen Spiel in der »Brücke am Kwai« in überzeugender Weise das Bild des edlen, charaktervollen Offiziers vermittelte, sich hergeben konnte, Adolf Hitler so darzustellen. Jeder denkende Mensch weiß, daß selbst bei bestem Willen keiner unserer Generation den genügenden Abstand hat, die Zeit des Dritten Reiches und Adolf Hitler objektiv kritisch, aber ohne Ressentiments zu erfassen.

Ich war entsetzt, daß sich Lehrer mit ihren Schulklassen diesen Film ansehen, um auf diesem Wege die »jüngste deutsche Geschichte« kennenzulernen. Vieles in der Atmosphäre und Darstellung jenes Filmes war zweifellos dem gefälschten »Augenzeugenbericht von Hanna Reitsch« über die letzten Tage im Hitlerbunker in dem Buch von Trevor-Roper entnommen.

Es blieb mir jetzt nur noch übrig, aus Verachtung eine Glosse über diesen Film zu schreiben und an verschiedene Zeitungen zu schicken. Wir »als Besiegte«, die jene Geschehnisse im Bunker erlebten, wurden ja weder persönlich angehört, geschweige etwa gefragt, ob sie einen persönlich darstellen durften. Die Zeitung »Die Welt« hatte den Mut, meine Glosse zu bringen. Sie erschien in Nr. 178, Donnerstag, den 2. August 1973, mit folgender Überschrift: »*Wie Klein-Mäxchen sich den Untergang des Dritten Reiches vorstellt*« *(siehe Anhang 5)*. Jede Jugend der Welt braucht Beispiele und leuchtende Vorbilder. Ich erinnere mich an die Worte, von denen ich früher schrieb: »Man muß den Deutschen ihre Vorbilder und Helden nehmen - nur so hält man sie moralisch am Boden.«

Als zum Beispiel der Engländer Sir Chichester, der vor wenigen Jahren verstarb, von seiner großartigen, mutigen, alleinigen Weltumsegelung zurückkehrte, lief ein Teil der englischen Flotte aus, um ihn aufs feierlichste mit allen Ehren einzuholen und zu empfangen. Die englische Königin adelte ihn für seine Leistung. Jeder Engländer war stolz auf seinen »Volkshelden«.

Als hier hingegen der Deutsche Rollo Gebhard im Alleingang die Welt umsegelte, erschienen in unseren Zeitungen ein paar Zeilen, und das Fernsehen zeigte für ein paar Sekunden sein bärtiges Gesicht mit der Erklärung, er sei gerade erfolgreich von seiner alleinigen Weltumsegelung zurückgekehrt.

Das geschieht nicht aus guter Absicht!

Aber die deutsche Jugend wird trotz allem, was man ihr diesbezüglich vorenthält und auf was sie wirklich stolz sein darf in Geschichte und Gegenwart, ihren Weg zum Segen unseres Landes und Europas finden.

Ich las einmal ein sehr wahres Wort: »Wer die Tradition und Geschichte seines Landes nicht ehrt und liebt, kennt nicht Glück und Stolz, ihm anzugehören, und in dem kann keine Hoffnung

46. *Neil Armstrong und ich mit Landrat Dr. Stieler 1970 auf der Was-*
serkuppe

47. Zusammen mit einem der berühmtesten amerikanischen Testflieger, General Doolittle, in Lancaster/Kalifornien

für die Zukunft wachsen.«

Diesbezüglich können wir von anderen Ländern vieles lernen. Vor allem jedoch sollten wir uns offene Augen und Ohren erhalten, um zu erkennen, wo systematisch Zersetzung betrieben wird durch Zerstörung unserer Tradition und Fälschung unserer Geschichte. Möge das gute Wort dabei Wegweiser sein: »Gott gebe mir Gelassenheit, Dinge hinzunehmen, die ich nicht ändern kann - den Mut, Dinge zu ändern, die ich ändern kann - und die Weisheit, das eine vom anderen zu unterscheiden.«

Hohe Ehrungen in den USA

1971 erhielt ich über den damaligen NATO-General Steinhoff aus Brüssel die Nachricht, daß die Society of Experimental Test Pilots« (SETP) für drei Fliegerinnen der Welt in den USA eine ungewöhnliche Ehrung vorgesehen habe. Die »SETP« ist die namhafteste, bedeutendste und exklusivste Flug-Organisation der Welt, zu deren Mitgliedern alle Astronauten zählen, alle Testpiloten der militärischen und zivilen Flugerprobungsstellen für Luftwaffe-, Heeres- und Marineflugzeuge, die Testpiloten aller Flugzeugfirmen, nicht nur Amerikas, sondern auch des ganzen Westens und aller dem Westen verbundenen Länder und Erdteile; ebenso wie auch die Testpiloten der schnellsten Verkehrsmaschine, der »Concorde«. Auch die Testpiloten aller Bomber, Kampfmaschinen, der schnellsten Jagdmaschinen, bis hin zu allen Hubschraubertypen, gehören dazu. Ferner die Entwicklungs-Chefs aller Luftfahrtfirmen, die Kommandeure der Erprobungsstellen und die Luftattachés aller Länder - die »Elite« der Luft-und Raumfahrt. Die drei ausgewählten Fliegerinnen waren: Für die USA: Jaqueline Chochran; für Frankreich: Madame Auriol; für Deutschland: ich.

Uns sollte die »Honorable Fellowship Award« (die Ehrenmitgliedschaft) verliehen werden, aber nur bei persönlicher Anwesenheit.

Leider erreichte mich die Nachricht über diese vorgesehene Ehrung nach vielen Umwegen erst Anfang September 1971, der Termin der Ehrung aber war während des Symposiums in der letzten Septemberwoche jenes Jahres. Als ich die Einladung erhielt, hatte ich soeben mein Training für die ersten Hubschrauberweltmeisterschaften beendet, die genau zum gleichen Datum, nämlich vom 23. bis 30. September 1971, in Deutschland (Bückeburg) erstmalig auf der Welt ausgetragen werden sollten. Dieses Training von über 36 Stunden auf »Hughes-300«-Typen, das für die Firma Clever & Rietdorf recht teuer war, bedeutete für mich eine Verpflichtung, nun auch wirklich im sportlichen Wettkampf das Beste damit herauszuholen. Ich wäre mir sehr unfair vorgekommen, wenn ich um einer großen Ehrung willen an diesem sportlichen Wettkampf nicht teilgenommen hätte. Im folgenden Jahr, 1972, wurde ich aber wiederum von der SETP zu dieser Ehrung vorgeschlagen und zum Flug nach Kalifornien sowie zum Aufenthalt während des fünftägigen Symposiums im Beverly Hilton Hotel eingeladen. Diesmal nahm ich diese verlockende Ehrung mit Freuden an. Im Anschluß an jenes Symposium der SETP in Beverly Hills fand eine »Convention« der »IOC« (International Order of Caracters, »Internationaler Orden von 'Persönlichkeiten'«) in Arizona statt. Ich sollte dabei mit der Trophäe »Pilot of the Year 1972« ausgezeichnet werden. Dies ist eine typisch amerikanische »Schöpfung«, nämlich ernste Anliegen in einen humorvollen Mantel zu kleiden. Und es handelt sich um eine internationale Pilotenvereinigung, deren Mitglieder streng ausgewählt werden. Es sind meist Piloten von Ländern, die einst gegeneinander gekämpft und sich dabei besonders ausgezeichnet haben. Von Deutschland wurden beispielsweise die bekannten Jagdflieger General Galland und Oberst »Edu« Neumann gewählt. Auch ich hatte die Ehre, dazu nominiert worden zu sein. Jeder Gewählte wird feierlich zum »Ritter« geschlagen und erhält dabei einen

»neuen Namen«. Der meine ist »Supersonic Sue« (Überschall-Susanne), da ich bis 1953 die »Schnellste Frau der Welt« war. Galland heißt »The Red Knight« (Der rote Ritter). Weitere Mitglieder sind unter anderem: der erfolgreichste Jagdflieger Englands im Zweiten Weltkrieg - Group Captain D. Bader, von Amerika General James Dolittle und der Senator Goldwater, von Holland Prinz Bernhard der Niederlande und etwa 200-300 andere namhafte Piloten, auch Airline-Piloten.

Als dritte offizielle Verpflichtung dieser Reise sollte ich auf dem Hinflug in Washington drei Tage Station machen, um vor der »Helicopter Association« als Gastsprecherin einen Vortrag zu halten, und zwar über das Fliegen des ersten, vollsteuerbaren Hubschraubers der Welt, der FW-61 von Professor Focke, ferner über die ersten Hallenflüge der Welt, die ich 1938 in der Deutschlandhalle (Berlin) über den Köpfen von 20.000 Menschen pro Abend, 14 Abende lang, durchführte. Außerdem sollte ich dabei Filme dieser Flüge zeigen.

Gast war ich während dieser Tage in Washington bei der damaligen Präsidentin der »Whirly Girls«, Jean Ross-Howard, mit der mich seit 1961 eine herzliche Freundschaft verbindet. »Whirly Girls« heißt eine internationale Organisation, die alle Hubschrauber-Pilotinnen der westlichen Welt vereinigt, und zwar sind diese in der zeitlichen Reihenfolge des Erwerbs ihrer Hubschrauberlizenz numeriert. Ich bin also Whirly Girl Nr. 1, als erste Frau, die je Hubschrauber flog, mit fast zehnjährigem Abstand zu Whirly Girl Nr. 2 (Mrs. Ann Shaw Carter, USA.)

Mit einem Jumbo-Jet der Lufthansa trat ich die Reise an - natürlich mit nicht geringem Herzklopfen vor Spannung und im Hinblick auf all das, was mich auf der anderen Seite des weiten Ozeans erwartete.

Immer von neuem fasziniert mich jeder einzelne Flug, selbst wenn ich nur als Passagier »geflogen werde« und, wie meines eige-

324

nen Willens beraubt, in jener Riesenröhre des Rumpfes der Verkehrsmaschine mit Hunderten von Menschen zusammen eingesperrt sitze. Stets aufs neue verfalle ich dem Irrtum, die Zeit bei solch einem Flug als Passagier durch Lesen und Arbeiten nutzen zu können; denn vom Start bis zur Landung blicke ich unentwegt und bezaubert aus meinem kleinen Fenster. Wie oft habe ich mich in meinem Leben schon über die Erde erheben dürfen, aber keine Minute eines Fluges gleicht der anderen.

Solange man die Erde noch sah, versuchte ich auf meiner mitgeführten Landkarte auszumachen, wo wir uns gerade befanden. Und trennte uns eine geschlossene Wolkendecke vom Blick zur Erde, dann kam ich mir wieder vor wie ein selbständiger kleiner Weltkörper, der den Raum durchmißt und nicht mehr erdgebunden ist. Dieser Eindruck verstärkte sich, je höher wir flogen und je tiefer die Wolkendecke lag, die uns von der Erde trennte. Wenn Wolkenlöcher auftauchten, wurde ich wie aus einem Traum vom »All« wieder mit dem Blick zur Erde hin gezogen und ein Raten begann, welche Küste oder schneebedeckten Berge schon tief unter uns dahinzogen - war dies bereits Grönland, das wir überflogen? Einmal saß ich bei meinen Kameraden im Cockpit, ein andermal in mich zurückgezogen auf meinem Platz und konnte es immer wieder nur schwer fassen, daß wir kleinen Menschen uns durch Wissenschaft und Technik so selbstverständlich über die Erde erheben und unseren Erdball Tag und Nacht umfliegen.

Erst als unsere Landung heil hinter uns lag, mochte ich mich ganz und gar auf das einstellen, was nun meiner harrte.

Jean Ross-Howard und andere »Whirly Girls« und »99er« (Internationale Fliegerinnen-Organisation) wie auch offizielle Vertreter von Luftfahrt-Organisationen holten mich in Washington ab, und ein schier atemberaubendes Programm zog an mir vorbei, bis mein Vortragsabend heranrückte. Ich spürte, wie die Angst vor solchem Anlaß mich leider stets von neuem würgte. Ich spreche immer frei - diesmal wieder in englisch. Ich bin dabei abhängig von den Augen der Hörer, die mir sagen, wie weit ich mich innerlich öffnen kann oder sachlich korrekt verschließen muß. Mein Vortrag fand in einem Gebäude der Marine-Flieger-Akademie auf einer Halbinsel statt, das der Unterbringung hoher Militär- und Zivilpersonen dient, die in Fortbildungskursen laufend über den neuesten Stand der Technik informiert werden. Zu dem schönen Saal gelangte man über ein großes Foyer, in dem Getränke und kleine Leckerbissen gereicht wurden. Einige Generale der Air-Force, Admirale, hohe Zivilpersonen, Flieger und Fliegerinnen - mit vielen wurde ich bekannt gemacht, konnte alte Verbindungen in Erinnerung rufen und neue knüpfen. Ich war nur mit halbem Ohr dabei - »wär' doch endlich mein Vortrag vorüber«, dachte ich. Vor jedem Vortrag möchte ich jedesmal in den Boden sinken. Kaum habe ich die ersten Sätze gesprochen, habe ich immer den Eindruck, wie im Fluge vom Boden abzuheben. Von da an spricht es aus mir wie von selbst. Die Angst war auch diesmal wie weggeblasen. Die Zuhörer folgten so gespannt, daß man eine Stecknadel hätte fallen hören - nur unterbrochen von gelegentlichen Lachsalven. Es folgten ein Film und ein Schlußwort voll Ehrfurcht vor meinem alten Freund Igor Sikorsky, der nach dem Zweiten Weltkrieg das schwere Erbe des deutschen Professors Focke übernommen hat, dem mit seinem ersten Hubschrauber der Durchbruch gelungen war, nach dem seit Jahrhunderten viele gesucht hatten. Anhaltender Applaus ließ mich dankbar fühlen, wie gütig der Himmel mir geholfen hatte, die Herzen meiner Hörer zu erreichen.

Am nächsten Morgen flog ich mit der PAA über den amerikanischen Kontinent vom Osten, von Washington, bis zum Westen nach Los Angeles in Kalifornien.

Neben mir saß Ralph Lee, ein erfolgreicher Testpilot der BELL-Helicopter Company. Er war einst Marineflieger. Während des

Aufenthaltes in Beverly Hills war er wie ein Adjutant helfend an meiner Seite. Er nannte sich nur »Hanna's Marine Guard«.

Im Beverly Hilton Hotel eingetroffen, erschien mir das Erlebte wie ein Traum. In dem Riesenhotel fanden alle Mitglieder des Symposiums mit ihren Frauen Unterkunft. Aber nicht nur sie hatten Platz, sondern es tagten gleichzeitig in anderen Riesensälen noch weitere Organisationen. Dazwischen sah man - rein privat - bekannteste Hollywood-Schauspieler und Menschen, deren Aufmachung man anmerkte, daß sie über viele Millionen verfügten. Zunächst schien alles etwas verwirrend für mich, obwohl jedes SETP-Mitglied ein Schild mit seinem Namen an der Kleidung trug. Es war kaum möglich, sich zu merken, welcher Name mit welchen Testflügen, welchen Firmen oder Erprobungsstellen zu verbinden war. Weit über tausend Teilnehmer waren anwesend, ohne ihre Frauen zu zählen, für die ein gesondertes Programm ablief.

Von früh bis spät traf man sich in einem großen Konferenzsaal des Hotels zu den angekündigten Referaten, die jeweils 30 Minuten Sprechzeit nicht überschreiten durften. Mit größter Spannung folgte ich besonders den Berichten der Astronauten Mattingly, Swighart und Conrad, die unter Alan Shephard als Chairman über das »Resultat des Apollo-16-Fluges« berichteten und einen Überblick gaben über das »Skylab Project« (das Projekt des Himmelslabors) und auch über das »Shuttle Programm«. Hochinteressant war auch, was David Scott über das geplante Kopplungsverfahren der USA mit den Sowjet-Astronauten berichtete. Am letzten Tag, Samstag, dem 30. September 1972, war für den Abend das große »Award-Dinner-Banquett« angesetzt, jenes Bankett, bei dem die Ehrungen verliehen wurden. Es fand im »International Ball-Room« des Beverly Hilton Hotels statt - einem festlich geschmückten Riesensaal, in dem jeweils zehn Personen an runden Tischen saßen und über 2000 Menschen Platz fanden. Auf der mit vielen amerikanischen Flaggen geschmückten Bühne waren drei runde Tische für das Präsidium der »SETP« und für die Preisträger reserviert. Ich saß zwischen dem SETP-Präsidenten 1972, Ken Kramer, und dem Besitzer der Hilton Hotels in aller Welt, Mr. Barron Hilton. Es war mir unfaßlich, daß als »high point« (als Höhepunkt) dieses großen Abends, an dem zum Beispiel auch die Astronauten von »Apollo 16« geehrt wurden -, meine Ehrung vorgesehen war. Präsident Ken Kramer gab zunächst meinen fliegerischen Lebenslauf bekannt. Er sprach in 6 oder 7 Mikrophone. Zu meiner großen Überraschung folgte eine Filmvorführung, mit Ausschnitten aus meiner fliegerischen Tätigkeit, die ich zum Teil selbst noch niemals gesehen hatte. Es waren Filmstreifen, die aus den deutschen Archiven stammten, die nach dem verlorenen Krieg tonnenweise nach den USA gebracht worden waren. Zur Vorführung hatte man Filmstreifen zu einem langen Film zusammengefügt. Sie wurden auf die beiden Seitenwände des Saales, rechts und links der Bühne, und auf die Bühne projiziert, so daß jeder von seinem Platz aus alles sehen konnte, ohne den Kopf zu verdrehen. Man erlebte im Film meine Hallenflüge in der Deutschlandhalle Berlin vom Februar 1938 mit dem ersten Hubschrauber der Welt, FW-61, man sah mich raketenfliegend, mit Bombern gegen Sperrballon-Seile rasen und sogar Flüge mit der bemannten V-1 und anderes. Ich muß gestehen, es wirkte auf den Filmen viel aufregender als es in Wirklichkeit gewesen war. Im Saal wurde laufend applaudiert. Dann wurde mir von Präsident Kramer ein mit goldenem Rahmen versehenes großes Dokument überreicht, darauf stand in kunstvoll gemalten Buchstaben:

48. Ich halte vor 1200 Testpiloten und Astronauten einen Vortrag beim 19. Symposium der SETP im Beverly Hilton Hotel, Beverly Hills/ Kalifornien, 1975

49. In meinem »Cirrus-75« in Timmersdorf/Steiermark, 1977

50. Auszeichnung mit der »Internationalen Pionierkette der Windrose« -
1975 (Laudatio siehe Anhang des Buches)

THE
SOCIETY OF EXPERIMENTAL TEST PILOTS
devoted to the advancement of human flight warrants that
HANNA REITSCH
engaged in the profession of experimental flying is
particularly qualified and has been elected and certified a
HONORARY FELLOW
of this professional and educational association and is granted
all insignia and privileges in accordance with the Constitution of
The Society of Experimental Test Pilots.
Done at Lancaster California
the 30th day of September 1972
in the 16th year of the Society
Das heißt auf deutsch:
Die Gesellschaft der experimentierenden Test-Piloten,
die dem Fortschritt des Menschenfluges sich widmet, verleiht
Hanna Reitsch,
deren Beruf experimenteller Test-Pilot ist, für ihre hervorragenden
Leistungen auf diesem Gebiet das Zertifikat eines
Ehrenmitgliedes
dieser beruflichen und erzieherischen Gemeinschaft, und ihr sind
alle Rechte und Vorzüge garantiert in Übereinstimmung
mit der Konstitution der
Society of Experimental Test Pilots.

Nun war es an mir zu danken. Ich trat vor die vielen Mikrophone. Da meine Worte auf Band aufgenommen und mir gesandt wurden, kann ich sie hier in deutscher Übersetzung wiedergeben.

»Herr Präsident, geehrte Gäste, liebe Fliegerkameraden!

Verzeihen Sie mein schlechtes Englisch! Noch dazu habe ich
mehr Herzklopfen, als ich es bei riskanten Testflügen je hatte.
Ich danke Ihnen für die große Ehrung, die mir heute zuteil wurde. Was Sie auch immer dazu veranlaßt haben mag, so muß ich
dankbar bekennen, daß durch die Gnade des Himmels mir viele
Gelegenheiten just zum rechten Augenblick in meinem Leben
gegeben wurden, mich einsetzen zu dürfen. Darum nehme ich
diese Ehrung als kleiner Repräsentant meiner tapferen deutschen
Kameraden an, die ebenso wie ich mit brennendem Herzen flogen, arbeiteten und versuchten, unserem Vaterland zu helfen.
Natürlich riskiert ein Testpilot sein Leben. Während meiner langen Aktivität als Flieger - seit mehr als 40 Jahren - und vor allem
während der 10 Jahre, in denen ich als Testpilot auf den verschiedensten Typen, die es bei uns gab, fliegend tätig war, wurde mir
bewußt, daß nur hingebungsvolle Arbeit - Steinchen auf Steinchen zusammenfügend -, verbunden mit größter Geduld, Zähig-
keit und Ausdauer, eine Forschungsarbeit zum Erfolg und Segen
für die Menschheit werden läßt.
Prächtigste Kathedralen der Welt wurden niemals von einem einzigen Architekten geschaffen, sondern waren das Ergebnis müh-
samster Arbeit von unzähligen zuverlässigen Arbeitern und Mau-
rern, die einen Stein auf den anderen fügten. So war es und so
wird es immer sein.
Und ich hatte die große Chance, ein solcher 'kleiner Maurer' zu
sein - nicht zum Bau von Kathedralen, sondern im Aufbau der

Fliegerei -, und das wurde mir zum tiefsten Glück; vor allem,
wenn ich erlebte, daß meine Versuche dazu führten, unzähligen
Fliegern - nicht nur in Deutschland - das Leben zu retten.
Lassen Sie mich Ihnen allen sagen, daß ich tief dankbar bin, die
Chance gehabt zu haben, als Ihr Gast an diesem Symposium zu-
hören zu dürfen und in Wort, in Dias und Filmen über den gi-
gantischen Fortschritt in Luft- und Raumfahrt erfahren zu kön-
nen, sowie von den neuesten wissenschaftlichen Erkenntnissen
und technischen Errungenschaften zu hören. Ich bin überzeugt,
daß all dies beitragen wird, für die Menschheit ein Segen zu wer-
den. Aber trotz allen wissenschaftlichen und technischen Fort-
schritts, der zu geradezu phantastischen, unfaßlich großen Resul-
taten führte, kann die Welt nur geheilt und können die Men-
schen nur glücklich werden, wenn jeder einzelne von uns 'men-
schlicher' wird. Was die Welt zum Überleben nötiger hat als alles
andere, ist Brüderlichkeit. Doch selbst höchste Wissenschaft und
Technik können dies nicht erfüllen ohne 'Vorsehung'. 'Ihr und
unser' Wernher von Braun sagte einmal die sehr ernsten
Worte:'Nur ein erneuerter Glaube an Gott kann unsere Welt
wandeln und uns vor einer Katastrophe bewahren. Wissenschaft,
das heißt technischer Fortschritt, und Religion sind dabei keine
Gegensätze, sondern Geschwister.'
Dies aber weiß und erlebt niemand so tief wie wir Piloten - hoch
über der Erde in der grenzenlosen Weite des Himmels fliegend.
Ob Ihr Astronauten mit donnernden Raumschiffen fliegt, ob
dröhnende Jet-Piloten oder lautlose Segelflieger den Vögeln
gleich in unseren Segelflugzeugen fliegen: Wir alle dienen der
Brüderlichkeit der Welt. Denn dort oben gibt es keine Grenzen,
keine Völker, keine Sprachen - dort oben bildet alles eine Einheit.
Das ist das geheime Band, das uns Flieger auf der ganzen Welt
verbindet wie Brüder.«

Als ich geendet hatte, war es zunächst mäuschenstill - dann erhob sich der ganze Saal und applaudierte minutenlang. Während dieser »stehenden Ovation« sprang Edwin Aldrin (der mit Neil Armstrong zusammen als erster den Mond betrat) auf die Bühne, kam auf mich zu, mit Tränen in den Augen, umarmte und küßte mich und sagte: »Hanna, was du uns eben sagtest, ist genau das, was wir oben auf dem Mond erlebten und empfanden. Kein Auge im Saal ist trocken geblieben während deiner Worte. Hab Dank, aber schreib darüber.«

»Nein«, antwortete ich, »du mußt schreiben, denn du hattest dies überwältigende Erlebnis auf dem Mond.«

Es dauerte bis drei Uhr früh, bis mir jeder einzelne im Saal, nachdem der offizielle Teil vorüber war und der »Party-Teil« begann, seinen Dank persönlich ausgesprochen hatte. Ich war sehr bewegt und grenzenlos dankbar.

Am nächsten Tag durfte ich die »Cessna-210«, die meinem Kameraden Drury Wood gehörte, von Los Angeles nach San Francisco fliegen. Drury Wood verbrachte etliche Jahre als Vizepräsident der *Dornier-Werke* in Deutschland und hat bei *Dornier* den berühmten Senkrechtstarter eingeflogen. Er lud mich auf eine Woche zu seiner Familie ein, die in der Nähe von San Francisco lebte. Die Strecke Los Angeles bis San Franciso ist so weit wie von München nach Hamburg. Auf dieser ganzen Strecke erblickte ich unter mir kaum ein Haus oder auch nur eine Siedlung auf meinem Kurs. In Gedanken an unser Rest-Deutschland, in dem pro Quadratkilometer ungefähr 274 Menschen leben müssen, wurde mir traurig ums Herz. Kein Wunder, daß sie oft gereizt, zum Teil unausstehlich miteinander sind.

Nach herrlich geruhsamen Tagen mit Drury, seiner Frau Dorothy und deren Kindern startete Drury wieder mit mir am Steuer seiner »Cessna-210«, um über die Sierra Nevada nach Arizona zu fliegen. Drury ist auch Mitglied der IOC und wollte dem Treffen beiwohnen.

Gastgeber jener Convention war Senator Goldwater, mit dem IOC-Namen »Sun Dust«.

Den ersten Abend eröffnete ein großer Empfang in seinem Privathaus. Mr. Goldwater ist ein charmanter Gastgeber, der auch das Programm der ganzen Tagung liebevoll, interessant und abwechslungsreich gestaltete. In großen Omnibussen fuhren wir am zweiten Tag durch die herrlichen Berge Arizonas. Einer der vielen Omnibusse war nur beladen mit Eßsachen, Getränken, Geschirr, Gläsern, Tischen usw. für ein Picknick im Freien.

Die drei Tage vergingen wie im Fluge, mit interessanten Referaten und Filmen über neueste und ausgefallenste Konstruktionen - zum Beispiel einen auf den Rücken zu schnallenden Düsenantrieb, der nach unten gerichtet war und dem Menschen ermöglichte, auf 10 bis 20 Meter über den Boden zu steigen, zu schweben und über Bäume, Seen, Hindernisse und Häuser hinwegzufliegen. Es wirkte wie ein Märchen. Am dritten und letzten Tag sollte bei einem großen Festabend die Verleihung der Trohäen und Ehrungen sowie die Aufnahme neuer Mitglieder feierlich stattfinden. Es ging diesem Fest aber eine »Cocktail-Stunde« voraus, die so intensiv von den Teilnehmern genutzt wurde, daß diese in bereits reichlich angeheiterter Stimmung den Festsaal betraten. Statt daß man jetzt die Ehrungen an den Anfang des Programmes gesetzt hätte, geschah etwas, das ich noch gar nie erlebte: Ich glaube, das Programm entglitt ein wenig den Veranstaltern.

Zunächst begann zwar eine feierliche Begrüßung von der geschmückten Bühne des Saales aus. Dort saßen als Gastgeber und Chairman des Abends: Senator Goldwater, an seiner Seite der Präsident der IOC, Dr. Crane (genannt »the Brain«) und das Präsidium der IOC.

Als nächstes trat aber einer der größten Komiker Amerikas auf, dessen Namen ich vergessen habe. Zunächst von allen unerkannt, stellte er sich vor als brasilianischer Arzt und sprach in glänzend verstelltem brasilianischen Akzent auf englisch. Er reihte einen Witz an den anderen. Ich verstand keinen einzigen, merkte indessen an dem brüllenden, fast dröhnenden Gelächter der schon etwas angetrunkenen Herren und den peinlich errötenden Gesichtern der Damen, daß es sich um »deftige Männerwitze« handeln mußte. Wenn so etwas jedoch eine halbe Stunde in lautester Ausgelassenheit vor sich geht, ist der Saal voller Menschen nicht mehr für ernste Dinge ansprechbar. In diesem Augenblick wurde ich auf die Bühne gebeten zu der Verleihung der Trophäe »Pilot des Jahres 1972«. Es war eine der schrecklichsten Situationen meines Lebens, bei denen ich je zu sprechen hatte. Zunächst war der Sohn von Igor Sikorsky, Sergei (auch ein Mitglied der IOC), gebeten worden, mich durch einen Bericht über mein Fliegerleben einzuführen. Sergei und ich sind seit Jahren als Fliegerkameraden herzlich miteinander befreundet. Er ist ein Meister des Wortes, aber so sehr er sein Herz in das hineinlegte, was er sagte - es blieben alle unberührt, und man hörte im Saal noch immer unterdrücktes Lachen über die vorangegangenen Witze. Und nun sollte ich sprechen! Ich versuchte zunächst, eine humorvolle Geschichte zu erzählen, und als diese lachend aufgenommen wurde, dachte ich mir: Jetzt riskiere ich alles. Entweder sie lachen mich aus - dann ist's eine Pleite, oder aber sie folgen mir »in Himmelshöhen«, dann rühre ich ihr Herz und mache sie ehrfürchtig in Erinnerung an ihre eigenen Erlebnisse, welche die Grenzen des Irdischen und Überirdischen berühren.

Es gelang. Wieder war es mäuschenstill im Saal, und als ich endete, erhob sich alles klatschend, und Senator Goldwater umarmte und küßte mich und dankte mir für diesen, wie er sagte, »Höhepunkt« des ganzen Symposiums.

334

Im September 1975 wurde ich abermals von der SETP zum Symposium nach Beverly Hills eingeladen. Diesmal sollte ich selbst ein Referat übernehmen. Seit Bestehen der SETP - seit 1956, also seit 19 Jahren - wurde noch niemals eine Frau aufgefordert, beim Symposium zu sprechen. Unter der »Section«: »Oldies but Goodies« sollte ich über das Fliegen mit der »V-1« und der Raketenmaschine »Me-163« referieren. Die genehmigte Sprechzeit für jeden Redner war 30 Minuten. Wenige Tage vor meinem Abflug nach Kalifornien rief mich von Genf ein Fliegerkamerad an, mit dem ich seit 1935 herzlich befreundet bin. »Hanna«, sagte er, »ich habe von der großen Auszeichnung gehört, daß dir ein Referat bei der SETP angetragen wurde. Ich freue mich sehr mit dir. Ich bitte dich aber, damit zu rechnen, daß dein Vortrag gestört werden könnte, da es sich um Flugzeuge des Dritten Reiches handelt. Bitte bleibe dabei ganz gelassen, bleibe gütig und ruhig!« Ich war dankbar für diesen Rat, hätte freilich mit solch einer Möglichkeit gar nicht gerechnet. Es war auf alle Fälle wertvoll, sich darauf innerlich einzustellen.

An jenem Samstag, dem 27. September 1975, war der Riesenkonferenzsaal im Beverly Hilton Hotel nicht nur besetzt mit weit über tausend Testpiloten, den Astronauten und anderen Mitgliedern der SETP, sondern mit einem Großteil von deren Frauen, die gebeten hatten, ausnahmsweise bei meinem Referat dabeisein zu dürfen. Als der Chairman dieses Vormittags mir das Wort erteilte, bat ich ihn, bevor die Zeit und somit das grüne Licht eingeschaltet wurde, drei persönliche Sätze sagen zu dürfen: Es wäre gar nicht so leicht, vor diesem Gremium über dies mir gestellte Thema zu sprechen, denn dies seien beides Flugzeuge, die einst von ihren Gegnern eingesetzt wurden. Diese Zeit sei Gott sei Dank längst vorbei, und ich wäre glücklich, daß wir jetzt Freunde seien. Dies brach auf jeden Fall die Spitze, wenn je einer sich dagegengestellt haben würde. Nun aber mußte ich zum Verständnis des V-1 Fliegens zunächst über die Hintergründe sprechen, die zum Fliegen der bemannten V-1 führten, wobei wir, ohne Aussicht zu überleben, planten, uns auf feindliche Schlüsselstellungen zu stürzen, um ein rasches Kriegsende herbeizuführen und somit unsere Landsleute zu retten. Tausende hatten sich aus Liebe zum deutschen Vaterland für diese Aufgabe zur Verfügung gestellt. Zum Einsatz jedoch kam die bemannte V-1 nicht, da die Zeit uns überrollt und die Invasion im Westen begonnen hatte, bevor die V-1 bemannt eingesetzt werden konnte.

Ich hatte mich sehr eingehend vorbereitet, um die 30 Minuten genau einhalten zu können, und sprach frei über die Versuchsflüge mit der V-1 und der Me-163. Dabei zeigte ich Dias der V-1 und einen Film, wie ich mit der Me-163 flog. Nachdem ich pünktlich nach 30 Minuten endete, geschah etwas, das, solange die SETP existierte, noch nie geschehen sein soll: Alle erhoben sich und brachten mir stehend minutenlang eine nicht endenwollende Ovation. Das galt weit über mich selbst hinaus der Achtung vor unserer Vaterlandsliebe und vor der Leitung unserer deutschen Flugzeuge, die, wie zum Beispiel die Me-163, der Zeit um 10 Jahre voraus waren.

Durch dieses zweite und mittlerweile 1977 dritte Symposium, das ich in Beverly Hills miterleben durfte, vertiefte sich das Band mit all den Astronauten und Fliegerkameraden aus der ganzen Welt. Ein unvergleichbar großer Reichtum!

Aber was für eine Größe lag in diesen Einladungen der USA und diesen Ehrungen, die sie als Sieger gegenüber einer Angehörigen des besiegten Landes vollzogen! Solcher Größe, wie die Amerikaner sie mir gegenüber bewiesen - mich als Boten meines Vaterlandes ehrend -, gebührt größte Hochachtung. Damit gaben sie das beste Beispiel echter Versöhnung, Freundschaft und Partnerschaft.

336

Nachwort

Alles, was ich in den vorangegangenen Kapiteln niederschrieb, sind meine persönlichen Erlebnisse. Wohl nur wenigen Menschen ist solch Schicksal wie das meine zuteil geworden. Allein - ob es größte »Höhen« oder tiefste »Tiefen« barg - es war und bleibt eine große Gnade.

Ich selbst versuche, im »Heute« zu leben, aber dabei das Große der Vergangenheit in rechter Weise einzubeziehen und aus dem Schlechten, es meidend, zu lernen sowie die Zukunft dabei nicht aus den Augen zu verlieren. Ist das nicht unser aller Auftrag?

Ich möchte mein Buch beenden mit einem Wort aus der Saint Paul's Cathedral von Baltimore aus dem Jahr 1692 - denn es hat für heute und die Zukunft die gleiche Gültigkeit.

»Geh freundlich und gelassen inmitten von Lärm und Hast und denke daran, welcher Friede in der Stille zu finden ist. Soweit wie nur immer möglich und ohne dich selbst aufzugeben, versuche mit allen Menschen auszukommen. Rede von deiner Wahrheit ruhig und deutlich und höre anderen zu, selbst wenn sie dir langweilig und unwissend erscheinen; auch sie haben ihre Geschichte. Geh lauten und angriffslustigen Menschen aus dem Weg, denn sie sind eine Plage für den Geist. Wenn du dich mit anderen vergleichst, werde nie eitel oder verbittert, denn es wird immer Menschen geben, die mehr oder weniger können als du. Freue dich

über das, was du erreicht hast, wie auch über deine Pläne. Behalte das Interesse an deiner Arbeit, doch ohne Überheblichkeit, denn dein Tun und Handeln ist ein wahrer Besitz unter all den Dingen, deren Wert von Mal zu Mal abnimmt.

Sei vorsichtig bei deinen Geschäften, denn die Welt ist voller List. Werde dadurch aber auch nicht blind gegenüber der Tatsache, daß es viele Menschen gibt, die noch Ideale haben und sie zu verwirklichen trachten.

Sieh auch, daß es überall im Leben noch echte Tapferkeit gibt. Sei du selbst tapfer! Vor allem, täusche nie Zuneigung vor, noch werde zynisch, was die Liebe angeht; denn trotz aller Erstarrung und Entzauberung, die du um dich siehst, lebt sie ewig fort wie das Gras.

Beuge dich freundlich dem Rat der Jahre und gib mit Anmut jene Dinge aus der Hand, die der Jugend vorbehalten sind.

Erhalte dir die Schärfe deines Verstandes, denn sie vermag dich vor plötzlichem Unglück zu bewahren. Aber laß dich nicht fallen in ständiges Grübeln. Viele Ängste sind nur eine Ausgeburt von Müdigkeit und Einsamkeit.

Nichts gegen eine gewisse Disziplin; im übrigen aber sei freundlich mit dir! Du bist ein Kind des Universums, nicht anders als der Baum vor der Tür oder die Sterne am Himmel. Du hast ein Recht darauf, hier zu sein. Und ob es dir nun klar ist oder nicht: Das Universum entfaltet sich, seiner Bestimmung gemäß. Deshalb lebe in Frieden mit Gott, was immer du für ihn halten magst und was immer dein Beruf und dein Streben sein mag in der lärmerfüllten Verirrung des Lebens. Halte Frieden mit deiner Seele. Trotz aller Täuschungen, Plackereien und aller zerbrochenen Träume ist es immer noch eine wunderbare Welt.

Sei bedacht. Strebe danach, glücklich zu sein!«

Aus der Old Saint Paul's Church in Baltimore im Jahre 1692

1. Neuer Ziel-Rückkehr Frauen-Segelflug-Weltrekord von 715 km

Um dies Buch bis zur jüngsten Gegenwart zu ergänzen, möchte ich kurz erwähnen, daß mir, nachdem die erste Auflage von »Höhen und Tiefen« gedruckt wurde, ein schöner, weiter Flug über die österreichischen Alpen - von Timmersdorf bei Leoben bis zum Arlberg (St. Anton) und zurück - gelungen ist, und zwar am 3. Juni 1978. Dies war eine besondere »Gnade des Glückes«, denn in diesem Jahr war das Wetter nicht nur in Deutschland, sondern vor allem auch im österreichischen Alpengebiet ungewöhnlich schlecht. Es war im Mai/Anfang Juni in der Steiermark nicht nur bitterkalt, sondern fast jeden Tag gab es Gewitter mit Schnee, Hagel oder Regenschauern, was für diese Jahreszeit in den Alpen ganz ungewöhnlich ist. Während der 4 Wochen, die mir zeitlich zur Verfügung standen, konnte ich daher nur 4 Segelflüge durchführen - zwei von ca. je 6 Stunden, um mich, nach einjähriger Pause, wieder an die Berge vorsichtig heranzutasten. Auch dies geschah bei ungünstiger Wetterlage, mit stürmischem Wind und ungewöhnlich großer Böigkeit.

So war ich besonders dankbar, daß mir das Wetter am 3. Juni (nachdem mir am 2. Juni bereits ein 520 km-Zielrückkehrflug gelungen war) diesen Zielrückkehr-Weltrekordflug ermöglichte.

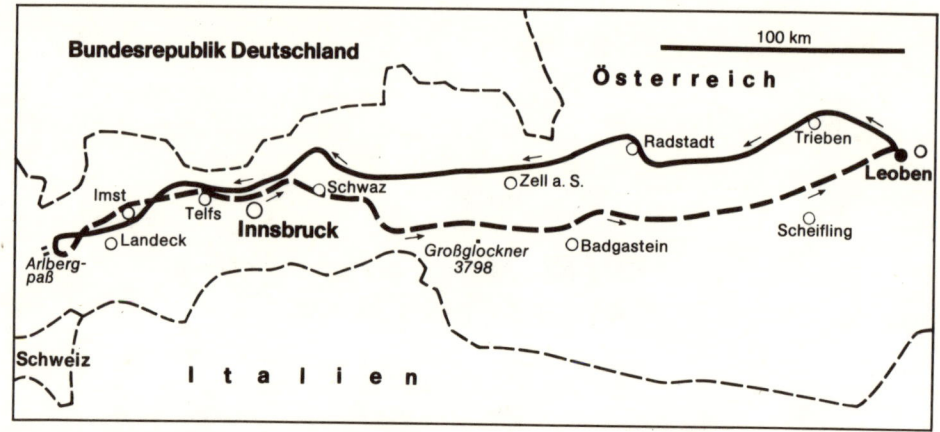

Karte zum Neuen Ziel-Rückkehr Frauen-Segelflug-Weltrekord von 715 km. Durchgezogene Linie Hinflug; gestrichelte Linie Rückflug. Zeichnung Huber & Oberländer, München.

Ich startete kurz vor 8 Uhr. Mein Flugweg führte mich - wie aus der hier wiedergegebenen Karte zu ersehen ist - über Trieben, die Niederen Tauern - von Radstadt aus auf die nördliche Talseite wechselnd - über den Rossbrand, die Dientener Berge, Zell a. See, die südlichen Kitzbühler Alpen entlang. Es ging ohne Probleme zügig voran. Nach Überquerung des Inntales, die immer mit einem ziemlichen Höhenverlust verbunden ist, versuchte ich an der Nordkette - also nördlich von Innsbruck - die Höhe des Grates und von dort die Wolkenbasis wieder zu erlangen. Gerade als ich - sehr nahe an der Felswand - unterhalb des Hafelekars einen örtlich begrenzten Aufwind nutzen wollte, entdeckte ich zwischen meiner den Felsen zugewandten Flügelspitze und der Felswand - einer Fata Morgana gleich - einen scheinbar schwebenden, menschlichen Körper in horizontaler Lage. Plötzlich schoß es mir durch den Kopf: Ein Drachenflieger!
Vom Fluggerät selbst war in gleicher Höhe fliegend aber auch

nichts zu erkennen. Erschreckt versuchte ich von der Felswand ab-
zubiegen und sah mich im nächsten Augenblick einem zweiten
Drachenflieger gegenüber, dem ich gerade noch seitlich auszuweichen vermochte. Wie ich später hörte, war noch ein dritter
Drachenflieger in gleicher Höhe, an gleicher Stelle, den ich aber
nicht entdeckt hatte. Dies hätte für uns alle vier tödlich enden
können. Ich hoffe, daß in Zukunft eine klarere Regelung des Dra-
chenfliegens solche »Fast-Zusammenstöße« unmöglich macht.
Dies war eigentlich das einzige wirkliche Problem während meines zehnstündigen Fluges. Den Umrundungsort St. Anton erreichte ich schon um 13 Uhr und war damit meiner Zeitplanung
um eine Stunde voraus. Dies war nötig, denn südlich meines Kur-
ses - in Richtung Engadin, Paznauntal - begannen sich schon
beim Hinflug Gewitter zusammenzubrauen, von denen ich
fürchtete, daß sie mir beim Rückflug den Weg versperren würden. Ich mußte mich also beeilen. Eine Stunde, nachdem ich St.
Anton umrundet hatte, war diese Gegend des Arlbergs, wie Ka-

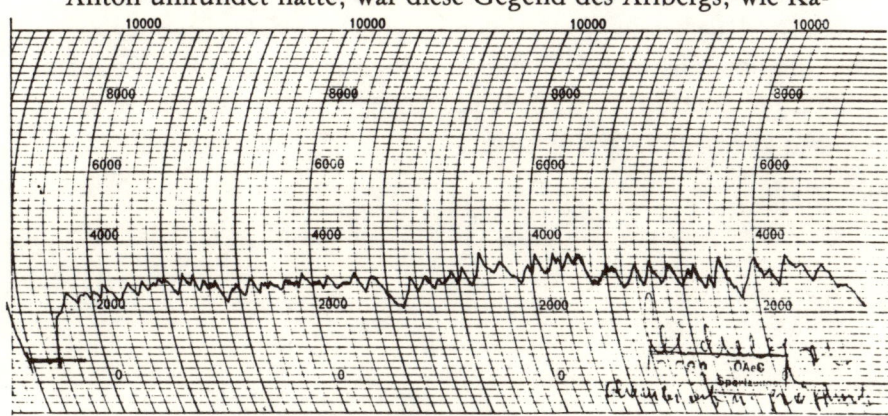

*Barogramm des Weltrekordfluges Hanna Reitsch vom 3. Juni
1978 von Leoben/Timmersdorf nach Arlberg/St. Anton und zurück. Foto H. Boris Kerber, Frankfurt am Main.*

meraden mir später berichteten, für die nächsten ein bis zwei Stunden durch hohe Bewölkung abgeschirmt und zeitweise durch Gewitter unzugänglich. Ich hatte das Glück, daß auch der Rückweg für mich zeitlich und wettermäßig besonders günstig war und ich gegen 18 Uhr - noch in 3100 m Höhe über NN, das heißt 2500 m über Grund - meinen Startort wieder erreichte. Das hier veröffentlichte Barogramm zeigt, daß ich mich während des ganzen Fluges in großer Höhe fliegend - meist delphinierend - bewegen konnte.

Für diesen Flug bin ich dem Himmel aus zwei Gründen besonders dankbar: Es ist nun einmal Tatsache, daß die Jugend der Welt einen Flieger mit 66 Jahren zum »alten Eisen« zählt.

Eine Weltbestleistung aber öffnet einem die Herzen, um Erfahrungen weitergeben zu können. So wurde dieser Flug mir ein helfendes Werkzeug.

Vor allem aber ermöglichte dieser gelungene Flug mir - wie die zwei folgenden Briefe zeigen -, unter ein seit 20 Jahren anstehendes und nie bereinigtes Zerwürfnis zwischen dem Deutschen Aero Club und mir einen Schlußstrich zu ziehen. Für diese Chance zur Versöhnung, die durch diesen Flug gegeben war, bin ich besonders glücklich und dankbar.

342

2. Der Leiter der deutschen Segelflug-Kommission Fred W. Weinholtz gratuliert Hanna Reitsch zum Weltrekordflug

Frau
Flugkapitän Hanna Reitsch
Frankfurt

Liebe Hanna,
es ist schon sagenhaft, was Du zu leisten imstande bist.
Ich habe mich so unwahrscheinlich gefreut, als ich von Deinem so
großartigen Weltrekordflug hörte, und ich bin gleich an meinen
Bücherschrank gegangen, um einmal nachzusehen, wie Deine er-
sten Rekorde ausgesehen haben. Ich bin sicher, liebe Hanna, kein
Mensch der Welt - auf welchem Gebiet es auch sei - kann eine
Leistungs-Spanne aufweisen, wie Du sie geschafft hast. Es ist
- oder besser - Du bist einfach großartig.
Leider kann ich heute nicht in Frankfurt sein, da ich zur gleichen
Zeit meine Schüler, deren Klassenlehrer ich fünf Jahre lang war,
aus der Schule entlasse.
Nimm bitte schriftlich meine Gratulation und besonders meinen
allerherzlichsten Dank für das, was Du über alles andere hinaus
jetzt wieder für unseren schönen Sport getan hast, entgegen. Ich
freue mich auf weitere Überraschungen von Dir.

Herzlichst
Dein Fred

343

3. Dank von Hanna Reitsch an Fred W. Weinholtz

Lieber Fred!

Von den Hunderten von ergreifenden Glückwünschen, die ich anläßlich meines neuen Weltrekordes vom In- und Ausland erhielt, hat mich wohl kaum einer derart erfreut, wie der Deinige - den Du als Leiter der deutschen Segelflugkommission an mich schriebst. Er wurde bei einer Pressekonferenz - die in Frankfurt aus diesem Anlaß gegeben wurde - vorgelesen. Deine wirklich von Herzen kommende Mitfreude beweist besser als alles andere, daß die Schatten, die seit 1958 zwischen dem Deutschen Aero Club und mir lagen, durch den Generationswechsel nicht mehr existieren und daß der bedauerliche Geist, um dessentwillen ich 1958 aus der Nationalmannschaft seinerzeit austrat und seitdem nur noch im Ausland segelflog, sich gewandelt hat.
Hab Dank Fred, für Deine echte Mitfreude!!
Und hab auch Dank für Deine beispielhafte Hilfe und Einstellung zur jungen Segelfliegerinnen-Generation!

Herzlichst
Hanna Reitsch

4. Übersetzung einer französischen biographischen Notiz über die Schriftstellerin YVONNE PAGNIEZ

Die Schriftstellerin Yvonne Pagniez stammt aus einer französischen Industriellenfamilie aus dem Norden Frankreichs. Sie heiratete ihren Vetter, Dr. Philippe Pagniez, der als Chirurg an verschiedenen Hospitälern von Paris tätig war. Er war Mitglied der medizinischen Akademie. Aus dieser Ehe stammt ein Sohn, Yves, der Diplomat wurde und jetzt Minister Plénipotentiaire ist. Nach ihrem Studium der Philosophie hat Yvonne Pagniez viele Jahre hindurch einen großen Teil ihrer Zeit sozialen Hilfsaktionen gewidmet, sowie durch Berichte und Konferenzen in Frankreich und Nord-Afrika der »Union Féminine Civique & Sociale« geholfen, die zu dieser Zeit der weibliche Zweig der Sozialen Katholiken bildete. Außerdem arbeitete sie für die »Société Centrale de Sauvetage des Naufrages«.

Gleichzeitig war Yvonne Pagniez sehr aktiv als Schriftstellerin tätig. Sie liebte das Meer, das Leben der einfachen Menschen, die am Meer und vom Meer lebten, ein Leben, das sie mit ihnen teilte, um es schriftlich festzuhalten und wiedergeben zu können. Sie veröffentlichte zwischen 1930 bis 1939 zwei Werke »*Ouessant*« und »*Pêcheur de Goemon*«.

Außerdem war sie Mitarbeiterin mehrerer Zeitschriften: La »Revue des Deux Mondes« - la »Revue de Paris« - les »Etudes« - la »France Catholique« ... etc.

Im Juni 1940, seit der deutschen Besetzung, trat sie der »Résistance« bei und opferte all ihre Kraft und Zeit als französische Agentin und Helferin der alliierten abgesprungenen Flieger, bis ihrem Tun durch die deutsche Gestapo ein Ende gesetzt und sie verhaftet wurde. Sie hatte das Glück, nicht vor ein deutsches Kriegsgericht gestellt und nicht für ihren gefährlichen Einsatz für ihr Land von den Deutschen, laut Kriegsrecht, erschossen worden zu sein. Stattdessen wurde sie durch Inhaftierung nur an weiteren Aktionen gehindert. Sie wurde in verschiedenen deutschen Lagern festgesetzt. Zuerst in Fresne, dann in Ravensbrück. Beim Rückweg von einem Arbeitseinsatz gelang es ihr in Sachsen, zu entfliehen. Sie konnte durch Hilfe von Deutschen untertauchen und sich für einige Monate versteckt halten. Es gelang ihr, die Schweizer Grenze zu erreichen. Dort fiel sie aber erneut in deutsche Hände und wurde am Bodensee wiederum verhaftet. Der »Generalstaatsanwalt« von Konstanz erreichte es mit großem eigenen Risiko, zu verhindern, daß sie wiederum nach Ravensbrück zurückgebracht würde, wo ihr vielleicht schwerste Bestrafung gedroht hätte. Er sorgte dafür, daß sie in ein Gefängnis kam. Nach 5 1/2 Monaten, die sie in einem württembergischen Gefängnis verbrachte, wurde Yvonne Pagniez beim Einmarsch der Amerikaner, Ende April 1945, befreit.

Nach Paris zurückgekehrt, wo sie ihren Mann und ihren Sohn heil wiedertraf, schrieb Yvonne Pagniez 3 Bücher über ihre Kriegserinnerungen: »*Evasion 44*«, das 1949 den »Grand Prix du Roman« der Academie Française erhielt und ins Deutsche übersetzt wurde unter dem Titel »*Die Flucht*«.

Weitere Werke: »*Scènes de la Vie du Bagne*«. »*Ils ressusciteront d'entre les Morts*«.

Seit Kriegsende unternahm Yvonne Pagniez mehrere Vortragsreisen durch Deutschland und versuchte dabei, zur Versöhnung zwischen Deutschland und Frankreich beizutragen. Sie fand überall in Deutschland eine warmherzige Aufnahme und schloß bleibende Freundschaften, vor allem mit Hanna Reitsch, die sie sehr bewunderte und tief ins Herz geschlossen hat. Sie übersetzte das erste Buch von Hanna Reitsch »Fliegen - mein Leben« auf französisch und gab diesem Buch den Titel: »Aventure en plein ciel«, im Palatine Verlag erschienen.

Nachdem sie ihren Mann 1947 verloren hatte und ihr Sohn heiratete, wurde Yvonne Pagniez von 1951 bis 1957 Kriegsberichterstatterin in Indochina und in Algerien. Im Anschluß daran veröffentlichte sie folgende neue Werke:

»Français d'Indochine«

»Choses vues au Vietnam«

»Le Viet Minh et la Guerre Psychologique«

»Ailes Françaises au Combat«

»Françaises du Désert«

»Pêcheurs des Côtes de France et Sauvetages en Mer«.

Yvonne Pagniez erhielt folgende Auszeichnungen:

Das Ritterkreuz der Ehrenlegion,

die Medaille der Résistance.

Literatur-Preise für: »Evasion 44« (Grand Prix du Roman de l'Academie Française 1949) - .

für »Ailes Françaises au Combat« (Grand Prix Littéraire des französischen Aero Clubs 1957) -

für: »Ouessant« (Grand Prix des Vikings 1966).

Jetzt arbeitet sie in der Abgeschiedenheit und Einsamkeit der Bretagne, in der Nähe von Brest, an ihrem philosophischen Werk »Ressemblance et effort« (»Gleichnisse und Bemühungen«).

5. »Wie Klein Mäxchen sich den Untergang des Dritten Reiches vorstellt«

Die Bürger der Bundesrepublik Deutschland sowie viele Menschen jenseits unserer Grenzen werden zur Zeit wieder einmal mit »Hitler-Stories« in Filmen und Magazinen überschwemmt; alle natürlich »historisch und authentisch«, versteht sich. Nicht anders auch in dem neuesten Film: »Hitler, die letzten zehn Tage.«
Der englische Darsteller Hitlers - weltberühmt und sogar von der Queen geadelt, Alec Guinness - und die Schauspielerinnen, hübsch und sympathisch, spielen nichts anderes als: »Wie Klein Mäxchen sich den Untergang des Dritten Reiches vorstellt.« Sie wissen eben nicht, daß die Tage und Stunden im Bunker vor dem Untergang alles eher als dramatisch waren und daß sich das Sterben dort in der Stille vollzog.

Unwahr und Unsachlich
Auch der Regisseur, der übrigens einen sehr berühmten Vater hatte - den weltberühmten Regisseur Max Reinhardt, der wie viele andere aus Deutschland emigriert war -, hätte als Filmstoff besser etwas anderes wählen sollen, vor allem weil ihm (nach Aussage des Films) sehr daran gelegen zu sein schien, »historisch und authentisch« darzustellen.
Einen der laut Filmvorspann Mitverantwortlichen des Films kann man schwer verstehen, den ehemaligen Rittmeister Boldt. Er

348

wußte und weiß genau, daß die Darstellungen der letzten Tage im Bunker der Reichskanzlei glatt unwahr und unsachlich sind. Sollte Rittmeister Boldt der unüberwindlichen Macht der Filmproduzenten so sehr unterlegen gewesen sein, daß es ihm kaum gelang, auch nur ein klein wenig historische Wahrheit über den Ablauf des Endes im Bunker einzubringen? Er hätte es unbedingt ablehnen müssen, seinen Namen als Garantie für historische Wahrheit herzugeben. Es gelang ihm anscheinend nur, im Hinblick auf seine eigene Person zu erreichen, daß man jenen Rittmeister im Film statt Boldt Hoffmann nannte. Wie er selbst dargestellt wird, ist eben auch falsch. So hat es, um nur ein Beispiel zu nennen, niemals ein viertes Testament Adolf Hitlers gegeben, und deshalb hat auch niemals Herr Boldt ein viertes Testament vor den Bunkermauern zerrissen. Aber was macht es - Geschichte hin, Geschichte her -, warum soll man nicht Millionen, die solche Filme sehen oder Magazine lesen, ruhig belügen, wenn es einem um der Dramatik willen in die Story paßt.

Was nun die Darstellung meiner Person, mein Tun und die Worte, die ich dort gesprochen haben soll, betrifft, so ist aber auch jedes Wort und Geschehen unwahr. Hätte man wirklich die Wahrheit sagen wollen, so hätte man ja nur mich persönlich zu Rate zu ziehen brauchen; doch man wußte sicher: Wenn man bei der Wahrheit geblieben wäre, so wäre der Film halt recht undramatisch geworden.

Der wirklich dramatische Flug, den ich als Flieger durchzuführen hatte, um Generaloberst Ritter von Greim nach Berlin zu bringen, konnte im Film nicht dargestellt werden, so mußte die Phantasie herhalten, und man setzte mich ganz einfach zwischen Adolf Hitler und Eva Braun, um ihnen die Geschichte unseres Fluges zu erzählen. Dabei habe ich niemals in meinem Leben mit ihnen zusammengesessen.

Meine angebliche Erzählung ist ebenso unwahr wie alles andere;

zum Beispiel wurde in Wirklichkeit kein einziger Begleitjäger ab-
geschossen, im Film dagegen waren es 43. Doch war dies wohl
notwendig für das zugrundeliegende Konzept. Ja - und verheira-
ten wollte mich der Regisseur im Film auch noch mit Feldmar-
schall Ritter von Greim. Er hat nur nicht gewußt, daß Herr von
Greim bereits verheiratet war. Unserer »Ehe« habe - dem Film zu-
folge - nur im Wege gestanden, daß ich »Ehe« als überholte Bür-
gerlichkeit abgelehnt hätte. Das ist, auf gut deutsch gesagt, eine
beispiellose Unverschämtheit.

Still wie in einer Gruft

So aber wie meine Rolle (im Film) erfunden ist, außer der einfa-
chen Tatsache, daß ich den verwundeten Generaloberst heil vor
dem Brandenburger Tor landete und im Bunker pflegte, so sind
auch die Worte und Handlungen der anderen Figuren des Filmes
grotesk erfunden. Es gab im Bunker weiß Gott keine Tanzgelage
oder Geschunkel bei festlichem Schmaus - es war dort tief be-
drückend, es war fast unreal und still wie in einer Gruft.
Die »historische Wahrheit« des Filmes stützt sich auf die Angaben
des englischen Historikers Trevor-Roper und dessen Buch über
die letzten Tage im Hitlerbunker. Also muß es wohl wahr sein, so
meinten wohl die Filmemacher. Daß ein Historiker, der noch
heute am Christ-Church-College in Oxford liest, an der Wahrheit
nicht interessiert ist, sondern nur an Politik, mag erstaunen, aber
es ist Tatsache. Als ich nach anderthalbjähriger Inhaftierung
durch die Amerikaner eines Tages erschreckt von dem Buch
Trevor-Ropers erfuhr und es las, schrieb ich ihm umgehend einen
Brief. Ich war damals allerdings noch sehr jung und glaubte
selbstverständlich an das ehrliche Bemühen um die Wahrheitsfin-
dung eines Historikers. Ich teilte ihm mit, er sei einer Fälschung
zum Opfer gefallen, denn er habe einen sogenannten »Augen-
zeugenbericht von Hanna Reitsch« über die letzten Tage im Hit-

lerbunker benutzt, der in »Ich-Form« geschrieben sei, den ich aber nie gemacht, nie geschrieben, nie gesehen und vor allem auch nie unterschrieben hätte, weil er eben nicht der Wahrheit entspräche.

Ich sei bereit, ihm zu schreiben, was ich dort erlebt hätte. Seine Antwort - für einen Historiker geradezu erstaunlich - war dem Sinne nach: Was er geschrieben habe, das hätte er von der amerikanischen CIC erhalten, und die sei es gewohnt, nur die Wahrheit zu schreiben. Der englische Historiker wollte meinen eigenen Bericht überhaupt nicht; denn Geschichte schreibt sich, »erfunden und gefälscht«, für einen Historiker aus dem Kreis der Siegermächte viel leichter, schöner und interessanter, zumal wenn es sich um Taten und Reden der Besiegten handelt.

In meinem Buch »Fliegen mein Leben« (jetzt Herbig Verlag, München) kann jeder, der an der Wahrheit interessiert ist, nachlesen, wie es wirklich war.

Hanna Reitsch
Flugkapitän
Frankfurt / Main

Diese Glosse erschien, wie oben Seite 320 dieses Buches schon erwähnt, in der Zeitung DIE WELT vom 2. August 1973.
Eingehender wird der Leser über »Meine Erlebnisse im 'Hitler-Bunker'« im Kapitel 5 dieses Buches informiert.

6. Laudatio für Flugkapitän Hanna Reitsch (anläßlich der Verleihung der »Pionierkette der Windrose« 1975)

»Es entspricht den Richtlinien des International Committee of Aerospace Activities, daß der Vorsitzende die Laudatio für jedes neue Mitglied zu halten hat. 39 mal habe ich mich bis heute dieser ebenso ehrenvollen wie angenehmen Aufgabe gestellt, und immer bin ich von der Pionier-Persönlichkeit des Auszuzeichnenden und von seinen hervorragenden oder persönlichen Leistungen innerlich bewegt gewesen. Das war bei dem Vater der Raumfahrt, Prof. Dr. Hermann Oberth, und bei dem Vorsitzenden des Stiftungsausschusses, dem Ozeanflieger Wolfgang von Gronau, bei Wernher von Braun und bei Jacqueline Auriol, der schnellsten Frau der Welt, bei Jacques Piccard und bei dem schnellsten Mann der Welt, Colonel Yeager, bei dem Astronauten Glenn und bei dem Kosmonauten Komarow, bei dem letzten Zeppelin-Kapitän Hans von Schiller und bei dem militärischen Chef von Peenemünde, Dr. Dornberger, der Fall.

Wie aber, so frage ich mich, ehrt man eine Frau, die nicht nur Geschichte gemacht hat, sondern selbst schon der Geschichte unvergänglich angehört, obwohl sie so liebenswürdig und absolut gegenwärtig, so zierlich und beweglich und doch so stark als vorbildliche Persönlichkeit und wahrhaft große Frau hier unter uns weilt?

Gestatten Sie mir, aus der langen Liste der großen Taten ihres Fliegerlebens nur einige in Erinnerung zu bringen:

Mit 22 Jahren sattelte Hanna Reitsch vom Medizinstudium um und wurde Forschungs- und Testpilotin. Natürlich hatte sie schon zwei Segelflug-Welt-Bestleistungen 1931/1932 im Frauen-Dauer-Segelflug und im Jahre 1933 den ersten Motorsegelflug der Welt von Hirschberg/Schlesien nach Berlin im Motor-Baby hinter sich.

1935 erwirbt Hanna Reitsch die 'Scheine' für Verkehrsmaschinen und Kunstflug. 1934 bis 1939 nimmt sie an Segelflug-Expeditionen in Brasilien und Argentinien, in Finnland, Portugal, Ungarn, den USA, in Libyen und Jugoslawien teil. 1937 unternimmt Hanna Reitsch die erste Überquerung der Alpen im Segelflugzeug. Und im gleichen Jahr wird sie als erste Frau der Welt zum Flugkapitän ernannt.

Weitere-Erst-Leistungen:

Erste Frau der Welt als Hubschrauberpilotin
Erste Frau der Welt als Düsenflugzeug-Pilotin
Erste Frau der Welt als Raketenflugzeug-Pilotin.

Ihre Leistungen als Testpilotin mit Raketenflugzeugen und der V-1, mit Bombern, Stukas, Jagdmaschinen, bei den 150 Ballon-Seilkapp-Flügen wurden und werden in der ganzen Welt bewundert, und die ihr zuteil gewordene Auszeichnung mit dem Eisernen Kreuz I. Klasse ist einmalig in der deutschen Geschichte, einmalig als Auszeichnung für eine Frau.

Dieser Frau blieb nichts erspart: 18 Monate amerikanischer Kriegsgefangenschaft ebenso wenig wie der Verlust der schlesischen Heimat und die Bitterkeit der Verleumdung und, was noch schlimmer ist, der Verleugnung. Wir wollen hier nicht verweilen, obwohl es hierzu noch vieles zu sagen gäbe.

Als es endlich 1952 wieder möglich wurde, an internationalen luftsportlichen Wettbewerben teilzunehmen, holt Hanna Reitsch für Deutschland die Bronzene Medaille bei den Segelflug-Welt-Meisterschaften in Spanien. 1955 wird sie Deutscher Segelflug-

meister. Und bis Mai 1953 - das wollen wir nicht vergessen - hält
sie den Rekord als schnellste Frau der Welt.
Erlauben Sie mir, zusammenfassend, aber auszugsweise aufzu-
zählen:

> *1956 Deutscher Frauen-Segelflugrekord*
> *1957 Neuer Deutscher Frauen-Höhensegelflugrekord*
> *1959 erfolgreiche Tätigkeit als berufene und gerufene*
> *Fliegerin im Ausland.*
> *In Indien als Gast von Pandit Nehru, in Amerika als*
> *Gast von Präsident Kennedy, in Ghana.*

Die Meisterschaften in Deutschland, in Österreich, in den USA,
die Pokale, Medaillen und großen Flieger-Auszeichnungen sind
so zahlreich, daß ich mir ihre Aufzählung versagen muß.
Liebe, verehrte Hanna Reitsch, als ich den Fliegenden Pastor
Schulte bei der Verleihung der Pionierkette der Windrose zu eh-
ren hatte, sagte ich: 'Er erhält die Pionierkette nicht wegen der
Missionsflüge zu den Indianern und Afrikanern und nicht, weil er
den Eskimos geholfen hat, die Bibel in ihre Sprache zu überset-
zen: Er erhält sie, weil er die Kurie 'luftfahrtminded' gemacht
hat und weil sein Beispiel zu fliegenden Päpsten geführt hat!
Flugkapitän Hanna Reitsch erhält die Pionierkette der Windrose
wegen aller ihrer persönlichen Leistungen in ihrem Fliegerleben.
Sie erhält sie vor allem für das Vorbild dieses Lebens:

> *Vorbild als Flieger*
> *Vorbild als Frau*
> *Vorbild als Mensch*

der die Bürde einer fast erdrückenden nationalen und internatio-
nalen Popularität mit der Würde eines einfachen Lebens verbin-
det, das als höchstes Ideal nur die Pflicht gekannt hat, für das ei-
gene Land positiv zu wirken.«

Oberst a.D. Grosser
Präsident des Internationalen Komitees für Luft- und Raumfahrt

7. *Lebenslauf*

Geburtsdatum	- 29. März 1912
Geburtsort	- Hirschberg in Schlesien
1931	- Abitur am Realgymnasium zu Hirschberg
1931/32	- Koloniale Frauenschule, Rendsburg
1932	- Mit Medizinstudium begonnen, um fliegende Ärztin in Afrika zu werden
1932	- Segelflug- u. Motorflugscheine erworben
1934	- Von Medizinstudium umgesattelt und Forschungspilot geworden
von 1934-1945	- Forschungs- und Testpilot Schein für Verkehrsmaschinen erworben (B_1 B_2 C_1 C_2)
zwischen 1934-1939	- An Segelflug-Expeditionen teilgenommen nach: Südamerika (Brasilien, Argentinien), Finnland, Portugal, Ungarn, USA, Libyen und Jugoslawien
1937	- Erste Überquerung der Alpen im Segelflugzeug durchgeführt
1937	- Als erste Frau der Welt zum Flugkapitän ernannt
1938	- Sieger im Deutschen Segelflug-Strecken-Wettbewerb von Sylt nach Breslau

1938	- ersten Hallenflug der Welt mit Hub-
	schrauber in Berlin, Deutschlandhalle,
	durchgeführt und verschiedene
	Hubschrauber-Weltrekorde aufgestellt
von 1932-1978	- Mehrere Segelflug-Frauenweltrekorde und
	deutsche Frauensegelflugrekorde errungen
	im: Dauerflug, Streckenflug, im Zielflug
	mit Rückkehr zur Startstelle und im
	Dreiecks-Geschwindigkeitsflug
1937	- als erste Frau der Welt Hubschrauber ge-
	flogen
1942	- als erste Frau der Welt Raketenflugzeuge
	geflogen
1944	- als erste Frau der Welt Jet-Flugzeuge ge-
	flogen

Während des Krieges Testpilot an der Militär-Erprobungsstelle Rechlin. Testflüge durchgeführt, auch mit Raketenflugzeugen (Me 163a, Me 163b) und der V-1, mit Bombern, Stukas, Jagdmaschinen, ca. 150 Ballon-Seil-Kappflüge durchgeführt mit den Bombern Do-17 und He-111

Ehrungen während des Krieges:

EK II, und als einzige Frau in der deutschen Geschichte EK I, Militärfliegerabzeichen in Gold mit Brillanten, Ehrenbürgerin meiner Heimatstadt Hirschberg in Schlesien

Von Mai 1945 bis November 1946 in amerikanischer Kriegsgefangenschaft in Deutschland

1952	- Für Deutschland die Bronzene Medaille
	bei den Segelflugweltmeisterschaften in
	Spanien errungen
1955	- deutscher Segelflugmeister geworden bei
	den nationalen deutschen Segelflugmeister-
	schaften

1956	- deutscher Frauen-Segelflugrekord (freier Streckenflug) 370 km
1957	- neuen deutschen Frauen-Höhensegelflug-rekord aufgestellt mit 6848 m, und 1. Diamanten (Höhen-Diamanten) zur Gold-C errungen
1958	- Visumsverweigerung zur Einreise nach Polen und damit Ablehnung der Teilnahme an den Segelflugweltmeisterschaften. Da die deutsche Nationalmannschaft, mit Einwilligung des Präsidenten des Aero Clubs und des Leiters der Segelflugkommission, ohne Protest trotzdem teilnahm, habe ich seitdem nicht mehr in Deutschland mit dem Deutschen Aero Club Segelflug betrieben
1959	- geholfen, den Leistungssegelflug in Indien aufzubauen, als persönlicher Gast bei Pandit Nehru Pandit Nehru im Segelflugzeug geflogen
1960	- 2. Diamanten zur Gold-C erflogen (300 km-Dreiecksflug)
1961	- nach Amerika eingeladen und von Präsident Kennedy im Weißen Haus empfangen
von 1962-1966	- Segelflugschule in Ghana aufgebaut und als Prinzipal geleitet
1968	- Erfolgreiche Teilnahme als Hubschrauberpilot bei den 2. Deutschen Hubschrauber-Meisterschaften
1970	- Neuen deutschen Frauen-Segelflugrekord erflogen, im Zielflug mit Rückkehr von 520 km über den österreichischen Alpen von AIGEN/Ennstal/Steiermark bis IMST, am

	Fuß des Tschirgant und der Lechtaler Al-
	pen, und zurück nach AIGEN
1970	- 3. Diamanten (500 km Strecke) zur Gold-
	C erfüllt
1970	Erster Sieger in der Damenklasse im Deut-
	schen Segelflug-Wettbewerb
Sept. 1971	- Bei den ersten Hubschrauber-
	Weltmeisterschaften Erste in der Damen-
	klasse
Mai 1972	- Einen neuen deutschen Frauen-Segelflug-
	Rekord errungen im Geschwindigkeitsflug
	über 300 km-Dreiecks-Strecke
Sept. 1972	Zum Ehrenmitglied der »Society of Experi-
	mental Test Pilots« in Kalifornien gewählt
Okt. 1972	- In Arizona vom IOC (International Order
	of Characters) zum »Pilot of the Year 1972«
	ernannt

Vize-Präsidentin der »Vereinigung deutscher Pilotinnen«
Ehrenmitgliedschaften:
Ehrenmitglied der »Vereinigung ALTE ADLER«
Ehrenmitglied der ZONTA International (Gruppe Wiesbaden)
und vieler deutscher Flieger-Clubs
Mitgliedschaften:
WHIRLY GIRLS (amerikanische Organisation aller Hubschrau-
ber-Pilotinnen des Westens)
»99er« (amerikanische Organisation der Motorfliegerinnen)
IOC (International Order of Characters)

1975	- Die Auszeichnung »Internationale Kette
	der Windrose« verliehen bekommen
1977	- Neuer deutscher Frauen-Segelflugrekord
	(Ziel-Rückkehr) 644 km
1978	- Frauen-Segelflug-Weltrekord und auch

deutscher Rekord (Ziel-Rückkehr) 715 km.
(Von Timmersdorf b. Leoben bis St. Anton
a. Arlberg und zurück)

Veröffentlichungen nach 1945:
4 Bücher »Fliegen mein Leben«
»Ich flog für Kwame Nkrumah«
»Das Unzerstörbare in meinem Leben«
»Höhen und Tiefen«
(alle Herbig Verlag, München)

ABBILDUNGSVERZEICHNIS

23. Nach einer Fahrt zusammen mit den indischen
Segelfliegern auf einem deutschen Schnellboot
24. Als Segelfluglehrerin 1959 in Oerlinghausen
25. Wir führen 1934 den Segelflug in Finnland ein,
hier Jämijärvi
26. Feierabend in Jämijärvi 1934 (Jochen Kuettner
spielt Ziehharmonika)
27. Mit Jim Meckoll vor seiner »Leister-Kaufman«
28. Vor meinem Start zum Wellensegelflug über der
Sierra Nevada, April 1961
29. Mit den ersten 10 Hubschrauber-Pilotinnen der Welt bei
Präsident Kennedy im Weißen Haus in Washington, Mai 1961
30. Bei Igor Sikorsky (Mai 1961 in Connecticut)
31. Ich fliege die Sikorsky »S-62«
32. Das letzte Zusammensein mit dem schon fast
erblindeten Igor Sikorsky
33. Mit Dr. Jochen Kuettner vor der Saturn-Test-Rampe
in Huntsville/Alabama, 1961
34. Bei Wernher v. Braun in Huntsville/Alabama, 1961
35. In Ghana: Von links nach rechts: Sonderbotschafter
Dr. Sattler aus Deutschland, Fathia Nkrumah, Präsident
Dr. Kwame Nkrumah und ich
36. 1964 mit meinen zwei deutschen Assistenten. Links
Hauptfluglehrer Täve Löhr, rechts Werkstattleiter Fritz Wieser
in Afienya/Ghana (Westafrika)
37. Als Prinzipal und Fluglehrer mit unseren afrikanischen
Flugschülern in der »T-21« (Slingsby)
38. Präsident Dr. Kwame Nkrumah mit unseren Modellbau-
Schülern
39. Afrikanische Stammeskönige während der Einweihungsfeier
unserer Segelflugschule in Afienya/Ghana
40. Ich erkläre den Stammeskönigen den Segelflug
41. Ich zeige den Stammeskönigen Cockpit und Instrumente
42. Einer der Stammeskönige in der deutschen »Ka-7«
43. Präsident Dr. Kwame Nkrumah trifft in Afienya ein zur
Feier des ersten Jubiläums der Segelflugschule
Rechts von ihm der Verteidigungsminister Kofi Bakoo
44. Vor unserer Schleppmaschine
45. Während der morgendlichen Fahnenhissung in Afienya
Vordere Reihe von links nach rechts: Hauptfluglehrer Täve
Löhr, ich (als Prinzipal der Schule), unser ghanaischer

Verwalter Gray-Mills, unser Werkstattleiter Fritz Wieser
46. Neil Armstrong und ich mit Landrat Dr. Stieler
    1970 auf der Wasserkuppe
47. Zusammen mit einem der berühmtesten amerikanischen
    Testflieger, General Doolittle, in Lancaster/Kalifornien
48. Ich halte vor 1200 Testpiloten und Astronauten einen
    Vortrag beim 19. Symposium der SETP im Beverly Hilton
    Hotel, Beverly Hills/Kalifornien, 1975
49. In meinem »Cirrus-75« in Timmersdorf/Steiermark, 1977
50. Auszeichnung mit der »Internationalen Pionierkette der
    Windrose« - 1975
    (Laudatio siehe Anhang 6 dieses Buches)

QUELLENVERZEICHNIS DER ABBILDUNGEN

Privatbesitz Flugkapitän Hanna Reitsch: 1, 2, 3, 4, 5, 7, 8, 10, 11, 12, 13, 14, 15, 20, 22, 23, 25, 26, 27, 28, 29, 30, 31, 32, 33, 34, 39, 40, 41, 42, 43, 46, 49, 50
Uwe van Husen, Wien/Nieder-Öblarn: 6
H. Boris Kerber, Frankfurt: 9
Modern Studio, New Delhi/Indien: 16
Punjab Photo Service, New Delhi/Indien: 17, 18
Gopal Chitra Kuteer, New Delhi/Indien: 19
Wilhelm Pabst, Bildjournalist (DJV), Uhingen: 21, 24
Kamafilm, Accra/Ghana: 35
STERN-Bildredaktion (Fotos: Friedel), Hamburg: 36, 37, 38, 44, 45
The Society of Experimental Test Pilot, Lancaster/Calif. (USA): 47, 48